拒绝粗鲁

青少年的行为修养

[美] 艾利克斯·J.派克博士◎著
（Alex J. Packer，Ph. D.）

艾博◎译

How Rude!

The Teen Guide to Good Manners, Proper Behavior, and Not Grossing People Out

中国人民大学出版社
·北 京·

本书献给

无比礼貌的（等电话的时候不算）珍妮特

编辑手记

《论语》中有一句“不学礼，无以立”，讲的是不学礼仪，无以立身。道理清楚明白，人人都能看懂，可真正照着去做的恐怕寥寥无几。古人的礼与现代的礼不尽相同，中国的礼与西方的礼也有所差异，然而，说到底，内涵是一样的，那就是要学会尊重他人、尊重自己，这样一来，做事做人都有准则可依，处处有底线，便知道了什么可为，什么不可为，即使没人来监督，也不做不讲礼仪、不讲礼貌的事情，人人都这样要求自己，社会秩序会更好，人与人之间的摩擦会更少，岂不美哉？

本书的初衷是，运用诙谐幽默的语言、充满智慧的文字、真实具体的案例、生动精美的插图，帮助青少年培养适宜的行为规范，利用良好的礼仪建立令人满意的人际关系，更好地进行生活与学习。但本书达到的效果却远不止于此，虽然书名中有“青少年的行为修养”，但在编辑过程中，我发自心底感觉到，这本书既适合给青少年看，同样也适合成年人来读。

之所以说适合青少年看，原因在于，青少年正处在人生中重要的发展阶段，从身体到头脑，诸多方面都在构建、成型当中，其中自然也包括构建适当礼仪的部分。从小处说，拥有良好的礼仪可以帮助他们更好地学习、生活、与人相处；从大处说，如果不在这个阶段学好礼仪，可能会阻碍他们形成正确的三观，破坏他们为人处世的准则，进而对今后的人生也产生不利影响，这并不是危言耸听。

书中有关如何应对霸凌和网络暴力的内容就很适合青少年阅读。最近几年，有关校园暴力的新闻不断被爆出，不难看出，来自同龄人的精神上和身体上的伤害已经成为对青少年影响最为严重的暴力。作者在书中介绍了一些应对校园欺凌的方法，从旁观者角度来说，可以选择勇敢地站出来面对施暴者，帮助受到欺负的同学，这样既制止了前者，也保护了后者；还可以向校方或其他负责机构反映情况，或者鼓励、陪同受欺凌者向成年人求助。从被欺凌者的角度来说，首先应该勇敢面对，对施暴者说“不”，当然应该量力而行，更稳妥的方法还是寻求成年人的帮助，无论是老师，还是家长；还应该和伙伴、朋友一同行动，避免一个人独处，这样可以降低被欺负的可能性。值得一提的是，作者还为施暴者提供了一些建议，要求他们反思自己行为的错误，找到引起这类行为的动机，尝试寻求合理的心理指导，改掉自己的毛病。

除了校园暴力，网络暴力也是青少年需要面对的问题。现在的青少年是在互联网环境下成长起来的年轻一代，他们不仅要学会合理使用网络，更要学会如何面对来自网络的暴力。作者认为，网络暴力虽然不会把你打得鼻青脸肿，却会使你丧失自信和动力，这同样致命。最常见的网络暴力是恶言恶语和相互谩骂，除此之外，盗用账号、密码，发送垃圾邮件，冒用个人信息同样不可取。书中给出了应对网络暴力的9条方法，包括不要回应谩骂你的人，举报违规行为，保护好个人和账户信息……对于每日都离不开网络的青少年，掌握这些方法，便可以在“危机四伏”的虚拟世界游刃有余。

之所以说本书同样适合成人阅读，原因在于，不仅仅青少年应该讲礼貌，成年人同样要注意自己的言行举止。现代社会，生活节奏快得像风一样，每个人都在为生活奔忙，压力重重，无暇顾及那些“无关紧要的礼仪”，所以，环顾身边，到处都可以看到“无伤大雅的行为”：乱扔烟蒂、随地吐痰甚至随地大小便，乘坐公共交通工具毫无秩序，开车上路相互争抢，电影院里交头接耳、打电话，公共场合遛宠物犬不束犬链、不收拾粪便……在这个“礼崩乐坏”的时代，似乎再也没人在乎自己行为的对错，更没人在乎旁人指责的目光。实际上，成年人应该为年轻的一代做出表率，让他们知道什么才是正确的行为。

书中有一部分讲述“排队礼仪”的内容，虽然字数不多，却让我很有感触。当同时准备做某件事的人很多时，就需要按照先来后到的顺序进行，这是最简单的道理，也是最基本的社会秩序，可就是这简单、基本的规则，做不到的却大有人在，究其原因，无非是只看中眼前自己的私利，践踏他人的权利，枉顾大众的利益，这样一来，不仅会伤害人与人之间的关系，也损害了社会效率，因此，学会排队对青少年和成年人都大有裨益。在书中的文字中，作者把插队者分为五种类型，分别是：无意识融入型、迷失迷路型、理所当然型、找朋友型、强迫认识型，但无论是哪一种类型，插队者毫无疑问都对“自己的行为是错误的”这一点心知肚明，他们是在打赌没人会制止他们。面对这种情况，作者认为，正常排队的人们应该“帮助”插队者，站出来礼貌地指出他们的错误，遇到顽固者时，还可以寻求同样遵守秩序者的帮助，而这不仅仅是为了自己，也是在尽到“维护公平的义务”。对于这类“礼仪之争”，我非常赞同作者的看法，在大众的权益因为个别人的无礼受到损害之时，还是应该站出来指正的，只有当越来越多的人认识到自己应该维护自己的权益，并且有正确的是非观，愿意站出来维护权益时，那些损害他人利益的人，才会有所顾忌。只有这样，礼仪才会深入人心，社会秩序才能进入良性循环。

无论是青少年还是成人，每个人都逃不开学习与生活带来的压力，但我们不应该让这些压力成为自己粗鲁行为的借口。让我们一起翻开这本传授礼仪的书，重新拾起我们丢弃的良好礼貌，不再忽视身边的小细节，从今天做起，从小事做起，从自己做起，做一名合格的、有礼貌的人，用你的礼貌行为去影响身边的其他人，让我们的社会更有礼貌，让粗鲁无处容身。

崔毅

序

20 世纪 90 年代中期，我写了《拒绝粗鲁》的第一版。那可算是“石器时代”（这个词儿可能你在学校里都没学过）。那可是个非常原始的时代——青少年没有手机，大多数人家里都还没有电脑，不到六分之一的人家连着互联网。

如果有人染上病毒，那可得打抗生素。

那时候没有 YouTube 视频网站。没有脸书。没有谷歌。

那时候没有推特。没有脸书流行快讯。没有短信。（我不是说过嘛，非常原始。）

哈利·波特都还没有到霍格沃兹魔法学校上课。

没错，那是银河系里遥远的一个时代。但从很多方面来讲，那又是一个黄金时代。政府还能真干些事情。（呃，算是吧。）那时候，北极那地方还有冰。坐飞机之前，也不需要全身扫描式安检。

那个时候，生活真好。但是，空气里还是有着粗鲁的味道。你去外面走走，可能会被那些戴着震耳欲聋大耳机玩着滑板的人给撞上；或者，你会遇上难缠的推销员；在路上走着，你经常会遇上粗鲁的大人。这些大人没有尽到他们的职责教导下一代，让他们学会良好的举止。

如果大人不去教导孩子学习良好的举止，那我就当仁不让了。于是，我决定要为青少年写一本关于良好举止的书。我觉得，本人举止无瑕、专业心理学知识丰富、幽默感极强，一定会成为北美青少年礼仪方面的大师。

于是，我开始写书了。这不是一本枯燥无味的书，教你如何行屈膝礼、如何碾死虫子还要指若兰花。但这本书绝对不是本花哨的书。我想写的是很实用的东西，能够帮助青少年解决现实生活中遇到的以下方面问题：

- 偏执狂
- 打打闹闹
- 背包撞人
- 换衣间里的问题
- 咖啡厅礼仪
- 教室生存术
- 应对欺负青少年的、粗鲁的大人，还有彻头彻尾的混蛋
- 挖鼻屎
- 挤青春痘
- 馈赠礼物
- 参加团体
- 崩溃
- 交友
- 树敌

- 跳舞
- 放人鸽子
- 倾听的艺术
- 机敏的交谈
- 烦人的室友
- 乱闻乱嗅的狗狗
- 控制欲超强的父母
- 讨厌的博文
- 无忧虑地搭家长的车
- 偷偷地打哈欠
- 超级问候
- 臭袜子

于是，书写出来了。其他的事情就成为历史了。数千家学校、数百万个青少年还有他们的家庭，都深受良好举止的无限益处。大家知道，与人为善、尊敬他人不仅是正确的事情，也是聪明之举：良好的举止，对自己好处太多。

我想，我的工作做完了。我会让世界变得更美好的。

肯定的。

时间快进到现在。如今的人比以前暴躁多了。被宠坏了的名人；卑鄙的政客；愤怒的驾驶员；广播里的怒言。人类的礼仪修养跌至新低。有时候，你到一所学校里去，感觉自己是去参加《饥饿游戏》的录制现场。

没错，自从我写完第一版《拒绝粗鲁》之后，世界改变了。最大的改变是科技与通信技术。如今的孩子们从妈妈的肚子里出来的时候，耳朵里就塞着耳机。发信息的青少年常常会撞到墙。家长们纷纷发出警告："饭桌上不能用电子设备。"如果你问别人，"最重要的另一半"是谁，他们都会掏出手机。

因为这些改变，我知道我必须大幅度更新我的书，以适应21世纪的社会。新版里有以下新内容和改进之处。

新的问卷调查。出版《拒绝粗鲁》的时候，我采访了青少年、他们的父母和老师，问他们对行为举止的看法——好的坏的都问。当时，我亲自阅读了所有的问卷，从第一个问题看到最后一个问题，亲自清点过问卷上画出的千万条铅笔横线，并计算问卷的分数。新版的《拒绝粗鲁》里，我设计了三个网上问卷，分别让父母、老师和青少年来填写。这次，我让电脑帮我分析统计数据，来探究如下问题：如今的青少年以及大人对他人行为的真正看法是什么？你遇到的最粗鲁的事情是什么？如果别人对你粗鲁，你是不是也应该对他们粗鲁？发送色情电子信息是不是不良行为？这些问题以及其他很多问题，在新版的《拒绝粗鲁》里都可以找到答案。

脸书礼仪。你父母想在脸书上跟你加为好友？你是喜欢在脸书上疯传自己崩溃情况的自晒狂？无所不晒的朋友们，不经你的同意就把你的照片也晒出去？你有喜欢乱传绯闻、谣言的同学吗？本书有一部分新的内容，介绍了礼貌应对脸书问题的方法。有一些年轻人还真诚地提出了20条脸书上的"可以"与"不可以"原则。还有"父母使用脸书行为准则"，这东西该给谁看，你最清楚。

发信息小贴士。根据我做的最新问卷调查，如今的青少年最感觉头痛的问题是如何共度与朋友相处的时间——如今，大家都是低头族，看手机发信息。有一位年轻人这么说过："如果你要跟我一起玩，就跟我一起玩。"大家知道大人对青少年行为抱怨最多的是什么吗？青少年在不恰当的时间玩手机和其他电子设备。如今有太多青少年用手机发送短信和信息，这足以说明这也是粗鲁的行为。本书提供了发信息方面的最新小贴士（何时发，该不该发）；如何用、该不该用缩写、笑脸以及网络俚语；如何应对发信息上瘾的朋友；等等。

推特礼仪。在推特上一次只能发送140个词，但却能带来很大的污染。大家随时随地在推送他们的想法和做法，“推特国”里面满是文字垃圾。如果你是推特中的“战斗机”，而你又想在推特街上畅行无阻，那你就应该了解推特街道最新的行走规则。

网络欺凌。网络欺凌的严重程度是真人欺凌的10次方。这得归功于社交媒体和互联网，以前只能被5个人看到的欺凌行为，现在可以被500万人看到！而且，欺凌可以实现匿名实施，无限时播放。新版本的《拒绝粗鲁》给出了应对网络欺凌的建议——不管你是欺凌的受害者、旁观者还是实施者。

机场礼仪。20世纪90年代，当你去机场坐飞机时，如果有人对你全身上下乱摸，你一定会尖叫不已。如今，在“9·11”事件之后，这样的安保措施无处不在。因此，新版本的《拒绝粗鲁》介绍了新的机场礼仪，以及如何确保飞行愉快。

拥抱。拥抱是握手的提高版。如今的青少年越来越多地采用拥抱的形式来问候，我们也该谈谈拥抱礼仪的新规则。

以上是新版本的《拒绝粗鲁》的一些主要更新，其他的小更新则随处可见。当然，我们也删除了一些内容，如录像店礼仪、报纸使用礼仪，那是20世纪的事情，该删了。

有些需要更新的内容，如新的语言、技术，还有新的知识：电话答录机的消失和手机语音留言的频繁使用。随着iPod的流行，随身听早已灭迹。网上邀请、帮助病中的朋友、与电脑谈话、打喷嚏的最礼貌方式等，本书中都有建议。

良好的品质，如尊敬他人、同理心、与人为善，还有为他人考虑，这些都是亘古不变的。但是，时代在不断地变化。时代在改变的时候，行为举止也需要改变，你需要与时俱进。现在，你需要学习礼貌行为举止，版本 2.0。这就是本书的目的。

目录

第一章　管住自己的举止

大家都不讲究礼仪了，我干吗要讲？

本书是关于行为举止的。如果你觉得这个话题让你想吐，你需要先说声“对不起”，然后再往厕所那边跑。[①] 听到礼仪这个词，你绝对可以有很多理由感到不舒服。因为，很多人小时候在学习礼仪的过程中，经常会被骂、被批评。大人们这么做的时候，还会美其名曰“纠正”错误行为。当你被这么批评的时候，大人们说你“没有礼貌”。

“用叉子拿。”

“吃东西时别说话。”

“身子坐直。”

“跟我说话时得看着我的眼睛。”

“别打岔。”

---

① 请参阅本书关于呕吐方面的礼仪。

如果一说让你去学习礼仪，你就想起小狗被送去驯狗学校，我完全能够理解。但是，如果你完全不顾礼仪，最终受伤害的会是你自己。学会言行举止符合礼仪，不仅仅是要懂得不能喝马桶里的水，更要懂得如何处理生活以及人际关系中的问题。很多懂得处理这些关系的人已经获得了成功。他们想要的，他们都得到了，他们自我感觉极好，他们100%都在享受他们的生活。

本书旨在让你成为精通这些关系艺术（和游戏）的高手，成为正确社交行为的专家。本书将为美国的青少年提供以下真实问题的答案，例如：

“善行女神已经死了吗?”

罪过罪过。没死没死。她依然住在新泽西州帕萨依克，家里有着花边桌垫，还有两只美丽的猫咪。

“举杯喝茶的时候，需要用兰花指吗?”

- 不需要了。但是，绝对不能竖中指!

还有以下信息，是你一直想要得到的：

- 为什么看你发短信，大人就会勃然大怒?
- 别人牙缝里有菠菜，你怎么告诉他们?
- 该给上门送比萨饼的人多少小费?
- 为什么对那些你不喜欢的人也要友好?
- 是谁整出这些荒唐的规则，为什么我们要遵守这些规则?

你会学到：

- 如何应对傻瓜。
- 如何应对偏执狂的评语。
- 如何应对大人的粗鲁评论。
- 如何告诉别人裤子拉链没拉上。

- 如何在有客人的时候举止得体，让你的父母希望你多带些朋友来家里。

当遇到以下情景的时候，你也会知道该如何应对：

- 有人说你难听的坏话。
- 有狗在公众场合嗅你的裆部。
- 你的两个朋友闹翻了，不讲话了。
- 你阿姨连续 6 年送你手帕当生日礼物。
- 你的朋友怂恿你尝点毒品。

在本书中，你还会学到以下内容：

- 如厕礼仪中的“可以”14 条、“不可以”14 条。
- 让人喜欢再次向你发出邀请的诀窍。
- 穿着得体，印象加分。
- 让粗鲁的人收敛的有效方法。
- 吐痰、挠痒痒、打喷嚏、打哈欠、咳嗽、打嗝、挖鼻孔还有挤青春痘的较好方法。

如果你的朋友做了以下事情，你也能妥善应对：

- 她问你，她是不是很丑。
- 她带着严重的问题来找你。
- 她拿到了本该属于你的奖励。

你还可以学到：

- 招工面试技巧。
- 在申请学校的时候，给负责录取的老师留下好印象。
- 应对在课堂挑你刺儿的老师。

看了这么多的介绍，你一定在想：真的假的？我从没有想过，良好举止能有这么大的力量，能带来这么多的快乐和自信。或者，你还是觉得，要学这么多的礼仪真让人头大。你可能会觉得，大家都不讲礼貌了，我干吗要讲？这个问题问得好。

讲礼貌对你有什么好处

讲礼貌有以下 10 大好处：

1. 讲礼貌的人会让别人感觉舒服。感觉舒服了，别人比较容易接受你的请求。

2. 讲礼貌的人会让别人印象深刻。良好行为让人印象深刻，也会让别人对你有礼貌。

3. 讲礼貌的人会增强自尊心。自尊心强的青少年比较容易实现他们的目标。

4. 讲礼貌的人会比较吸引人。讲礼貌的孩子比较容易与人相处，容易交朋友。

5. 讲礼貌的人跟别人一起生活和学习的时候，比较不会产生摩擦。

6. 讲礼貌的人万一跟人有摩擦，不太会跟别人发生打斗或陷入严重的状况。

7. 讲礼貌的人是珍稀品种。如今，行为良好的年轻人很少，大人会对他们很爱护。

8. 讲礼貌的人会自我感觉很好。讲礼貌的人可以昂首阔步，因为他们知道，自己行为得体，光明磊落。

9. 讲礼貌的人会让别人也感觉很好。你能和他人共同创造一个互敬互爱充满关怀的环境。

10. 讲礼貌不费分文。你可以获得最好的东西，而且免费。

绝大多数青少年都需要学习礼仪和良好的行为。我进行问卷调查的 99%的青少年都同意这样的说法："行为良好很重要。"他们为什么会这么想？

"这是尊重自我的表现。"

"别人会更喜欢你。"

"你怎么对人，别人也怎么对你。"

"我想给别人留下良好的第一印象。"

"我对人礼貌，比我对人粗鲁感觉好。"

有些青少年同意，行为良好很重要，不过，他们也提出了限制的条件：

"要看时间和场景。"

"我觉得没必要事事做到完美。"

"绝对完美很难做到。"

没错。我们真的没有必要做到绝对完美。但是，做到"足够"完美，能够给你带来很多好处。怎么做到呢？以下是问卷中青少年告诉我的讲礼貌的五个最大好处：

1. 得到工作。
2. 向父母要到想要的东西。
3. 获得别人的赞誉和尊敬。
4. 跟喜欢的人愉快相处。
5. 获得老师的帮助。

青少年发现，讲礼貌、行为良好给他们带来太多的好处：

"我让别人先走，鸟屎就不会掉到我头上。"

“我很讲礼貌，所以，我妈妈知道我会很负责任，于是，她同意让我养狗。”

“我可以到朋友家过夜了。”

“我的零花钱多了。”

“我家人都称赞我了。”

“老师对我更加尊重了。”

“在餐馆里讲礼貌，服务员会对你服务得更周到及时。”

“在家庭聚会的时候，一位远房阿姨看我如此有礼貌，她给我一张 100 美元的大钞作为奖励。”

“在朋友家吃饭的时候，我在餐桌上举止良好，获得了朋友家长的赞许。”

“我打了好几份零工，因为大人想找举止得体的小孩，他们一直都以为这样的小孩不复存在了。”

“因为我总是有礼貌、尊敬人，我没有惹上其他青少年遇到的一些麻烦，比如打架什么的。”

如果你还不相信举止良好能够给你带来好处，那就听听以下青少年的话，看看他们不讲礼貌有什么后果：

“我被停课了。”

“我现在名声不好。”

“我别想出门了。”

“我对我的寄养妈妈很粗鲁，所以她命令我搬出去。当时我不在乎，现在我非常后悔。”

“我说了些伤人的话。”

“我以前吃东西时还在讲话。我的朋友后来背着我告诉其他朋友这件事。”

“我对老师不尊重，老师也不尊重我了。”

“有一次，我想让我爸妈帮我做点事，但是我对他们大喊大叫。他们对我说：‘如果你没对我们大喊大叫，我们可能会同意的。’”

“我在八年级的时候跟人打了一架。我被打得一塌糊涂。”

“以前每年圣诞节我们都和姑姑一起过。我总是很顽皮、很闹。姑姑死的时候，她有一百万美元遗产，我一分也没拿到。”

大家可以看到，讲礼貌有多重要。本书就是要告诉读者，如何学会讲礼貌、有礼仪。现在你已经开始看这本书了，那就别放下它。希望你好好待在家里，在房间里窝上四天，从头到尾仔细阅读一遍。不过，千万别强迫自己这么做。这本书的编写方法，就是想让读者可以随时翻到哪里都可以开始看。大家可以根据目录找到自己最想看的内容。请让我再介绍一些背景资料。

说到底，什么是礼貌?

礼貌就是一个社会所形成的指导人们如何对待彼此的行为举止的习惯与传统。礼貌有助于去除人类冲动的个性，旨在维护秩序、推广社会价值、巩固人类的积极互动。如果大家为所欲为，不管他人的利益与感受，那将是何等混乱，会带来何等伤害!

由于礼貌而制定的一系列行为准则，就是礼仪。文化不同，礼仪也不同。在日本，进别人家里必须脱鞋。但如果是在美国，如果你也脱鞋，大家会很奇怪，而且还会捏鼻子。在一些亚洲和中东国家，吃东西咂咂作响是对厨师的赞叹。而在美国，如果你吃东西咂咂作响，那是你要回房间闭门思过的前奏。我们需要知道我们所在的国家的礼貌与礼仪。否则，一个小小的善意之举可能会冒犯他人，也可能带来尴尬的场面。①

关于礼仪，有一些很有意思的情况：

● 礼仪是活生生的，它会随着社会的发展而变化。比如说，西方国家的孩子，如今已经不需要向大人行鞠躬礼或屈膝礼了。如今的女性所做的事情——开车、搭出租车、穿比基尼——在过去，都算是伤风败俗的行为。有时候，态度、风格、技术的发展与改变，也使某些礼仪销声匿迹（如淑女上马车礼仪），而又会有其他礼仪出现（如

① 参阅第二章“世界各地肢体语言概况”。

使用手机的礼仪）。

● 礼仪是要看场合的。比方说，每种文化都有次文化——冲浪者、摩托车党、青少年、公司高管、参议员、音乐家、女性、男性、大人、小孩、弱势团体等。这些次文化通常也有它们的主导规则，例如：在大浪来的时候该谁先去冲浪；开董事会的时候座次怎么安排；去别人家过夜要带些什么东西；如何在主场对待来访的客队球员；在一些特殊场合该如何注意礼仪；等等。同理，青少年在问候、称呼以及语言方面的正常做法，在大人面前就不一定适合；他们在换衣间的做法，在全体学生的大会上也不合适。懂礼貌的人能够理解在不同场合有不同的礼仪要求，并能够准确把握。

● 把握礼仪，就跟开车一样，需要不断调整。比方说，在餐馆里，你要帮朋友付钱，这可以算是礼貌的行为。但是，你的朋友可能不让你付，而你又坚持要付，你的朋友依然不让。在某个时间点，如果你能不再坚持，让你的朋友来付钱，这就更加礼貌了。（你瞧，有礼貌竟然还可以带来经济上的利益。）

还有一个事情，是读者会经常听到的，那就是：讲礼貌，能够让别人感觉更加良好。这是千真万确的。但是有时候，讲礼貌的目的是要让别人感觉不舒服！这就是讲礼貌会变得很有意思的地方。例如，有人做了一些种族主义的评论；或者，有人带孩子来你家，却纵容孩子在客厅里乱跑；或者，有人触及你的隐私生活。有礼貌并不是容忍别人践踏你的生活。有时候，那些不友善或者不周到的为人处世方法，需要我们加以制止——当然，我们会很礼貌地制止。

礼貌简史

数千年前，人类就很讲礼貌了。在人类历史的最初阶段，有很长一段时间都以狩猎为生，他们需要觅食以防挨饿。这很耗费体力，而且他们得一直在外面奔波。大约公元前 9000 年，在近东地区，新时代农业的萌芽开始出现。人们开始种植农作物，并且开始畜牧。这就使人类的生存环境更加稳定，因为人类已经懂得储存食物。生活也变成群居的社区生活，还出现了准备食物和分享食物的仪式。这些仪式人类代代相传。

大约在公元前 2500 年，最早的关于礼仪的书籍——礼仪莎草纸卷轴——出现了。那是埃及人卜塔福德写的《卜塔福德箴言》，其中记录了很多关于与人相处以及转世投胎方面的好建议。例如，把木乃伊的缠布解开、在金字塔上喷漆是很不敬的事情。这本《卜塔福德箴言》流传广泛。很多宗教学者认为，《圣经》有很多部分都受其影响。

许多世纪以来，礼仪不断演变。比方说，11 世纪之前，欧洲人是用手进食的。有教养的人家出来的人用三个手指吃东西——大拇指、食指和中指。大家可以想象一下，当时的父母亲是不是会这样教训他们的孩子："埃瑟雷，跟你说过多少次了？别用整只手去抓东西吃！"

餐桌礼仪的演变丰富多彩。比方说，11 世纪的时候，意大利托斯卡地区开始首次流行用叉子进食。当时的传教士对此极力谴责，因为，他们认为食物是上帝所赐，只有上帝的造物——人——才能接触。"埃瑟雷，用叉子。别用手！"

150 万年前，直立人就发明了石刀来切割动物。中世纪的时候，绝大多数男人出门的时候要佩刀。刀就悬在他们的腰间，可以快速出鞘，要么是用来杀死敌人，要么是用来切割牛肉。17 世纪的时候，餐桌礼仪的最大忌讳是用刀尖来剔牙。据说，德·黎塞留公爵[①]对这

① 法王路易十三的首相，信天主教。——译者注

种行为非常恼火。他下令，把他城堡里所有刀的刀锋全部磨掉。于是，我们才有了现在西餐桌上的钝头餐刀。

到了13世纪，欧洲出了许多各式各样的礼仪书籍。上层社会人士在进入宫廷之前要学习合规的举止礼仪。书中有许多好东西，例如：

> 在擤鼻涕或咳嗽之前把头转开，不要让鼻涕落到桌面食物上。
>
> 不要像猪那样一头猛扑到盘子里吃东西，不要哼哼作响，不要咂咂作响。

最有影响力的礼仪书，可能要数当时住在鹿特丹的古典学者伊拉斯姆斯写于1530年的书了。他觉得，礼貌和礼仪在小时候最容易学好。他的书名叫《文明礼貌好儿童》。那可是畅销书，出版之后的两个世纪仍风靡整个欧洲，是那个年代儿童的必读书。他在书中记载了这样的内容：

> 要吐痰，请转头，以免吐到别人身上。
>
> 坐在椅子上时不要前后乱动，因为容易让人感觉此人在放屁，或是想要放屁。
>
> 不可把自己的脏手帕给他人使用，洗干净的可以。
>
> 擤完鼻涕不要像要接住头上落下的珍珠和红宝石那样展开手帕。

如果你看这些礼仪古书，你会发现，有些礼仪千年不变（“不要对人吐痰”），有些礼仪则随着科技、经济以及社会价值观的改变而改变。

讲礼貌算不算性别歧视？

肯定是的。为什么男人进入室内需要脱帽，而女人可以不脱？这很不公平！

礼貌是社会价值观、信仰以及传统的表现，是社会阶层、年龄、性别以及男、女、儿童的正当地位表现。许多世纪以来，很多文化中都把女性当作弱势群体，认为她们更需要男性的保护。这并不是说，在1.5万年前，坐在篝火边烤棉花糖的一群男人突发奇想："我们来歧视女人怎么样？"性别差异是由需求产生的。男人出去猎杀野猪，女人在家生小孩、照顾小孩，这样做比较合乎常理。

随着历史的推移，骑士制度出现了，这是专门规定男人应该如何对待女人的制度。这种制度是基于中世纪的骑士原则发展出来的，例如，骑士必须勇敢、有尊严、保护弱者，在电闪雷鸣的时候，不可以全身盔甲在户外行动。因此，勇敢的骑士对柔弱的一方（女性）常常施以保护以及尊敬。有女士到达或离席，骑士会起立；骑士会捍卫女性的名誉、帮女士开门、轻触帽檐、把自己的风衣让给女士穿。

这样的礼仪制度渐渐地发展出20世纪许多基于性别的礼仪。比方说，一位绅士应该给女士让座，帮她搬行李、买单、开车、赚钱、做决策。当时甚至有法律规定，很多事情女性都不能做。在美国，1920年前女性都没有投票权。

还好，时代在发展，几十年来，美国还有其他国家的女性角色在发生变化。女性现在也能执掌权力、管理大企业、开巴士、布道传教、切除器官、开飞机、投炸弹。女孩子也可以约男孩子出去。有智慧的人都知道，女人并非“弱者”，也并不“次于”男人。

社会通常会拒绝改变，而且，经过多年斗争而获得的权利（如女性权利、投票权利），也常常会被那些想走回头路的人尝试破坏。礼仪的发展就更慢了，因为这是由长辈传给晚辈的东西。我们如今正处在一个发生巨变的时代，男性与女性之间的正确行为定位，需要我们做出很多努力。以前社会可以接受的礼貌态度及行为，如今的社会觉得很粗鲁或者不符合时代了。

根据如今的标准，某些礼仪仍然存在着性别歧视，因为它的出发点就是基于男女的不平等，并在男女的角色方面有着不正确以及有歧视的假设。但是，礼仪不应该也不需要是性别歧视的。对人友爱，需要一视同仁。

现在，大家对礼仪和礼貌有了一定的了解，我们可以开始讨论我们的第一个问题了。(这些都是美国青少年提出的真实问题)。

亲爱的艾利克斯：

“礼貌不是给势利小人还有那些富豪用的吗?”

根本不是。根据定义，势利小人的礼仪礼貌都很差劲。因为这些势利小人的态度与行为，让别人觉得自己低人一等。这就是极为粗鲁的！如果有人因你吃饭用错了叉子而贬低你，那个人才是不礼貌的人。

至于富豪不富豪，我想说，礼貌不是钱能买得到的东西。大家随便观察一下就会知道，粗鲁的行为很容易造成机会的不均等。反之，礼貌的行为是促进社会均衡的巨大力量。

当然，有些礼仪的规则似乎更容易让有钱人来实行（比方说，给调酒师小费，或者给正式餐厅里的服务生小费）。而且，由于那些人有钱，虽然行为粗鲁，却能够比其他人更容易摆脱困境。但是，在餐桌上挖鼻屎，不管他有没有钱，都是令人恶心的举动。

亲爱的艾利克斯：

“讲礼貌为什么那么重要？看人好坏不是要看他的内心吗?”

没错。但是，如果有人一见到你就被你的表面行为吓到了，还有多少人会继续跟你长久相处，来了解“真实的你”的美丽心灵呢？

问卷调查的内容

我们问青少年：“别人对你做过的最粗鲁的事情是什么？”他们的答案是：

“有人——

抓住我的内裤，把我提起来。

在我跟他讲话时，完全不理会我。

在我摔跤的时候，对着我的脸放屁。

对我说我太胖了，需要节食了。

散布关于我的谣言。”

“我妹妹把东西在嘴里嚼烂，然后吐在桌子上。”

“一个染着紫色头发的小孩朝我竖中指。”

“有人——

在我背后捅刀子。

把我的肩膀撞向储物柜。

在一大堆人面前抽我嘴巴。

把我欺负得几乎落泪。

告诉我，我这辈子一无是处。”

“有一个店员，完全忽视我的存在。”

“我把我的秘密告诉一个朋友，并说不可以再传出去，但他还是传出去了。”

“我弟弟嚼东西故意不合嘴，故意恶心我。（他 16 岁。）他进我卧室总不敲门；我妈妈如果贬低我，他总是在旁边帮腔。”

“有人——

扯下我的裤子。

挂我电话。

诬赖我，说我做过什么事情。

打压我的想法，因为我的想法与众不同。

假装是我的朋友。”

“我弟弟拿了我的东西，还藏了起来。我需要的时候他还不给我。”

“有人对我吐痰，还辱骂我。”

“有人——

翻看我的私人东西。

让我在朋友面前难堪。

让我久等。

在我走路的时候想绊倒我。

不邀请我去某个派对，只是想让我生气。”

“我的朋友说过好几次：‘我有爸爸，你没有’，因为我爸爸妈妈分居了。”

“我妈妈偷看我的日记。”

“我想跟最好的朋友一起出去玩，但她对我撒谎，说她被管得很严，出不去。后来我发现那天她跟男朋友出去玩了。”

“有人在公众场合扮酷，竟然假装不认识我。”

“我买了音乐会的门票，要跟一个女孩一起在音乐厅碰面。她从来没感谢过我为她买了票。门票是我好不容易才买到的，于是我有点儿不高兴。她来的时候，竟然迟到了一个半小时。到点了我没进去，因为我怕进去了，她没票就进不去了。音乐会之后，她过了一个小时才来到我停车的地方。我们在停车位那里等了两个小时。”

“别人对我做过的最粗鲁的事情？不太清楚。但是，粗鲁的事情就很多了。我们一起玩的时候有人发信息聊天；迟到了不道歉；不对你说谢谢；借钱不还；我让他不要嘲笑我，他还继续嘲笑我；不回电子邮件；在我背后议论我；等等。这些都是小细节，但加起来就是大问题了。”

哪些礼貌行为最重要？

根据我们的调查，我们总结了让家长们①高兴的 20 个最佳礼貌行为，希望你多加练习。

1. 要说“请”“谢谢”“不客气”“……，可以吗？”还有“对不起”。

2. 写感谢信、小卡片。

3. 说话时要看对方的眼睛。

4. 保持整洁。

5. 尊敬长辈。

---

① 我还让家长们填写了问卷。

6. 不要打岔。等到该你发言的时候再发言。

7. 想怎么被别人对待，就怎么对待别人。

8. 要注意餐桌礼仪。（等大家一起开动；咀嚼时要把嘴巴合上；有人没吃完，你不能先离席，请耐心等待。）

9. 握手时要有力。

10. 对人要有热情。

11. 开门要小心；要给人让座。

12. 有人对你说话，要答应。

13. 别人讲话，要仔细听。

14. 要特别关注客人的需求。

15. 要说“是”（yes），不要说“呀”（yeah）。

16. 不要说伤人的话。

17. 想清楚了再发言。

18. 他人财物不要动。

19. 尊重他人的隐私。

20. 只在适当时机、适当场合使用手机和其他设备。

我也问过老师①，他们最喜欢“学生的哪些礼貌行为”？以下是他们的回答。

1. 会说“请”和“谢谢”。

2. 仔细倾听，提问得当。

3. 请求帮助时彬彬有礼。

4. 对同学和老师都友善、能理解人。

5. 自由表达意见，但会注意方法。

---

① 我也让老师们填写了问卷。

6. 表达歉意时，用真诚心。

7. 感谢我对他的教导，帮他理解。

8. 学习专注。

9. 对自己的外表不感觉自卑。

10. 帮别人拉住门，行为周到。

11. 慷慨、感恩。

12. 手机调成静音、收起。

13. 对被刁难的同学会提供帮助。

14. 会帮助被排挤的同学。

15. 对同学、老师讲话很尊重。

16. 对学习的态度很积极正确。

17. 来上课时，保持开放的心态。

18. 发言之前会举手。

19. 会主动给同学或老师帮忙。

20. 微笑，有眼神交流。

亲爱的艾利克斯：

“小孩为什么要尊重大人？”

因为大人也需要反过来学习如何尊重小孩。

讲礼貌与“装”

有些人觉得讲礼貌跟“装”没什么两样。他们为什么要这样想呢？其实，他们可以认为讲礼貌是“有技巧”“很友好”“很聪明”。“不装”可能会伤害到他人的感情，可能会挑起事端，可能不会给你带来最佳利益。“装”可以维持关系，增进互敬，让别人自我感觉良好，对你也感觉良好。以下是一些“装”与“不装”的例子，你更喜欢听到哪一种呢？①

“不装”	“装”
“世界上人都死光了，我也不跟你去约会。”	“抱歉，那天晚上我已经有安排了。”
“这件衬衫好难看。用来做墩布都可以了。”	“阿珍阿姨，谢谢你帮我买的衬衫。”
“没见过比你更枯燥无味的人。老子走了。”	“对不起，我要走了。还有很多作业要做。”
“我们扫地时应该连你们也一起扫走。你们这帮废材。”	“你们这次运气不好，但是你们打得很努力。”
“你真是一无是处的蠢材，你将一事无成。”	“我知道你有潜力，如果你努力去做，发挥好你的才能，你可以做好你想做的事情。”

亲爱的艾利克斯：

“讲礼貌会限制我们的情感，让我们做事情很别扭。为什么不自然一点儿呢？”

人类是很复杂的东西。很自私、很暴力、很好斗；人类也很慷慨、很热情、很爱护他人。这都是人类的特性。如果大家都追随自己的欲望与利益，想干什么就干什么，那么我们的世界会很暴力、很混乱。因为，任何一个群体，不管是一个家庭、一个足球队、一个公司行号或者一个国家，如果大家想要在一起好好地生活和工作，想要做出一些事情，都必须遵照普遍认可的规则来行事。这些规则就是：法

① 参阅第七章关于诚实是否是最佳做法的讨论。

律、价值观、期待值、目标、企业管理政策、比赛规则——以及礼仪。

这些规则看上去似乎束手束脚，因为它们限定了人们的“自然行为”。但是如果仔细观察，你会发现，这些规则并没有限制个人自由，而是让人能够创造自由。大家仔细想想吧。如果没有规则，大家怎么打棒球？如果没有交通法规，大家在路上怎么开车？如果没有法律，大家在家里怎么能感到安全？如果没有礼仪，大家要怎么跟别人相处而不经常互相打斗伤害感情？你真的想活在能够为所欲为而没有任何限制的世界吗？

人类这种生物，本身带有一点浪漫情怀。请你选择一下：你是想活在一个满是抢夺骚扰的社会，还是一个礼尚往来、互相尊敬的世界？你是想和一个贪婪、无同理心、不友善的人一起生活，还是想和一个慷慨、有同理心、关怀支持你的人一起生活？你是想和一个吵吵闹闹、搞破坏、反社会的人一起生活，还是想和一个安安静静、能提供帮助、友善的人一起生活？你是想吃晚饭时同桌的人不断打打闹闹，还是喜欢安心享受美食和优雅的谈话？

亲爱的艾利克斯：

“对那些无知的傻瓜，为什么你还那么彬彬有礼?”

因为你不知道哪一天，谁会变成好莱坞明星经纪人。

亲爱的艾利克斯：

“要怎么既讲礼貌又不让别人觉得我做事怪怪的?”

不讲礼貌的人才觉得你做事怪怪的。那些人怎么想，你何必去理会?

不讲礼貌可以吗?

可以，但仅限于以下人士：

- 年龄太小，不知道什么是礼貌。
- 身体或精神上有疾病导致他们无法自我了解、自我管控。
- 正在应对紧急情况的人士（消防队员没有时间对挡路的人群说“对不起”）。
- 罪行的受害者（抢劫的时候没时间来做人物介绍）。
- 孤独的人、没人关注的人，这些人的行为不会对他人造成影响（在自己房间里，没人看见时，可以舔鲜奶油的罐头）。
- 大家同意可以不必讲究某些礼仪的时候（比如，跟朋友一起看足球比赛、吃点垃圾食品，这时打个饱嗝没有问题）。

问卷调查的内容

我们问青少年：“你对别人做过的最粗鲁的事情是什么?”他

们的答案是：

“我向朋友借了一套正装穿去参加舞会，但我 5 个月之后才拿去还。”

“我碰到一个人但是没打招呼，因为我忘记了他的姓名。”

“我跟一个朋友说我病了，却去另一个朋友家里玩。”

“在去舞会之前的几天，跟女伴说不跟她去了。”

“我因为对一些小孩子很生气，就踢了他们。”

“有个女孩在大厅里跑，我绊了她一下，让她摔倒了。”

“我撞上了一个人，我还要他跟我道歉。”

“在别人背后讲他的坏话。”

“叫别人‘四只眼’。”

“我最好的朋友完全不理我了，于是我给她写了一封尖酸刻薄的信。”

“我把一只臭袜子塞进别人的嘴里。”

“我往姐姐的脸上泼了一杯水。”

“我盯着看一个残疾人。”

“嘲笑别人是某个团体的。”

“我搭上一个男孩跟他聊天，但后来我把他甩了，因为我找到别人了。”

“我跟一个女孩说，如果她能够好好减减肥，让人看到她的身材，那她就会很美。”

“我跟人约在某个地方见面，而我故意不去。”

“别人受伤害的时候，我还大笑。”

“我朝老师竖中指。”

“我在饭桌上还在发短信。”

"公开别人的秘密。"

"在嘴里嚼烂食物，然后把嘴张开给大家看。"

"我抛弃了儿时玩伴，到一个新团体里去找新朋友了。"

"我对妈妈说我恨她，说我希望我是别人的孩子，然后摔门而去。"

"我真的没做过粗鲁的事情。这听起来像是在撒谎，或者，我是活在梦幻的世界里。但是，我父母教导我要讲礼貌，我很幸运他们这么把我带大。"

亲爱的艾利克斯：

"如果有人对我粗鲁，我可以对他们也粗鲁吗？"

对问卷中的这一问题，青少年是这样回答的：

可以。32%。

不可以。68%。

以下是他们给出的认为可以粗鲁的部分理由：

"如果有人对我粗鲁，我可以对他们粗鲁，因为……"

"要以其人之道还治其人之身。"

"如果不对他们粗鲁，大家都觉得你是好欺负的。"

"必须显示自己的强硬态度。"

其实，还有另一种选择：你可以不对他们粗鲁。在详细讨论之前，我们来看看其他青少年的选择——"看情况"：

"看情况……"

"如果对方也是一个学生或同龄人，我觉得可以对他们粗鲁。但是，我们不应该对老师、家长或其他管事的大人粗鲁。"

"我几乎不会理会偶然遇见的粗鲁事情。但是，如果有人一直很粗鲁，有时候对他凶一下，让他难堪一下，能够制止他，也能够让他对我尊重些。”

“看当时的情况。跟不好相处的人打交道要有耐心，处理事情要成熟，这比较重要。但是，如果对方真是瞎搞胡闹，我想我应该让他闭嘴。”

最后，让我们来看看说“不可以”的青少年怎么说的：

“如果有人对我粗鲁，我不可以对他们粗鲁，因为……”

“如此一来，他们又会对我粗鲁，我又需要对他们粗鲁，这会是个恶性循环。”

“为什么要把自己贬低到跟他们一样、那么孩子气的标准呢?”

“我们应该树立好榜样。那些粗鲁的人看到只有他们在粗鲁，也会觉得他们的行为怪怪的。”

“如果你粗鲁了，以后会后悔的。”

“如果你针对别人的粗鲁，说了一些积极的话，会有非常积极的反应的。”

“负负不得正。三次错那就成了大错了。”

你觉得呢？以粗鲁应对粗鲁，对了吗？在你下判断之前，先看看下面的内容。

如果你觉得要以粗鲁应对粗鲁……

- 你可能激发起原本不想粗鲁行事的人。
- 你可能卷入一场打斗。
- 你可能给自己搞出很大的麻烦。
- 你给这个世界的粗鲁程度又添了砖加了瓦。
- 你让别人控制了你。

如果你以礼貌来应对粗鲁……

- 你终止这次冲突的概率最高。
- 你获得你想要的结果的概率最高。
- 你赢得他人对你支持的概率最高。
- 你散发出信息——没有人能够欺负你。
- 你维护了你的尊严。
- 你做出榜样，说不定可以改变其他人的行为。

亲爱的艾利克斯：

“应对粗鲁行为的最佳方法是什么?”

有两种方法。

1. **不理睬。**比方说，你站在一个收款处，队排得很长。有人把推车推过来，压过你的脚。他也没有说“对不起”，依然往前推。

你可以对他喊：“你这个傻瓜！走路怎么不看着点儿?”

你也可以完全不理睬他。哪种做法比较好呢?

如果你喊了，那么你就是按下了这个不讲礼貌的人爆发的开关。你自己也可能表现得粗鲁无比，还可能卷入一场打斗。

如果你不理睬这样的野蛮行为，你的脚趾头只是会有点疼痛而已。但是，你可以心安理得，因为你知道你的行为良好，你完全能够控制自我。并且，你的克制可能引发旁观者的同情。

2. **以礼貌待人。**有些人把讲礼貌当作软弱。他们觉得要粗鲁一点比较酷。这可是大错特错了。

讲礼貌绝对不是软弱。它是“强有力”的表现。它是一种非常强大的力量，可以让你获得尊敬，保护你的权利，制止粗鲁的人进一步的行为，甚至可能会让对方道歉。这样做会使局面完全由你来掌控。

如果讲礼貌的做法有效的话，你可能会问，那为什么大家都不这么做？原因是，这是需要技巧的。需要深思熟虑，需要耐心，甚至需要一些智慧。并且，你可能已经察觉到了，以上技巧如今懂的人不多了。如果你懂了，那就是你的优势了。你的礼貌会让你在很多情况下脱颖而出。

你会在本书中经常看到，如何用讲礼貌的方法来制服对方，并使你在任何情况下都可以维护自己的尊严。总的来说，以礼貌应对粗鲁有两种最好的方法：

方法 1：假设那位粗鲁的人是无心的，他本是好意，不是有意粗鲁。

这是一个能让举止粗鲁的人意识到自己的粗鲁，甚至开始道歉的秘密方法。“指责的话语”只会让他们更加容易爆发。“为他人着想的话语”会给他们一个挽回脸面的台阶。例如：

指责的话语或类似话语	为他人着想的话语或类似话语
1. 你说：“嘿，别插队。到后面去，傻瓜！”	1. 你说：“对不起，我有点搞不清楚了，排队不是应该在后头吗？”
他回答：“@%！ #&！”	他回答：“哦。对不起。我刚才没看到。”
分析：这是用指责性的话语来批评举止粗鲁的人。没错，他确实很粗鲁。但是，你的指责容易让他更加剑拔弩张，容易变成面子的问题。	分析：如果这位举止粗鲁的人士确实没有注意到需要排队，那么你的礼貌态度很容易就会让他做出正确的行为。如果他真是想插队，那此时他就可以有面子地到后面去排队了。
2. 你说：“嘿，你这是干啥呢？这是给残疾人用的。你不可以停这儿。”	2. 你说：“这牌子已经很模糊了，可能你没有看到，这是残疾人专用的停车位吧。”

续前表

指责的话语或类似话语	为他人着想的话语或类似话语
他回答："@%！ #&！"	他回答："其实我看到了。我的残疾不明显。不过还是谢谢你关注停车位使用的情况。"
分析：这种直接的攻击只会导致那种"关你屁事"的回答。	分析："为他人着想"，其实是很重要的，对方可能真有理由这么做。可能错的是你的假设，而不是对方的行为。

方法 2：让举止粗鲁的人为你着想而不是粗鲁下去。

这是基于人性的一种应对方法。没有人喜欢被别人指责或呼来唤去。但是，大多数人都会因为别人的礼貌请求而进行合理的调整。

粗鲁话语或类似话语	"请为我着想"的话语或类似话语
1. 你说："闭嘴。别人看电影呢。要说话到外面去。"	1. 你说："对不起，我听不到电影里面的对白了。你们能够不讲话了吗？"
他们回答："@%！ #&！"	他们回答："对不起。"
分析：很多人在被指责的时候就会爆发。即使他们知道你是对的，他们的自尊受到了伤害，还是会为自己辩解。	分析：那些讲话的人会觉得他们是在"给你面子"，而不是"让步"，很可能就不讲话了。
2. 你说："奶奶，管好你自己就好了！我要和朋友去滑雪，你管得着吗？"	2. 你说："奶奶，如果你去旅行还得担心我，那我就太过意不去了。爸爸妈妈如果对我不放心，就不会去希腊旅行了。他们一直都让我去滑雪的。"
她回答："怎么这样跟你奶奶讲话？我只是不希望你受伤而已。"	她回答："我就是担心你嘛。做奶奶的就是操心的命。"
分析：你的奶奶很伤心，你们的关系恶化。	分析：如果你能认同奶奶的观点，而不是反驳，你能够自己去玩的概率更大。

问卷调查的内容

我问家长们两个问题，以下是他们的回答：

1. 你觉得如今大人们的礼貌程度，是随着他们年龄的增长提高了，还是降低了？

提高了 3%。

降低了 74%。

没变 23%。

2. 你觉得如今孩子们的礼貌程度，是随着他们年龄的增长提高了，还是降低了？

提高了 6%。

降低了 75%。

没变 19%。

问问你的父母，看他们怎么说！

大家为什么不再讲礼貌了？

原因很多。我在问卷中问家长们，为什么如今的大人们不如他们前一代的人讲礼貌？他们的回答如下：

“很不幸，大家似乎认为讲礼貌是软弱的表现。”

“现实电视节目中播放了太多不礼貌的行为。”

“我们的社会要的东西太多，强调特权。我们的沟通都反映了这样的不良态度。”

“科技的发展是一个主要的原因。人们不再面对面地沟通，大家就发发短信和电子邮件，还有实时信息。这导致整整一代人成了低头族，只看他们的手机，而不顾简单的礼仪。”

“如今，大家的压力都太大。我觉得我们都在快车道开车，完全没有时间来理会别人、关心别人。”

“美国是个文化大熔炉，各种礼仪的观点都有。很多人把粗鲁当作文化的一种‘多样性’来看待。”

“我们的社会，日益成为一个以‘自我’为中心的社会，而不是以‘大我’为中心的社会。”

“社会越来越不尊重权威。维护礼仪和尊重的传统正在经历着礼崩乐坏的过程。”

“人们的梦想破灭了。大家都觉得无能为力，因此对立不断出现。”

当我问到如今的孩子们为什么不像前一代的孩子那么讲礼貌了，他们的回答是：

“电视。”

“孩子们通过大众媒体看到太多粗俗的内容。”

“电子设备的泛滥，加上我们的社会越来越随便，大家都不注重礼仪。”

“在家里、在学校，大家都不太注重礼貌了。”

“如今的孩子们看到太多的公众人物，如体育明星、电影明星、政客们的粗鲁行为，孩子们觉得这样的行为是种潮流。”

“家长和老师都偷懒，没有教孩子们礼仪和正确的行为。很多家长希望成为孩子们的朋友，而不是家长。”

“同龄人的压力。”

“孩子们有太多的自由，而缺乏监督。”

“活动太多，家庭互动时间太少。”

“社交媒体、电视、分裂的国度（‘有’与‘没有’；不同政党；种族；性别；文化差异；等等），年轻人所见到的是粗鲁、不友善的社会行为模式。”

综上所述，大人们认为孩子们的粗鲁行为是社会条件的改变、媒体的不良影响以及大人们疏于管教孩子们的礼仪与行为造成的。那么，我们知道了，年轻人不讲礼貌，不只是他们的错。但是，如果你也变成大人，也继续这样的状况，那是谁的错呢？

本章小测

1. 你可以不注重礼仪，如果：

a）你对那人忍无可忍。

b）你刚吃了一加仑的烤黄豆。

c）你脾气暴躁。

d）你死了。

2. 如果你的孩子表现粗鲁，原因是：

a）他们在家里没有好好被管教。

b）他们在模仿电影明星和体育明星的不礼貌行为。

c）他们觉得不礼貌是很酷的事情。

d）他们今天很不爽。

3. 家长们可以通过以下方式来教导孩子讲礼貌：

a）他们不乖就打他们一顿。

b）他们不乖，就对他们说："你们这些混蛋，就不能做点对的事情吗？"

c）穿内裤来餐桌吃饭。

d）以身作则讲礼貌。

4. 如果有以下情况，就可以用粗鲁来对治粗鲁：

a）你比对方块头大。

b）你的男（女）朋友在看着你。

c）你喜欢被打得稀巴烂。

d）你不知道如何更好地应对。

第二章　社交第一课

与人交际的礼仪

除非你是隐士，或是落难荒岛，或是闭关修道之人，否则，你每天都需要与社会有些接触。有些接触很简短，无须了解姓名，比如，帮陌生人拉门，或者把钱交给收银员。有些接触很亲密、很有意义，比如，安慰朋友、跟父母亲说知心话。但这些接触都有一个共同点：在行为上有一定的规则与期待。这些规则与期待指导着所有的行为，从赠送礼物到一起吃饭，从找工作到照看孩子，从问候他人到与人见面。你的处世能力决定了你能否在任何场景下都充满自信，并让别人也感觉放松。

如何介绍——基础知识

不管你喜不喜欢，第一印象确实很重要。如果你能在做介绍时应对自如，你就能够给人留下好印象。

自我介绍

这是最简单的介绍，你只要记住自己的名字就够了。在学校里，或在派对上，或者在别人忘了介绍你的时候，你只要向那位想认识的人士伸出你的右手，微笑着看着他（她）的眼睛，说："你好，我是某某某。"如果对方没有做自我介绍，那你可以说："您怎么称呼？"①

介绍他人

先讲讲成年人的情况吧，比较正式一点。如果由你做介绍，可以这么说："妈妈，我想让你见一下我朋友'黏手指'。"之后，就没有必要再说："'黏手指'，这位是我妈妈。"人生太短，不需要重复这样的话语。

你也可以这样说："妈妈，我给你介绍一下，这是'黏手指'。"如果你时间不多，就说："妈妈，这位是'黏手指'。"

如果你觉得双方可能已经认识了，但又不确定，那你就可以把这个介绍用问句的方式提出来："妈妈，你认识'黏手指'了吗？"

有时候，孩子不一定随父母亲的姓。如果是这种状况，你在向"黏手指"介绍你妈妈的时候，就说："'黏手指'，这是我妈妈，某某女士。"这样的话，"黏手指"就知道怎样正确地称呼你妈妈了。

小菜一碟。

但是，你怎么知道该向谁介绍谁呢？请掌握这样一个原则：把"地位较低"的人介绍给"地位较高"的人。需要先称呼一下"地位较高"的人，如：

"殿下，请允许我向您介绍马槽小童西蒙。"

---

① 关于如何开始和别人聊天，请参阅第十章中"如何开始谈话"部分内容。

“扬琴教授，这是我的狮子狗，帕斗。”

由于谁比谁地位高比较不容易搞清楚，该说什么、什么时候说也不容易搞清楚，所以我准备了下面的列表，可以作为参考。

“地位较高”的人	“地位较低”的人
大人	小孩
老师	学生
老朋友	新朋友
女性	男性
亲戚	非亲戚
老板	雇员
英国女王	养狗的

请不要对地位这样的事情太在意。这并不是说王室成员就比普通人好，女人就比男人好，或者说大人就比孩子好。这只是介绍时候的通常做法，做错了也别在意。如果你介绍的主次顺序搞反了，没人会注意的；相反，他们会注意到，你去做了介绍。他们会赞叹你的所作所为。

当你做介绍的时候，可以简单带一句个人信息，要不然，被介绍的人会看着对方的嘴巴，不知说什么好。

你可以试试这样做：

“奶奶，这是我的朋友，亨利·胡迪尼。他是变魔术的。”

“古雷尔先生，我想向您介绍我妹妹夏洛特，她是学校话剧团的女主角。”

“爸爸，这位是荣·戈梅斯。他是我游泳队的队员。”

大家应该可以看出来，这些加进去的额外信息，为双方的对话做好了准备。但是，不要介绍太多，这只是促成谈话，不要在此时透露秘密。

介绍一对伴侣

一对伴侣，范围也挺广的，可能是恋爱关系、婚姻关系、未婚关系、订婚关系等。他们互相之间的称呼可能是老公、老婆、爱人、丈夫、妻子、男朋友、女朋友、重要的另一半、不重要的另一半，等等。为了避免难以启齿的情况，最好在介绍的时候说明一下他们的关系。比方说：

> "妈妈，我想跟你介绍我的游泳教练，水先生，还有他的未婚妻，池女士。"
>
> "爸爸，这位是我的法语老师，福楼拜女士，还有她弟弟路易十四。"

或者，

> "希奥，我想跟你介绍胡安，还有胡安妮塔·罗德里哥斯。他们是我家隔壁邻居。"

光看名字，这两人可能是夫妻，也可能是兄妹（姐弟）关系，还可能是父女关系。你可能得根据他们的年龄、长相以及肢体动作来判断他们的关系。如果不确定，你可以在介绍的时候加一句：这是胡安、胡安妮塔·罗德里哥斯夫妇，他们是我家隔壁邻居。如果胡安看上去有 85 岁，胡安妮塔则中学刚毕业，你可能可以说：这是我家隔壁邻居，胡安·罗德里哥斯和他孙女胡安妮塔。

已婚女性不一定冠夫姓，所以，在介绍这样的夫妇时，需要非常小心。如果你不确定的话，那就直接问他们该怎么介绍。于是，当你把肠胃专家介绍给你好朋友的时候，可以说：

“邦果，你见过泰德·夏普和他太太班尼·希兰医生吗？”

有时候，你可以同时介绍两个人，因为他们同属于一个团体，如摔跤运动员。“奶奶，我跟你介绍一下布巴和布多，他们是美国职业摔跤高手。”或者是卖冰淇淋的，“爸，妈，你们见过本和杰瑞吗？”

亲爱的艾利克斯：

“如果我忘了名字，怎么介绍？”

这很难。“费牧博士，请让我介绍这位，呃，呃，这个……”这样的介绍不行。但是，我们有时候真的记不清别人的名字。如果什么都不介绍，那更糟糕。如果你记不清某一方的名字，可以采取以下三种处理方法：

- 坦白
- 虚张声势
- 瞎编

所谓坦白就是直接说你大脑一片空白。情况可能是这样的，你开始介绍（爸，这位是我数学课的同学），然后，你转过去对着这位同学说，“对不起，我突然想不起你的名字了。”此时，你朋友一定会说出他的名字的。

如果你是自我介绍，你可以这么说，“嗨，我们以前见过面的，但我不记得你的名字了。我叫某某某。”

如果你想介绍两个人认识，但突然间两个人的名字你都记不起来了，那该怎么办？坦白的方法是这样的，“非常抱歉，我本人对记名字一直不行。我自己的名字要不是绣在内衣里，我都会忘记。你们两位自我介绍一下怎么样?”

如果你不想让被介绍的两个人察觉你忘了他们的名字，也许你会想用虚张声势的方法。你得微笑地看着他们两人，然后说，“你们两位已经互相认识了吧?”这样的方法奏效的话，如果两人不认识，他们就会开始自我介绍了。如果这样的方法不奏效，等到他们转向你，带着期待的眼光希望你来介绍，那你可就尴尬了。

如果你只记得一个人的名字，可以对另一个人说：“你认识狄更斯太太吗？她是我八年级的英语老师。”如果你运气好，这个人会说：“还没有这个荣幸。你好，我是尼古拉斯·尼克比。”

如果你记不清别人的名字，也可以用虚张声势的方法。你得脸带微笑，伸出右手，说，“嗨，很高兴又见到你了。我是某某某。”然后，你希望对方能够告诉你他的名字。

骗人的招数不太好，但是，有时候也有必要用一用。你得编一个紧急事情出来：“天啊，我的狗狗咬了小沙鼠了。”你一边逃离现场，一边说：“你们自我介绍一下好吗?”

介绍一群人

有些时候需要进行团体介绍。比方说，你表弟跟你去和几个朋友一起看电影。如果你们一共就几个人（比方说，少于5个人），你可以一一介绍。如果人数很多，那么等一一介绍完，电影都要放完了。这种情况下，最好是做个团体介绍比较省事、省时间。“嗨，各位，这是我表弟阿弗莱德·费都其尼。从罗马来的。”

阿弗莱德可以面带微笑，说：“嗨。”其他人就报以微笑，也说“嗨”“你好”。也可以有肢体动作，挥挥手，友善地敬礼，或者轻触帽檐，只要能让阿弗莱德觉得受欢迎的都可以。在这样的非正式场合就不太需要握手或者起立了。要和阿弗莱德讲话的人，应该先自我介绍一下。

亲爱的艾利克斯：

“为什么要握手?”

古埃及最早的象形文字记录的握手，是在公元前2800年左右，一位神灵把权力通过握手交到法老手中。米开朗琪罗在梵蒂冈西斯汀教堂天花板上的著名壁画里，也有一个类似的动作，那是上帝的手伸向亚当的手。在电影《外星人》当中，埃利奥特跟外星人的手指接触也很类似。

需要握手的另一种可能原因是，在以前，陌生人之间互相接触时会带有怀疑。男人通常是右手持刀剑，他们需要确定没有威胁了才会把刀剑收入鞘中。然后，他们可以互相握手来表达友谊和善意。（这也解释了为什么女人之间直到近期才开始握手。）

如今，大家握手是因为这已经成了传统。很多体育团队、同龄团体还有兄弟会都会有特殊的握手方式，这源于中世纪的辨别信使以及密探身份的方法。同龄团体内部有特殊的握手方式，这完全没有问题，但是最好不要让其他人觉得有被排挤的感觉。

各国的握手方式不同，正好证明了各国习惯的不同。美国家长教孩子握手时，表示不要软趴趴地“像条死鱼”！在其他国家，如中国、日本、土耳其以及其他一些阿拉伯语国家，轻轻握手比较好，太用力则是粗鲁的表现。有些人握手时快速地摇动几下，就几秒钟；有些人握手时间较长，甚至把左手也搭上去。在某些文化中，握手的时候，还可能会伴随亲吻、鞠躬、拍肩背等动作。还有一些规定，如谁先伸

手、女士需不需要起立、男人与女人可不可以握手、肢体接触的程度，都取决于是商务会面还是私人见面。哇！真不容易啊！要一一列举各种可能的情况，恐怕得做一张很大的表格。你有三种选择：（1）不出国旅行；（2）出国之前，做点功课，了解一下当地的风俗；（3）注意观察别人怎么做，然后跟着照做。

生物系三年级幸存学生的秘密握手方式

被介绍

当你被别人介绍的时候，应该注意什么呢？请记住以下五个步骤。

1. 假设场景。如果你坐着，此时应该站起来。站姿要好。不要抖动，不要走来走去。

2. 要有眼神交流。露出友善、欢迎的表情。不要看别的地方，也不要盯着自己的鞋。

3. 握手。握手稍微用力，但不要硬得像是干面条。自信有力的握手显示你的自信心。

4. 问候语。说句“你好吗？”绝对不会错。“哈喽”或者是“很高兴见到你”这样的话也很好。诸如“哟”“嗨”“嘿”“咋了?”“啥情况?”这样的俚语，还有太过前卫的敬礼方式，留着在和自己同龄人见面的非正式场合时候用。如果你此时还能说：“我盼望已久，想要见到你”，或者“我妹妹说过很多关于你的事情呢”那就能加很多分。

5. 交谈。如果帮你介绍的人是高手，他一定会告诉你不少关于另一方的事情。此时，你就可以顺藤摸瓜问几句。比方说，你朋友介绍他的队友给你认识，你就可以顺势问：“你打什么位置的?”或者问：“平常练习如何?”“你们队这一赛季状况怎样?”尽量不要问那种可以用“是”或“不是”来回答的问题。

如果是刚从外地来的新生，你可以问：“喜欢这个新城市吗?”或者“在读什么课程呢?”“想参加什么俱乐部呢?”

但也不要搞得像牛津大学辩论联合会那样针锋相对。这只不过是个友好的聊天，让新认识的朋友感觉轻松自在而已。如果你能这样做，很快就会发现你们之间可能有些共同的兴趣爱好与经历。如果对方让你感觉枯燥无趣，你也可以礼貌地退场。①

刚开始聊天似乎都感觉怪怪的。你只要记住，大家都很喜欢谈论自己的事情。如果你能注意倾听，让他们继续讲下去，他们都会注意到你的努力。

小贴士：请注意，你在被介绍时，做介绍的那位朋友可能也想不起你的姓名。如果介绍人有些迟疑，不要以为他是在虚张声势。你也可能出现这样的情况，所以，你应该帮助他，主动说出你的名字：“你好，我是某某某。”

---

① 参阅第十章中“如何结束对话”部分内容。

关于介绍，我就说这么多了。有什么问题要提吗？

问："有人给你介绍的人是个怪人，我该说些什么？"

答："你好吗？"

问："有人给你介绍的人是你完全不能容忍的人，我该说些什么？"

答："你好吗？"

问："有人给你介绍一家三胞胎，我该说些什么？"

答："你好吗？""你好吗？""你好吗？"

亲爱的艾利克斯：

"对成年人称呼他们的名，可以吗？"

他们让你这么称呼才可以。要不然，你还是应该称呼他们的姓氏，再加上称谓，如医生、博士、先生、太太、小姐、女士等。

亲爱的艾利克斯：

"如果有人跟你握手，他一直不放手怎么办？"

给他用一点点力，让他感觉这是最后一下。然后，把手撤回，同时加强眼神交流与谈话。这就让他知道了，你不是不想跟他在一起，只是你的手不想被他一直拉着。

亲爱的艾利克斯：

"我刚转学去一所新学校，我不太认识那里的人。我有一个朋友，每次我跟她一起走过学校的走道，好多人都走过来跟她讲话。我不知道要怎么应对。如果我不认识那些人，我要跟他们打招呼吗？还是我应该走开？如果我没有跟那些人打招呼，我需要跟他们告别吗？请帮

帮我！我讨厌站在那里像个傻瓜一样不知所措。”

如果你的朋友用略低于正常的速度走路，那么就不需要介绍打招呼。在行进中的交谈不会让你感觉像个傻瓜。

但是，如果他们停下来讲话，那么，你有三种选择：

1. 做思考状（做白日梦、哼个小曲儿、凝视远方），但保持友善的表情，这样你的朋友就不会感到不舒服，你也不会感觉自己像个傻瓜。

2. 你可以先离开，说：“我先去换衣间。”

3. 自我介绍，说：“我们应该没见过吧。我叫某某某。”对方也应该礼貌地做出回应，然后你们不知不觉就会开始谈话了。最后，说声“再见”“回见”或者“拜拜”就可以了。以后，你们就可以像朋友那样在过道里打招呼聊天了。

跟你在一起的朋友应该帮你做介绍，但她本人可能没有意识到她需要这样做。你可以稍微提醒她一下：“我在这里人生地不熟，如果方便，你是不是能给我介绍一下你的朋友们啊？”

拥抱

如今在美国，以及在全世界的许多地方，青少年在见面时也会拥抱一下。拥抱通常是表示爱意、友谊、支持还有安慰的，现在越来越多的青少年不握手了，他们见面的时候会来一个拥抱。

拥抱有很多种形式。紧紧的拥抱或者不太紧的拥抱；简短的拥抱或者长时间的拥抱；半拥抱以及拍背式拥抱。大多数青少年只是简单友好地抱抱：主动拥抱的人张开双臂，身体往前探，被拥抱的人也以同样的姿势迎上去，最终形成一个拥抱状。两人的熟悉程度决定了他们拥抱时间的长短：是个简短的触碰，说声“见到你好高兴”；还是个长久的、紧紧的拥抱，表达着更深层、更有意义的非语言信息。

拥抱很像社交亲吻（见下文），只是动作呈环抱状。通常是比较熟悉的人才会拥抱，但在某些情况下，有些人即使没有见过面，也需要拥抱一下，如亲戚、好朋友的朋友、名字如雷贯耳的人，或者是在网上认识已久的人。

拥抱的对象也没有性别的差别。男女之间同样可以拥抱。群体拥抱也是有的，如足球队的人在一起时。

虽说大多数青少年愿意接受拥抱的形式，但还是有些人会排斥。其原因可能多种多样。你需要留意对方是不是不太喜欢拥抱，并尊重对方的选择。

你可能已经猜到了，大人们还有学校的行政人员都不喜欢学生拥抱。有些学校明令禁止拥抱，规定青少年拥抱违反纪律和礼仪。不少反叛的青少年进行了抗议，提供免费拥抱，并提出口号，“要拥抱不要耸肩!”

有一位校长担心这种“握手—拉近”的做法容易造成“不必要的拥抱”。如果不加以控制，很容易在学校的走道里造成因为拥抱而阻塞道路的情况，特别是在午餐后和下午第一堂课之间。另一位校长比较高明，他没有禁止这种亲密接触，而是实施了“三秒拥抱禁令”。如果学生拥抱时间超过三秒，大小姐，准备下课留堂了！当然了，他得先给所有督导员都配备秒表。

你瞧，随时随地随性地展示热情，会给青少年带来一定的风险。如果任之泛滥，青少年很快就会太过亲昵了。但我觉得这样的风险值得冒一下，对那些索要抱抱的青少年，应该让他们免受留堂的处分。

社交亲吻

用嘴唇接触来问候的方式，称为“社交亲吻”。如果用嘴唇来进行亲密接触，那就叫作“亲昵行为”。我在这里要讲的是前一种。

掌握好社交亲吻的技巧，这很重要，因为没做好的话，就会变成死死的拥抱，可能撞上额头，或者，你以为是要亲吻脸颊却亲上了对方鼻子这样的尴尬。

社交亲吻是一种肢体语言，表示的是“咱们又见面了，太好了”。这是跟已经认识的人进行问候的方式，通常不会跟第一次见面的人这么做。社交亲吻的部位有两个：

1. 嘴唇

2. 脸颊

如果亲到了别的地方，就说明动作有偏差，或者还有其他动作在进行。社交亲吻的难处在于，亲吻的双方各自判断的应该亲吻的部位可能不同。如果你对着对方的嘴唇，而她只给你她的脸颊，你可能最终会亲到她的耳朵。因此，社交亲吻的艺术在于：要注意那些非语言的线索——这是练习培养日后更亲密关系的好方法。

在美国，社交亲吻通常是在男女之间，或在女女之间。通常男性之间不进行社交亲吻。男性之间有时候会进行拥抱。但是，这样的拥抱不是那种真正的拥抱。他们通常只是抱一下，拍拍后背，显示他们的男子气概。有些男性不在乎性倾向的问题，因此他们不介意跟其他男性来个真正的拥抱。其实，没有什么理由说明男性之间不能进行社交亲吻。在欧洲、在中东、在拉美国家还有其他一些文化里，男性之间、男孩之间经常进行社交亲吻。

“地位较高”[①] 的一方应该暗示要用哪种亲吻的方式。在男女之间要进行亲吻，通常是由女性主导。如果女性直接把脸往前伸，那她就是在说“亲我的嘴唇”。这时，你就轻轻地啄一下。如果她把脸往左转，那就是在说“亲我的脸颊”。那你就是得到授权，可以把脸靠近她的脸颊，然后等待下一个非语言指令。

这些指令可能是以下的形式：

1. 她亲了你的脸颊（等于授权你可以好好地亲她的脸颊）

嘴唇触碰加简单轻拥

基本版欧式脸颊触碰，无亲吻

基本版社交空吻

社交亲吻不当

① 关于“地位”的高低，请参阅本章前文“介绍他人”部分内容。

2. 她碰了碰你的脸颊（你只能用脸颊轻轻碰她的脸颊）

3. 在你耳边啄了一下（那你只能空吻了）

你需要非常谨慎，你们的动作需要同时进行（带着微妙的延时）。如果你做到了，那你就完成了最完美的社交亲吻。

但是，稍等，还有很多内容！此时，“地位较高”的一方可以有以下选择：

1. 在吻过一次之后即抽身（基本版社交亲吻）

2. 转头送上另一边脸颊（基本版欧式社交亲吻）

3. 再完成一组左右脸颊亲吻（高级版欧式社交亲吻）

社交亲吻有时候会伴随简单的轻拥。这种简单版的拥吻，在不把衣服搞皱的情况下，可谓非常完美。

世界各地肢体语言概况

在某个地方普遍被认为友善的肢体语言，在另一个地方可能是个冒犯的动作。出国旅行之前，多了解一下当地的情况是有好处的，或者，跟来自那里的人多接触一下。要不然，你以为你比一个手势是在祝贺人家，却最终被打得满地找牙。

以下是一些国家不同的问候以及表达友谊的方式：

● 拉美、亚洲、中东还有地中海一些国家，同性别的人牵手或者挽着手臂是友谊的象征。他们一定会很吃惊，在美国，这样的行为会被认为是同性恋。

● 日本人以鞠躬作为正式的问候。他们不认同在公众场合表示亲密的行为——即使是夫妻之间。

● 在斯里兰卡、印度、孟加拉国还有泰国，人们以合掌、点头作为向对方的问候。

● 大多数中东国家的人在问候异性的时候，不进行肢体接触。

但是在接触同性人士的时候，他们会亲吻和拥抱。

● 在法国、意大利、西班牙和其他地中海国家，亲吻两边的脸颊是他们的通常问候方式。

● 不少亚洲国家的人认为，头脑是灵魂的居所。因此，美国人喜欢拍孩子头的动作，会被视为是种威胁。

● 在美国，讲话的时候要看着对方的眼睛。但是在亚洲、拉丁美洲和加勒比海国家，避免直视对方的眼睛才是礼貌的行为。在美国的学校里，有些老师可能会误解，某些学生不正视老师眼睛的行为是因为不礼貌，其实不然。在有些学校里，直视对方是一种侮辱，这种行为曾经导致学生打架。

赠送与接受礼物

你肯定觉得，送人礼物，这多容易啊；接受礼物，那更容易了。错！以下就是一些可以避免的常见错误。

慷慨赠送

请小心选择礼物。大家都说送礼的心意比较重要，但某些心意比其他的心意更重要。如果你的朋友在节食，而你送她 10 磅歌帝华牌松露巧克力，或者送人家一个智能手机壳子，但对方连智能手机都没有，这就是不上心的表现。如果你送的东西表示了你的细心，就能给你送的东西加分。

撕掉价签。如果撕掉价签会把礼物或包装搞坏（比如，图书的标签贴在书封的内侧），那就不用管它了。要不然，接受礼物的人如果要去退换，就会有问题。如果你只花 1 美元买了书，而对方却看到 45 美元的标签，那就让他看去吧。

包装礼物。根据传统，礼物是需要用漂亮的包装纸加彩带来包装的，还需要打上蝴蝶结。新派的做法可以用锡箔纸、布料、纱线、干的通心粉、拼贴画、橡皮擦等。你手工制作的包装材料也成了礼物的一部分。

礼物卡。怎么让收礼物的人知道是谁送的礼物呢？特别是当他收到了一堆邮寄来的礼物时。所以，要随礼物附上一张卡。要不然，大家在楼下唱生日歌吹蜡烛的时候，你送的礼物就只好被放在阁楼里了。礼物卡可以很简单，内容可以很简短。复杂的句子都不用。

祝多迪姑姑生日快乐——侄子贾斯博

如果你送礼物是为了答谢之前受到款待或为表达感恩，那你不应该省掉感谢卡①。其实，如果你附带了感谢卡，那么，你的礼物就不会被认为是受到的款待的“还款”，而是你特意书写用来表达谢意的。

要信心满满。不要抹杀自己的慷慨好意。不要写：

“我知道你不会喜欢这个礼物的。”

“这个礼物太逊了。”

“我囊中羞涩。”

“不知道要给你买什么东西。”

“这个东西你可能已经有了吧。”

你应该写这样的内容：

“生日快乐。”

“祝贺你。”

---

① 关于如何写感谢卡，请参阅本章后文“感谢卡”部分内容。

“这是给你的。”

“希望你喜欢。”

如果你送的是衣服，而且外包装是商店的牌子，可以把收据留在里面，万一收礼物的人需要拿去换，就会很方便。如果外包装看不出是哪里买的，你可以补上一句：“希望合身。如果不合适，跟我说。我告诉你那是在哪里买的。”

亲爱的艾利克斯：

“我的男朋友（现在是前男友）在我生日时给我一条价值 300 美元的项链。我爸妈让我还回去。他们说 15 岁的男孩不应该给 15 岁的女孩这么贵重的礼物。我不理解为什么。那是他的钱啊。”

你的男朋友很会买礼物，也很慷慨。但这确实不合适，所以你父母让你还回去。有四个条件来判断一个礼物是不是合适：

1. **挑选。**需要挑选适合送礼人与收礼人关系的东西。

以下礼物就不适合：

- 给刚戒酒的人送一箱名贵的香槟
- 给盲人一张哑剧 DVD
- 给一个痛恨莎士比亚的人送一套皮制封面的精装莎士比亚全集

有些东西是给谁都合适的，如一位年轻男士给一位年轻女士送项链表达爱意。所以，你男朋友的这个选择是完全对的。

2. **时机。**什么时候送礼物。如果你最喜爱的老师给你向 28 所大学写了推荐信，你送他一条漂亮的领带，这时机就非常好。如果在他写推荐信之前你就送他领带，那就是贿赂。生日是送礼的好时机，因此，你的男朋友将项链作为生日礼物给你，时机也很完美。

3. **轻重程度。**即礼物是否贵重。礼物值多少钱，费了多大劲才买到的，等等，这很难计算其价值。是太贵了还是太便宜了？要回答这样的问题并不容易，幸好，我有下列公式可以遵循：

$$P=\frac{V}{NR}\times\frac{AG}{AR}\times\frac{FRG}{FRR}\times\frac{3XY}{\pi}$$

P（礼物的分量）= 礼物的价格（V），除以两人关系的性质（NR），乘以送礼人的年龄（AG）除以收礼人的年龄（AR），再乘以送礼人的经济资源（FRG）除以收礼人的经济资源（FRR），再乘以 $3X$（X=之前提供的服务与友善）Y（Y=未说出口的以及没有表达意思的信息）除以 π。

根据上述公式，以下礼物在轻重方面不适合：

- 你的父母送你一包薯片作为毕业礼物。
- 你的父母送你一架私人飞机作为毕业礼物。
- 你从 15 岁的男朋友那里获得一条价值 300 美元的项链。

你男朋友在轻重程度方面搞错了。贵重的礼物会让人难堪、憎恨、不爽，以及/或者给两人之间的关系造成混乱。这可能给收礼人造成的感觉是，送礼人有控制或操控的企图；送礼人可能给出了无声的命令，或者要求收礼人报以太多的牺牲。

礼物的轻重程度也表现在送礼事件本身上，即为什么送礼。如果你的男朋友刚中了 1 300 万美元的彩票，或者你们从中学时代开始就是男女朋友关系，现在你们都 18 岁了，那你父母亲可能就会让你收下礼物。但是，青少年的朋友关系可能很快就会改变，送贵重礼物会使事情变得比较复杂。被甩了，是很痛苦的事情。今天送人家 300 美元的项链，明天就被她甩了，那是更痛苦的事情。

4. **品位。**这是评定礼物是否合适的最后一个标准。你送老师的那条领带，如果上面写着：“傻瓜才去学校”，那就是品位不佳了。品位是很主观的，所以很容易出错。在你送人礼物之前，必须搞清楚，收礼人的幽默程度如何。

即使你的父母让你退还前男友的项链，我希望你还是能谢谢他。因为，他只是在礼物的轻重程度上出了错。你的前男友应该感谢你的父母。他可能失去了你，但是，至少他没有失去项链。

正确的收礼方式

接受礼物的正确方式只有两种：

1. 带着深深的感激。

2. 带着更深的感激。

上述第一种方式是针对你不太喜欢的礼物的。你需要来个暖暖的微笑，带着一点儿惊喜，并且表示：

> "非常感谢。"
>
> "这书一定很好看。"
>
> "把它放在我房间里一定很好看。"
>
> "我穿着这个一定很暖和。"

对于你喜欢的礼物，你要用第二种反应。你需要笑得非常灿烂、张大嘴巴、眼睛瞪大。先别说话，似乎你惊呆了，说不出话来。小跑几圈，翻个筋斗，还说："我真不敢相信。"或者不断重复："哇!"同时，试图恢复你的理智。最后，说出你感激的话：

> "这真是太太太太太太太太棒了!"
>
> "我想这个想了N年了!"
>
> "这是我收到的最棒的礼物了。"
>
> "这辈子从没见过比这个更美的了!"
>
> "谢谢你！谢谢你！谢谢你!"

最后，作为大结局，你要给送礼物的人一个紧紧的拥抱或者亲吻。

你会注意到，这样的反应不只是传达了你的态度，还会让送你礼物的人想再送你一个礼物。这是正确表达谢意的又一个可爱的副产品。

以上就是应该做的。而以下则是不应该做的：

不要问礼物值多少钱。这样做严重违反礼仪。

不要抱怨你收到的礼物。如：

> “不会又是一个钱包吧？”
>
> “没人穿这玩意儿。”
>
> “干吗给我这玩意儿？”
>
> “这个东西我已经有了。”

如果你期待的礼物是一辆汽车，但收到的却是一辆玩具车，那落差可就大了。不过，有时候为了大局着想，你还是装一下吧。（想想你上一次假装生病不想上学吧。）总之，即使你对礼物很失望，也还是应该愉快地接受，因为：

1. 故意伤害他人的情感是不礼貌的。

2. 你的行为会鼓励送礼物的人再送你一个礼物，给他或她多一次送对礼物的机会吧。

不要讨礼物。家长和其他送礼物的人不想听到以下的话：

> “我能要那个吗？”
>
> “给我买那个东西。”
>
> “你要给我买什么礼物啊？”

那么，怎么让他们知道你要什么呢？

没有人说你不能把自己的希望与梦想和别人分享啊。当你们走过自行车商店时，你完全可以指着心爱的自行车对爸爸说："哪天，等我存够了钱，一定买这辆车。"或者，你可以跟妈妈分享："那件毛衣是不是美极了？我好希望我也有一件啊。"这不是在乞讨。这是亲子沟通技巧。

如果你跟朋友倾诉，说自己好想要一个毕萨罗疯狂男孩X－90专业滑板，黑红色板面，锆材料荧光一体成形桥，裘普技术涡轮核心滑板轮，不小心被你爸爸听到了，那也没有关系啊。你也可以把广告纸打上圆圈，剪下广告图片，放在房间里显眼的地方，让爸妈走过的时候可以看得到。

如果你对家长心理学很感兴趣，你会发现，间接方法比较有效：当大人们送礼物的时候，他们喜欢给你惊喜，而不是在完成订单。如果你给他们微妙的暗示，而不是直接要，那就是在给他们机会来证明他们有多关心你、他们有多细心。如果你收到了礼物，又能说下面的话，那就锦上添花了：

"你怎么知道我一直想要这个的?"

你的父母会笑笑，自我感觉很聪明，然后说："那个嘛，我们有我们的方法。"你也可以心里暗笑，自我感觉很聪明。

亲爱的艾利克斯：

"不喜欢的礼物可以退还商店或者送给别人吗?"

得看是什么礼物，看你转送给谁、礼物的特性、送礼物的人会不会知道你把礼物怎么处理了，以及你退礼物的原因。

如果是你已经有了的东西，如书、CD等，那是可以去换的。如果衣服不合身或者你穿了会过敏，拿去退没人会有意见的。如果你一次性得到了很多礼物（比方说毕业的时候，或是在犹太女孩成人仪式上），你收到 11 件毛衣或 43 瓶香水，那么你把东西分散一下也挺好的。

关键是不要让送礼物的人难过。如果那些毛衣有亲友亲手打的，那就不应该转送，即使你不会穿它。别人专门为你创作的艺术品，或者是很特别、很有感情的东西，也不应该转送。你姑姑画的限量版猫王肖像，不管多丑（呃，不对，挺好看的），她每年来你家一次，你就挂起来，其他时间，就束之高阁呗。

如果你把礼物退还了，除非送礼物的人提起，否则你别告诉他们。如果要告诉他们，你说话一定得注意：

> “你送我的告别礼物我非常喜欢，但是，我要搬到夏威夷去住，不知道什么时候才有机会用上吹雪机，所以我就去换了一个冲浪板。每次我在海浪上驰骋，都会想起你的。”

真实故事

来自礼仪前线的报道

事由：伤心旧书店

有时候可以把礼物循环利用，在几年后把礼物送给其他受害者（呃，我是说礼物接受者）。但是得非常小心哦。

有一天，我在逛一家二手书店，竟然看到里面有一本我写的书。我拿起来，想看看里面是不是有人用高亮黄色划了重点，或者有看过的痕迹。我只看到封面上，有我多年前的亲手签名，赠予某某人！

感谢卡

青少年非常不愿意写感谢卡，是因为他们一开始的态度就不太对。他们以为，这是件麻烦事，但他们不知道，这是一件可以让送礼物的人感觉良好的事情。如果有人感觉良好，他们很可能会继续给你送礼物，否则他们就不会再送了。关于感谢卡，可以这样安排：

如果你不知道是不是应该写感谢卡，那就写一张。礼多人不怪。不管你是通过什么方式收到了礼物，都应该写感谢卡，例如普通邮件、快递。人们送礼物的原因也可以是各种各样的：毕业了、犹太女生成人礼、犹太教光明节、基督教坚信礼、圣诞节、非洲传统的宽扎节等。如果你获得了很好的服务，感受到别人的周到心思，你也应该写感谢卡。一般情况下，如果你已经当面收到礼物，并且已经感谢了送礼物的人，你就不需要写感谢卡了。不过再想想吧，如果再补上一张感谢卡，你会受益更多。

比方说，你朋友的妈妈整个学年每周两次开车送你去做体育运动。她在车上还准备小点心给大家吃。你每次都谢她，这已经足够。但是，如果你在学习结束之后给她写一张感谢卡，感谢她全年的接送，她会觉得你很懂事、很有礼貌。如果有老师对你有类似的关照，你也可以这样做。

感谢卡要立刻写。日子一天天过去，写感谢卡的时机也一天天远离。今天没写，第二天要写的困难度就是第一天的四倍，第三天的困难度将是九倍，到了第十二天，困难度将是 144 倍！

要手写。要用那种空白的感谢卡（不是预先印好内容的卡）。但是，如果收到的鞋子真的难看得要死，那就选一张印好的但是内容较少的卡，然后亲自签上你的大名。

考虑其他形式的联系。我知道，有些人一听说要用手写，马上出了一身冷汗。虽说手写通信是数百年来的传统答谢方式，如今的数字时代也有不少其他方式可以表达谢意。（何必否认技术大潮的趋势呢?）

- 发一条构思周全又充满暖意的信息。
- 发一封构思周全又充满暖意的电邮。
- 发一条构思周全又充满暖意的私信。
- 通过网上服务，发一张构思周全又充满暖意的卡通感谢卡，注意，一定要添些自己写的话。

写卡的时候，不要以“谢谢你……”作为开头。先写点儿新鲜事，重温一下某个时间或某次会面，或谈点儿其他东西。

比如说，你妈妈有远房亲戚甘普一家，他们家有个加州海滩度假屋。你最近到他们家与他们共度了两周的快乐时光。你可以这样写：

亲爱的甘普先生、太太：

我已安全回到艾奥瓦州了。三天前开学了，不过我感觉已经上学三个月了。真不敢相信，我是上周告别了加州的阳光，搭上长途飞机回到了老家。这次跟你们待在一起，我太高兴了。

你可以继续说说他们带你去过的地方，你的美好回忆，丰盛可口的晚餐，等等。这个时候，记住，在这个时候，你才来感谢他们的热情慷慨与周到。然后你可以说，希望某天能和父母一起在艾奥瓦州招待他们一家人。如果这样写，甘普夫妇一定喜笑颜开，他们也一定会记得你，并保证会继续邀请你去加州玩，享受那里的阳光、海滩和快乐时光。

一定要具体地说出礼物。如果我送人家结婚礼物，然后人家给我一张感谢卡，只说谢谢我送的礼物“太好了，太慷慨了”，我知道他们一定是统一写的感谢卡。如果要用手写，应该稍微花点心思，好好写一下：

“我的朋友们都很羡慕你送我的那双会讲话的拖鞋。”

“你一定是有他心通，知道我想要那个压蒜头的工具。”

“你送我的那个魔草宝宝，我太喜欢了。”

一定要记得说特别的事情。如果你获得了热情的款待，一定要写张感谢卡，即使你在当时已经谢过了。写卡的时候，不要简单地说：“感谢你让我住你家。”应该让对方知道你感觉深刻的细节：掉进河里、被蚊子叮得够呛、跟米老鼠一起拍照。

告诉对方那些钱你会怎么花。如果有人送你一个红包，应该跟他说说这些钱你会怎么花。如果你没计划，那就编一个：

“您给我的钱，我要用来买吉他琴弦。我老早就想换琴弦了。”

“我在存钱买车，您给我的钱，我会继续存着。”

写下感谢的话，别说扫兴的话。没有什么礼物一定是你喜欢的。这并不是谁的错。不要让那些送礼物的人感觉他们送的礼物不被重视，或者是可有可无的东西。

“我第一次带到学校去就搞丢了。”

“那东西碰到树，然后就破了。”

“我出荨麻疹，我妈就让我把它给扔了。”

夸奖人

夸奖人是一种艺术。虽然夸人是口头的事情，不需要实物，但依然很重要。如果有人夸你，你应该说“谢谢”。如果你觉得被夸得难为情，你可以说：“您真是太过奖了。”

但是，很多人会拒绝、否定甚至抵触别人的夸奖。

如果有人说：	他们回答：
“这裙子真漂亮！”	“这不过是我在大减价的时候买的。”或者，“我穿这东西太难看了。”
“你演奏得太棒了！”	“我完全走调了。”或者，“友友演奏得更好。”

说这些话的人，通常缺乏自信心，他们也不清楚别人为什么会夸他们，因为他们很少被人夸。

否定别人的夸奖，就是在说夸奖的人什么都不懂。对别人的夸奖报以这样的做法，其实是很粗鲁的。

有时候，你比赛赢了别人，他们还会夸你。比如说，你侥幸赢了一场比赛，或者裁判的主观意见让你赢了，那你就接受对方的夸奖吧：

“他们选择我，我觉得很幸运。我们谁都可能赢的。”

如果是输球擦地板的人夸奖你，你也要说些好话：

“你打得也是挺拼命的啊。”

“你今天运气不好，但是我看了你昨天跟布鲁斯特高中的对决，你打得很不错啊。”

对方不知道你是在安慰他们吗？可能知道。但是他们输了，不会感觉怪怪的吗？可能会吧。但是，至少你能表示理解。你这样做，就是为人厚道，这已经非常难得了。

夸人和被夸，都是很难的事情，特别是当你心情不好的时候，例如，科技展上你的同学打败了你，荣获一等奖；或者你的队友让你没有出线权，此时你还要去祝贺优胜者，这样做一定很难。但是，在这种情况下的夸奖最为可贵，因为此时最难去夸别人。这样的夸奖很有意义，你的对手即使赢了也一定会有负疚感，或者感觉不舒服（一定的）。而你会感觉良好，因为你知道，虽然你想把一块蛋糕拍在他们脸上，但是你展示了高雅的姿态。

在夸人的时候，不要出现以下错误：不要在夸一个人的时候损一个人。

错	对
“你的亲吻技术比肖恩好多了。”	“我很喜欢你亲吻的方式。”
“有你这样的队友真是太好了，不像克里森那种猪一样的队友，老掉球。”	“我们队里有你，真好。”

夸奖不要醋味太重，不要挖苦人。

错	对
“祝贺你拿到了奖学金。至少你可以上大学了。”	“祝贺你。你学习很刻苦。”
“你的试镜很成功。我怎么就没拿到那个角色呢？”	“祝贺你拿到了那个角色。你演猫一定是一流的。”

不要在夸奖里带有批评。

错	对
“你真漂亮，我都快认不出你来了。”	“你看上去好美。”
“你今天打得真好。也该得分了。”	“得分太棒了。你在场上表现特好。”

夸奖人不要带其他杂音。

错	对
“这件夹克真帅气。你怎么买得起这么贵的夹克？”	“夹克帅呆了！”
“恭喜你找到工作了。你是贿赂了谁才找到工作的？”	“你的新工作太棒啦！”

申请工作

青少年迟早要去找工作的。这是受人类“需要更多钱”的欲望所驱动的。要找工作，就需要社会保障号码，你可能已经有了吧。根据你要找的工作，还有你的年龄，如果不是美国公民的话，你可能还需要工作许可证，或者医生的证明，说明你身体没有问题。可以向学校、劳工部或者你想去工作的单位了解一下。

能赚钱很好。能做你想做的事情同时还能赚钱，那就更好。所以，去找工作之前先考虑一下，你干什么事情会最开心。你做事情的动力是什么？你想学点什么东西？你干什么事情比较拿手？修车，做园艺，写音乐，教游泳，带小孩，还是分裂染色体生物分子？

搞清楚自己的兴趣和专长以后，就可以开始去找工作了。找工作可能会很难，对年轻人尤其如此。自己创业可能还比较容易一点儿。自己干个生意吧，你来提供服务，在你所生活的城市里，可能有人需要照顾花园、铲雪、遛狗、洗窗户、清理排水槽或者带小孩。你可能开始做代买杂物送货上门的服务，或是帮那些很忙或者很懒的人打杂。你可以到人家里或者公司帮他们洗车、打蜡。很多人夏天去度假，他们的花园需要人浇水、宠物需要照看、家需要有人帮他们看着。你可以帮人缝缝补补，比如我这样的人，如果衬衫掉了一粒纽扣，可能我从此就不穿那件衬衫了。你可以帮人安排派对、组织夏令营，或帮孩子们组织活动、提供餐饮服务、洗衣熨衣等。你还可以提供电脑顾问服务。

给自己做个名片，搞些宣传纸张，在网上做广告，建个网站，设计专门的脸书版面，等等。请雇过你的人帮你写推荐信给潜在的客户看。如果你提供的服务有需求，而且价格合理，干活的时候也不会睡着了，你应该可以获得较好的收入，建立一个比较好的客户群。这些客户会介绍新客户。很快，就会有新客户来找你了。说不定你还需要雇人来帮你呢。

如果你不想自己当老板，只想帮人打工，那就全面分析一下，你可以去哪里找工作。看看网上的职业介绍；找关系；问母亲；问兄弟姐妹；问朋友还有他们的父母；问老师、问教练、问学校的辅导老师；问那些正在做你想做的工作的人，向他们请教。大多数的大人都会愿意帮助那些有礼貌、有感恩心的青少年，况且他们还在询问大人所做的这个行业。你还可以打电话给商家店铺，看他们需不需要人手；注意看商店外面有没有贴招人的小广告；看超市里的告示看板，看洗衣店以及公立图书馆里的看板上有没有广告要招人。你也可以自己发广告。用你的脸书、网上论坛还有电子邮件给你要找工作的信息做个广告。

很多工作是季节性的（如夏令营、海滩救护队、滑雪场缆车管理员）。去了解一下，这些机构什么时候开始招人。你应该尽早告诉他们你很感兴趣。早起的鸟儿有虫吃，不要被动。要让人家知道你真的很想找到工作，你的努力可能会给你带来很多好处。

你可能还需要准备一下自己的个人简历，在上面列举你的技能与经验。把你的简历发送到你想找工作的地方。如果有人让你去面试，可以给他留一份简历。你的简历应该包括以下内容：

- 姓名、地址、电话号码。
- 电子邮件。
- 就读的学校以及获得的学位。
- 曾经做过的工作、职位介绍以及成就。

● 获得的荣誉或奖励。

● 任何曾经参加过的与你想找的工作相关的活动、课程以及兴趣等。

你还要提供想帮你说好话的人的姓名与电话。这就是推荐人，不可以是父母亲或者亲戚（家人通常会偏袒你）。但是，你在提供推荐人的信息之前，必须先征得他们的同意。

你的简历必须无懈可击，必须完美。也就是说，不能有错误。必须能够证明，如果你去做那份工作，你能够提供高质量的工作，你有爱心，无懈可击，并且会有完美的表现。在如今的电脑时代，简历做得不好看真是很不应该。我肯定，如果有老板收到数百张求职信和简历，他一定想把那些看不顺眼的立刻扔掉。如果你想写好简历，可以去找学校的老师或是职业指导办公室，也可以去图书馆或在网上找更多资料

当你写好简历，而且清楚了你想去哪里工作，你就算是准备好了，可以去面试了。有些店家，如快餐店和便利店，不需要你约时间，直接去就行了。你去到那些店家，说要找经理，然后说你要找工作。经理会给你一份求职申请书，说不定还会问你要不要来点炸薯条。如果有时间，经理可能当时就跟你谈，也许会让你下次再来进行面试。去找工作的时候，应该衣着整齐，仪容得体。如果你给人造成邋里邋遢的第一印象，经理可能立刻就跟你说不缺人。

其他的地方可能需要事先预约进行面试。你应该先打电话预约。电话里你应该说要找工作，然后对方会告诉你应该怎么做，或者会把电话转给人事部门。

你也可以写信询问。我 14 岁的时候就是这么干的。当时，我想帮一个建筑公司做暑期工。于是我就写了一封信给那位我最佩服的建

筑师。我说我也要当建筑师，我附上我画的图、我去过的地方、我学习过的课程，还有我多么勤劳努力、多有责任心，我会做很多方面的事情，等等。最后我说，我会打电话要求安排面试。

我给 20 家建筑师公司发了完美的信，但我最终没有得到工作，因为很多大学生和研究生也都在申请。不过，建筑公司还是邀请我去他们公司谈谈。我去了，参观了那些公司，见了不少很棒的人，还吃了一些非常好吃的甜甜圈。有几位建筑师说，如果我想去他们公司看看，可以随时来，用他们的资料室，学习他们制图的技巧，学习做员工的文字功夫。很快，有些建筑师开始给我一些事情做了，画砖头、画树叶什么的。

接下来，我要讲找工作的一大难题。很多地方都说："对不起，我们需要有经验的人。"**但是，没有人给我工作，我哪来的经验啊？**其中一个方法就是到你想要工作的地方去做义工。即使公司不缺人，他们也一定不会介意有免费的实习生或学徒。如果能够这样做，你就可以获得在职培训了。如果你此时能够给公司留下好印象，那么，今后公司缺人的时候，你一定是近水楼台先得月。

这也正是我的做法。我 15 岁的时候，又写了 20 封求职信。不过这一次，我就能够真正地①写下，我帮建筑师工作过了。（有没有拿工资，跟别人没有关系。）我如数家珍地列举我认识的建筑师的名字，还把他们作为我的推荐人。当然了，这一年的夏天，我找到了暑期工。之后的一年，我竟然去那家公司的东京分公司工作了。接下来就都是些改写历史的大事了。好事接连不断地出现，我还没来得及说出弗兰克·劳埃德·赖特的大名，就已经变成成长心理学家兼青少年读

---

① 请参阅本节后文"诚实但不要愚蠢"。

物的作者了。

面试

我们来谈谈面试的情况吧。这是你展示的机会，你需要证明，这份工作非你莫属。以下几点需要记住。

准时。迟到总是给人印象不好。早点儿从家里出发，预留充足的时间以防塞车或是找具体地点而耗费时间。如果你觉得可能要迟到了，应该打电话通知面试的人。这能说明你考虑事情很周到，也很负责任。当你最终赶到的时候，还是应该道歉。如果是你的错，那就认真承认错误：

> “非常抱歉我迟到了。我没找到地方。我出门应该多留一点时间的。”

如果你这样说，就说明你很成熟，敢负责任，不找借口。如果是另一种状况，不是你的错的话，你还是需要道歉，但可以解释一下状况：

> “驳船把桥给撞了，鲁尼湖边的车子堵了 30 公里。非常抱歉我迟到了，希望没有影响到你们的时间安排。”

通常大家都会通情达理地表示理解，不会怪你迟到的。

好，现在你到了，应该跟前台的接待员说你是谁，是来见谁的，还有你的约见时间。接待员会请你坐着等一下。不要晃荡，不要拍大腿，也不要踱来踱去。说不定谁就在某个地方看着你呢。如果还有别人也在等，你可以跟他聊聊天：

> “你以前在景观设计公司做过事吗？我知道这个职位空缺，是因为上一个员工调到碎木机那里了。我听说这里要求他们每天干 14 小时。锯木头的声音可是震耳欲聋啊，你听说了吗？”

最坏的打算是，你跟人家还能进行友好的交谈。如果运气好的话，那个人说声“不好意思”，然后往大门口走出去。你就少了一个竞争对手了。

衣着得体。请记得穿合身、干净、熨过的衣服，身上不要有什么臭味。要穿得比平时稍微时髦一点儿。即使你是去应征沙滩救护队，也不能穿泳衣去。可以穿短裤、圆领或者带领的 T 恤衫。如果你是应征建筑工地的活儿、去打理花园草地或者是去干体力活儿的，那么，穿一条普通牛仔裤、一件工作衣，外加穿皮靴或胶底运动鞋即可（鞋带要系好）。如果你找的工作是商店或办公室的，男生就穿卡其布或便装长裤（不可以穿牛仔裤），上身穿衬衫（不可以穿圆领 T 恤衫或者背心），鞋子也要穿比较像样的（休闲皮鞋、沙滩鞋或者皮鞋）。如果你是去豪华商场或者大机构（如银行或者律师事务所），那么，男生应该穿衬衫打领带，甚至要穿西装。女生去应征，如果是夏令营组织者、带孩子或者体力活，也应该衣着得体：得体的短裤，或者便装长裤、裙子，非正装上衣。如果女生应征办公室或者服务行业的工作，可以穿比较正式的裙子或者正装长裤和上衣、正装或条纹裤子。

不管你要找的是哪种职位，都应该搞好个人卫生、梳理整洁。不要有脏指甲，嘴巴要擦干净，牙齿缝不要有绿色蔬菜的残留。头发要梳整齐，要看上去不乱。男生的胡子要刮干净。如果你只有 14 岁，而且已经有胡子了，那么就要梳理整洁。不要留短短的胡茬子。女生的化妆要适宜。男生女生用香水需要拿捏好（如果要用的话），不要穿紧绷的衣服或者暴露的衣服，比如半截的上衣或者齐膝裤。

> “这可是流行衣着啊！”
> “我可不会穿得那么假。”
> “穿胶底运动鞋怎么不行了？”

“我没有西装。”

“我想让他们看到真实的我。”

小贴士：先让他们录取你。然后你再让他们看看真实的你。此时我们应该注意，不要太极端。你想让用人单位看到“我知道什么叫作靠谱；我很关注我的外表；我关注我给人的印象”。当你为别人打工的时候，你是在代表那个人或者他的公司。你从事的是联系顾客或客户的重要任务，你的工作质量反映了公司的能力。雇主需要明确地知道，他们可以把公司的形象和名誉交付给你。他们必须了解，你的所作所为能够代表公司，你会很靠谱而且会很负责任。你在面试时的表现就表明了你日后会不会表现良好。

当然了，每种规则都有特例。如果你是去应征某部电影里的一个光头朋克角色，那你就应该剃个光头去应征。如果你是想在乐队里担任鼓手，那你可能得整得像个鼓手的样子。应该可以这样说，在音乐、艺术、娱乐、时装界，在电脑、软件、互联网、电子游戏界，通常打扮比较随意、个性，比服务行业或者商业金融行业人士的打扮更具多样性。

如何穿衣打扮去面试，有时候需要自己进行正确判断——你父母不是经常叫你要学会有判断力吗？如果你觉得可以穿圆领 T 恤衫去面试，当然可以，只是不要穿上面印有冒犯字眼的那种就行。如果你没有或者借不到正式的衣服，也可以穿得休闲一些，但是必须显示出你有一点风格，并且衣着得体。

要做好准备。把可能需要的资料和文件都带上，例如你的履历、年龄证明、公民证、社会保障号码还有其他证书。如果你有类似的工作经验证明，也一起带上。比方说，如果你要申请摄影商店的工作，可以把你的摄影作品也带上。

“没错啊！我来这里申请工作，但是他们没有要我。我真搞不懂为什么。”

关上手机和其他设备。对主持面试的人来说，突然被来面试的人的手机铃声打断，真是件很讨厌的事情。但是，还有更令人讨厌的事情：接听电话！去面试的时候，一定要把手机关上。

“稍等，我要接个电话。”

注意礼貌。在如今世风日下的社会，面试是一个展现你的礼仪与风度的很好机会。你可以行礼如仪，把自己与那些嘟囔抱怨、喜欢抖动身体的人明显地拉开距离。

当主持面试的人过来跟你打招呼，你需要起立站直，微笑，握手（要有力）。要看着对方的眼睛。即使你紧张得要命，双脚也好像要站不住了，还是应该表现出自信。施展一下你的表演技巧吧。深呼吸一下，说："你好。"然后，跟他进入会谈地点。到了之后，他会请你坐下。（不要问："坐哪儿啊？"）如果他没有示意你坐哪儿，那你就等他坐下，然后你坐在他对面。此时你应该坐直，别瘫在椅子上，也别四仰八叉的。手脚不要打拍子，不要咬指甲，不要挠皮肤，不要压手指关节。请用"先生"或"女士"来称呼对方。不要嚼口香糖，不要吹口香糖泡泡，不要吐烟草末子，也不要抽烟。

主持面试的人还可能问你要不要来杯咖啡、水或者是汽水。虽然你可以礼貌地接受，但是最好考虑一下，万一不小心洒在身上怎么办。如果考虑到这个可能性，或者可能会让对方手忙脚乱地收拾，我的建议是：婉拒。当然，如果你去找的工作是在一家烤面包店或者是糖果工厂，对方问你要不要吃个点心或者糖果，我的建议是：可以酌情考虑。

保持冷静。有些主持面试的人可能会说些情景或者给你出个难题。他们是想看看你会如何应对处理。我记得我年轻的时候，曾有一次面试的机会。那个人像开机关枪一样，问了我一堆关于学校啊科目啊课外活动啊考试啊方面的问题。突然间，他问我 19 乘以 15 等于多少。我不假思索地回答 78（算术本是我的强项），然后继续侃侃而谈，说我的希望与梦想。那次以后我就知道了，他们随时会抛出一个奇怪的问题，所以我去面试的时候，总会记得带一个小小的计算器。

诚实但不要愚蠢。对于你的资历与经验，不要说谎。你的雇主要查这些东西很容易，只要给你以前的雇主打个电话就能问清楚。但关于其他问题，你不需要过分诚实。

比方说，他问：“你为什么想来这里工作?”如果你答：“我老爸老妈有病，他们非要让我找份工作不可。”那你的机会渺茫。你可以讲述真实的另一面。你可以说：“因为我喜欢儿童，也喜欢在户外工作，我还听说你们公司组织过夏令营。”

有时候找工作非常难。你需要说服雇主来聘请你，而不是其他人。找工作的艺术在于，你需要说出雇主想要听到的东西。雇主总想听到找工作的人积极热情、有责任心，并且对这份工作真的有兴趣。

需要留意自己在网络世界的身份。如今，很多雇主会在网上查询申请人的信息。他们会在网上查你的姓名，去脸书上查你的情况，还看看你发了什么样的推特信息。所以，在网上发信息的时候，要小心哦。

要积极热情。面试时，对方一定会问很多问题。别回答一个字就算完事了。当然你不需要滔滔不绝，但可以如实地讲述你多么看重这个工作机会。对方可以听出你对这个工作非常积极热情。他们就喜欢这样的员工。

假设面试官问你：“那么，你喜欢在滑雪器材店工作喽?”如果你回答一声：“是。”你就可以回家了。

你应该说：“那当然!”对方可能会坐直，对你印象也会加深。

如果你说“那还用说！我三岁那年就有了我的第一套雪橇，之后我就是双黑菱专业高段雪道的常客了”，你说不定就拿下这份工作了。

你要能问出问题。很多人会反问你，你想了解什么。即使你心里想知道的内容可能通过面试已经了解了，但你还是应该再想想有什么问题要问。这能够体现你思路缜密，以及你对这份工作进行了很周全的考虑。你可以问问你申请的工作的性质、公司的长远计划、你需要面对什么样的顾客与客户、在职培训与发展机会、工作薪酬与福利（最后才问）等。

送一张感谢卡。面试过后，你应该感谢对方给你这个机会，并拨出时间见你。如果面试的场合很短暂且非正式，比方说你是去快餐店面试，只要口头致谢就够了。但是，如果你去进行了很长的面试，或者是，你非常想要得到那家公司或商店的职位，那你应该写一张感谢卡。你应该让面试的人知道，你很感激有这样的机会跟他见面会谈。此时可以再次说明，你很希望能够在那里工作。即使你最终没有得到这份工作，你的感谢卡也会给对方留下深刻印象。日后这家公司或商店有空缺职位，他们一定会想到你。

亲爱的艾利克斯：

“我的眉头、嘴唇还有鼻子上都打了钉、上了环，我这样去面试可以吗?”

不可以。除非你是去文身店找工作。负责面试的人看到你的皮肉上有那些金属东西冒出来，他不知道你怎么才会做好你的工作。他一定会想：“好痛!”

亲爱的艾利克斯：

“我14岁，是个女生，在一个家庭做照顾孩子的工作。我很喜欢他们家的小孩，但每次我去工作，那家的妈妈总是让我做洗衣服、收拾餐桌的事情。我觉得我的工作应该不包括这些家务事，但我又不知道应该怎么告诉她。”

照顾孩子的时候，如果做过以下的安排，这些家务事是可以做的：

1. 你同意，并且有额外的工钱。

2. 事情跟照顾孩子有直接关系（比方说，被照顾的孩子或者是你自己刚吃过点心，此时餐桌当然需要你来清理；孩子刚刚用爆米花打闹，你也需要用吸尘器弄干净）。

员工该做什么、不该做什么，一直是很难下定论的东西。当员工是青少年，而雇主是成年人时，就更难确定了。不过，只要你很会照顾孩子，你就有话语权。你可以这样跟那家妈妈说："我真的很喜欢照看你的孩子，但是我觉得，做家务不应该是我的工作。当然喽，如果是我和您孩子一起搞脏搞乱的，我会清理的。"如果你愿意做些家务，但前提是能多拿工钱，你也可以提一下，看那位妈妈怎么说。

家长和照顾孩子的保姆是社会正常运转的重要一环，因此，各方都需要知道自己的职责。

家长的职责是：

- 开车去接送你到达照看他们孩子的地方。
- 提供充足的小吃和点心。
- 保证家里的电视机、录像机还有DVD机运作正常。
- 留下紧急联系方式以及自己去什么地方等信息。
- 在约定时间回家。
- 说明喂孩子进食、吃药的方法以及孩子的固定习惯（比方说，强尼睡觉的时候，企鹅先生的脸一定要朝北）。
- 必须告诉孩子，他们都得乖乖的。
- 保姆离开前需要拿到工钱。
- 如果要当好客户，那就把工作时间四舍五入（比方说，看孩子3小时40分=4小时）。

作为照顾孩子的保姆，你的职责是：

- 对工作要有责任心，要想到这份工作是因为家长们对你的超级信任才让你做的（确实如此）。

- 随时注意你要照顾的孩子。
- 如果家长没有提供某些必要信息，必须问清楚。
- 你的电话需要让家长联系得到（当然你得提供号码了）。
- 不许其他任何人进入家里，事先已经获得同意的人除外。
- 重要的事情必须报告（孩子把结婚戒指给吞下去了）。
- 如果你想成为家长心目中的最佳保姆，可以多做一些事情，让他们知道你很上心、很周到——跟孩子一起烤饼干、把父母留在水池里的几个碗盘给洗了、帮孩子整理他们的房间或者写一张感谢卡。

残疾人

残疾人可能面临的最大的困境是那些不太懂礼貌的人。这些人可能是好心，但是，他们说话旁若无人：

> “她能走路吗？”
> “她还长得大吗？”

这些人还想打听别人的隐私：

> “你生下来就这样吗？”

他们把残疾人当作可怜虫来看待，或者给他们讲了太多好听的话，而没有把他们当成跟大家一样有需求有感受的人来看待。

很多人跟残疾人相处，觉得挺尴尬又不知所措，怎么做、怎么应对都不知道。或者，他们不知道该不该去帮助、什么时候去帮助。又或者，他们只是以自己的观点来看待他人的残疾。如果有人看到失明的人，他们会以为失明的人看不见，因而他们自己也会有一种失落感、悲剧感甚至恐惧感。如果有人看到其他人无法行走，或者在使用轮椅，他们自己也会感到无法行动或者有约束感。这样的感受能够增进与残疾人士的沟通，虽然残疾人士丝毫不知道对方有这样的感觉。行礼如仪就能够让残疾人士不会因为自己的残疾而感受到不同的待遇。

我衷心希望在残疾人士面前，你能行礼如仪，讲究礼貌。以下是一些要点与禁忌：①

● 不要因为别人有了某种残疾，就假设他还有另一种残疾。例如，不要对盲人大声说话，好像他一定也是聋人。不要对坐轮椅的人讲话缓慢。另外，不要假设残疾人能或者不能做什么。他们自己最清楚，让他们自己做决定。

● 必须直接跟残疾人士对话。看着他们的眼睛。虽然有父母、朋友或者护士跟他们在一起，但并不代表他们就不能自己讲话了。在他们面前，不要用第三人称跟他们交谈。（如，“我带他去走走可以吗？”“她可以去游泳吗？”）

● 如果对方听不到，或者严重耳背，你在说话的时候，需要朝着他看，让他们可以看到你的嘴唇，要确保你的脸部光线充足。尽量找较安静的地方交谈。如果对方没有提，不要故意讲得太慢、太大声或者发音很夸张。如果有翻译在现场，讲话时不要对着翻译讲，要对着耳背的人。

● 绝对不要拿残疾人的手杖或拐杖。如果你们要坐下来一段时间，你应该先问：“坐的时候，你需要先放下手杖或拐杖吗？”

● 要帮人家之前，应该先征得同意。如果你看到别人拿着一大

---

① 要了解直白、敏感的文字与表达，请参阅 K. S. 劳伦斯 2013 年出版的《关于如何书写报告残疾人士的指导》，独立生活研究与培训中心。如需纸质书籍，请洽 RTC/IL，电话（785）864－4095，网上书籍，请查网址：rtcil. org/guidelines. shtml。

堆东西很艰难，你不会马上出手把人家的包抓过来，对吧？你应该问，需要帮忙吗？你在和残疾人接触的时候也应该这么做。不要拉着他们就开始过马路。你应该说：“我搀着你过马路可以吗？”或者说：“我可以帮忙吗？”

● 不要问太多东西。残疾人可不想随时给你做医疗报告。问人家残疾的起因、历史、症状、愈后以及各种限制，都是非常粗鲁的行为。

● 如果你在陪伴着一位有残疾的朋友，其他人可能会直接跟你交流（如餐厅的服务员、商店的售货员或者是你认识的人）。此时，你不要回答，你只要看着对方。这样做会让对方意识到，他们应该跟残疾人士直接交流。

● 在跟语言有障碍的残疾人士交流的时候，要特别有耐心。你要注意力集中。不要帮他们讲完他们想讲的话。你没听懂对方讲什么时，不要假装听懂了。你应该说：“对不起，我没听明白。”或者，“你去哪儿了？”或者，“号码是多少？请再说一遍。”

● 如果没有获得允许，绝对不要触摸残疾人士。这会对残疾人士造成侵犯。（靠着他们的轮椅也是一种侵犯。）同样，对导盲犬这样的动物，没有经过主人的同意，不要触摸、下命令。这样可能会影响对动物的培训。

● 如果有残疾人士向你问路，你要考虑地面状况、天气、坡道/阶梯/路肩等状况，以及任何可能造成障碍的情况。

● 不要用隐喻的形式来描述残疾。残疾人士会抗议他人使用“精神异样”“肢体不便”或者“肢体限制”这样的词语来描述他们。

● 要使用尊敬的语言。不要用残疾来进行统称。要把人放在前面，而不是他们的残疾。比方说，你应该说：“这是我的朋友，他的耳朵听不到。”而不应该说：“这是我的聋子朋友。”

不可接受的方式	较好的方式
瞎子、聋子	失明人士、失聪人士
瘸子	肢体残障人士
傻子	智力残障人士
癫痫	癫痫病患者、抽搐紊乱患者
麻痹人	运动失常人士
植物人	大脑损伤人士
HIV 或艾滋病	HIV 或艾滋病患者
蒙古脑残的	唐氏综合征患者
脑瘫	大脑瘫痪病患者
多发性硬化的	多发性硬化患者
肌肉萎缩的	肌肉萎缩症患者
坐轮椅的	使用轮椅的人
自闭的	自闭症患者

亲爱的艾利克斯：

“如果你看到坐轮椅的人，你会怎么做？我知道，提供帮助是很礼貌的做法，但我听说，残疾人士不想被人家帮助。如果我们去帮，他们会生气的。”

首先，你要把坐轮椅的人当作一个“人”。当你觉得他需要帮忙的时候，你可以试着提供帮忙。对于你的提议，别人可以接受也可以拒绝。到此为止。不要强行帮忙，或者不经同意就推着别人的轮椅到处走。在大多数情况下，他们都能够行动自如。

当你跟使用轮椅的人士讲话的时候，要尽量保持你们两人的视线在同一水平上。找把椅子坐下，或者，弯下腰跟残疾人士对话。但是，不要蹲或者跪下。这可能给人屈尊的感觉。绝对不要抓住或者靠着别人的轮椅。不要把东西放在残疾人士的大腿上，说借放一下。

亲爱的艾利克斯：

“我坐轮椅。你不知道啊，好多陌生人啥都不说就开始推我的轮椅了。我要怎么告诉他们我不需要他们的帮助？”

真是的！有谁会把陌生人拥入怀中，带着他们过马路呢？但是，很多人会没经过别人同意，就推着别人的轮椅走。你可以直接告诉那些自告奋勇来帮你推轮椅的人：“谢谢你，但是我不需要任何帮助。”接着，你可以秀一把轮椅360度大旋转，甚至来一个独轮着地，然后自行离开。

亲爱的艾利克斯：

“我家附近的邻里活动中心最近来了一个盲人女孩。我想向她表示友好，但是我害怕我会做错什么，我也不知道要跟她说些什么。”

你就说：“你好。欢迎来到活动中心。我叫×××。你叫什么名字？”然后你们就开始聊天了，你跟其他人刚认识的时候怎么聊，现在就怎么聊。你跟她接触并不因为她是个盲人，而是因为她是这个邻里活动中心的新人，你这样做，就能很礼貌很得体。你可以问她的兴趣爱好、住在哪里、在哪里上学等。她或许会跟其他青少年一样——很想要有朋友、喜欢聊天、到处走走玩玩。她因为失明，所以行动上的困难比普通孩子多。但是，这并不是她的标签。不要说她是个“瞎子”。她只是一个眼睛失明的女孩。所以，除非她自己说起，你跟她第一次谈话时，不要谈她失明的事情。当你跟她交情越来越深，开始一起玩时，你们可能会很自然地说起这个话题。

如果她有导盲犬，在没有她许可的情况下，不要抚摸导盲犬。如果你跟她一起走路，你应该走在她旁边，远离导盲犬。不要拉她的手，也不要转动她的肩膀。你可以让她抓住你的肘部。如果她接受这么做，你也应该让她来决定走路的速度。如果前面有路障，不要只说“小心！”你应该告诉她具体的状况：“前面有一大坨狗屎，还有四个很深的台阶。”

每次跟她见面，都应该说明你是谁，等她确定能够认清你的声音了，才可以免去这个自我介绍。如果你们是很多人在一起讲话，此时有人离开，你应该告诉她。这样的话，她就不会对那个已经离开的人说话了。如果有什么好玩的事情，她看不到，你也可以跟她说说：

“他们都在笑，因为肖愁先生做了个鬼脸。”

“润发剃了个光头。”

“冷静先生恼怒极了，我看马上就要发飙。”

“新来的这位男士酷极了。”

如果你用了“看”“瞧”这样的字眼，不要在意。如果你说，“你看出来我的意思了吗?”或者是“听说那人数学很强悍，你可得看仔细啊”，盲人朋友不会介意的。但是，绝对不要用盲人这样的状态侮辱人。比方说，如果有人不小心踩了你一脚，你可不能说：“怎么回事啊，你瞎眼了?”或者如果有人犯了个错误，你也不能说：“你弱智啊?”

亲爱的艾利克斯：

“几天前，有人把一位缺了右手的人介绍给我认识。但我发觉我

很尴尬，因为我们握不了手。我应该怎么做比较好呢？”

下次见面时，让他先出手。有这种情况的人，不管是永久性的还是暂时的，他们都经历过这种情况。他或许会伸出左手（你可以用左手，也可以用右手，用哪只手握都行）；他也可能伸出一只假手来让你握（只能让你握了）；或者他不伸手，你们口头问候就可以了。看对方怎么做，你配合就行。

亲爱的艾利克斯：

“我在一场车祸中严重烧伤。之后，大家要么盯着我的脸看，要么完全不理我。如果我走进一个地方，有时候大家的谈话会停下来，或者孩子们开始窃窃私语。发生过这样的事情已经够悲惨的了，大家还每时每刻地提醒我这个残酷的现实。我不是想对人粗鲁，但是我觉得其他人对我太粗鲁了。我应该怎么做呢？”

首先，你不要觉得你欠什么人一个解释。虽然有些人会觉得好奇、不舒服或者在你面前表现得比较没有节制，但你对他们的“社会爱心残疾”不需要负责任。你可以用以下某种方法来应对：

1. 忽视他们的粗鲁行为。完全不理会他们就行了。他们的谈话会继续的。孩子们的窃窃私语会停止的。人们不会一直看你的皮肤，他们会看到真正的你。

2. 加强你的社会正确性。你可以自我介绍。可以引导大家继续谈话。你的自然表现会让大家意识到他们的失态，他们会立刻进入正确状态的。

3. 打破僵局。当你进到一个房间，知道大家都在猜测你发生什么事情了。而且，大家都知道，只有你知情。于是就出现了这种情况：大家都在猜测同一件事情，然而大家都不愿意说。

你没有必要满足别人的好奇心，特别是当他们那么不懂礼貌时。但是，在某种情况下，你可能愿意打破这个僵局。有几种情况可以做到，看你觉得哪种比较适合。比如，你可以说："这是在车祸中烧伤的。"或者，你可以很幽默地调侃说："没事的，烧伤不会传染。"这两种做法都会让大家放松下来，说出大家的心里话。不管你采取了哪一种做法，你的行为都是非常慷慨大度的。

现场的人可能会表达他们的歉意（"对不起，我不是那个意思"）。如果出现这种情况，你应该说："啊，没关系。"然后，你就可以转换话题，谈你想谈的事情了。

亲爱的艾利克斯：

"我出生的时候就有先天运动缺陷。很多人，甚至是陌生人，都会问我，'你到底啥毛病?'或者'你怎么搞成那样?'我可以对他们粗鲁地以牙还牙吗?"

不可以。但是，你可以让他们感觉不舒服。跟陌生人没有什么好啰唆的。你可以给他来个万分之一秒的瞪眼，然后慢慢移开你的眼光。他一定知道你是啥意思。

如果有人问你，"你到底啥毛病?"你就笑笑，然后说，"我啥毛病都没有。咋了？你有啥毛病没有啊?"

你也可以置之不理。有人这么问你，你就反问："你觉得扬基队能赢得美国棒球联盟冠军吗?"

还有另一种方法可以对付这种人，那就是："对不起，我不跟我不认识的人讨论事情。"

也许有人问你的残疾状况是因为他们想多了解你的情况。（这跟其他人只想满足他们的好奇心不一样。）你应该能够感觉出哪种问话是真正想了解情况，跟这样的人谈话可能会让你舒服点儿。

本章小测

1. 你在开一个派对。你发现你忘记了两位客人的名字，他们此时正尴尬地站在一起。你

a）隔空大喊："你们两个如果感觉那么闷，走人好了。"

b）帮他们两人做介绍，但是你随便用了你能想到的名字。

c）走过去，对他们说："很高兴见到你们来了。你们两位互相认识了吗？我得去看吃的准备好了没有，你们二位自我介绍一下吧。"

2. 正确的社交亲吻，其目的在于：

a）把对方脸颊上的牛奶抹掉。

b）让你上一垒。

c）表达朋友间的友情。

3. 你生日那天，阿姨送你一条难看得不能再难看的裙子。你

a）拿它来擤鼻涕。

b）问："这东西你花多少钱买的？"

c）展现笑脸，亲阿姨一下，然后说："太谢谢了！我等不及要给我的朋友们看。"

4. 你去一家宠物店应聘面试。结束时，老板起身，意思是说面试结束了。你

a）把脚翘上桌，说道："老大，着什么急啊？"

b）问鹦鹉会不会说什么脏话？

c）起身，握手，感谢老板抽时间跟你见面。

5. 你滑滑板去上学。在路上，你看到一位盲人老太太在等着要

过一条车流很大的马路。你

a）把她往马路上推。

b）往她身上撞，还喊着“你没长眼吗，看不见啊？”

c）停下滑板，说：“您好，请问我能带您过马路吗？”

第三章 不同寻常的礼节

挽救地球，避免礼崩乐坏

闭上眼睛。暂时不要去想日常生活的世界：家庭、学校、脸书还有朋友们。忘掉家庭作业、家务还有 YouTube 视频网站；把占据你思绪的苦恼琐事都给忘了吧。让你的思想，走进太空。此时的地球，只不过是小小的一个点，上面的人更是细如微尘。然后，飞到太空的边缘，爬上一堵高墙，坐下来，仔细地想想我们世界的样子。

战争。饥荒。贫穷。疾病。毒品。谋杀。恐怖主义。

想想你每天所遭遇的粗鲁的事情，来自你的同学、老师、家长、店员、兄弟姐妹、巴士上的人、地铁里的陌生人。想一想，你每天对别人做了哪些粗鲁的事情。①

想想真人秀电视里把粗鲁当成娱乐的情况吧。

想想那些因为 iPod 而被枪杀的孩子吧。

---

① 好啦，每隔几天。

想想那些为了警醒大家而贴在汽车后面的贴纸吧。

现在你心情应该好些了。想想这个吧：我们人类，在目前这个时代，是不是正在走向灭亡？我们的贪婪、自私自利以及无知，是不是把我们这个物种变成进化的笑料？或者，慷慨无私、友善与尊重他人的现象会成为社会的主流现象？我们是会让自己引以为豪，还是会衰亡，只留下麦当劳金色的拱门以及有毒的垃圾？

答案，可以用两个字来总结：无语。但是，我可以保证，其决定因素将是：礼貌。

我们人类的生存，必须靠每一个人讲礼貌遵礼节。讲礼貌使人们生活工作和睦相处，日常起居不起冲突与斗争。

在我们每天的日常生活中，在有陌生人的环境里，礼崩乐坏、礼不复存。在大路旁的侧道上、商店里、电影院里、高速公路上，礼不复存。粗鲁滋生。对陌生人竖中指比对熟人简单。在网上欺凌比面对面欺凌容易。

北美不是唯一出现礼崩乐坏的地方。全世界很多文化都在经历类似的情况。法国司机用法棍面包来教训那些不给他们让路的行人；在新加坡，有人在公众场合嚼口香糖或吐痰的话，要被藤条打屁股。

“你找别人问去。”

“你不买东西，看啥看？”

“没看我正忙着吗？”

“你长耳朵干吗用的？”

如果有些国家把上面这些语言作为禁用语贴到了墙上，说明这里的人们正在努力规范人们的文明行为。

当然，在美国，我们是绝对不可能通过禁令来应对粗鲁这样的问题的。我们会成立国会委员会来研究调查。然后，这成为电视上“本周热门话题”（“我朝我妹妹的男朋友扔了一块蛋糕”“在公众场合挖鼻孔的男人以及爱他们的女人”）。

遗憾的是，如果我们对于成年人这样不讲礼貌的现状视若无睹，那么，一切都不会有所改变。如果成年人开始讲礼貌，并教他们的孩子讲礼貌，我们的世界就不会如此混乱。所以，一切看你了。是想继承一个粗鲁的、肮脏的世界，还是挺身而出，创建一个充满友善、爱心以及行为得体的社会？

从哪里开始？从有陌生人的环境，从我们的公共场合开始。如果每个青少年都自觉地讲礼貌，如果我们都对我们不认识的人讲礼貌，我们就可以一起去听音乐会，一起坐公交车，走入现实的世界，不拥拥挤挤、推推搡搡，也无须骂人。要记住，这是我们人类未来的依靠。

问卷调查的内容

根据对成年人进行的问卷调查，他们列举了青少年在公众场合最粗鲁的25种行为：

1. 大声说粗话。
2. 吐痰、打嗝。
3. 亲昵行为。
4. 在不适合的场所抽烟。
5. 挖鼻孔。
6. 不对售货员说“请”和“谢谢”。
7. 顶撞家长。
8. 对路人讥讽嘲笑。
9. 在公众场合占位子，不给长者让位。
10. 乱扔垃圾。

11. 在公共交通工具上行为无理，对残疾人士或老年人不礼让。

12. 逗弄小孩。

13. 在不恰当的场合使用手机。

14. 竖中指。

15. 在人行道或狭窄的走道里，五个人并排走路。

16. 跟大人说话的时候发信息。

17. 在电影院、商店里说话大声、吵闹，令人讨厌。

18. 在公众场合推推搡搡，目中无人。

19. 关门时不考虑后面的人（有意或无意地）。

20. 对他人的个人空间毫不理会或没有察觉。

21. 取笑别人。

22. 在向公众服务的时候还跟别人说话（比方说，收银员在购物高峰时间跟装袋服务员说笑）。

23. 在他人的物品上涂涂写写。

24. 互相羞辱、侮辱或欺凌。

25. 衣着过分暴露。

身体动作

你有没有注意到，运动中的身体，特别容易撞上？或者说，门的设计不是让 15 个人同时进出的？你肯定注意到了。你在学校的走道里，在巴士的走道上，肯定被别人推过、冲撞过。此时需要留意，学会在人生的道路上，不要被别人踩到脚。

电梯礼仪

电梯里的“如果”“还有”“但是”：

● 如果，已经有人按了上下楼的按钮，就不要再按了。多按几次，电梯也不会来得更快。说不定电梯被按得恼火了，就跳过你这一层不停了。

● 如果，你要进电梯，先让那些想出来的人出来。

● 如果，电梯里很挤，靠近门口的人应该先让出位置来。

● 如果，电梯里不挤，男士应该先让女士进出。

● 如果，你身上有异味，而且你只要上一层或两层楼，应该考虑用楼梯。要不然，你的朋友们就会在沉默中对你另眼相看，或者在心里咒骂你。爬楼梯是挺好的运动，不是吗？

● 如果，电梯里有其他人，你应该给其他人让出最大的个人空间。随着电梯里的人进进出出，你需要高超的技巧不断做调整。

● 如果，你要上最顶层，那就应该站在离门最远的地方。应该永远面朝着电梯门站立。（面对电梯的后面是不是有点儿怪怪的？）

● 如果，你站在门前，到了某一层楼，但是此时你不下，应该尽量往把门口位置让出来。或者，你可以有更大胆的举动：走出电梯，让后面的人出来，然后在电梯门关上之前，快速进入。

● 如果，你要出去，但前面有很多人挡着，你可以说：“对不起，请让让。”然后轻轻往前移动。你的举动不会被人认为是推搡或挤人。

● 如果你站在电梯的控制键前，那你就升级成为电梯管理员了。你可以按“开门”“关门”键来让电梯更有效地上下行驶。如果有人给你小费，要毫不犹豫地收下。

电梯内的正确站立位置

● 还有，不管你怎么做，不要盯着别人看，不要放屁，不要按下所有按钮，或者捏别人的屁股。

在拥挤的地铁里

在地铁里的礼仪跟在电梯里差不多，进出时候要注意的事情一样：不要挡着车门，要让路，先下后上。

在地铁里，就别想吃什么有五道菜的大餐了，但是，如果你想偷偷地喝一瓶汽水或者吃点没有气味、不会搞得一塌糊涂的小点心，那没有问题。只要你不咂嘴，不把东西掉一地，或者把饮料洒一地的话。（注意，有些地铁里不允许吃喝东西。）

在地铁里看书是一种优良传统。偶尔瞄见别人手里的东西没问题，但呼气呼到别人脖子上是不行的。

自己的垃圾自己带下地铁，妥善处理。把报纸整齐地留在座位上，这不算是乱扔垃圾。这叫分享。

如果你想当一个模范地铁乘客（巴士亦然），那就必须杜绝以下个人坏习惯：

不要摊开四肢：应该双膝并拢。没有人喜欢看到你双脚叉开，给隔壁的乘客造成不便。除非你死了，要不然，不可以躺在椅子上。

不要跳钢管舞：不要跟钢管做全身拥抱。要用一只手来握钢管，给其他乘客留出抓握的空间。

不要霸占位置：要给老弱病残孕人士或其他更需要的人礼让座位。好心会有好报的。

不要制造噪音：谈话的时候，音量要控制好。听音乐也一样。合你品位的美妙音乐从你的耳机里漏出来，对别人而言可能是刺耳的金属噪音。

不要在车厢里锻炼身体：车厢里的金属钢管不是单杠。那是给乘客抓握、保持平衡用的。

不要挤在门口：有没有注意到，很多人都喜欢挤在门口。应该往车厢里走，给别人多一些空间。如果你没办法，只能站着门口，请不要靠在门上。你永远不知道门什么时候会突然打开。

不要化妆：地铁车厢不是你的化妆间，别用牙线剔牙、剪指甲、涂指甲油、掏耳朵、涂眼睫毛。在家里化妆比较好。

不要传播病毒：在地铁里咳嗽、打喷嚏时需要遮住口鼻。满是鼻涕的手也不可以抓握钢管。正好提醒你，乘坐公共交通工具之后，洗洗手也是个好习惯。

扶梯与自动步道

使用扶梯的礼仪如下：

● 不要拥挤推搡。不少人在移动扶梯上会很紧张。不要造成容易失去平衡或卡在扶梯两端缝隙里的状况。

● 站在右侧。留出左侧让别人通行。扶梯就像是分道很清楚的高速公路，每一向有两条道。站立不动的人应该往右边靠，把左边留出来让那些快车通过。如果有人挡住了左道，不要发出“叮叮叮，闪开”的声音。简单说声“请让让”就可以了。

● 下扶梯的时候，请离开扶梯口。不要在这个地方驻足或给朋友发短信，或者做沉思状。后面的人可能会撞到你，然后可能会引起一系列的连锁反应。

● 鞋带绑好、裤子拉上来、舌头放在嘴巴里、头发理整齐。扶梯喜欢咬住这些东西不放。

以上原则也适用于机场里那种自动步道。

亲爱的艾利克斯：

“从下行扶梯往上走是不是很不礼貌？”

如果扶梯上有人，那确实不礼貌。如果扶梯上没有人，那就还好。只是逆行的人判断力不好。如果你的鞋带绑好了，而且四下里没有人，你可以快点——下不为例。

公共汽车

在公共汽车上有时候也挺危险的：过道上很拥挤，座位不够多，交通阻塞，废气，带很多行李的乘客，带小孩的乘客，迟到的人，迷路的人，忘记使用除臭剂的人，差两秒就要呕吐的人，等等。这些都是造成不礼貌行为的潜在因素。为了保持某种程度的文明，大家需要以礼相待。其实，要保证公共汽车上的文明礼貌，做到以下几点即可：

- 先下后上。
- 准备好车票或乘车卡。
- 如果车上人太多，那就不要多占空间，比如不要把东西放在椅子上或用身体占据较多的座位。不要占用老弱病残专用的座位。
- 如果你没座位，请进来往车厢后部站。如果大家都站在车门口豆腐块大小的地方，肯定会造成阻塞。此时如果有个赶牲口的棍子，那一定很管用。如果你没有棍子的话，可以说："对不起，让我过去好吗？"或者"您请往里面走可以吗？"这样应该就可以了。
- 如果你要下车，只需按一次铃就好了，不要一直按。你又不是正午打响的时钟。下去的时候应该谢谢司机，特别是那些你天天见面的司机老朋友。

亲爱的艾利克斯：

"有时在公共汽车上，隔壁的人老想跟我搭讪。我不想对人不礼貌，但是我父母老说，不要跟陌生人说话。我该怎么做呢？"

这情况有些微妙。如果只有你认识的人才不算是陌生人，如果你不跟不认识的人说话，那你什么时候才能认识新人呢？公共汽车司机应该主动介绍乘客，但好像不太现实。所以，我建议：跟你的父母商量一下这个规定。可能需要来个升级更新。如果你是7岁的小孩，一个人乘坐公共汽车，那么，如果有个诡异的陌生人要给你糖吃，那就应该遵守规定。如果你已经是青少年，而且在一个很好又很安全的地方，跟很多朋友在一起——比如在公共汽车上、在候车候机室里、在飞机上——那么，如果有人要跟你搭讪讲话，你又拒绝了，你可能会错过人生中可能遇上的非常有趣的人物。对不对？想一想，很多关系、婚姻、生意的起点，可能就是一句话："哟，你也在看这本书！"

如果有人坚持跟你说话，而你又不愿意，可以换个座位（最好是靠近司机或另一位成年人）。或者，你可以说，“对不起，我不是对你不敬，不过我明天要考试，我需要想想怎么答考题。”

或者反过来，如果你是那位想找人说话的人，就要仔细看，你的热情别人是不是想要接受。如果别人想跟你聊，那你就可以放开了聊。

让座

让座很容易，获得座位的人会很感激，但是这样做的人远不够多。如果你在一个很拥挤的等待室，或在公共汽车上，或在地铁列车上，你应该给更需要的人让座，比如老弱病残孕人士、带小孩的人、带很多行李的人。或者站不稳的小孩，或者伤了腿的人。不管他们是老是少、是大人是小孩、是男是女，只要你觉得需要，就可以让座。

如果他们是成年人，你可以说：“女士，您需要坐下来吗?”“先生，您需要座位吗?”对跟你同龄或者比你小的人，可以省略“女士”或“先生”的称谓，但是不要说“嘿，说你呐”。

你让座，但别人可能不想坐，可能会拒绝你。如果是这样，你也可以感觉良好，因为你让座了（而且你还能继续保住自己的座位）。对方也会心存感激，因为你做人很周到。

有时候让座也不那么容易。因为你也会有疲惫不堪的时候，也有运动过后浑身发酸的时候，也有书包超重的时候。如果是这种情况，你就根据现场的情况自己判断一下，谁更需要座位，是你，还是其他人。不过，如果有以下情况，那么正确的心态就很重要了。如果你在想：

为什么我得让座？为什么别人不让座？这太不公平了。我累坏了，是我先坐下的。

你可以换个想法：

我应该庆幸，我走路还利索，不觉得困难；我的锁骨没有断；我没有一大堆东西需要拿；我的推车里没有一个哭闹的孩子。

亲爱的艾利克斯：

“我有必要叫大人‘先生’‘女士’吗?”

没这个必要，但是有些理由值得你这么做。称成年人“先生”“女士”，在美国已经是快要消失的习惯了。这对整个社会来说，是非常不好的趋势，但对你来说却是好消息：你只要好好养成这个习惯，就可以轻轻松松获得很多利益。而且，能称成年人“先生”“女士”的青少年，一定会获得青睐。它是获得以下利益的前提：尊重、信任、优待、工作、意想不到的礼物。还有，最好的是：如果别人欣赏你的做事方法，你自己也会信心满满，你会自重。试试就知道了。

共享汽车的原则

除非你是城市里的孩子，经常搭公共交通工具；或者你是农村的孩子，搭驴车四处走动，要不然，你总需要经常跟别人共享汽车，搭别人的车子。共享汽车是家长们互相减轻彼此负担的一种方法。其实，有些家长很喜欢接送孩子，这是他们了解各种学校八卦、了解他们孩子的朋友的最好途径。既然你的交通有赖于这些家长们的恩惠，那么你就有必要表现良好。以下是一些小贴士，好好遵守它们，会有家长求你让他们接送的。

注意车子的到来。这样做，不仅省去别人下车去按门铃，也可以免去邻居在早上 7 点钟听到街上有人按喇叭。

要准时。不要因为你迟了，而导致其他所有人都迟到。没吃完的松饼、没做完的作业、来不及整理的小细节，上了车再来处理吧。

不要放人鸽子。如果你某一天不坐车，必须先跟别人说。这样别人就不会干等着，最终还等不到你。

不要把头伸到天窗外面去。这是为了防止突然刹车，天窗上的玻璃向前把你的脖子割断，也可以避免因为共享汽车而带来的任何法律诉讼。

系好安全带（前座后座都需要）。安全带是用来保护生命安全的，你的生命值得保护。

不要搞脏车子。小心地吃一点素的三明治没有问题，但是不要让面包渣、汤汁把车里搞脏了。

真实故事

来自礼仪前线的报道

事由：一盒比萨饼

有一回，我买了比萨饼回家。当我放慢速度要转入我家的车道时，突然有人从后面以100公里时速撞上了我的小跑车的尾部。因为我系着安全带，所以我的命保住了。

那盒比萨饼可就没那么走运了。比萨饼上面所有的料在盒子里做了各种运动。当我打开比萨饼盒子的时候，里面面目全非，乳酪撕扯着，意大利辣红肠支离破碎。更惨的是，保险公司不赔比萨饼。

本事件教育我们：记住，要查汽车保险的条文，看比萨饼是否属于受保范围。

不要打闹。如果你们在车里打闹或互相辱骂，家长司机可能会把车停到路边，等待你们闹玩了再继续走。此时的场面会非常非常尴尬。乘客鸦雀无声，一脸惊恐，更糟糕的是，有人说：“是她先打的！”为了避免这样的惨状发生，不要吵架打闹。

不要落下东西。接送孩子，通常有两个阶段。第一阶段：送孩子。第二阶段：把孩子们落下的东西再送过去。千万不要落下你的个人物品。被遗忘的双肩包、家庭作业、火山模型、吞拿鱼三明治都会在车的后座上找到安身之地。

不要发出警告的声音。如果你大声喊“小心”，家长司机一定以为你是警告他呢。其实，你是在告诉朋友不要把指甲油给洒了。最好也不要有太大的动作。

一定要记得谢谢家长司机。经常接送孩子的家长，很容易出现一种问题：家长接送综合征，其主要症状为：屁股酸痛、疲乏不堪、没人感恩而且会经常做噩梦，梦到他们一辈子开车，然后车里都是叽叽喳喳讲个不停的青少年。他们的主诉症状是对学校停车场、大商场、溜冰场、足球场还有上下班时间的高速公路产生幻觉。

目前，对于这种病症，没有明确的治疗方案。但是，如果被接送的乘客能够在每次下车的时候对司机表示真诚的感谢，可以起到预防的作用。即使是爸妈开车接送，你也应该说谢谢。另外，给司机妈妈送花或者小蛋糕，绝对让你有车坐。

真实故事

来自礼仪前线的报道

午餐吃什么？

我曾经开一辆小面包车，接送一整车 6 岁的小孩（我是中了什么邪，竟然敢接这样的工作，我至今还是搞不清楚）。开着开着，突然间，一个午餐盒飞到驾驶座旁。原来，坐在最后面的一个男孩子“憋不住”了，于是他用别人的午餐盒自行方便起来。午餐盒的小主人发现午餐盒里有些黄色液体，就把它随手一甩，那可是星球大战的场面。幸好我机智果断技术高超，才使我们免遭车祸。

本事件教育我们：离开家门之前，记得先上厕所。

亲爱的艾利克斯：

“我经常搭乘很多人的车。有一位同学的妈妈来冰球场接我们的时候，总是迟到。我是不介意啦，但是，我需要赶去上班，她迟到了，我可能就得迟到了，我老板会很不高兴的。我该怎么做呢？”

也许你可以这样说：

“欧玛丽太太，非常感谢您一直接送我们打冰球。不过，我想今后我可能没办法坐您的汽车了。我有一份工作，如果不能准时赶到的话，对我的工作会有影响。”

请注意，你并没有怪她导致你上班迟到。你只是在说明存在的事实。如果她能够察言观色的话，一定能听懂，她应该会说：

“哦，亲爱的孩子，我真不想没有你在车上做伴。这样吧，我看能不能早一点过来接你。”

如果她没有听出弦外之音，没有搞清楚状况，那你只好另行安排，或是把工作时间调一调。不准时是最常见而又最严重的粗鲁行为。经常迟到的人，总有说不完的借口：

“路上塞车太严重了。”（那就早点儿出门啊。）

“我在路上去洗衣店了。”（可以接送完了再去啊。）

“我接了个电话。”（可以不接嘛。）

“我忘了时间了。”（那就一定要注意嘛。）

找这些借口的人并没有意识到，这些都不是很好的理由。迟到是粗鲁的行为，因为它意味着“我的时间比你的时间更有价值”，还会引起一系列的延迟，可能对今后几小时甚至几天都会有影响。如果真有无法控制或者不可预见的事情发生了，导致了迟到，那就另当别论。但如果我要去帮其他人的忙，那不能够成为我迟到的原因。

小孩或者青少年指责大人迟到，好像比较不适合。最好的做法是用间接的方法来表达。如果你的钢琴老师老是迟到，你可以说：

“李斯特先生，您觉得以后 4 点半开始上课是不是比 4 点钟更好啊？我发现您总是多给学生一些时间。如果 4 点半来给我上课的话，您就不用担心我会等您等得太着急了。”

说话委婉小心非常有用。你在夸老师给别的学生多些时间，还夸他会担心你等他等得太着急了。但是，你真正的意思是：“我每次来上课都得等上那么久，没事干，好无聊。”

还有另一种应对成年人迟到的方法，那就是请你的家长出面。不过，你也得做两手准备：带本书、速写本子、家庭作业、游戏机、手机或者 MP3 播放器。如果不得不等，你也算有些事情可以做。

如果是同龄人经常迟到，你可以强硬一点儿。你可以警告那些惯犯，说有新规定了：

“请保证一定要准时。我们明天 8 点半准时离开。如果我们等不到你却又必须出发，那就很不好了。”

如果第二天他没有在约定时间出现，再给他几分钟，然后就可以出发了。让他感受一下自己不守时会有什么后果。如果你能坚持规定，他就会变乖的。

不可以用双肩包打架

有很多规定说不能让孩子持枪拿刀的，但是，有一种危险的武器一直被忽略，那就是：双肩包。根据儿童双肩包健康委员会估计，每年因为双肩包受伤的人，多过因为骑自行车、玩滑板和玩直排轮的人数总和。发生事故的时候，很多受害者都正在很无辜地做着自己的事情，然后，有人背着双肩包一转身，咄！

大多数肇事者不知道他们造成了什么样的伤害，受害者也很不高兴。这样的书包暴力必须停止！也可以制止！只要你和你的朋友们稍加注意就可以了。

为了防止你的书包撞到别人的脸，有几件重要的事情需要你关注。请注意，如果你在奔跑，你身上携带的包会疯狂地朝各个方向晃动。当你跑过人、物体或其他东西的时候，请多留一点空间。

如果你在拥挤的场合，如巴士或者人行道上，你就想象着你是在开车。好司机知道自己车的宽度，知道应该和行人与停在路边的车要保持多远的距离。你身上的背包或双肩包在你跑动的时候，可能会在你上身周围造成约30厘米的作用范围。如果是那种带着睡袋的大型包、被褥、凿子或者卫星接收器，那么，你身体及物件的作用范围要加大好几十厘米。在你背着东西走过路人之前，先判断一下你所需要的直径范围。如果你觉得可能可以勉强通过，那就先说一声："对不起，我背的包比较大，希望别撞到你。"所以，即使你稍微碰到了他们，由于你已经那么讲礼貌，他们也能够理解。

飞行恐惧症

很多人怕坐飞机，特别是在飞机上遇到气流上下颠簸的时候更是如此。他们会觉得没有着落、午餐乱飞，或者自己要死了。再加上时差问题、机上食物种类较少、孩子哭个不停、抽烟的人还得忍受长时间不能抽烟的痛苦，面对这么多的问题，我们一定得有应对精神紧张或者脾气暴躁的乘客的方法。

乘坐飞机，最初是很时尚高雅的交通方式，但今非昔比了。乘客可能光脚登机，衣服只穿了一半，而且身有异味。有些成年人因为被制止使用电子设备而发火，最终被逮捕或被请下飞机。在飞机上，有人为了食物而打起来，机组人员在飞行中出问题、公主殴打空姐、演员在走道上尿尿，甚至在布宜诺斯艾利斯到纽约的飞机上，有银行家喝醉了酒，爬到餐车上去大便。

在飞机里有这么多恐怖的事情发生，你可以做以下事情，来恢复曾经文明的空中飞行。

真实故事

来自礼仪前线的报道

粗鲁兄弟 1

我在美国一个主要机场等待前往巴黎的飞机。突然，我注意到有一家人言行举止很粗鲁。爸爸和妈妈带着两个 20 多岁的成年孩子，都是粗鲁的人。他们横躺着，霸占了 18 个座位，搞得很多人都没地方坐；他们吃的东西够一大家子吃一年的，汤汤水水地滴得满地都是；他们大声喧哗，语言粗俗。

而且，我的运气也真是太好了。在飞机上，那两个兄弟竟然和我坐同一排。他们在中间有五个座位的位置上。起飞后不久，这两兄弟又引起了我的注意——其中一位往呕吐袋里擤鼻涕，另一位则哈哈大笑。接下来，两兄弟比赛，看谁关上阅读灯的速度比较快。

我说的不是 5 岁的小孩。他们都应该有 25 岁了。吃过晚餐，两兄弟中的一个把衬衣给脱了（我看到了他肚皮上的 38 层褶子），竟然还在那五个座位上躺下睡了。此时我恶心至极。整个晚上，我都听到他们的鼾声，看到他的肚子起起伏伏。我唯一的希望是，注重礼仪的法国人会因为他们的邋遢状态拒绝让他们入境。

但是，他们没有被拒绝入境。看着那些人大摇大摆地过了海关，还一边笑着，一边抽着鼻子，说着“笨猪笨猪”这样的法语问候，我对法国人的信心大大动摇了。

登机之前

说起来大家可能都不相信，很早以前，我们可以直接上飞机——不用查身份证件、不用金属探测仪、不用什么随身行李限制、不用搜身、不用脱衣检查。这一切都因为“9·11”事件而彻底地改变了。如今，我们有机场安全检查。这可不是给你一条小毯子让你保暖哦。机场保安从头到脚把你查个遍——真的查全身哦。他们要查绝对不可以携带的东西——枪支、刀具还有爆炸物。最新的科技可以看穿你的衣服。这可能让暴露狂感觉很爽，但是，很多人都会很不爽。以下是一些需要注意的事情，可以加快通过安检的速度。

了解规定。要事先了解随身行李以及身上什么东西可以带，什么东西不可以带。在走过扫描机之前，脱下或放下皮带、带扣、发卡、金属纽扣、袖扣、戒指、手表、硬币、手机、耳钉、金属关节等——是金属的都取下来。

行为友善。负责安检的那些人从来就是一脸严肃的，不苟言笑。那你就跟他们幽默幽默吧。你应该行为友善，但不要惹祸上身。如果他们不喜欢你，可以把你带进另一个房间，对你进行搜查问话，不管你的飞机是不是已经飞上天了。

合理打包行李。如果你的随身行李里面有东西需要拿出来，那么就需要你合理打包行李，如安检时需要另行取出的东西——笔记本电脑、盥洗用品等。不能临到要安检了，才花上10分钟把这些东西从行李中挖出来。穿容易穿脱的鞋子。不要有4米长的鞋带，也不要穿需要一大帮人才能帮你脱下来的靴子。

听从命令。安检人员会指示你通过扫描机。如果是老式的扫描机，你直接走过，不要撞到什么东西就行了。新型的扫描机可以看穿你的衣服，以防你带着大砍刀或是火箭炮。此时绝不是你可以玩呼啦圈或表演空手道的时刻。你可以让安检人员对你轻拍全身来进行搜身，看你身上是不是有武器。如果你是怕痒的人，请尽量忍住别笑。也不要说安检人员变态。

避免麻烦。除非候机大厅有很多空位，要不然，你必须把自己的行李放在自己的座位前，不要占好几个位置。其他人如果没有位子坐，会不高兴的。

预先考虑周全。登机之前，你先想想，上了飞机，你可能需要用到哪些东西。有了这样的安排，你就可以很快地放置好自己的随身行李，也就不需要让200位乘客等你一个人在过道上考虑要拿出哪本杂志、哪些设备或者哪些点心。

保持头脑冷静。飞机晚点在所难免。如果出现晚点，那你就被困在机场了。导致无法准时起飞的原因很多，而且你也无能为力：(1) 天气原因；(2) 飞行员失踪；或者 (3) 机械故障。因此，你需要保持头脑冷静。练习一下深呼吸。可以看书、看平板电脑、看手机。如果你想跟值机人士谈话，必须保持有礼貌，且通情达理。很多人都会对他们大喊大叫的。如果你能够通情达理，他们一定会能帮你就帮你，还可能给你安排个好座位。

登机

准备好登机所需的文件。登机牌还有其他所需的证件，提前拿出来。不要到了登机口才从随身行李和身上83个口袋里找登机牌或者护照。

不要挡住登机口。你是不是注意到，很多人在还没有听到登机通知时就已经在登机口那里排起长队了？航空公司都是按一定的团体或座位来登机的，所以早去排队也没有用。况且，这只会阻碍其他乘客登机，因为他们需要绕过这些人才能过去。

随身行李。飞机上的空间有限，所以，随身行李没必要带太多。航空公司限定的随身行李重量确实合情合理，让乘客可以分享空间（也叫礼让）。把你的小件行李放在前方座位的下面，把较大的行李放入上方的行李舱内（轮子先进去）。等所有人就位，放好行李，然后再把你的大衣放进行李舱。往行李舱放东西的时候，要确定放置得安全，以免别人打开舱门的时候行李掉出来。不要挤压别人的行李，因为随身携带的行李很多是易碎的东西。你很有可能一不注意就压碎了一件大都会艺术博物馆可以收藏的伊特鲁里亚花瓶。不要把行李箱硬塞进上方的行李舱。我就看过有人这么干。他们搞坏了扣锁，搞得整架飞机上的人等了一小时，看着维修人员把扣锁修好了才能起飞。

飞行过程中

不要对着人呕吐。要使用呕吐袋。如果你想呕吐，先深呼吸。把头上方的那个气嘴对着你吹。心里想着，你此时正躺在阳光明媚平静安详的沙滩上。

往后面放下椅背的时候，请放慢动作。前排的人把椅座往后放，他所感受到的舒适程度与后座的人感受到的不舒适程度成正比。要记住，如果你把椅背完全向后放下，后面的人可能就没有办法使用他的笔记本电脑或者 DVD 播放机了。（小贴士：如果你坐在紧急逃生门那一排，由于安全的设计，你前面那一排的座椅无法完全向后放到最低。你就可以有多一点空间了。）

不要拍打。不要拍打、踢、顶前排的座位。如果有小女孩在你后面踢你的座位，根据当时的情况，你可以：（1）转过头，冲她做鬼脸；（2）叫她不要再踢了；（3）告诉她的家长，“我知道带小孩旅行很艰难，但是我现在想尽量睡一会儿。你女儿一直踢我的座位，我根本睡不了。”如果你说话得体，别人一定会体谅你的。

座椅扶手争夺战。这个小小的领域可能会是空中大战的导火索。可能是人类进化过程中形成的领土争夺意识在作祟吧。在飞机上，一人一半是常理，座椅扶手当然也是一人一半。常坐飞机的人很能体谅被夹在两个人中间的乘客，还好他们可以使用两边各一半的扶手，能缓解一下他们在旅途中必须遭受的不适。如果你邻座的人侵犯了你的扶手领地，你可以靠着他的手臂，把他轻轻地挤回去。很多人不喜欢自己的手臂靠着别人的手臂，当他们察觉到了你的举动，会乖乖挪开手臂的。

离开座位。如果你的座位不靠走道，而你想离开座位，就对靠走道的人说："对不起，我可以出去一下吗?"邻座的人要么给你让路，到走道上去等你，要么坐着不动。如果有人不动，那他就是在说："你可以从我面前挤过去，但是，你别踩到我的脚或者坐到我的大腿上。"但是，你也别一小时出去十多次，或是在喝饮料的时候也一直要出去。（小贴士：起立的时候，不要拉前排座位。这可能造成前排的人受到惊吓、咖啡洒一身，或者从梦中惊醒。）

繁忙时间使用卫生间。这可不是你数雀斑或者扎辫子的时候。把这些梳妆打扮的事情留在人少的时候做吧。

如厕须知。坐在厕所马桶上的时候，千万不要冲水。那个马桶吸力特别强，可能把你都吸进去，然后扔到堪萨斯州的荒野上。

友善待人。空乘人员的工作非常艰难。尽量少问这样的问题："快到了吗?""还要多久才到啊?""现在几点钟了?""你有没有听到那些噪音?""机翼会不会脱落?"也不要每隔几分钟就按服务铃，要这些东西：(1) 汽水；(2) 椒盐脆饼干；(3) 再来一杯汽水；(4) 湿纸巾；(5) 阿司匹林；(6) 扑克牌；(7) 枕头；(8) 再来一杯汽水；或者 (9) 航空公司的徽章。有什么要求，最好等空乘人员在提供服务的时候提出来，或者等他们不太忙的时候提出来。

阅读灯和遮阳板引发过很多空中飞行礼仪灾难。如有意见不合，以下是一些建议的方法，以消除武力解决的可能性：

● 如果在放电影，遮阳板应该放下来。即使你已经看过那个影片，现在一心只想看窗外美丽的云彩，但你要知道，一扇遮阳板不关，其他人就很难看清楚电影的内容（小屏幕本身就很难看得很清楚）。如果飞行时间足够看一场电影，那么，等电影放完了你再看窗外吧。

● 如果你想看书，即使在放电影，或者是在晚上大家都睡觉的时候，你还是可以打开阅读灯看书的。你不想看的时候，则应该关上灯，这样就不会让周围的人有刺眼的感觉了。

玩玩具。在飞机上玩电子设备很容易打发时间。你从新泽西上的飞机，然后开始打电子游戏机，不知不觉就到了西海岸的洛基山脉了。必须把声音关掉，要不然你邻座的乘客就会听到各种乒乒乓乓的枪声、爆炸声、轰炸声以及惨叫声；或者戴上耳机，不要影响他人。另外，你邻座的人很容易就能看到你的游戏机上的内容。所以，不要打超过 PG－13 级别的游戏。

嘚吧嘚嘚吧嘚。如果你邻座的人是位爱说话的主儿，那你就自求多福吧。有些人可以唱单簧唱上六小时（他还以为那叫“对话”）。你听他讲了一小时已经受不了了，耳朵痛、头痛，迫切想把这个人从万米高空扔下去。不过，其实如果能跟邻座的乘客讲讲话还是不错的。他，或者她，可能是个很有意思的人。但是，如果你想要清净，那也绝对是你的自由。你可以用肢体语言，也可以用一些小道具，在你周围形成一个密封的世界，如戴上耳机、盯着你的手机看或者打电子游戏、埋头看书等。如果这样做还无效，那你只好跟邻座的开口了：“认识你真的很高兴。但是我想读会儿书/休息一下/看场电影。”如果你邻座此时还喋喋不休，那你就把他扔出飞机。

嘚吧嘚嘚吧嘚嘚吧嘚嘚吧嘚。可以想象吗，你想好好休息一下，可有人用大音量在你隔壁讲电话讲了五小时！在飞机上讲电话可能会引起空中骚动——暴动、打斗、战役或者混战。而我会是战场司令。呃，开玩笑了。我需要做个好榜样！不过，如果有人在我身边嘚吧嘚嘚吧嘚讲电话讲个不停，我也会开始跟自己自言自语，而且声音很大。看看隔壁那位是不是受得了。

自带食物。如今不少航班上不提供免费食品了，你可以自带食物上飞机。你能带的东西很多，但是，不要带那些味道很重、容易搞得一塌糊涂的食物。你邻座的人不会喜欢闻到臭乳酪、臭鱼还有咖喱的气味的。

未来飞行体验

开玩笑要谨慎。这一点非常重要，千万小心：绝对不要在飞机场附近或在飞机上讲和炸弹、枪支、恐怖分子、劫持飞机有关的笑话。首先，这样的笑话比较粗鲁，而且也不好笑。其次，这样的笑话可能导致你被撵下飞机，甚至被逮捕。

落地

下飞机。通常的礼仪是一排一排地下。也就是说，如果你不是坐在第一排的话，就不要往前挤过所有乘客，先下飞机。你可能在这里快上 20 秒钟，但是，等行李时也得等半小时。你应该尽快从行李舱拿出行李。如果不急着下飞机，就不要挡在走道上。

进入机场大厅。当你下了飞机，应该继续朝机场大厅走，不要挡住后面不断走出来的乘客。

等行李。为什么所有人都想在行李出来的那个出口等？离远一点儿也是可以的。你也不会多等几秒钟，而且不用跟别人挤。当然，绝对不要跳上行李输送带一圈一圈地玩。

进出场所礼仪

当你进出图书馆、学校、餐厅、商店、候机楼或者其他公共场所，可能会发现前方有障碍物——门。如果你遵循一定的指导原则，应该不会有什么问题。

- 当你伸手去拉门，要注意是不是有人正好也要进出，而且他们行动不便。如果你看到有人使用轮椅，或者推儿童推车，或者使用拐杖，或者带着孩子，或者带着一大堆东西，此时，如果你走上前去，帮他们把住门，就是非常礼貌的行为。
- 如果你后面有人，但是没有残疾或特别需求，那就不需要帮他们把住门。但是不要关上门，这样后面的人就可以走过。（要不然，就像是在树林里走路，你拨开一根树枝，弹回去的时候可能会打中后面人的脸。）
- 如果有自动门，你不需要冲到感应器前面，然后说：“我来。”旋转门是专为那些无法决定到底是要进来还是要出去的人设计的。这种门迟早会搞出危险。所以，过旋转门的时候要非常小心，不然可能你的脚到了外面，而头却留在了大堂里。

● 旋转门的转速不应该高于正常走路的速度，其目的是要让人正常进入或离开大楼，而不是把人发射上太空。如果有老人要通过旋转门，或有 3 岁的小孩赖着不想走，那么你应该降低速度，跟随最小公约速度。同时，用手机联系相关人士，取消下午的会面。

● 过去，如果有男士和女士同时到达门口，女士优先是传统原则。男士则进入下一个扇形区间，并用强有力的手轻轻推动旋转门，保持其运动状态。如果门没有动，则男士先行，并用强有力的手推动旋转门，使之开始转动。女士则可以进入下一个扇形区间。如今，男士女士都可以启动旋转门，这要看谁比较有力气，或者看谁当天比较有骑士风度。

● 每一个区间应该只走一个人。两个人容易碰到或者绊倒。父母带孩子以及亲密情侣的情况除外。

● 如果孩子表现良好，可以允许他们每年两次在旋转门里一直走着，不过，他们必须留意是否有其他人要用旋转门。

自动力

讨论了这么多关于公共交通的礼仪，现在我们来看看自动力交通系统——溜冰鞋、自行车、滑板、雪橇，还有你的双脚。

通过自动力行进的时候，要保持的礼仪很简单：不要撞到人。你需要眼观六路，还要给其他人让路。在人行道上，走路的行人拥有主要道路行驶权。（那是“人行”道，不是“滑板”道或者“旱冰”道。）如果你使用什么带轮子的自动力工具在人行道上行驶，必须要控制好行进的速度，不要撞上行人，不要把行人吓死。[1]

以下是一些使用自动力工具时需要注意的礼仪。

直排轮旱冰鞋

飞速前进！超越子弹的速度！一跃飞过一幢大楼！做个超人！做梦吧你。

直排轮已经在世界流行。结果就是，全世界每年都有成千上万的青少年在医院的急诊室里接受治疗、缝针、矫正。摔断双手手腕、摔断股骨、摔断 8 根肋骨可不是好玩的事情。所以，仔细研究一下下面提供的溜旱冰小贴士吧。

- 好好上几堂旱冰课。在真正上路找寻旱冰同仁之前，先做充分的练习。练习好起步、转身、滑行还有刹车。刹车的技巧尤其重要，撞上无辜的旁观者是很粗鲁的事情。
- 记得戴头盔，不然会死得很难看。（很多溜旱冰致死的情况是因为死者没戴头盔。）还要记得戴护腕、护肘、护膝，保护其他可能受到伤害的身体部位。如果是夜间滑旱冰，还要穿戴反光服装、安全灯，这让你一闪一闪的，像个圣诞灯。
- 注意道路的使用权。如果不得不使用人行道，那你得随时注意，不要撞到行人。
- 靠右行驶。不要左摆占据整个人行道。如果你要超车，先看看本车道后方有没有其他人，还要注意前方有没有迎面而来的人。不要突然加速就超过前面的人。要超过的时候，需要说声：“左边超车。”
- 根据路况调整速度。人多就减速，孩子多也减速。地上有沙土、柏油、碎草末、成堆的落叶、水或者其他较大的物体挡路，都要

---

① 在溜冰场或者滑板活动中心，行人应该给他们让路。

减速。要不然很容易摔趴下。如果你四仰八叉地躺在地上阻碍交通，那也是挺粗鲁的行为。

● 如果你看到前方远处人行道右侧有一条狗，左侧有人（或者反过来），那么，有可能是有人在牵着狗走路。你就需要准备来个空中飞跃动作，或者是原地不动，或者是离开人行道。

● 注意看路障。以往经验显示，直排轮滚过以下障碍时，会造成严重后果：钢筋网、凹凸不平的下水道井盖、路上被压过的动物尸体、树枝，或者人体的四肢。

● 如果你想停下来或者休息，应该离开人行道。（你会在高速公路的中央把车停下来查地图吗？）

● 如果你戴耳机，音量需要调得很低。你必须能够听到别人说“左边超车”或者“小心，卡车朝你开过来了”。

● 不要携带会影响平衡的东西，或者影响行人安全的东西。

● 如果你在马路上滑直排轮，需要非常小心。要顺着行车的方向走。除非你喜欢肚子被撞的感觉，否则，你要特别注意是不是有人在打开车门。

● 转弯的时候要打手势。

骑自行车

骑自行车要遵守的规则与滑直排轮很像：要戴头盔，在夜间要使用安全灯，给行人让路，顺着行车方向行驶，注意别人打开的车门，注意路上的狗，注意其他路障，留意人行道上的危险状况。在自行车道上行驶，要注意迎面而来的自行车，以及要超车的自行车。还要特别留意：

● 停放自行车要小心，不要造成别人容易绊倒的情况。把车锁好，要停在容易看到的地方，或者你认为安全的地方。不要挡住台阶、门廊、人行道、入口或者栏杆。

● 遵守所有的交通法规。如果你希望机动车司机在路上能够尊重你、留意你，你也必须遵守交通法规才行：遵守红绿灯，使用手势来指明转向。

滑滑板

如果说有什么运动是只属于年轻人的，那就是滑板。（你见过70岁老头面对障碍物施展内跳滑板跟翻吗？我也没见过。）所以，当我开始了解年轻人的滑板文化，想知道其中的规范礼仪的时候，我大感兴趣。

滑滑板要遵守的基本原则是：酷。其中，最重要的是避免撞人。关于这点，这些滑板飞行器的驾驶员高度警惕、非常礼貌。他们会耐心等待同胞们执行面对障碍物的双桥倒滑动作。他们会合理排队，不插队。他们远离横杆，不去阻碍别人表演某种特技。他们学习掌握道路交通模式，在滑板场所出入谨慎。他们给表演空中动作的人让路。如果有无人驾驶的滑板在空中飞行，他们会喊道："小心滑板！"他们知道自己的能力，不会去尝试那些他们无力表演的动作。如果他们无意中碰到别人，或者是插了别人的队，他们会说"对不起"。不滑的时候，他们会坐下来休息，所以不会阻挡栏杆、障碍或是练习场。他们看到同行终于成功练出一个动作，会欢呼、吹口哨或者拍打滑板。他们通常会为那些"菜鸟"提供指导，因为每个人都有刚开始学习的时候。如果有人胆敢独占练习坡道，他们也不会发怒。他们会和颜悦色地说，"嘿，这位老兄。"

对于这些行礼如仪的滑板选手，我表示致敬。我坚信，全美国的社区都应该为年轻人建造滑板练习场。在还没建好之前，他们只好在街上、在公共人行道上、在购物中心里玩滑板。而且，他们会遵守以下规则：

- 尊重行人的道路权。
- 如果场地主人或者保安让他们离开，他们会很配合地离开。
- 如果公园的长椅上有人坐着，他们不会施展豚跃动作。
- 如果有人搭着栏杆扶手，他们不会磨礦扶手，不会反身内转 90 度飞过。

滑板社区认为我的研究活动非常酷，所以他们非常配合，我迫不及待地想对这方面进行更深入的研究。我要问的第一个问题就是：为什么很少有女生玩滑板？

滑雪橇与滑雪板

滑雪橇是我最热衷的运动。我喜欢鼻涕流下来被冻成冰柱的感觉。更刺激的是，当我从 78 度的滑坡冲下来时，护镜被热气覆盖，我什么都看不清。还有，当我站在高山之巅，零下 166 摄氏度的冷风对着我狂吹。还有，如果我身边有一群 3 岁的小运动员，而我以优美的姿势冲下山坡，我的自信心会倍增。再有，就是在酒店里，闻着芳香的苹果酒、火炉里噼啪作响的木柴以及充满汗臭的袜子交织在一起的味道。

真实故事

来自礼仪前线的报道

完全疯狂

我看到一个相貌还不错的年轻小伙子在街上施展各种滑板大动作。

“抱歉，年轻人，”我说，“能不能稍稍打扰一下你的带板外跳转 180 度练习，问你一个问题。”

“当然可以，老兄。”

“你能不能跟我介绍一下滑滑板的规则？”

“规——则？”

“规则。哪些可以做，哪些不可以做。基本礼仪。也就是，规则。”

“规——则？”

看来我对滑板选手使用的词汇级别要扩大才行。从我的眼角余光，看到有一位戴着护膝快速行进的年轻人。

“对不起。”我说。

“老兄？”

“年轻人，我可不可以祝贺你，那个面对障碍物，内跳转 90 度做滑板头的动作做得很棒？”

“老兄？”

“你能不能让我开开眼，哪种滑滑板的行为算是粗鲁的行为？”

“老兄？”

“很凶？”

“很凶？老兄？”

天哪，看来我沟通不顺畅。于是，我开始另一种攻击的方法。我决定跟负责附近滑板场地的经理聊聊。商业活动场所的经理一定会设定一些行为规则吧。

我来到一个用仓库改造的滑板场，里面满是坡道、障碍几何体、栏杆，还有一大群做着旋转动作在空中飞腾的年轻人。看着这些健硕的年轻人施展着这些高难度动作，我心里一直有一个问题：他们的裤子怎么都不会掉下来？

我找到一个服务柜台，有一位头剃得光光的年轻人（不到 20 岁）跟我搭话。

“嘿，老兄。”他说道。

“老兄。”我回话。

接下来，我们谈了很长时间，这个光头老兄跟我详细列举了玩滑板的次文化规则。我在此做个总结：不要撞到人。

为了确保大家在坡道上的安全，以下是 12 条滑雪橇时的小贴士：

1. **要记住，滑雪橇和滑雪板是比较危险的运动，如果你不想被别人的雪橇扎到鼻子，就要全神贯注。**佛蒙特州一个著名滑雪场地的雪道地图上列举了众多可能造成危险的事由：雪、冰、特别动作、山脊、滚动、跳跃、雪堆、悬崖、空地、岩石、树根、树桩、树木、升降机塔、造雪机、宠物洗澡车、履带式雪上汽车以及电线杆。我可以再加几项：大灰熊、失控青少年以及滑雪板。还要注意天气变化以及地形状况。

2. **必须在指定的雪道、山坡、林地和区域滑雪橇和雪板。**在美国某些州，如果你滑出指定范围，可能需要支付所产生的搜寻以及救援费用。如果你收到一张 278 549 美元的账单，一定会对你下个滑雪季节的活动产生巨大影响。

3. **绝对不要单独行动。**去单独滑雪是愚蠢的行为。如果你想单独去，必须告诉你的朋友，万一你偏离指定的雪道或摔伤了，至少你朋友知道去哪里找你。虽然你可能有啄木鸟的陪伴，但是它们无法呼叫雪地救援。

4. **必须学会看懂雪道上的指示。**两个黑色菱形标志并不是说“前方可以打扑克牌”，那是专业高级的下行雪道。两根柱子之间横着一根粗绳子，是说此道关闭。你就不要往那里冲了。

5. **先学会怎么使用缆车，再坐上去。**大多数缆车操作员宁可放慢缆车的速度，也不愿意停下整个缆车系统，来帮你解开扣锁。

6. **在缆车上，注意不要往下面掉东西。**很多雪道设计在缆车的下面，或者就在缆车的边上。如果你掉了一瓶汽水或者一只靴子，那可是对下面的人很粗鲁的行为。另外，你应该好好放置你的垃圾。大自然的美景也是滑雪时候的享受。坡道边上会有垃圾桶的。

7. **保持冷静。**不少无畏的年轻人初次到达滑雪胜地，就踩着雪橇或雪板，冲向坡底。不过，他们通常会冲到当地的医院里去。先掌握好刹车、转弯技术，避免撞到人与物，然后再大胆地去滑。

8. **尊重在你前方的人。**如果你要超车，要给他们留有足够的空间。如果雪道比较窄，或者你要超的人左右摇摆不定，你需要先说"左边有人"，或者说"右边有人"。千万别说"钻你裤裆"。

9. **不要在雪道上停留或阻挡雪道。**滑雪的人喜欢飞跃巅峰的感觉，他们可不喜欢看到有人挡道。要让其他人看到你。如果你要停下来，就往雪道旁边靠。

10. **如果你进入雪道，或开始向下俯冲，必须往前看。**已经在前面滑雪的人有优先权。

11. **要记得绑好雪橇和滑雪板，以免你往山下冲的时候，发现它们已经不在你脚底了。**当然了，除非你喜欢徒步走回酒店。

12. **累了，就休息。**当滑雪者累了或者感到肌肉疲乏时，就容易发生事故。此时，你应该立刻回酒店。你可以吃点东西、喝些饮料、打会儿游戏，再吃吃喝喝、看看电影、洗桑拿、在壁炉前烤火、泡热水澡、参加滑雪俱乐部。有太多事情可以让你做。

步行

你可能完全没有意识到在人行道上走路有多危险。为了避免你因为鬼鬼祟祟的类似侦查的举动而被捕，请注意以下规则与礼仪。

人行道传统规则。通常，你不会把汽车停在大路的中央。同理，你也不应该站在人行道的中间讲话。要讲话就到边上去讲。别让人家绕着你走，或者从你们中间穿过去。

人行道共享。人行道跟楼梯一样，是双向流通的。每一向的行人不得占据一半以上的路面。如果人行道上没有人，你们大可 5 人并排走。如果对面有人，你们 5 人可不能把对面的人给赶下人行道。（这不只是粗鲁，而且是挑衅行为。）你们应该让出一半路面给迎面而来的行人。

人行道躲避规则。当你即将迎面撞上一个人，如果你往你的右边闪，他往他的左边闪，你又往回闪，他也同时往右闪，你们就可以在人行道上来回跳舞了。这样太浪费时间，同时，你们两个也好像是一对傻瓜。

为了避免在人行道左右躲闪举棋不定，你们要学习飞机的空中管理。两架飞机不能临到要相撞的时候才来决定谁往左边飞、谁往右边飞。一旦发觉有相撞的可能性，其中一架会立刻调整航向。所以，如果你在人行道上有类似情况，你应该尽早采取行动，大幅改变行进路线。通常是往右偏。

人行道路霸。如果你在人行道不小心，或者没有避让，或者没有预见其他行人的动机，又躲闪不及，跟人家撞上了。此时可能双方都没有恶意，而且都感觉很尴尬。但有一种路霸，他们走路就像整条路都是他们的，谁都不让。那也挺好的，因为大家都会敬而远之。

如果人行道上有路霸，你通常一眼就能看出来，因为他们走路摇头晃脑，衣服书包很容易撞到人。你要躲他都得侧身站立，或者贴墙站立，或者走下人行道，要不然你会被踩在脚下。有些路霸，他们的脸上写着字："你算老几，敢来挡我的道?"对这样的人，你还真拿他没有太多办法。当你被他挤下人行道，你得对他心存感激。正是这样的人，时时提醒我们，什么叫作无礼、不讨人喜欢。

先按按钮，绿灯通行。要过马路，记得先按一下按钮，等待绿灯出现，然后再安全地过马路。如果你想趁马路上没有车就直接走过去，那就别按按钮。如果你已经走了过去，然后绿灯才亮，此时到达的汽车就需要为没有行人通过的空马路停车，多讨厌啊。

亲爱的艾利克斯：

“男女同行时，男人是不是要走在女人的外侧？”

传统的习惯是，男女同行时，男人要走靠近马路的一侧。早年间，男女走在人行道上，男人通常走靠近马路的一侧，是因为这样可以保护高空泼尿以及地上淤泥溅起的危险。[①] 如今，我们有了干洗服务。脏东西的来源不是夜壶与淤泥，政客与实时电视节目的内容最脏。如今的年轻男士，在与女士在人行道上行走时，如果选择靠近马路的一侧，会是很具绅士风度的行为。但是，真正的绅士能够感激熟悉的女士做出类似的动作。

婴儿推车。人行道上经常有婴儿推车，里面当然也一定有婴儿。带婴儿出门的人通常都很紧张。为什么？换尿片、孩子哭闹、整夜睡不了觉、婴儿长牙、尖叫、不吃药、再换尿片，还有其他一些父母得承受的事情。

你可以做两件事来帮助那些父母快速通行。第一，帮他们拉着门。第二，表示愿意帮他们把推车抬上或抬下阶梯。抬的时候，你必须双手用力握紧，要不然，让婴儿推车翻下阶梯就不好了。那个婴儿可能会愿意领教地心引力的效果，但是，他们的父母亲可不会愿意。

开车

如果有人把当爹妈的担心用图表给画出来，那一定是这个样子的：

---

① 在室内排污系统出现之前，人们晚上用夜壶，早上他们会从窗口往街上倒夜壶。（这不是我瞎编的。）

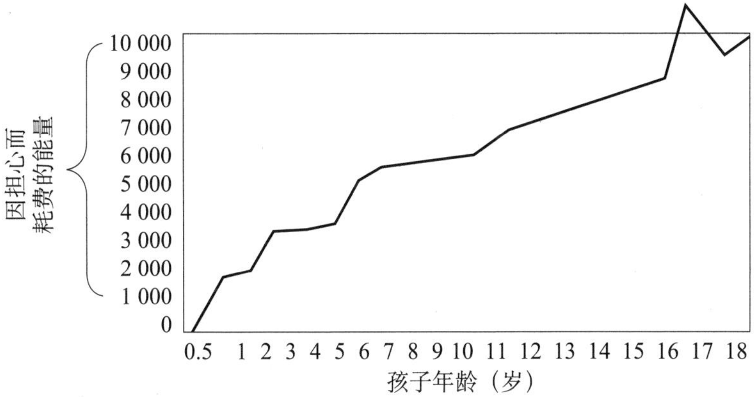

你瞧，父母的担心是随着孩子的年龄而增长的，但其增长并非线性的，而是在某些阶段呈抽搐式跳动。父母会在某些时期对孩子们说这样的话："你应该开始对自己负一些责任了。"父母行为专家表示，图表上的每一次能量大耗费，起因都是孩子们移动能力的提高。

请看图。孩子长到四个月大的时候，出现了一个跳动。此时，婴儿开始翻身，能够在婴儿床里移动了。之前，父母们只需担心婴儿睡觉的时候不会被软玩具熊给压迫窒息。很快，孩子就会爬了。家长们立刻开始担心：

万一他爬到沙发下面，不出来了怎么办？

万一我踩到他了，怎么办？

等到孩子能走路了，家长们开始有新的担心：

万一他爬上楼梯了怎么办？

万一他走到街上去了怎么办？

万一他把厨房踩得满地是泥怎么办？

等到孩子能够用滑板了，家长们的担心呈量子级暴增：

万一他摔伤了膝盖怎么办？

等到孩子能够用直排轮滑了：

万一他摔坏手腕了怎么办？

等到孩子能够骑自行车了：

万一他的头摔破了怎么办？

等到孩子能开车了：

万一他把车给撞凹了怎么办？

孩子拿到驾照的那一天，家长们的担心就爆棚了。他们担心：保险年费猛涨；孩子们也会因为超速、刮擦、撞车而被禁止开车；还有，孩子会开车发短信、酒后驾驶、朋友酒后驾驶；孩子可能受伤、残疾甚至死于车祸。家长们最担心的是：孩子会在后座待太久，而且，他们不是在找掉在椅座缝隙里的硬币。

这样的担心并非空穴来风。16～19 岁的青少年发生车祸的概率比任何其他年龄组都高。车辆交通事故是青少年的第一大杀手。青少年开车的第一年，发生车祸的概率最高。

青少年们必须知道，你们开车，你们的家长们是把他们最重要的两项资产集中放在一起：你，还有他们的车。你们的家长对你们的爱，加上你对独立驾车的爱，使得青少年开车成为一件导致家长情绪波动的最重大事件。如果青少年能够遵守以下道路礼仪，家长们的情绪波动将有所降低。

事先协商。在你考到驾照之前，需要让你的父母看到：你是个成熟的孩子（因为是你要去开车）。可以问问他们，保险、汽油、维护、使用时间等问题。还有，他们不在的时候，你可不可以用车。

不要乱扔垃圾。把你和朋友用过的糖果包装纸、食物、纸袋或者汽水罐清理干净。

好好照看车辆。虽然你父母的金牛小房车不是你的最爱，但是总比没有车好。你应该主动洗洗车、吸吸尘、查查车胎还有水位油位。每年打两次蜡。

让全家对你开车放心。让父母了解，你因为有了车行动更方便了，给全家带来了更多的便利。你可以主动开车去做点杂事——以前通常是你父母开车去做的——并且，开车要安全，事情要做好。

加满油。要坐车，肯定是有急事，可能是去上班、去接人、去赶飞机。如果别人上了车（特别是自己的车）然后车里油快见底，他们确实会很生气。你开车回家之前，应该加满油。你应该跟父母商量好，油钱谁来付。如果是你自己用车，还帮父母做些杂事，那么你可以分摊一些油钱。如果是你父母用车较多，那么你可以帮他们加满油，而他们理所当然地应该付全部的油钱。

可嘉奖行为

关掉收音机。父母是种脆弱的动物，他们听力很特别。如果他们启动汽车，原以为会听到汽车马达优美的声音，但是却被 1 000 分贝的朋克重金属噪音炸出座椅，他们会很不高兴。

可嘉奖行为

把收音机调回你父母听的频道。很多父母在开车的时候只听一个他们最喜欢的频道。不知怎么回事，他们觉得，要把 FM106.3 调回 FM89.7 是件很困难的事情，或者把卫星频道 777 调回卫星频道 7 也是件很困难的事情。你可以避免父母受到这种粗鲁的干涉，也可以避免自己也遭受同样粗鲁的干涉——你应该把收音机调回你父母常听的频道。

可嘉奖行为

把座位调回你父母的座椅配置。身材娇小的妈妈不喜欢 1.9 米高的儿子开过车之后的座椅位置，因为他把椅座推得很靠后。另外，1.9 米高的妈妈也不喜欢在上车时，膝盖撞到方向盘，因为她身材娇小的女儿刚用过车。如果你的车上有座位记忆功能，每次你用完车，应该调回下一个可能用车的人的座椅配置。如果你的车上没有这种记忆功能，可以尽量调回你用车之前的状态。

最后，如果你父母允许你开车，特别是他们允许你开家庭用车，他们的假设是：你已经够成熟了，可以开这辆车了。不要让他们失望。你甚至应该在家里表现得更成熟些。这就让父母们认为，你不会像高速公路上那些粗鲁、没耐心的危险“成年人”一样了。

在路上

你终于如愿，可以开车上路了，此时，新的规则出现了——道路规则。或者说，丛林规则，因为街上路上确实犹如丛林。

你应该去波士顿看看，那里是烤黄豆和路怒司机的发源地。此地据称有地球上最粗鲁的司机。典型的波士顿司机是按“限速×2”行驶。如果黄灯亮，“油门踩到底!”如果红灯亮，“混蛋，给老子让开!”波士顿的司机天生就知道：所有路标都自动加上一行字：“只对他人适用”。因此，我们看到：

如果波士顿司机在斑马线上撞了你，他（或她）会冲下车，对你竖起中指。有一位司机对前方的疏忽司机按喇叭，竟然被开枪打死。“黄豆城”的警察当然对这种无法无天的粗鲁驾驶状况大伤脑筋，所以，他们没日没夜地给乱停车辆开罚单。

“你是啥意思？我不够成熟，不能开那辆车？”

我们这种直立人类在开车的时候能够做出某些最粗鲁的行为。一辆2 000公斤重的汽车在开动的时候，“老子第一”的心态是很难阻止的。这样开车的人在开车的时候更是目中无人。他们和真人面对面的时候不敢做的事情，在开车的时候，统统都敢做。

拿跟车太紧为例。波士顿的司机才不管什么时速 130 公里/每小时，并且还要把跟前车尾部的距离保持在 10 厘米。当这些人在人行道上走路时，他们哪里敢贴近前面的行人那么近。

另一个例子是按喇叭。如果绿灯亮了，而前方车辆在 0.000 001 秒之后没有踩下油门，后方汽车里的重要人物就会狂按喇叭。

但是，你能够想象这样的场景吗？大家在排队买音乐会的票时，如果你动作稍慢一点，难道会听到后面有人对你吼：

“喂，快点儿，脑残！前面人已经往前走了！”

你需要掌握行车礼仪，理由有三：

1. 你的父母会觉得可以把车交给你。

2. 你能够安全开车。

3. 你不会触怒别的司机而被开枪打死。

以下是一些常识（也是常理），开车的时候应该懂得，并且遵守。

● 不要撞到人。这非常没礼貌。

● 遇到斑马线必须给行人让路。不要故意撞他们。

● 不要跟车太紧。这样既危险，又不礼貌。另外，在大多数事故中，都是后车的过错。

● 在多道高速公路上，普通行驶请沿右道行驶，左道做超车道用。不要占着超车道。这是最粗鲁、最危险、最自我的行为之一。在欧洲，没有人敢这样做。在超车道低速行驶会被别的车主生吞活剥，然后被时速 200 公里的法拉利超过。但是在美国，很多人开车时 70 公里/小时还占着超车道，这很容易造成交通事故、中风、焦虑症发作、争吵、交通堵塞、酸雨以及其他你能想到的任何坏事情。

● 如果你没有道路优先权，那就让路。

● 如果你有道路优先权，但是后面紧逼而来的卡车很吓人，那你也应该让路。

● 如果你想按喇叭预警事故的发生，那你就死命按，犹如你的生命危在旦夕。

● 如果你想按喇叭提示前方车辆，绿灯已经亮了，那你轻按即可。

● 在停车场，不要一车占两位。如果你的车很新很时髦，那你就停在远处的角落里。

● 停好车，开门的时候不要撞到隔壁的车。车主回来的时候，看到车上出现了新的凹痕一定不会高兴。

● 如果你撞到了一辆停着的车，你必须留下姓名和电话号码。这是一个人能够做到的最高尚的事情之一。想象一下，如果是你来到车旁，看到你的车被撞出一个新的凹痕，你会有什么样的感想？再想象一下，如果你发现了一张纸条，上面有人承担责任，你又会有什么样的感想？（另外，如今有这么多的闭路摄像头，任何情况都可能会被拍到。）

● 车内音响不要开太大声，你要能够听到周边车辆的声音，如救护车。当你在红灯前停车，你的音响不应该让隔壁车辆里的人感觉到震荡。

● 学好防御性开车，以及在湿地、雪地开车的技巧。这些安全技巧能够让你平安，继续当一名礼貌的驾驶员。

● 如果路上车多，你招手示意，让别人先行，可能会延误自己 0.002 秒的时间，但是，别人脸上的喜悦以及你心里的喜悦，都是无法比拟的。

● 要记得系安全带。也要让你的乘客系安全带（后座也要系）。

● 必须先打灯，后转弯。

● 绝对不要酒后开车。

● 绝对不要开车时发短信。

公众活动

如果你喜欢文化，一定经常看芭蕾舞话剧、听交响乐、看体育赛事、看电影、听音乐会等。在不同的文化场所，有不同的行为标准。比方说，在摇滚乐音乐会上，歌星会从台上纵身一跃，跳到人群的上方，然后在观众席上被传来传去。但此举在希腊神话讲座上就不行。很多文化都有共同之处，而且比你想象的要多。比方说，在冰球比赛和歌剧表演中，做出暴力行为的人，都是保护得严严实实戴着奇怪头具的人。当然了，冰球运动员是用冰球棍而不是刀剑打人。

有时候，去看一些文化演出，你得懂得门路。对大键琴师提问，跟指挥说他需要配眼镜了，这样的事情就不应该出现。以下是一些主要文化表演当中应当遵守的礼仪。

交响乐厅、剧院和芭蕾舞剧场

通常是很喜欢的人才会去看歌剧和话剧。如果你花 150 美元买了一张票，你也一定很上心。所以，在这样的场所应该遵守的礼仪，一定比在泥地摔跤的场合要严肃一些。

首先，要准时到场。如果演出开始了，还有一票人姗姗来迟，会影响他人的观赏，还会影响台上的表演者。不少演出在节目开始之后不允许入场，直到第一个休息时段才会让迟到的观众入场——所以，你迟到了，可能还得等更久才能入场。

在表演结束之后，很多人都需要去赶火车、在车库关门之前赶回去、赶回家让看孩子的保姆回家、让自己也完全放松，或者回去做完功课。所以，在表演结束之后急着赶回去，不会被认为是粗鲁的行为。表演结束的标志是大幕最终落下，或者是最后一个表演结束。后面可能还有谢幕、全体起立、鼓掌致谢、加演曲目等环节。但是，如果你一定得走了，此时可以说声“对不起”，然后择路而出。

如果由于某种原因，你必须在演出结束之前就离开，那你就尽量在中场休息的时候走——换道具的时候、音乐停止的时候。千万不要在台上演出最精彩或是在大家自发鼓掌的情况下，或者在可能影响观众和演员的情况下离开。不过，如果你突然感到非常不舒服，那就没办法了，可以暂时抛开上述禁忌。你可以安静地跑向出口。如果你的离开打扰了观众，总比在剧院内呕吐好，这会减轻给观众带来的不便。

在观赏时发笑、鼓掌、发出惊讶的声音没有问题，但不可以说话。不可以做的还有：发短信（手机屏幕的亮光会影响其他观众）；吃喝东西；踢前排椅背；遮挡别人的视线；拍打、弹跳、打鼓、弹奏、哼哼。如果你才两岁，感觉自己要号啕大哭一场，那么你就赶快事先离开。

鼓掌

听音乐会或看话剧的时候，观众和演员可以有互动，这非常有意思。观众能够如何表达自己的喜悦和自尊，已经有固定的礼仪。当然，每个表演都不一样，总的来说，观众是可以在适当的时候表达自己的情感，并且让表演者继续表演的。[①]当然了，观众想要表达的不一定都是赞美，这个我们稍后会谈到。

关于鼓掌的最严格的禁忌是在古典音乐演出的时候：管弦音乐会、室内音乐会、协奏音乐会、奏鸣会这一类，就是那些演奏带着假发的古典作曲家的作品的时候。去听这样的音乐会，最关键的是要注

---

① 看美国总统发表国情咨文演讲，你就知道鼓掌鼓不停多让人讨厌。

意，不要在乐曲的段落之间鼓掌。

所谓的段落就是乐曲之间的快板、慢板、急板、缓板等。每次一段音乐停了，就是说明一个段落结束了。然后，乐曲的节奏就会改变。

在乐曲的段落之间，指挥会高举指挥棒。在乐曲结束的时候，他会放下来。有时候，作曲家作曲的时候，把一个段落写成好像是几个段落，似乎故意要让观众在错误的时候鼓掌。有时候，你可能会出错。如果你不知道可不可以鼓掌，那就别鼓掌。看别人怎么做，跟着做就没错。如果别人也搞错了，至少你不是先搞乌龙的那个人。

如果有客座演奏者上台，此时也可以鼓掌。如果她从台上摔下来，那可绝对不能鼓掌。

演出结束的时候，如果你还在，可以有好几种致谢的方式。你可以鼓掌——可以适度，也可以充满热情。（在欧洲，观众都是有节奏地一起鼓掌。）你可以站起来鼓掌。这就是所谓的起立鼓掌致敬。你还可以喊“安可”！（再来一个的意思。）你也可以喊“巴拉沃”！（意大利语“很棒”的意思。）

如果你还想搞得更专业些，对男歌唱家，你可以喊“巴拉沃”；对女歌唱家，你可以喊“巴拉娃”。其他观众可能不懂这么多，还可能给你白眼，其实你这才是最地道的表达。

如果你是去听爵士乐音乐会，每位艺术家都会有独奏表演。在每个人即兴表演之后，就可以鼓掌叫好——即使那个曲子还在继续。当乐手和乐队开始演奏他们的著名曲目的时候，你也可以鼓掌。

观众在摇滚音乐会上的表现，因乐队、因场地都有所不同。很多乐队自成风格，去听的观众本来对他们就了解，因此，在走道上起舞、在舞台边发狂，或扑向其他观众，可能都是可接受的行为。在其他音乐会上，观众还会点蜡烛，或者举起手机左右摇晃，犹如麦田里的麦穗在随风起伏。

刚才讲的都是演出很棒的情况。如果演唱会搞砸了，你可以有什么反应？看歌剧的时候，或者在某个作曲家的新作首演会上，如果搞砸了，大家会在演奏完了再报以嘘声。（如果真的那么糟糕，你一定不等听完就走了。）发出嘘声，需要非常谨慎。不可以太过。

对于不太理想的表演，报以淡淡的掌声即可。如果表演糟糕透顶，让你无言以对、目瞪口呆，最终你还能对表演者表示敬意，那你的礼貌真是做到家了。其实，失败的责任应该算在作曲家或者指挥头上，而不应该算在表演者头上。所以呢，你还是应该对表演者报以鼓掌，就像在餐厅给小费一样[①]：

- 如果你很生气或者觉得被侮辱了，一分都不给。
- 如果觉得不爽，给一点儿。
- 如果感觉满意，就给正常的数。
- 如果感觉特好，那就豪爽一点儿。

看电影

如今很多大人不去电影院看电影了。他们受不了其他观众嚼着脆脆的薯片和食物的声音、乱扔垃圾、踢拍椅背、被人挡住视线，以及有人脚跷到椅背上、整场电影期间都在发短信或跟人讲话。[②]

这么多人被电影院里粗鲁的人与行为逼走了，真是太不应该了。在电影院的大屏幕看电影是人生一大享受。在电影院里，注意礼貌就是好好观赏电影。为了获得最佳观赏效果，请注意以下礼仪。

---

① 更多关于小费的讨论，请看第八章“小费的问题”一节。

② 另外，票价那么高、墙壁那么薄，隔壁 10 个放映厅的声音都听得到。

手机等器材要关掉。看电影看到激动处，被手机铃声或者是短信提醒的声音打断，真是扫兴至极。

尽量不要坐到别人前面。如果影院里人不多，大家尽量分开来坐。如果你不得不走过别人面前，需要先说一声“不好意思”，然后快速侧身通过，身体前面朝向银幕。只需对经过的每个人说一声“不好意思”即可。如果有别人要从你身前通过，你可以起立（通常男士对女士需要这样做），或者坐着，把双膝往别人要走过的方向转。

不要在走道上跳舞，也不要往邻座的观众身上射水枪。（除非你是在看《洛基恐怖秀》。）

最后一点：

不许说话!!!!!!!!

看电影时有人不停地做现场讲解，那是再讨厌不过的事情。特别是那些人还看过电影，不时说“接下来这个人要被打死了”，或者“这人不是真的侦探”，或者“他们不会坠入爱河，因为她就要死了”。你干吗不把整个剧情告诉我算了，我就不用看了。

如果有人不断干扰你，你可以有几种处理方法。他第一次干扰你，你就来个严肃的“嘘”，把他的干扰扼杀在摇篮里。这种方法通常对陌生人比较有效，而且离你比较远。另外，这也是给那些还没有开始讲话的人的一个警告——好好看电影。

如果坐在你后面的人在讲话，你就转过身，给他来个坚定的狠狠的眼神，这应该能让他警醒，把嘴闭上。（有人说这叫“瞪”，其实不是。“瞪”是比较粗鲁的动作。）

你当然也可以说：“你能不能安静一点儿？我听不到电影里的对话了。”通常，会这么粗鲁、在看电影时候讲话的人，才不会理你。（这也就是可悲的地方，我们对他的粗鲁还要心存感激——因为至少他没有把一桶爆米花扣在你头上。）如果你的要求无法得到满足（或者你根本就不想招惹那样的人），你可以换个地方坐，或者跟电影院经理投诉。让经理来对付这样的人，好让他们尊重他人。

看完电影，把自己的垃圾带走。如果坐你座位的前一个人带走了他的垃圾，你来看电影的时候，脚底就应该不会有汽水洒了一地的黏黏的感觉。

不要敲打前排座椅的椅背。即使前排坐的人离你有 6 个人之遥，他还是能感觉到你在敲打椅背。

吃东西不要出声。如果上帝想让大家看电影时候吃东西，他一定会在电影院里设置桌子，还有蚂蚁。看电影的时候，如果有人在旁边享用七道饕餮大餐，那肯定会大煞风景。

如果你一定得打开一包东西，那就动作快点儿。有人以为，如果他们花 5 分钟慢慢地打开一个锡箔纸包装的零食，就会没有声音，**他们错了。大错特错！这更让人讨厌。让人讨厌 1 000 倍！！！**

最后：

如果你离开电影院，不要向排队入场的观众剧透。

真实故事

来自礼仪前线的报道

闭嘴！

请留意，不要把让别人闭嘴这件事搞大。有一天，我在电影院看电影，有一对男女坐在前排，一直在大声讲话。

“闭嘴！”有人从我后面嚷了一声。

“你闭嘴！”前面的人回了一句。

“&＃％@”我后面的人开骂了。（这是一场高端口舌之战。）

然后，前排的那位女士开始对她男朋友嚷道：“如果他不喜欢，可以走人。他以为他 &#%@是谁啊?”

“他 &#%@就一欠揍的 &#%@。”

“你们 &#%@统统给我闭嘴。”天呐，又来了一位头脑冷静的观众。

很快，整个电影院都充满了“闭嘴”的指责声，以及某观众想对另一位观众进行肢解的声音。简直是骂声不断。自从法国革命以来，我就没听过这么个嘈杂的场面。还好那场电影很糟糕，我才有机会观察到，我们人类所提供的活生生的表演比银幕上好看多了。

但是，这次看电影的经历还是让我很倒胃口。我唯一感到庆幸的是，我后来跟经理很有礼貌地索求，他给了我一张其他场次的免费电影票。

如果你的观影体验被别人破坏了，经理通常会愿意再给你一张票，让你改日再来。如果你的要求被经理拒绝了，你可以索要经理的姓名，给电影院老板写信投诉。如果经理不提供姓名，你就说你要记录当天看电影的时间和场次。这些公司有时候也该有人给它们提醒一下，它们也要讲讲礼貌。

当然，你不能在电影演完了播放演职人员表的时候才说你要其他场次的免费门票。除非在较晚的时间出现了技术故障，要不然你应该早点儿提出，以免经理认为你是在耍他。我知道你不会这样做的，但是经理可能会这样认为。

亲爱的艾利克斯：

“为什么不可以在看电影的时候发短信？不会发出什么声音的。”

大家去电影院就是想去让自己消失的。他们想要暂时离开这个冷酷无情的世界，在那个两小时的虚拟世界里，他们可以什么都不关注，只一心欣赏银幕上的故事（可能还有身边的那一位，虽然他或她的手，正在偷偷抽离。）如果你想要发短信，手机屏幕会亮。对你身边和身后的人来说，让他们看到那一片亮光，挺烦人的。由于你的缘故，他们被银幕上的世界拉回他们想短暂逃离的世界，想起所有有压力的事情。讨厌！

体育赛事

当比赛场上对手几乎要挖出对方的眼睛，当队员朝裁判吐唾沫，此时的观众竟然还需要遵守什么礼仪，是不是有点过分？不会的。观看比赛还是要有礼貌的，至少对其他观众是一种礼貌。以下是可以做什么，不可以做什么。

- 奏响国歌的时候，必须起立。但你不一定需要引吭高歌。（这可能对你周围的观众是个非常礼貌的事情。）
- 可以喊叫、跺脚、吹口哨，但不要对着周围的观众这么做。
- 可以骂队员、裁判，但是不要人身攻击。
- 可以迟到，可以提前离开，可以起身去买一个热狗。但是，走过别人面前的时候，记得要说“不好意思”。
- 去看棒球比赛的时候，可以戴接球手套。但是，不要去接没有落地的球。
- 不要把饮料洒到周围观众的身上。
- 不要拍别人的臀部。打橄榄球、棒球还有篮球的人才可以互拍臀部。
- 不要遮挡别人的视线。
- 不要做人体波浪，除非全场一起做。
- 不要朝对手球员扔雪球。

有些比赛，如网球或高尔夫球，通常要求观众保持安静。这样的比赛，选手需要集中注意力，特别是在观赛区域很靠近赛场的情况下。如果你去观看这样的比赛，尽量少说话走动，以免影响到比赛选手。还有其他比赛有更严格的要求。

- 网球：不要冲下赛场去抢网球当纪念品。
- 高尔夫球：选手正在准备挥杆的时候，不要大喊："不中！"
- 跳水：如果有选手在做准备运动，不要低声说："她肯定肚皮先撞到水面。"
- 游泳：不要评论男选手的游泳裤多么紧身。
- 赛车：如果你的糖果纸被风吹到赛车跑道上，不要去捡。
- 障碍赛：不要在赛车时拉起绳索。
- 棒球：不要用镜子把阳光反射到即将腾空抓球的选手眼睛里。

排队等待

没人喜欢排长队。但是，排队是一种很公平的做法，可以做到先来先得。礼貌耐心地等待比场面混乱的争先恐后好多了。

插队很不公平，但还是有很多人插队。你应该见识过不少插队的招数，你自己也可能用过几招，比如：

无意识融入型。长队不断往前移，你也跟着移动。长队停下，你还往前走几步才停下。通过几次的移动，你就占据了比较领先的位置。然后你就寻找一个不会找事的人，伺机插队。

迷失迷路型。这种做法跟无意识融入型很像，但你装作迷失迷路状，好像你不知道你为什么会在这里，或者你为什么要跟这群陌生人在一起排队。你扫视四周摸清情况；你翻遍口袋好像在找东西；你眉头紧锁，似乎又迷失了。然后，你叹息一声，放弃了，插进队伍。

理所当然型。至少这样做很诚实。你大步走到最前面，直接插入。除非有人制止，要不然你一下就如愿以偿。

找朋友型。你四下打量队伍，找你认识的人。一旦发现有你认识的人——那个 5 年前你吃午餐坐你隔壁，后来一直没有见过的孩子——你就扑上去“嘿，最近咋样?”然后就跟他一路深聊。要终止别人的谈话是非常粗鲁的行为，于是，你就一直聊下去排下去，直到售票窗口。

强迫认识型。这是无法实施找朋友型时的补救方法。找个陌生人，然后开始跟他聊。然后，重复上述招数。

很多人插队成功，是因为排后面的人不愿意去制止他们。不过，你可以去挑战一下。你想去“帮助”他们一下。因为，很明显他们是“迷失了”，他们没有看到队排得很长！

“不好意思哦，”你可以说，“要排队，到后面拐角的地方去。”不少菜鸟会乖乖地去后面排队。厚脸皮的人会不理你，或者说“我就排这儿的”。不管哪种情况出现，此时你应该采取另外的措施。要找能够帮助你的人。你可以对你身后的人说：“对不起，我想告诉这位（你要指着那位想插队的人，好像是在问他的名字）要到哪里去排队。是在那边最后面，对吧？我不想给他指错了地方。”

如果你身后有 5～6 人对你讲的话感兴趣，那个想插队的人通常就会放弃了。他可能到后面不远处再试试他的插队招数，但是，你至少已经尽到了你维护公平的义务。（你也应该把这个情况报告给经理、看门人、保安或者是有点权力可以管事的人。）

占位子是排队时候的灰色地带。如果五个人帮还在停车的朋友占着一个位子，那是合理的。但是，如果一个人让 5 个朋友进去，然后他们其中一个又把不少人放进去，被放进去的人又……那就不公平了。你知道我在说什么。原本你排第 10 位，突然间，你被挤到第 30 位。

亲爱的艾利克斯：

“如果商店里的人最后才来为你服务怎么办？我小时候经历过这种事情。”

商店的顾客应该按照他们到达的顺序获得服务。如果店员对你不理不睬，你可以说：“您能帮我一下吗?”如果店员仍然去服务其他客户，你可以说，“不好意思，我应该是下一个。”如果店员依旧忽视你，你应该找经理投诉此事件。你需要礼貌地描述事件的经过，并说，如果他们商店有这样忽视年轻顾客的政策，你以后就不来光顾了。

如果那家商店是大家一窝蜂一起上的情况，店员不知道谁先来谁后到，你应该态度比较坚定。如果有人想从你后面插上去，你应该说：“不好意思，那里混战不停，你肯定是没有看到我在这里已经等很久了。下一位轮到我了。”

防止污染

垃圾问题

乱扔垃圾很不得体，把环境搞得又脏又难看，而且还很危险——万一你在沙滩上踩到一块碎玻璃，或者在地上踩到一块香蕉皮[①]。这也不符合生态保护原则。垃圾应该循环利用，要不然我们的自然资源会被用尽的。你的子孙们将连一棵树都看不到，也没有机会拿着铝制的罐子来喝饮料。许多动物会被塑料袋给噎死，因为它们不懂海姆利

① 我有一个朋友踩到香蕉皮，手臂跌断好多处，前后打了 6 年石膏。

克氏急救法。

很多垃圾是很明显的，如糖果纸、快餐盒、饮料瓶罐、纸包，再如口香糖、桃核还有烟头。即使能够降解的东西，如厕所纸、西瓜皮，如果把它们扔在别人的院子里，都算是垃圾。

乱扔垃圾是人们放弃自己责任而影响到他人的最坏的例子。好消息是，如果我们都把自己搞出来的垃圾处理好，明天，我们的世界就会改观。

视觉污染

有些人坚持，涂鸦算是一种城市艺术，每个人也有表达自我的权利。没错，涂鸦可以涂得很美，同时，表达自我也是件好事。但是，如果某人的个人“艺术”把别人的资产搞得面目全非，那该怎么办？如果哪天你回到房间，发现你的墙上、海报上还有家具上满是涂鸦，你会有何感想？用喷漆在墙上、桥上、汽车上喷，都属于破坏行为，即使你是米开朗琪罗，也不例外。

噪声污染

在保持亲子关系和谐方面，没有其他几项发明能够超过耳机的作用。父母再也不用每天嚷嚷一百次：“把音量关小！”孩子们呢，大人在叫的时候他们也都听不到。

正确、礼貌地使用个人携带式音响设备，应该注意以下礼仪。

● 跟人讲话时，把耳机耳塞拿下，说明你全身心关注于跟别人交流。这也让你不用戴着耳机嚷嚷才能听到自己说的话。

● 如果有人跟你讲话时戴着耳机，你就只动嘴唇不出声。他会觉得是他那边出了问题，因为他听不到。于是，他会拿下耳塞或耳机。他本来就应该这么做。

● 在公众场合，你应该把耳机音量放低，你能够听清楚就可以了。如果你的音响可以刺穿你的耳膜，那么公共汽车最后面的人可能也会听到你的声音，只不过，他们此时听到的不是悦耳的音乐，而是金属摩擦的声音，犹如指甲刮过黑板那么尖锐刺耳。

● 如果你在闹市区一边走路一边听音乐，或骑自行车、慢跑、溜旱冰，或在火车道沿线走路，请把音乐声音调得很低很低。你要能够听到周围交通的声音，或者旁边人对你发出的警告。如果你被卡车或者火车碾过，然后需要很多人来清理现场，那就是很不礼貌的行为。

● 开车的时候不要使用耳机。这很危险，同时，在许多地方都是非法的。

健康小贴士：耳机不要开太大声，还有另外一个原因。有研究显示①，青少年用随身携带的设备把耳机开太大声的话，可能会导致噪声引起的听力减退。没错，便携设备越来越流行，青少年听力减退也越来越普遍。真实的数据是，每5位青少年当中，就有1位有某种程度上的听力损伤。这种听力丧失没有疼痛，慢慢而来，不知不觉。如果你能做到以下事情，你听力损失的概乎就会降低。

● 降低音量！我说（85分贝以下）：**降低音量！**很多青少年听耳机时候的音量超过100分贝。这等于是把你的耳朵贴近电锯或汽车引擎。如果有什么装置是固定音量的，那么这个设备一定不会引起你耳聋。

● 戴耳罩式耳机，不要用耳塞。耳罩式耳机能够更好地隔离外界噪音，让你可以用较低音量就能够听到音乐的声音。这样，耳机也不会把太多的能量往你耳朵里灌。

● 每小时让你的耳朵休息15分钟。如果你长时间连续听耳机，可能会增加内耳感音细胞永久损伤的可能性。

---

① 只有拿博士学位头衔的礼仪顾问可以这样写。

真实故事

来自礼仪前线的报道

粗鲁兄弟 2[①]

我们不妨再来聊聊粗鲁家族吧，我在本章一开头说起过的那一家人。

我们当时在等去巴黎的飞机，他们一家人把行李四下放置，把住了登机口候机厅的场地，差不多在每一家食品店里都买了一样东西来吃。要登机的时候，他们用油滋滋的手摸了一把满是肉汁的脸，站了起来。然后，那位粗鲁弟弟还算是懂得要清理垃圾，他做了个鬼脸，一脚把垃圾踢到座椅下面去了。他的所作所为好像是直立人类第一次站起来的情况。但是，他周围半米之内，差不多有48个垃圾桶。

亲爱的艾利克斯：

“在公众场合戴耳机是粗鲁的行为吗?”

如果你把耳机戴上，你就是在自己周围树起一道墙。这是自我封闭的一种表示——让周围的人可以把你当作隐身人来处理。如果你是在公共汽车上、在火车上、在飞机上、在慢跑或者在做运动，或是在图书馆学习——在这些不需要沟通的情况下，你戴耳机是绝对没有问题的。但是，如果你放的音量过高，周围人耳朵里听到的就会是微弱的、让人神经紧张的、讨厌的噪音。所以，如果你在公众场合戴着耳机听音乐，一定不要大声，只要你能够听到音乐就可以了。

如果你在与人交流（如在点快餐、在商店里结账或者在银行里办事），或是有人问你问题，你应该把两个耳塞都拿下来。百分之百的大活人，又能仔细倾听，这是比较礼貌的做法。

---

① 粗鲁兄弟 1，请见本章前文。

空气污染

你肯定知道吸烟不好。吸烟是个坏习惯，会把牙齿搞黄、把你的手指也熏黄，让你嘴巴很臭，让衣服都是烟味，买烟也需要很多钱，吸烟让你周围的人恶心，最终还会让你丧命。你也知道，吸烟会导致肺癌、喉癌、食道癌还有肺气肿。而且你知道，很多已经吸烟的人都希望能够戒烟，并且，那些烟草公司的总裁更看重你们的钱，他们才不管厂商如何昧着良心吸引青少年来吸烟。所以，上述理由我都不需要再讨论了。另外，本书的主题是礼仪，不是健康。

很早以前，只有男人吸烟，而且有不成文的法律限制他们可以在哪里吸烟、何时吸烟。比方说，在19世纪的北欧，如果有女士（包括妻子在内）在场，就绝对不能吸烟。在白天，任何绅士都不会在路上吸烟或吸烟斗。有女士在场的公众场合，比方说赛马场、餐厅、教堂、花卉展览会或剧院里，都不能吸烟。

19世纪，有一位叫托马斯·泰格的人，曾经写道：

> 在工作场合吸烟的，都是最自私的动物；他不断污染清新芳香的空气，忽视周围的人。这样的人只适合待在酒馆里。在街上、在剧院里吸烟，是店小二、赶时髦的人还有“穿着入时的小偷”的行为。

一位绅士如果刚吸过烟，之后要去见一位女士，那他应该换衣服，因为上面有烟味。（所以，以前的男人有“吸烟服”。）在晚餐会上，男士用完正餐，会到阅读室去抽烟，女士则去客厅喝咖啡。

因此，吸烟与不吸烟的人群自然就分开了。但是，随着时间的推移，男士在女士面前吸烟也变得可以接受了，只要事先获得女士的允许即可。到了20世纪，女性的社会地位开始改变，更多女性开始吸烟，当然她们也获得了致癌的均等机会。一旦社会各阶层都开始吸烟，吸烟人群就成为多数，吸烟前需要征得同意的礼仪也渐渐不见了。如果有人不喜欢周围的人吸烟，那就得忍着。

如今，我们对吸烟的危害已经非常了解。由于吸二手烟的危害，使得许多不吸烟的人纷纷站出来要求无烟环境。有些吸烟者说，这是对于他们吸烟权利的侵犯。这是胡说八道。任何危害到别人的行为都没有权利可言。虽然吸烟是合法的，成年人可以吸烟，但是，不得以对他人的眼睛鼻子肺部造成刺激为前提。法律越来越关注对吸烟者权利限制的问题，并且制定了更多的法规来限制在许多大楼与公众场所吸烟的情况。

吸烟方面礼仪的基础是相互尊重。吸烟者有权加速自己的死亡，但是，他们无权把自己的废气强加于别人身上。不吸烟的人有权享受无烟的环境，但他们又无权粗鲁地对待吸烟者。

亲爱的艾利克斯：

“如果有人在你面前吸烟，你很反感，要怎么跟他说让他不吸烟才是最理想的做法？”

你就说：“不好意思，你的烟味我受不了。你能不能不吸了？”请注意，这样的说话方式，其中暗含了对待粗鲁行为的原则：

- 你在说明，对方绝对不是有意做这样的事情让你受不了的。
- 是你自己对烟敏感，问题在你自己。
- 给吸烟的人一个机会，来满足你的一个要求，而不是让你把他给打压下去。

亲爱的艾利克斯：

“我在一个有户外座位的咖啡厅吃午饭，隔壁有个女人在抽烟。烟直喷到我脸上。我很有礼貌地跟她说，是不是可以不抽了，她拒绝了，她说在户外她想抽就抽。她说的对吗?”

可能对，可能错。如果户外座位分吸烟区与非吸烟区，而她在吸烟区吸烟，那她就没错。如果她做以下回答，那就算是有礼：“不好意思，我吸烟让你不舒服了。不过，这是吸烟区。那边才是非吸烟区。”但是，如果那个餐厅的户外座位没有分吸烟区与非吸烟区，那么，她把烟掐灭才是比较有礼貌的做法。

当吸烟的人和不吸烟的人在中立地带都想要获得权利，通常不吸烟的人应该需要得到照顾。毕竟，谁喜欢被别人喷得满脸烟雾呢?

亲爱的艾利克斯：

“我朋友和她父母来我家吃晚饭。朋友的爸爸问他可以不可以吸烟，我妈妈说不可以。我觉得尴尬死了，真想找个地缝钻下去。对客

人说不可以吸烟，是不是很粗鲁啊?”

只要礼貌得体就不会。如果你妈妈这么说：“太抱歉了，我们家是‘无烟之家’。”而不是说：“你在我家里点那臭烟试试!”你妈妈还可以补充说一句：“你可以到外面去吸烟。”通常，来家里做客的人可以获得一些小小的特权，但是，对于冒犯的、非法的、危险的行为，或是吞云吐雾，则不适用。

亲爱的艾利克斯：

“有时候我去朋友家玩。他父母都吸烟，而我又有哮喘，他们吸烟让我很难受。如果我请他们不要吸烟了，这样做礼貌吗?”

这个问题比较复杂，涉及吸烟者与不吸烟者的权利、主人与客人分别拥有的特权、年长者的特权与应该给小孩树立的榜样等问题。甚至还涉及是否需要因为健康的理由对礼仪的要求有所宽松。

一般来说，年轻人在朋友家里让朋友的父母不要做什么事情，是很不礼貌的行为，毕竟那是在他们家。但是，烟毕竟是烟，你的哮喘让你稍稍有些特权。你有四种处理方法，从最差到最佳的做法依次列举如下：

1. 不要去那个朋友家。

2. 去那个朋友家，但在他父母吸烟的时候走开。

3. 如果必须和他父母同在一个房间，你可以对他们说：“请原谅我必须提这个事情，我太失礼了。但是，我有哮喘，我感觉呼吸困难。能请您二位不吸烟吗?”他们会对你的礼貌举止和勇气非常满意，而且，他们说不定会把烟戒了。

4. 你可以告诉你的朋友你有哮喘，还说吸烟让你很难受。你的朋友可能会主动跟他父母去说这件事，并让他们别在你面前吸烟。如果你的朋友没有主动说，你可以要求他说。如果他私下跟他父母说，没有人会觉得丢面子。你下次去他家的时候，他父母可能会有不同的做法。

亲爱的艾利克斯：

“我要怎么知道别人是不是很反感我吸烟？”

如果有人请你不要吸烟了，你就知道了。其他的暗示包括：大声咳嗽，捂鼻子，转过身去。不管出现上述哪种情况，你都应该假设，是自己吸烟给别人造成不适，你应该把烟掐灭，而且不要做痛苦状，不要做鬼脸，不要嘟嘟囔囔。其实，你倒是应该想一想：你吸烟为的是什么？

亲爱的艾利克斯：

“我在公众场所，那里是禁烟的。但是有人在吸烟。我向那些人指出‘禁止吸烟’的牌子，并礼貌地请他们不要吸烟。但是他们不听，还对我粗言粗语。下次如果遇到这样的问题，我要怎么处理呢？”

如果吸烟的人听劝，那么我们就不需要什么法律、告示牌、罚款或在公众场合有分座的安排了。但是，如果他们不听劝，那我们就采取相应的行动。目前的公众理念对不吸烟者有利，不吸烟者在对待吸烟者的时候，却经常忘记基本的礼仪，认为吸烟者的做法不道德。此时，我们都应该深深呼吸一口清纯的空气，放松一下，并认识到，世界很大，吸烟者与不吸烟者都可以有存在的空间。

如果你礼貌地要求别人不要吸烟，对方却置之不理，你可以：

1. 远离那些吸烟的人。如果你继续向他们挑衅，可能会升级至粗鲁的交涉、不堪设想的后果。

2. 向有权管理的人士汇报，如经理、警察、保安、领座员、领班等。应该由他们负责管理这些场地。

青少年在城里

在超市

很多人搞不清楚餐馆与超市的区别。在餐馆里，先吃后买单；在超市里，先买单以后才能吃。在超市的货架之间游游荡荡，还一边摘架上的葡萄，一边抓坚果、饼干或者是色拉食材，那可真是粗鲁（促销时送的东西除外）。以下是超市购物时应该遵守的礼仪。

不要长时间打开冰柜的门。冰柜的门之所以是用透明玻璃做的（不是砖砌的），就是要让顾客能够看到里面的东西以便挑选。所以，别把玻璃门打开，站在那里 10 分钟也决定不了，是要买波浪蛋糕还是大理石蛋糕。等你关上柜门，上面一定起雾，后来的顾客就看不到里面的东西了。

行车要小心。全世界第二危险的驾驶场所是超市的停车场。第一危险的场所呢？超市内部。小孩推着购物车横冲直撞，老年人以时速 0.000 01 公里的速度停车入位，青少年倚在拐角的地方，大人们把购物车放在走道中间。这里也应该遵从马路行车礼仪，让超市交通顺畅。包括：

● 不要跟太紧。要在你的车和其他顾客之间留一个大西瓜那么大的空间。此举可避免追尾。

● 当驻足选物时，请把购物车推到旁边。你要掐香瓜没有问题，但别造成走道交通阻塞。

● 保持右行，超车时除外。如果大家都遵守高速公路交通规则，超市走道上撞车的机会就会大大减少。

● 知道自己的购物车是哪辆。如果你把别人的购物车推走了，上面还有一张购物清单，可能会造成很大的困扰。

● 个人物品要管好。不要把钱包、背包还有你的孩子放在购物车里。你蓦然回首之时，他们可能会不见了。

快速结账柜台礼仪。我们会不会数数？12 会数吗？在超市里，很多人都不会数了。在 12 个物件以下的快速结账柜台，我经常看那些犯规的人的购物篮/车里有 15、20 或者更多物件。遵守规定多好啊。12 个就是 12（如果是 13 个，我不妨睁一只眼闭一只眼）。

把钱准备好。很多人听到收银员说“43 元 1 角 2 分”，都会开始惊恐，他们此时才开始从购物车里翻提包，再从里面捞出钱包，再从里面拿出钱。此时，他们缓——缓——地掏出钱，慢——慢——地找出几张钞票，还按从小到大的顺序理好，徐——徐——地拿出几张，然后又伸手去包里拿零钱袋，还慢——慢——地数着。最后，他们会说：“糟糕，零钱不够。我看那个豆煮玉米我放回去吧。”当然，这一切都是在快速结账柜台发生的。你可以做好自己的准备，控制好自己的脾气，不要阻塞了快速结账柜台。你可以准备好银行卡、优惠券、信用卡或者其他快捷付费方式，或者准备好现金。

在快餐店

在快餐店吃快餐，最不该做的事情就是把环境搞得一塌糊涂。我们来看看快速用餐时的一些礼仪吧。

● 先选好你要买什么，再走到柜台前。

● 如果你是帮别人一起点，那么你得先准备好，点餐就会快一些。

● 走到柜台前，跟店员友善地说声“嗨”。

● 如果你之前戴着耳机，现在应该取下来。

● 不要一边点餐一边打手机。这会让你跟两边的对话都变得很混乱。

● 如果你点了餐需要等待，不要霸占着柜台，应该让位置给别人来点餐。

● 准备好要付的钱。

● 尽量不要用超大面额的钱或者一大堆硬币来支付。要不然，你后面的人原本想吃快餐，却变成慢餐了。

● 要注意环境。应该只拿需要的几包调料和几张纸巾。

● 快餐店里通常会有小孩，他们会有样学样，学习大人们还有你的样子。所以，你应该注意自己的言行举止。

● 吃完快餐，应该清理自己的桌子。

● 不要试图移动那些固定在地上的椅子。

● 如果吃得满意，那就露出灿烂的微笑吧。

在图书馆

如果你去图书馆，应该注意以下礼仪。

1. **不要出声**。在图书馆里，不要以为你轻声细语就可以一直讲话。在图书馆，除非绝对必要，否则不应该讲话，要讲也该轻声细语。即使轻声细语，也会影响到认真阅读和学习的人。大多数图书馆都有前厅或者资料室可以用正常音量谈话，甚至可以使用手机。如果你真的想讲话，那就去别的地方吧。

2. **不要错放书籍**。如果你把书取下，然后放回错误的地方，以后这本书就很难顺利找到了。在图书馆里经常发生这样的事情。如果你放错了书架，而下一位想用这本书的人在指定的书架上找不到书，管理员则说："根据我的电脑显示，在架上。"但是书被放在了隔壁的隔壁的书架上，还往上错爬了几格。应该把书放到待归位的小车里面。

3. **不要吃东西**。有谁会喜欢去用被巧克力弄脏或者在苏打水里浸泡过的书？所以，有零食的，收起来吧。

4. **放低音量**。如果你用耳机听音乐，请确保邻座的人不会听到你耳机发出的声音。

问时间

有时候，我们需要知道时间（特别是当你的手机不在你手上的时候）。向陌生人问时间绝对没有问题，但不能抓住陌生人的手腕就要看时间。你应该说："对不起，女士/先生，请问您知道现在的时间吗?" 6岁以下的孩子都会说他们知道，然后站着，满脸调皮的表情。6岁以上的人则会告诉你。60岁以上的人则会很高兴，因为你还会说"女士/先生"，他们会赞叹你很有礼貌，说不定会把他们手腕上的劳力士扒下来送给你。

本章小测

1. 有一位老太太穿了一双拖鞋，摇摇摆摆地走上拥挤的巴士，走到你坐的位置前面。巴士开了，她很艰难地保持着平衡。此时，你

a）伸出脚，想去绊她一下。

b）大声感叹："啊，有座位真是舒服啊!"

c）给她让座。

2. 你经常坐某位家长的车，她坚持大家一定都要系好安全带。那么，你

a）把她的车胎放气。

b）把牛奶洒在她的车里。

c）感谢她为你的安全着想。

3. 你在一个公众场所玩滑板，你可以在那个场地玩，只要你

a）只在美国汽车前面做面对车辆的外跳转动作。

b）在跳上栏杆之前，大喊“小心手”。

c）在“禁止滑板”的告示之前加上“不”字。

4. 在听交响乐音乐会时，你突然觉得想要呕吐。你应该

a）在座位上吐。

b）向邻座的女士借她的包用用。

c）尽快离开，尽量不影响到别人。

5. 你和最好的朋友在帮你家买吃的。你们可以把买的东西像篮球一样传来传去，只要

a）你们的手必须干净。

b）橙子四个一美元。

c）把西红柿的汁给捏出来。

第四章　家庭生活与争吵

创建和谐家庭

有一个家，就意味着，你可以在家里真正放松，做真正的自己——即使是表现出自己最糟糕的一面。你可以自吹自擂，可以哭，可以抱怨。你还可以傻傻的，情绪化，做白日梦，甚至可以怪怪的。你可以说话不算话，可以撒个小谎，摔门而去，或者喊道："我真希望我没生下来过!"——但是，你心里还是很清楚，你的父母亲仍然爱你如初。这是因为，在"家"这个范围里，我们不认为上述行为是"粗鲁"的，我们说这是"成长的过程"。并且，只要你不断在成长的路上有所进步，你的错误、你要的坏脾气、偶尔的小伤害，家人也是能够接受的。

不过，家人对这样的错误和说法的容忍却被一些人误解，他们以为可以对家人不礼貌。因此，我们常常会听到这样的话：

"我恨你。"

"我巴不得你死了。"

"你不要命令我。"

“好吧，就算你对。”

“随你了。”

还有：

“你看上去像堆垃圾。”

“我怎么想到要小孩的？”

“你这个自私自利、被宠坏了的小屁孩。”

问卷调查的内容

根据对家长的调查，他们列举了青少年在家里的25种不好行为：

1. 打断别人讲话。
2. 不说“请”和“谢谢”。
3. 在跟人说话的时候，还发信息、看脸书、接电话。
4. 一到家里，就把背包和外衣扔到地上。
5. 顶嘴。
6. 言语粗俗。
7. 对兄弟姐妹不友好，故意让他们生气。
8. 讲电话不礼貌。
9. 不说“你好”“早上好”还有“再见”。
10. 牢骚发个不停。
11. 把家里搞得一团糟，让别人来收拾。
12. 忽视父母的要求。
13. 不理睬人。
14. 玩电子游戏着了迷，不理其他任何事物。
15. 不懂得爱惜金钱。

16. 等别人请求了才开始帮忙，不会主动帮忙。
17. 用餐时不讲礼仪。
18. 嚼东西的时候嘴巴不闭上。
19. 不清理自己盘里的东西就离开餐桌。
20. 辱骂他人。
21. 打嗝放屁。
22. 使用不敬的语气。
23. 一定要父母来帮忙，即使父母说了他们此时很忙。
24. 对大人没大没小。
25. 除非大人不断提醒，否则他们不做自己该做的家务。

为什么人们会对最关心他们的人如此粗鲁？也许是家人可以忍受吧。如果对老板这么粗鲁，你早就被炒鱿鱼了。如果对男朋友或女朋友这么粗鲁，你早就被甩了。但是，如果你对父母表现粗鲁，明早起来，他们依旧是你的父母。

问题的部分原因在于“同伴礼仪”的概念。就是说，有人有两套行为标准，一种是给外人看的，一种是对家人的。给外人看的那种行为是“假”的你，因为此时的你有礼貌、举止得体。对家人的那种行为体现的是“真”的你，因为此时的你很草率、很恶劣。但是，我们怎么会有这种想法呢：当你剥去“假你”的外表，看“真你”的时候，你会看到草率恶劣的你？

当没有“同伴”在场的时候，我们对自己行为的要求不妨放松一点儿。但是，我们只应该放松一下那种“正式”的氛围，而不应该对人不体谅、考虑不周。你可以把番茄酱的瓶子拿过来用，但却不可以不先“请求”。要讲笑话、来点儿闹剧没有问题，但是，打饱嗝或者把吸管插进鼻孔里，就不可以。

你跟父母还有兄弟姐妹在一起的时间，比和别人在一起的时间多。家，应该是让你感觉安全、有爱、放松的地方。你知道，在家里，家人会对你友好，会理解你。在家里，你可以表现最佳，也可能表现最差。

在家礼仪

在大多数的家庭里，总有工作人员给孩子们提供各类服务，涵盖煮饭、打扫、洗衣、当保安、娱乐、交通、补习还有道德教育。这些工作人员就是“爸爸”和“妈妈”。以下是与爸爸妈妈以及家人友好相处的一些方法。

尊重他们的存在。这并不是说，每次你进到一个房间，只要里面有人，你就要说：“嗨，你好吗？天气不错哈！有啥新闻啊？”也不是说你一定要打扰别人的沉思。不过，如果你一大早起来，看到爸爸妈妈兄弟姐妹一夜未见，他们也没有离你而去，你欣喜若狂，此时，你说声“早上好”，就是很好的做法。睡前说声“晚安”也是很有礼貌的做法。平时碰上了家人，跟他们聊聊天，也是增进情感的好方法。

注意他们的情绪。你自己的情绪可能会像变幻无常的天气，那么，别人也有可能需要自己独处的时间，或者，他们需要有人陪伴或者帮个忙。你应该注意家人的情绪。如果他们看上去不高兴，你可以说：“你今天看起来好像不太高兴/情绪不太好？”然后可以问一下，你是不是可以做些什么。如果他们想跟你说，他们会说的。如果不想说，他们也会感激你的观察力和体贴。

要看清时机。如果你弟弟刚和女朋友分手，你此时跟弟弟开玩笑就不太好。如果你妈妈升职了，这个时候可以跟她提一下你向往已久的全家西班牙之旅。你需要根据家人的情绪和需求来调整你的要求和行为。这不只是礼貌的关键，也是为了提高你的要求被满足的概率。

跟他们交谈。你的父母把你带到这个世间，一把屎一把尿地把你带大，给你吃、给你穿、安慰你、保护你，在你身上花了无数个小时和金钱，他们还有一种奇怪的想法，想知道你的人生发生了哪些事情。以下对话就是家长与孩子的常见对话。

家长："你今天在学校做什么了?"

孩子："没啥。"

家长："刚才跟你讲话的那位是谁?"

孩子："那谁。"

家长："你今晚有什么安排?"

孩子："没啥。"

家长："你想去看那场比赛吗?"

孩子："都行。"

你能做到的最礼貌的事情之一，就是跟他们交谈，好好谈。在家里，或许你已经这样做了。一有什么新闻或需要解决的问题，你可能第一个想到的就是你的父母。如果是这样，那就继续这样做。你的家人可能很爱你，支持你。如果你是沉默寡言型的，有什么都憋在心里，你父母可能会感觉很受伤，或者感觉自己被忽视了。

你不需要把自己心里最深处的秘密都告诉父母，也不需要把男朋友（或女朋友）的所有履历都公布出来。你只要能沟通一下信息就行了："我知道你们随时在我身边。虽然我们是一家人，同住在一个屋檐下，应该把共处的时间搞得最融洽，但我们也不需要把心窝子都掏出来。"你可以有两种方法来处理：

1. 自己主动说说在学校里都发生了什么事情，你是怎么看的，你的感觉怎么样。你可以不必太深入谈自己的事情——只要谈谈课堂里的情况、老师、同学、计划安排，还有对当前发生的事情的应对措施等。

2. 问父母一些问题。请记住，这是会聊天的一个秘密。问你爸爸妈妈，他们的同事还有朋友的事情。问他们孩提时代的事情，他们从小是怎么长大的？他们上什么样的学校？他们当时是什么样的学生？他们小时候都干些什么事情？他们整天担心些什么？他们跟他们的家长是怎么和睦相处的？爸爸妈妈是怎么认识的？可问的问题多了去了。有一个很出名的问题是："老爸，在军营里长大，经常得随军搬家是什么滋味?"这样的问题，可以让你老爸滔滔不绝地讲上半个多钟头。等他讲完了，他还不会觉得他在侃侃而谈呢。他会很高兴你对这些事情有兴趣，他会觉得跟你在一起，会有一股暖流。

在出事情之前，把问题讲出来。许多人的家里都会有小冲突。如果他们事先想清楚，这些冲突都可以避免。不要等到最后一分钟才借车用；也不要跟你妈妈说，明天学校开派对，你许诺她能做400块布朗尼巧克力糕饼。在没有跟妈妈商量之前，绝对不能帮她向别人保证任何事情。

可嘉奖行为

要让你父母知道你在哪里。父母的第一项权利是为孩子担心。如果你应该每天下午3点回家，而3点半了你还没有到，他们一定会开始担心。等你5点回到家，不要说什么你被抢劫了、被绑架了、被车撞了什么的，他们肯定火冒三丈。

你应该跟父母谈谈，跟他们确定一个你可以自由活动的范围和程度。根据你的年龄、可信度还有你们家所在地区的情况，也许你在某种程度上可以来去自由。或者，你应该给父母留张纸条或是留言，让他们知道你去哪儿了。这些小小的事情你都应该做好，让你父母减少担心。这并不是说你是个娃娃，或者你不可信。这是礼貌。

可嘉奖行为

适时微笑。如果青少年一脸阴郁，会搞得全家都乌云密布。青少年确实有些时候愁云密布，眉头紧锁，但是，如果你有的吃、有的穿、有的住，家人对你也还不错，那么，你何不心存感谢，来个愉快的表情呢？这并不是说你需要每天12小时都脸带笑容摆出一张宽嘴猴子的笑脸，或者你需要每天戴着个假面具。如果你表现得很高兴、很友好，父母会知道你的心理的，并且他们会很高兴。

小贴士：如果你过去一直摆臭脸，我建议你慢慢来。如果你突然来个兴高采烈的脸，你父母会疑心重重，他们不知道你葫芦里卖的是什么药。

东西别乱扔。让家长深恶痛绝的事情是孩子乱扔东西。如果你是被绑架了，那么你的坏习惯也许能够留下蛛丝马迹让侦探来查；不过，在家里，你需要关好门，关好抽屉，擦拭干净，捡起东西，把它们收好放好，清理好。

可嘉奖行为

主动做事情，不用别人叫。如果你注意到有什么事情需要做，而且把它做好了，你父母一定会帮你提名“最礼貌儿童大奖”。你可以说：“妈妈，这个我来帮你拿。”或者，“爸爸，我帮你磨一下刀片吧。”如果水龙头滴着水，顺手把它拧紧了；如果下着雨，车窗还开着，那就关上车窗。如果垃圾袋满了，整理好，绑好，拿出去扔了，再换上新垃圾袋。以上很周全的做法会如魔法般大大提高你在家里的地位。

真实故事

来自礼仪前线的报道

啊!!!!!!!

有一回，我开着一辆很大的学校巴士，要倒车进入一个很小的停车位。在附近的墙边，一个学生看着我倒车，觉得很有趣。当他看到我把一位老师全新的汽车车门给顶了，他觉得更有趣了。

我知道不应该迁怒于他，但是我也很好奇，我问他：“我就要顶上去之前，你为什么不提醒我一下?”

“你又没问我。”他回答道。

亲爱的艾利克斯：

“家长们可以不敲门就冲进孩子的房间吗?”

如果孩子在里面喊“救命”，那就可以。尊重别人的隐私是最基本的礼貌行为。当孩子长到一定年龄，他们都会想要隐私。家长们在进入孩子的房间之前，应该先敲门，等孩子说了“请进”，然后才进去。家长们不也不喜欢孩子不敲门就冲进自己的房间吗？正如下面的例子。

亲爱的艾利克斯：

“有一天，我走进父母的房间，他们正在亲热。我立刻就出去了，但我知道他们看到我了。之后谁也没有提起这件事情。我不知道应该怎么做。”

亲眼看到父母亲热，可能会让孩子很震惊。他们都这年龄了，怎么还干那种事儿！在这样的场合，应该遵循的礼仪如下：如果你看到了不该看的事情，你的一切行为应该像是你什么都没看见。如果你觉得很别扭，可以这么说：“我很抱歉，那天冲进你们房间。我急着要找一根铅笔，所以就不记得敲门了。我不知道你们在那里，呃……睡着呢，我保证以后进去会先敲门。”

亲爱的艾利克斯：

“我父母都说，对他们的朋友，我必须表现友好。为什么啊？他们又不是我的朋友。我不觉得我应该问候他们，听他们谈那些无聊的事情。”

如果你去朋友家，你会希望如何被对待？你希望你朋友的家长会关心你，很喜欢你去他们家里？还是希望他们表现出不高兴，然后给你冷冰冰的脸色看？在彬彬有礼、互相尊敬的环境里，大家都会觉得比较舒服，不管是在自己家里还是在别人的家里，在餐馆里还是在商店里。

在大人们聊天的时候，孩子们不需要在场，很多大人们也不想让他们全程都在场。一般来说，客人们来的时候进行问候，跟他们简单聊天，递上小点心什么的，然后孩子们就可以告退了。如果他们讲的话很无聊，那孩子们也可以做些什么。比如，问现在的时事新闻，或者问你觉得有意思的话题。

小贴士：家长的朋友们可能会很有帮助的，比如在以下方面：找工作、当推荐人、学业工作、大学学习的建议、旅游建议等。我父母的很多朋友都成了我的好朋友——特别是那些有美丽舒适度假屋的人。

亲爱的艾利克斯：

“我妈妈因为我对来家里工作的人没礼貌，好好地教训了我一顿。情况是这样的，我在房间里做着一些事情，我就让他稍后再来我房间给地毯吸尘。我做的有什么不对吗？”

如果你是很有礼貌地请求他这么做，那就没问题：“你能最后再来我房间给地毯吸尘吗？我这里事情刚做到一半，再有10分钟就可以了。”

只有老板——你妈妈——有权命令清洁工该做什么。即使如此，她也应该做到有礼貌。虽说清洁工是要清理你房间的地毯，但你没权对他下命令。

不少家庭一直会有人来提供上门服务——送报纸的、查电表水表的、送餐的、搞园艺的、电工、油漆工、清洁工、安装路由器的、杀蟑螂的、安装修理网络电视的，等等。这些人都是收钱提供服务的，但你并不能随意差遣他们。

就把你自己当作那些来家里提供服务的人可以享受的额外福利吧。你应该对他们有礼貌，尽量提供帮助——即使今后你可能一辈子不会再见到他们了。如果有人定期会来你家服务，你应该让他们觉得这里温暖舒适，你对他们尊敬有加。（跟厨师的关系搞好，对你们家可是件好事。）你不要探究人家的隐私，可以关心一下他们的生活还有他们的手艺；给他们来杯饮料；对他们赞赏有加。大家都喜欢自己做的事情被人家赞赏。你这么做，是因为：

1. 他们都是人，需要友善尊敬地对待。

2. 好的服务不容易找。

另外，站在你父母的角度想想，如果他们需要做个抉择，该怎么办：是要一个粗鲁的孩子，还是一个可靠的水管修理工？

亲爱的艾利克斯：

“父母亲有权亲吻他们的孩子吗？”

当然。但是如果孩子不愿意被同学看到，可以有礼貌地跟他们家长说，请不要在同学面前亲吻他们。如果孩子私下里对父母说“我爱你”，并给父母拥抱，对于他们的请求，父母一定会答应的。

公平的争论

没有哪一个家庭是个永远和平和谐的孤岛。大家总有拌嘴吵架的时候。一般来说，吵架并没什么问题——只要前提是爱与相互尊敬。争论是可以的，只要双方互相倾听对方的观点，共同找到解决他们问题的方法，并尊重所有人的需求和感受。这叫作“公平的争论”。如果有人摔东西，扔东西，做出暴力的行为，揭开隐私，发出威胁，辱骂对方，以及/或者故意说一些伤人的话，那就是“不公平的争论”。这样的争论极少能够找到解决冲突的方法，它只会让冲突升级。

所有的家庭，都应该每周聚会一次，特别是在那些个人声音容易被忽略的大家庭。在这样的定期聚会上，大家分享消息，制定目标，表达哀悼，解决问题。你可以向全家提出这样的建议。你可以说，理念相同的人需要定期聚在一起，讨论他们的计划安排和关心的事情。所谓理念相同的人，可以是篮球队员、管理团队成员、科系成员或者家长和孩子们。

家庭会议应该这样举行：

确立定期聚会的时间。如果某人由于某种不可避免的事情，这次不能来，那就应该重新安排时间。如果一个或多个家庭成员纯粹是故意不来，那就不应该把聚会改期从而纵容他们。那是他们的损失，如果他们自愿不出席会议，那会上有什么决定，他们都必须遵守。

把议事日程放在显著位置。鼓励父母和兄弟姐妹写下他们想讨论的事情。可能会有新的、紧急的事情出现，需要讨论，制定议事日程能够让大家思考这些事情。

指派一位“主席”主持每次会议。主席就是提出议程、主持会议的人。家庭所有成员都应该轮流当主席，不能让某个人一直霸占这个位子。

会议不要开太久。如果开太久，大家容易烦躁，火气变大，思路也不敏捷了。最好是再安排一次会议。尽量不要超时开会。

需要做会议记录。会议需要有人做笔记，把会上的想法、决定、计划等都记录下来。此人可以在下次会议之前提醒大家各自的任务。

使用固定的解决问题的方法。① 如果你能采用以下方法，几乎所有的问题都能解决：

1. 把问题说清楚，不指责他人的错误。
2. 大家一起讨论。
3. 讨论对你们而言可行的方案。
4. 挑选最佳的一个方案并制定执行计划。
5. 关注进展并随时调整。

保持积极的态度。家庭会议是大家提出问题发牢骚的地方，但不能让这样的态度毁了家庭会议。如果你能坚持以下原则，就可以避免：

- 别人讲话时，我们认真听，不插嘴。
- 开放思想。专注于解决问题，不要怪罪他人。
- 不要说别人的观点差劲、不着边际或者很傻。
- 不要指责别人。只要说出自己的感受即可。
- 每次开会都应该在议事日程上列一个有趣的事情。（比方说，要安排一次旅行、要买一条狗、决定奶奶生日要做些什么事情。）
- 每次结束会议的时候，都要来点积极的事情。看一场电影，做一个冰淇淋圣代，玩一个游戏。不要以大家生气或不欢而散作为结束。

---

① 参阅本章后续有关解决问题的五个步骤。

亲爱的艾利克斯：

“如果你的父母很粗鲁、很小气、不公平，你会怎么处理？我跟他们嚷过、扔过东西、威胁过、对他们沉默抗议，但是我惹的祸越来越多。”

以粗鲁应对粗鲁一定会引发更多粗鲁的事情。你应该打破这个恶性循环——树立一个礼仪的标准，说不定你的父母最终也会遵守。

跟他们聊聊。别想着要去争个你对我错的，要努力解决问题。你应该选你父母平静的时候，跟他们这么说：

1. 如果有需要，先道个歉：

“我打破了玻璃，是我错了。我太不小心了。”

2. 接着，你应该提出做弥补的办法：

“我用我的零花钱来换玻璃。”

3. 接下来，你可以用中立的方式来定义什么叫不公平：

“但是，如果我今后就不能再玩‘飞去来’玩具了，那就太不好了。”

4. 最后，你要提出个解决问题的方法：

“我们是不是可以讨论一下，然后想出解决的方法，能把‘飞去来’还给我，又让你们觉得安全的方法？”

看看这样做是不是有效。对于你这样的做法，大多数家长都会合理对待、表示尊重，并且会将心比心，也就是说，他们也会很讲礼貌。此时，你可以提议，是不是可以恢复家庭会议。

亲爱的艾利克斯：

“如果我说了父母不爱听的话，他们总是扣我的零花钱，或者干

脆不给。如果他们在工作中做错什么事情，他们不是工资照拿?”

但是，如果他们犯了很多错误，他们是会被炒鱿鱼的。因为家长没有机会给孩子们“粉红通知单”，于是他们就用了其他方式——扣零花钱，或者干脆不给。

但是我也不同意这样的处罚方式。我坚持，家长要给孩子们零花钱，而不要有附加条件。因为，孩子也是家庭的一员，他们应该获得家庭收入的一部分。他们不需要每次想买书或者跟朋友出去时都得向父母讨钱。

等等。先别着急把这封信拿去给你家长看，我还没说完呢。我也坚持，孩子应该在家里多做点事情，而不是只想着要拿零花钱。因为孩子也是家庭的一员，他们也应该做点什么，像是这个家里的一部分。也就是说，做家务、表现得体也是孩子该做的事情。如果孩子们不记得或者拒绝做自己的家务，如果孩子们粗鲁又不配合，如果孩子们尽捣乱，那么他们能跟父母讨价还价的筹码就少之又少了。

如果你不想被扣零花钱，有以下两种选择：

1. 不要做父母不喜欢见到的坏事情。

2. 建议另外的处罚方式。比方说，你做完了家务才能跟朋友出去玩。

如果你把某个机器放在外面淋雨搞坏了，就只好自己买一个来赔，否则你就再也不能跟你父母借来用了。

扣零花钱或者干脆不给，不会改变你的行为。你的行为直接导致的后果才会改变你的行为。

好了。现在可以把这封信拿去给你父母看了。

亲爱的艾利克斯：

“如果我在家里做错了事情，我会道歉的。但我父母老是会念叨个不停。他们这么做很不礼貌，对不对?”

如果你真心道歉，他们还不接受，那就是不礼貌了。可能你道歉的方式有点问题。有时候，孩子会觉得很尴尬、生气，或者一直扛着不认错，然后飞快地嘟囔一句“对不起”。即使他们真心道歉，这样的做法也达不到沟通的效果。更有甚者，家长们经常听到的是：“你们为什么老是小题大做?”

还有更糟的。孩子会说：“咋啦，我不是已经说过对不起了！”说这样的话，其意思是“别没完没了缠着我了”。这也说明，孩子认为，口头说道歉已经够了。

如果你想让你的道歉被接受，应该言行一致，说到做到。口头道歉只完成了一半；做到了，才算完成另外一半。看某个人是不是真心悔过，就要看他是不是说到做到，不再犯。如果你下次被批评做错了事情，可以试试下面的话：

“啊，不会吧。真不敢相信，我竟然做出这样的错事。我怎么这么浑？你们一定觉得我是世界上最差劲的孩子吧？如果你们一辈子都挤对我，我也不会怪你们的。我保证，下次我会小心的。”

听了这样的话，家长们通常会来打圆场，修复、替换、重做或者反思。他们可能会接受你的提议，合理的提议。或者，他们可能会被你的诚恳打动，这样他们也就满意了。

在家里

电视，该看，还是不该看？家人共用一个起居室，大家有一千个问题需要解决：

“是谁拿了我的棒球手套?”

“是谁用了我的剃须刀?”

“是谁把面包屑搞得到处都是?”

“我打赤脚怎么不行?”

“今天又吃烤肉卷?”

如果你想目睹破坏家庭礼仪的大战，可以随便走进一个普通人家的起居室、厨房或者是浴室。看普通人家如何斗嘴、嚼东西、流口水，这些都是灾难的导火索。好好学习本书下面的内容吧，学习如何维持和谐家庭，不让家庭成为战场。

亲爱的艾利克斯：

“我 15 岁，是男生，有俩哥哥。我妈妈让我们在家里的时候穿衬衣，而外面的气温可能是 35 摄氏度的高温。我家又不像麦当劳，里面有冷气。我们在家里不是应该可以自由一些吗?”

每个人都有些稀奇古怪的习惯，让别人觉得很别扭。三岁的小女孩会要求睡觉的时候，慕斯先生一定得放在托马斯小火车的旁边，她才能睡得着；你父亲可能会要求你离开某个房间的时候必须关灯，即使你就出去 30 秒；而你妈妈的要求，可能就是要求年轻人在家里必须穿衬衫。

如果两个人都有诡异的做法，而且冲突了，那就会产生问题。比方说，你可能把正在做的项目扔在客厅的桌上，因为你想明天再继续做，但你妈妈想要保持起居室的整洁，因为她怕随时可能有什么人来家里串门。

如果这些冲突的情况发生在家里的共用场所，通常，“较高”的行为标准将获得胜利，如整齐、干净、得体、宁静等。而“失败”的一方，可以在自己的房间里继续纵容自己。

你和哥哥们应该这样想：在共用的地方穿衬衣，在你们自己房间里就不需要了。如果你妈妈进你们房间会敲门，你们就有时间在她进门之前把T恤衫给套上。

亲爱的艾利克斯：

“我在餐桌上只要做错事情，我妈妈就会说：‘你是在哪儿长大的？牛棚？真是烦死人了。’我该怎么答她呢？”

“哞……”

家庭礼仪50条“应该做的事”与“不应该做的事”原则

应该做的事	不应该做的事
互相尊敬，友好对待	撒谎
说“请”和“谢谢”	打人
接电话、应门的时候有礼貌	窥探
注意餐桌礼仪	发牢骚
说话前想清楚，因为话一出口覆水难收	打岔
请求的时候不用发命令的口气	使用粗鲁的语言
注意听别人讲话	吃饭、讲话、社交的时候发短信
自己房间保持整洁	不敲门就直接开门进入
愿意让步	传播他人的秘密
心存感激	把书包和运动器具扔在家里的走道上
愿意分享	忽视他人的要求

续前表

应该做的事	不应该做的事
帮助保持家里整洁	感觉有问题时，不敢发言
饭前帮助摆放餐具	未经许可即“借用”他人物品
妥善使用别人的东西	想要什么就一定要得到
如果有人提出要求，就把自己音量调低	在家里到处乱扔外衣、帽子，还有鞋子
如果道歉，应该真心真意	没日没夜地玩电脑
早上第一句话应该说“早上好”，晚上睡觉前说“晚安”	不打招呼擅自离席
对别人的成功表示高兴	在朋友面前，让父母或兄弟姐妹难堪
主动去帮助他人	未经他人许可，帮他们答应事情
脏衣服放进洗衣篮	把衣服扔在地上
如果有情绪，就说出来，不要给人家脸色	用过的碗盘随处放
和朋友出去玩，告知父母你在哪里	忘记自己的家务事
长者呼，须应答	需要东西的时候，隔空高声喊叫
对自己的言行负责	欺凌他人
微笑	把厨房搞乱

电视使用礼仪

电视遥控器的发明，开创了观看电视的新纪元。看电视的人不需要从椅子上起身走向电视机，就可以转换频道；不需要呆呆地等着广告播完接着看下一段节目。遥控器还产生了一种新型蔬菜——“沙发马铃薯”。同时，它还导致了家庭争吵与打斗的新项目——遥控器争夺战。

“我们一家人一起看电视的时候，我弟弟总是霸占着遥控器。每次播广告的时候，他都一直换台。当他看到他喜欢的节目，比如泥地摔跤，他就停住了。大家都得对他喊‘转回去，转回去’，等到他转回原来那个频道的时候，已经错过了一小段。搞得大家都很不高兴。”

每个家庭都会有这么一个“遥控器控制员”。如果这个人不太专制或者不太贪心，还比较好。确实，此人应该帮全家人好好管理遥控器，并且承担好责任，比如：

- 把电视音量调好。
- 根据大多数人的意愿，决定转换（或不转换）频道。
- 遥控器放置的地点需要明显，以免下一位想看电视的人花上3小时找遥控器。

当“遥控器控制员”，就像外出野餐时那位提着食物篮的人。这是一个光荣的职务，但并不代表他可以把那些彩蛋全吃完，还决定谁可以吃吞拿鱼、谁可以吃肝泥香肠。想要霸占遥控器的孩子必须把决定权交出来，或者，他/她必须同意，会按照大多数家人的要求来确定频道。如果有家长霸占遥控器，就得要求开个家庭会议，设个专题好好谈谈。

看电视时，还有其他的礼仪需要遵守。

决定观看的内容。可以通过集体表决来决定（“喜欢看《本周华尔街要闻》的人举手”），或者轮流决定（“今晚我说了算。明晚你说了算”），或者以强势压人（“我是你爸/妈，我说了算”）。如果家里有好几台电视机，或者有录像机，这样的冲突就会少很多。有录像机的，可以录下电视节目以后再看。

讲话。很不幸，对于那些想专注看电视内容的人来说，家庭电视剧场是可以讲话的。有人评论几句，然后全家人一起说“住嘴”，这是多么温馨愉快的家庭生活啊。

通常，一个家庭里，人人个性不同。通过看电视时候他们讲出的评语，就可以知道他们的性格。

● 鄙视型："那太空站就像一个简陋的微缩模型。"

● 现实型："这太离谱了。他开了8枪，可那把枪里只有6发子弹。"

● 分心型："今年夏天咱们会去湖滨度假吗？"

● 看不懂型："这就是同一个女的吗？他们现在在哪儿？他为什么让那女的走了？"

● 影评型："这导演极其崇拜戈达尔；法国新浪潮已经过时了。这是我的观点。"

● 剧透型："这片子我看过了。是那个幼儿园老师干的。"

● 啦啦队长型："快！把他们灭了！照着膝盖扫射！"

● 质问型："她这演技哪儿学的？这个烂剧本谁写的？他们头上怎么都顶着个麦克风？"

● 嘘嘘型："嘘……"

亲爱的艾利克斯：

"我父母根本不准我们看电视。这是不是违反了什么礼仪原则？"

我不知道为什么你的父母这么反对看电视。我们应该感到庆幸，有电视这种媒体给孩子们提供了很多不良表现的反面教材。要不然，孩子们怎么知道哪些事情"不能"做呢？

只要你父母亲在制定规则的时候语气平和讲理，他们的决定就不属于礼仪的范围。毫无疑问，你一定是跟他们据理力争过了，什么看PBS新闻台、看历史频道还有学习频道有多高的教育价值，等等。你也一定因为能不能看电视而闹过情绪，而你的父母也一定跟你说过类似“总有一天你会感谢我的”这样的话。但此时，你只能在去朋友家时看他们在看的电视节目了。

家长不让孩子在家里看电视，确实太过严格了。这样的坏处是：你可能成为一个拥有一百万个目标、自给自足、充满创意的人，而且你有智力与动机去实现你的目标。

亲爱的艾利克斯：

“只要我们家有人来，我父母就让我们关上电视，跟他们谈话。每次都是节目最精彩的时候有人来串门。我该怎么做呢？”

你父母这么做，是基于两种理念。第一，人比电视精彩有趣多了（当然，并不永远正确）。第二，如果让客人觉得，在你们家人眼里，他们比电视节目还要无趣，将是很粗鲁的行为。

尽量配合着妥协一些吧。如果你父母的朋友来家里，你应该问候他们。说声“你好”，寒暄几句，默默接受他们的评语（“天啊，你都长这么高了！”），然后你可以说，“对不起，我今晚有很多作业要做。”此时，社交礼仪已经做到，不过，你看电视时需要把音量调得很低。（电视应该不在他们谈话的那个客厅里吧！）

如果有客人一直不回去（比如某些亲戚，或是你父母的朋友带着和你差不多年龄的孩子一起来），那你就没辙了。不过，你现在是生活在数字时代，可以调好“定时录像”，以后再看。

有时候，也可以跟客人一起看电视。比方说，他们是临时来串门的（“我们都在看《比华利山庄之蝇》，一起来看吧”），或者，这个节目是全民关注的节目（如周日超级碗球赛）。

厨房里

厨房是卡路里、胆固醇以及冲突的主要发源地，例如：

“不要对着瓶子喝牛奶!”

“冰箱门关上!”

“把桌上的面包屑清干净。”

“水池里怎么那么一大堆碗盘还没洗?”

“你以为我是谁？女佣?”

以下是一些基本的厨房礼仪。

饭后清理。把吃剩的东西丢掉，把面包屑清理干净，擦干净桌台，把盘子冲洗一下（或者放入洗碗机）。

做好家庭库存管理员。如果最后一片面包是你吃的，最后一口牛奶是你喝，最后一根冰棒是你给解决掉的，那你就得跟家里负责采购的人说一下。很多家庭会在冰箱上放一张采购清单，为的是同样的目的。(没人规定你不能把自己喜欢的东西写在上面。)

一看二张口。如果有什么东西看上去比较稀罕，而且还很让人有食欲，这东西很可能不适合你吃。可能是预备给客人的什锦拼盘，也可能是要拿去义卖的蛋糕。先问再吃。

主动给家人服务。假设你们全家在一起看电视。如果此时你去厨房拿一瓶汽水或者一块三明治，你应该问问别人是不是有需要。为什么？因为自己吃而不招呼别人，这样做很粗鲁。

此时可能有人会顺便让你多劳动一下，让你拿东西，他们自己就不用起来了。如果你每次问：“有谁需要我从厨房里带什么东西过来?”出现了以下回答，那就不太公平了：

爸爸：“给我来瓶姜汁饮料。”

妈妈：“来杯茶挺好。”

姐姐：“你能不能给我来一个柚子，把果肉都切好?”

哥哥：“要。给我来一份全麦烤面包，里面要火腿片、瑞士奶酪片，加生菜、番茄片，加芥末酱、莎莎酱配墨西哥玉米脆饼，一杯柠檬水，三片酸菜。酸菜汁别碰到面包。”

你主动服务家人，为的是起到模范带头作用，希望家里其他人在去厨房的时候也能主动服务别人。如果他们不这么做，你也可以建议大家每天晚上轮流服务。

浴室

浴室也是家庭冲突的主要发源地：

“妈，克里斯丁老占着浴室！”
“谁把热水用光了？”
“有人用了我的香波！”
“水池里这一团头发是谁的？”
“跟你说过多少次了？不许把湿毛巾扔在地上！”

想要避免这些冲突吗？首先，你要安装一个 3 000 加仑超大型热水器，然后给每个家人配个人贴身浴室仆人。

或者，你可以发起签订“公平使用条约”。

如果一大早有六人必须在 20 分钟内都用完浴室，那么，一家人就得像在拉瓜迪亚飞机场的飞机那样，叠起来了。当大家的需求有了冲突，请尽量不要争吵。大家应该一起解决问题。安排全家人都冷静的时候一起坐下来，找出问题的根源。不要用指责的语气来说话。（要说“我进去洗澡的时候，水永远是凉的”，而不是“杰弗里把热水都用光了”。）然后，通过讨论找出解决方案。或许，有些人可以安排在晚上洗澡。或者，有些人可以起床早一点儿。或者，要刮胡子的人可以去洗衣房。可能你们无法找到完美的解决方案，但至少可以避免每天早上都大吵一通。

厕所礼仪 14 条“可以”与“不可以”原则：

可以

- 把湿毛巾挂在架子上，不要扔在地上。
- 用完厕所，把座圈以及马桶盖放下。
- 主动礼让需求更急迫的人。
- 使用过水池要清理好。
- 把水池里和肥皂上的毛发去除掉。
- 在梳完头、使用过牙线之后把镜子擦干净。
- 便后冲水。

不可以

- 把尿撒在马桶座圈上。
- 厕纸用完了而不换新的。
- 浪费热水。
- 不经过同意，使用别人的盥洗用具。
- 不敲门就进入浴室，或不请自入。
- 对他人发出的声响或气味大加评论。
- 在容易碰到别人的地方悬挂个人隐私物品。

亲爱的艾利克斯：

“为什么父母总对怎么挤牙膏那么在意？有什么差别吗？你可不知道，我们为这个事情吵过多少次了。”

挤牙膏的正确方式，通常就是家长们说的“我的方式”。对于一些小事（如“不正确的挤牙膏方式”），家长们应该不要太过上心，他们应该把精力用在处理大事上（如“对着瓶口喝牛奶”）。但是，家长们总有一些喜欢上心的事情。因此，你也可以采取一些行动。以下是三种解决问题的方法：

1. 遵从父母的癖好（或叫“选择”）。培训自己，从下往上挤牙膏。

2. 自己买牙膏自己用。想怎么挤就怎么挤。用完了收起来，不让父母看见。

3. 建议家里用那种下压式的牙膏容器。从此就不再有如何挤牙膏的问题了。

合住

大人们通常可以选择要跟谁睡同一间卧室。如果住得不合，他们可以重选，而小孩就不行了。你得跟自己的兄弟姐妹合住一间卧室，往往是几个人一起。没得选。如果你运气好，可能跟他们亲密无间。如果你运气不好，这辈子可能就毁了。

另外，家长们也没什么同情心，他们会说：“跟人同住是一种学习的过程。”还说什么“你需要学习如何跟你合不来的人一起住”。如果你敢回答：“那不是结婚的目的吗？”那你可没什么好果子吃。你非住不可。

跟兄弟姐妹一起住有时候是很愉快的事情——前提是，你知道室友合住礼仪的秘密。跟他们友好相处的方法之一是：把他们锁在衣橱里，逼他们就范。如果这招不灵，那么，你应该考虑“为他/她着想”，还有“协商”的方法。

● **为他/她着想。**就是说，你得预见自己的行为可能带来的后果。

不要只考虑起因（呃，如果我用气球装满水去砸他，他的身上会打湿），然后就去做了。不要去做触犯他人人权、物权的事情，也不要打扰他人的宁静。如果你不确定，可以问：

“我拿这个装水的气球砸你，可以吗?”

“我把这个东西扔了，你介意吗? 还是你需要对这个三个月前的三明治上的滋生物质做一些科学实验?”

“我重新整理一下房间可以吗? 我想把你的床挪到车库里去。”

● **协商。**是室友们的需求、品位以及新陈代谢发生冲突的时候所采取的措施。

比方说，你的需求是拿一个装水的气球砸人，而你室友的需求是要保持身上干爽。或者，你想要看到地板，而你的室友想要把衣服扔得满地都是。虽然有这样的冲突，并不能说明你们一定得拼个你死我活。你的室友可能是跟你一样的人，能容忍、为他人着想、慷慨大方，还很酷。如果是这种情况，我做以下建议：

你应该看到了，如果一切顺利，没什么好说的。如果事情不顺利，那你就需要帮助了。

大家一起住，可能会产生冲突。冲突是很正常的，有时候还是有益的。冲突本身不会伤害两人的关系。只有“没有解决的冲突”或者“不公平解决的冲突”才会导致伤害。只有友善、同理心与为他人着想的心，才能大大降低冲突的可能性。不要以为你们是兄弟姐妹，冲突就会自动消除。你应该在冲突出现的初期就看出问题，并通过礼貌、尊重对方需求与感受的方式来解决冲突。

一起同住的人一定会有冲突，因为他们对噪声、清洁、美学品位、日常生活规律、礼仪还有态度的想法与概念都不相同。为了尽早消除冲突的任何迹象，以下是解决问题的五个步骤，供参考。

1. 找出问题。召集冲突各方来开会。最理想的情况是，引起冲突的人此时没有继续在争吵对骂。请各自说出需求与感受，而不是指责室友的过分行为。比方说：

对的做法	错的做法
“有音乐声，我没法学习。”	“你的音乐让我都快疯掉了。”
“我想去打网球，但是我的球拍不见了。”	“你一直拿我东西事先不问我。”

2. 集思广益找解决方案。尽量想可以解决问题的方案，多多益善，越荒唐越好玩。此时，不要给自己的思想设限制。有时候，最疯狂的想法最能导致达成解决方案。在这个时候，不可以对任何人进行批评或分析。

3. 讨论可能性。此时，评估集思广益找到的解决方案是否实用。有些想法会不实际、不现实。但是，不要说它们很“愚蠢”或“荒谬”。要说出排除这些想法的理由，不要贬低他人。要注意那些听起来像是很好的“解决方案”，但实际上却是异想天开的不实际的做法。

4. 选择最佳方案。确定最能公平有效地解决争端的方案。找出必须实施的行为（比如说，购买一块分隔板，向父母征得同意，或者写一份计划书），然后确定由谁去执行。

5. 关注进展。随时关注方案的实施情况。有时方案会出现停滞，无法执行，或者需要从头再来。如果出现突发事件，可以中途调整。如果一切进行顺利，你需要给自己鼓励一下。你和室友都需要高兴一下，知道自己可以正确地处理出现的问题。

这种解决问题的方法几乎可以用在所有关于室友的冲突上，只要你依照“公平”的原则，而不是以“打败”他人为目的。我们的假设是，引起冲突的问题是同等合理的——只是需求的不同，而不是你对我错的问题。

有时候很难确定到底是谁对谁错。在这种情况下，以下“室友守则”可以帮你确定，到底哪一个室友比较合理，应该获得优先权：

● 合法行为优先。非法行为不得优先。

● 合规行为优先，违规行为不得优先。（但是，如果两位室友都决定要做违规的事情，那就不是礼仪方面的事情了，他们要为自己所做的事情负责。）

● 健康优先。（如果有人对动物的毛发过敏，那么在室内养美洲驼就不好。）

● 符合道义的行为优先，不符合道义的事情不做。符合道义的事情是有创意的、有成效的、公益的、有同情心的、对人类有益的，以及/或者在道德上及精神上振奋人心的。不符合道义的事情是自私的、令人恶心的、背后操控的、破坏性的、分裂性的、不诚实的、不适宜的以及/或者令人产生不快的。但是，我们不要被这些定义搞糊涂了。符合道义的行为一旦成为自以为是的伪善，就会立刻成为不符合道义的行为。

如果两位室友的情况都说得过去怎么办？那就寻找最合情合理、最容易解决的方案。如果你的室友想放音乐，而你想学习，应该让你的室友（噪声制造者）戴上耳机，屏蔽掉声音，离开房间也行。再举个例子，假设大冬天的，你喜欢开着窗户睡觉（室温只有 10 摄氏度），而你的室友喜欢关上窗子，把室温调到热烘烘的 35 摄氏度。你们两人的偏好都不怎么“明智”。但是，在较冷的情况下让自己暖和比较简单（穿上法兰绒睡衣，多盖几层被子），要在较热的环境下让自己凉爽则比较困难（光着身子，然后扒几层皮）。所以，最简单的解决方案是，就把窗户开一个小口（将室温控制在 18 摄氏度），再把你的鸭绒睡袋借给你的室友用。

最后一招，就是你的室友可以向负责宿舍的人请求“离婚”。他可能要求换房间。或者，你也可以发掘一下，看屋子里还有哪个地方可以变成属于你自己的空间。①

亲爱的艾利克斯：

“我哥哥老喜欢打拍子打个不停。铅笔、手指头、脚、关节——没有什么他不能拍的。他是那种紧张型的人，但是我也被他搞得紧张起来了。我要怎么礼貌地告诉他，不要再拍个不停了?”

这个问题的关键是噪声。噪声有很多种，最常见的一种是你不喜欢的音乐。其他行为，如打拍子、打鼓、过高的音量、梦呓、半夜三更回家时黑漆漆一片撞到东西发出声音吵醒室友。

你哥哥喜欢敲敲打打，但是，喜欢安静的要求应该获得优先权。也就是说，让敲打的行为停止是一个比较实际的目标，而不是每次你哥哥开始敲敲打打，你就得避开他。但是，为寻求解决事情的好方法，还是需要你体谅你哥哥或者室友，因为他们比较紧张，需要释放紧张的能量。

请参阅前文的解决问题方法。当你哥哥又开始拍打的时候，不要指责他，好好跟他说明，比如：

“你可能自己没有意识到哈，你经常会敲敲打打呢，老兄。我休息或者在笔记本电脑上忙活的时候，都会听到你在敲敲打打，我的注意力会被分散的。能不能，呃，那个……”

如果你哥哥还没把你扔出去，你就可以趁机提出几个解决方案。

① 关于和室友同住的更多信息，请参阅本书第七章相关内容。

例如：

- 让哥哥同意去接受辅导。
- 给他一个解压球，让他在想敲敲打打的时候捏球。
- 你们一起去建一个独立的房间。
- 把他赶到无人岛上。
- 当他下次再敲的时候，你就说“又敲了”，然后要他停下来。
- 让你哥哥同意增加参加减压活动的次数。

等你列举完了，把那些搞笑疯狂的建议去除，然后选一个或几个可行的方法。如果实施顺利，你该为自己感到高兴。如果实施不顺利，那就重新寻找解决方案。

以下是其他可以降低噪声的方法：

- 自己小声一点儿。
- 使用耳塞。
- 使用头戴式耳机。
- 定好“安静时间”以及“高分贝时间”。
- 利用材料搞好隔音工作，如地毯、毯子、泡沫等。

亲爱的艾利克斯：

“整洁不是一定比一团糟要好吗？”

不一定。只要没有目击证人看到一团糟的现场，那就是没有受害人的事件。这就产生了两个问题：第一，目击证人有什么权利成为合法的利益方？第二，“罪行或冒犯”的定义是什么？

一般来说，目击证人可能因为看到一团糟的现场而受到非实质性的影响。这又产生了另一个问题：对他人美学感官的伤害，是否算是非实质的影响？如果（视觉或嗅觉）肇事者在家里的共用场合肇事，那答案为“是”；如果在私人空间发生，那答案为“否”。其实，明智的父母让孩子们在他们自己的房间里乱一点儿没有关系，只要符合某些条件：

- 房门随时关闭。
- 在家里共用场所保持整洁。
- 不得有剩余食物发霉长毛的情况，也不得穿过分的衣服。
- 不得威胁到家庭的安全。
- 若造成破坏，肇事者必须负责修理、更换或者承担后果。

有些家长说，只要有乱糟糟的情况存在，不管是隐蔽的还是公开的，不管是有味道的还是没有味道的，他们脆弱的神经都无法接受。这样的父母亲也算是白活了。父母亲应该给孩子提供足够的储物空间，还要教导孩子如何管理他们的东西，然后，父母亲就应该收声。至于孩子们呢，保持整洁是需要培养的。等他们长大些，不想每天花3小时到处找东西了，或者把一半的零花钱用在他们自己踩坏的东西上面了，他们就懂了。直到有一天，有朋友来家里，说了一句：“在这样的狗窝里你怎么住得下去?”

如果是两个孩子一起住，那该怎么办？而且，一人特爱整洁，一人邋里邋遢，那该怎么办？那么就会冲突了。此时前文提到的问题解决方法就不适用了。现在，请找出问题，然后集思广益，如：

- 在屋子中间挂一块毯子或者安装一块分隔板以确定楚河汉界。(隔壁那边如何整洁，我根本不需要看。)
- 讨论好什么叫作“可接受的”以及“不可接受的”邋遢程度。(比方说：桌面堆积如山——可接受。地上到处是吃的——不可接受。)或许，你还可以设一个罚金盒。每次室友忘记或者触犯了某个定好的规矩，就得罚一美元。等罚金盒装满了，你就可以享受一场电影或者买些零食了。

- 安排一下，每周两次，你们要大扫除，同时可以大声放音乐。
- 雇用一位兄弟姐妹来帮你打扫。
- 找个大箱子或者大盒子。把你平常往地上扔的东西扔在里面。

亲爱的艾利克斯：

“整理床铺有那么重要吗？我觉得这是浪费时间，因为晚上又要弄乱。”

多年来，我也一直设法证明整理床铺的重要性——我想来点科技含量高的证明，从而一劳永逸，例如：孩子们超过18次不整理床铺，染上绦虫的概率比整理床铺的孩子高。但我还是没有找到这样的证据。我能找到的关于整理床铺的最佳解释是：如果你某天失踪了，有侦探来你家，到你的房间查看，当他把手放在你的床垫上时，可以得出一个结论：“这床没有被睡过。”

所以，我们的结论是什么呢？整理不整理床铺，是美学的问题，不是仪式方面的问题。

对不少人来说，整理好的床铺比没整理的床铺要好看。我的私人起居方式也很不拘一格，我得依靠太多的外部服务。如果我的床铺整理好了，我就少了一个需要我去费心的事情了。我现在毫不担心（已经不担心了）。我年轻的时候，有过一条蓝色的床单，上面有密密麻麻的细格子图案。每次我努力把上面的垂直与平行的条文对齐，都累得差不多要再次躺上床了。如今，我就一条大大的蓬蓬松松的被子，不用三秒钟就可以把它在床上抖平，如果被单没有与床沿平行或对齐，多大点儿事啊！（小贴士：即使你买了比较厚的被子，也可以在三秒钟内搞定。）

有些人把整理床铺当作一个新一天开始的仪式。这些人对“整理床铺”的理解和中世纪欧洲人的理解完全不同。在那个时候，在室内就寝是种豪华的享受。有时候，人们把稻草塞进麻袋，这也叫“整理床铺”，然后在地上、椅子上或桌上睡觉。由于这种床铺是用“有机物填充”的，因此，很容易招引田鼠、家鼠、虫子或者发霉。（“不要被虫子咬了”这句谚语可能就是这么来的。）所以，当时的人们需要每天把稻草取出来，“整理铺床的材料”，把稻草晾干，抓臭虫，拿平底锅追打老鼠等。①

好了，历史课上完了，我们来学学床铺礼仪吧。

● 家长们不要追着孩子们去整理他们的床铺。很多人都已经搞得迷信了，说孩子们整理床铺是“必须的”。但是，除了满足父母的美学敏感度，整理床铺几乎没有什么理由。再说了，美学品位人人不同。家长们应该增强意识——不整理床铺也不是什么大不了的事情。

---

① 这故事虽然很有意思，但是你可别跟你父母分享。如果你讲了，下次你们再讨论到需要整理床铺的时候，他们会说：“你应该心存感激，你只是需要整理床铺。”

● 因为不整理床铺不是什么大不了的事情，那些主张孩子一定要整理床铺的家长可以自己来帮孩子整理床铺。为什么？因为这不是什么大不了的事情。区区三秒钟，就可以把被子在床上铺好，并且能够保持家庭和睦。把精力留在更重大的事情上吧（比如，宵禁）。

● 到朋友家过夜的孩子，第二天早上必须整理好床铺。万一你朋友家的人都不整理床铺，而你的所作所为违反了他们家邋遢的规定，导致你以后不能再去他们家了，至少你还可以获得为了礼仪而牺牲的烈士称号。

复杂的家庭关系

如今的家庭组成非常复杂，不再是以前的“家庭”的简单定义，例如，爸爸、妈妈、两个孩子、一条狗？也许吧。妈妈、爸爸、继父、继母、两个孩子、四个同父异母或者同母异父的孩子、一条狗，还有一条继狗？两个妈妈、三个孩子、一只豹猫？一个爸爸、一个奶奶、六个表兄弟姐妹、一百只仓鼠？各种可能性都有，还有更多你想不到的可能性。你出生时的那个家庭可能是某种结构，然后，你可能看到它在慢慢变化。如今最常见的变化就是离婚。

如果你的父母离婚，受到影响的不只是你的家庭生活。你的朋友同学都会问：

> “你父母为什么分开了？”
>
> “你会跟谁住呢？”
>
> “是谁的错？”

但这一切都不关他们的事，你也不需要跟他们多解释。那么，你要如何礼貌地应对呢？

很简单。就说：

“我很感谢你的关心，但我不想谈这事情。”

有些孩子会问这种话（大人也一样），只是因为他们不懂礼貌，他们就想听听八卦。其他的都是真心关心你的人。虽然他们的问题杂七杂八，但无非都是在说：“如果你想找人倾诉一下，我会听的。”

你绝对有保护隐私的自由。但是我希望你能够对你信任的人倾诉一下，如父母、老师、亲密的朋友、辅导员或者亲戚。这并不是说你必须把家里的私事全部抖出来。正在经历父母离异的青少年，他们的情感可能是害怕、愤怒、羞辱还有负罪感。他们有时候会责怪自己导致了父母的离异；他们认为，父母不再爱他们了，或者，他们要努力让父母重归于好。如果把这样的感情藏在心里，他们可能无法专心上学、享受人生、信任他人、建立新的家庭关系。

如果能够遵循以下礼仪准则，大家就比较可能在困难之时友好相处、文明相待、爱人如己。后面的“离婚父母礼仪准则”可以复印流通，发给正在离婚的父母们 。同样，“离婚家庭孩童礼仪准则”也可以复印流通，发给正在经历父母离婚的青少年及儿童。

离婚父母礼仪准则

- 如果孩子问起关于离婚的事情，家长应该做全面的回答，特别是关于离婚会如何影响他们生活方面的事情。
- 不要描述婚姻中的亲密细节，或者解释分手的原因。
- 鼓励孩子继续和双方的亲人（爷爷奶奶、外公外婆、堂兄弟姐妹、表兄弟姐妹、姑姨叔舅等）保持良好的关系。

● 不要让孩子帮你给对方带口信，除非是纯粹事务上的安排。

可以	不可以
“告诉你妈妈，我八点来接你。”	“告诉你妈妈，想要从我手里拿钱，除非我死了。”
“告诉你爸爸，你姐姐是‘奇异的乔治’的超级粉丝。”	“告诉你爸爸，如果他再敢带那个狐狸精来家里，我们就法庭见。”

● 不要在孩子面前讲对方的坏话，怪罪对方。即使离婚是因为某方的错误，对于年龄较大的孩子，他们已经懂事并且知道了；不知道的孩子，就是还没长大，不该懂。

● 绝对不要让孩子选边站。

● 不要说“我们这么做是为了孩子”。孩子听了，会觉得“是我的错”。

● 要保证孩子在两位父母的住所有充足的物资准备。

● 不要通过物质引诱来收买孩子的爱，或者减轻自己的内疚。对孩子要有真爱、关心，要和他们共处。

● 向孩子解释对方行为的最佳出发点。

可以	不可以
“我相信你妈妈不是不想管你。她一定是在担心一些别的事情。”	“你觉得呢？你妈那个人，你什么时候见她关心过别人？”
“费莉西亚不是故意想让你难堪的。当后妈是很难的。我敢打赌，如果你给她一个机会，你会喜欢上她的。”	“那个小甜甜肯定勾引你男朋友了。她本人高中都还没有毕业吧。”

● 在孩子面前，要保持绝对的礼貌。要怎么教育孩子心平气和地应对让你高兴的人？这就是最好的机会。

● 不要让孩子帮你挖对方的消息。（“你妈开始交新男朋友了吗？”）

● 如果你和对方是隔周周末带孩子，那就好好当个家长，不要只顾着开周末派对当主持人。要和孩子分享生活、兴趣和固定的生活习惯。这比带孩子去 26 次水族馆更有意义。

● 尽量减少孩子在两个父母间往来住宿时可能产生的麻烦。有没有考虑过，为了让孩子不折腾，两位家长定期交换住所来陪孩子呢？（“啥？在两地奔波？要我这么做？我才不要呢！别人要去哪里找我呐？没有固定住所我受不了。”孩子不也是如此吗？）

● 不要掩饰对新人的爱意。如果你们家里来了客人，孩子会对他们像对其他客人一样礼貌相待，但是当你把你的新欢带到家里来，可别期待孩子会立刻欢迎这位跟他们分享你的爱的新人。

● 和你的继子女慢慢搞好关系。较大的孩子已经比较独立，他们可能会抗拒新家长的权威。如果你积极营造一个有爱心、彼此尊敬的关系，你的权威会渐渐形成的。如果你们的关系出现了问题，可以跟你的配偶协商，看如何处理。

离婚家庭孩童礼仪准则

● 不要拿爸爸的话来压妈妈，反之亦然。（“我晚上两点回来爸爸都不管我。你干吗管我？”）

● 对父母的新朋友保持礼貌，就像对待其他客人那样。

● 不要认为父母新的约会对象是来抢夺父爱或母爱的。

● 不要询问父母跟新朋友约会的细节。

● 不要在爸爸面前夸奖妈妈的新男友如何如何好。（“老爸，他酷毙了。他开着法拉利，还说要教我开他的直升机！”）

● 替你的父母想想。他们可能也会觉得很生气、很混乱、很害怕、很孤独、有被背叛的感觉。你们应该互相支持，不要互相伤害。

● 不要给继父继母制造麻烦。他们跟你一样觉得非常别扭。

● 如果父母在争吵，你不要参与。走开的时候，你可以说："你们两个，我都爱。所以，不要让我选边站。"

亲爱的艾利克斯：

"我父母离婚了，但是他们的住处很近。虽然说我是跟妈妈住，我跟爸爸的关系还是很好。现在的问题是，当他们距离还有 50 米之遥时，就开始散发出那种剑拔弩张的气氛。他们有时候会争吵，但即使他们不争吵的时候，整个气氛也被他们破坏了。我爸妈都想在我的生活中积极参与进来，我很感激。但我必须邀请他们来参加我的表演、比赛、毕业典礼吗？我很怕他们把我的重要事情给搞砸了。"

你的处境有点微妙。不过，如果你仔细考虑、安排妥当，是可以处理好的。你提的问题，答案为："是"与"不是"。说"是"，是因为你必须请父母参加一辈子只有一次的活动，比如毕业典礼。说"不是"，是因为，对于那些不是那么重要的或者重复性的活动，就不需要同时邀请两位父母一起参加了。

比方说，如果你有学校表演，可以请爸爸来出席首演，请妈妈来参加最后一场。如果你打橄榄球，可以分别请父母来看不同比赛。如果学校有开放日活动，可以让爸爸晚上 7 点来，妈妈 8 点才到。如果你跟妈妈住，生日的时候，可以在家里举行生日庆祝会，稍后跟爸爸两人一起吃生日晚餐（一个生日庆祝两次，这是父母离婚后的另一个好处）。关键是要让两位父母都感觉到他们的重要性。

如果父母知道你是故意减少他们在一起出现的机会，那就更好了。因为他们会反思，是不是自己有什么地方表现不佳。如果妈妈直接问你，你可不能说："还不是因为你和爸爸每次一见面就吵架。"你应该这么说："我只是想跟你多待一会儿，又不想让爸爸觉得他被冷落了。"如果他们相信你的解释，那就完美了。如果不信，他们一定也会明白的。结果一样完美。

亲爱的艾利克斯：

"我对继父直呼其名'拉里'。我的朋友该怎么称呼他呢？"

看你继父怎么说。如果他没有特别说什么，那么你的朋友应该称他的姓氏，再加上先生。

亲爱的艾利克斯：

"我父母离婚了，我跟爸爸住。他37岁，经常跟不同的女人出去约会，他们会相处几天、几周或者几个月的时间。我对我爸爸没有什么问题，我主要是对他的那些女朋友有看法。她们自以为我家就是她们家了。她们还指手画脚，叫我做这做那的。我都会拒绝，然后场面就变得尴尬了。她们怎么想，我才懒得理，但我不希望拖我爸爸的后腿。我要怎么礼貌地应对那些女朋友，但又不让我爸爸不高兴呢？"

这问题就等于问："我要往一个连体婴的身上泼东西，怎么才能只泼到一个人？"这是不可能的。当两个成年人在交往，他们的一切都会互相影响。你的行为也算那"一切"当中的一部分。

你所描述的行为，是全体没有礼貌的集中表现——你爸爸、他女朋友，还有你。先说说你爸爸。很多人都不赞同带一串女性朋友回家搞一夜情的做法，特别是家里有很敏感的青少年。你不赞同，也于事无补，而且常常会把情况搞得更糟。在完美的世界里，你爸爸（以及他的伴侣）应该知道，不断更换"权威人物"会对你造成不良影响。

因此，你爸爸应该要求他的客人来家里的时候，是来和你认识、跟你做伴的，而不是来这里管教你的。你爸爸应该把这一点跟他女朋友和你解释清楚。每位客人都应该知道，“暂住人口”不能取代母亲的地位。而你呢，不可以有挑衅行为，不能粗鲁，而必须要有礼貌、有教养。对不对？对！但是，因为你爸爸、他女朋友还有你的所作所为，以及你们做错的事情，一切都乱套了。

最大的问题在于情况不明朗。照常理，主人可以容忍客人的为所欲为，而且不给予处罚，最多下次不再邀请他们上门。（似乎你爸爸的那些女朋友都是这个结果。）当然，照常理，客人也不应该管教主人的孩子。但是，一位“暂住人口”在家里住久了，就会变成“常住人口”。如果发生了这样的事情，她就不是客人了，已经成为家里成年人的一员。她的称呼的改变，赋予了她权威、责任，可以对你进行教训，但教训的范围非常有限，取决于多种原因（如果她 22 岁，你 17 岁，她根本不可能教训你）。

你怎么知道这样的改变已经出现了？答案很简单：你爸爸跟她结婚了。下一个最简单的答案是：当你爸爸宣布，她今后就在家里住了，成为家庭的一部分，并且，他希望你能够尊重、能够服从，等等。如果你爸爸没有发表这样的言论，对大家行为举止的期待就很不明确。

因此，看你要不要去澄清了。你可以在较冷静的时候，去找你爸爸谈谈。你可以说这些话：

“老爹，我们能不能聊聊？咱家有客人来的时候，你希望我怎么表现？她们指手画脚的，好像是我妈，我就很不高兴。我知道我没有理由对她们粗鲁，我也很抱歉，我有好几次都闹得挺僵的。不过，如果我表现得礼貌一些，你是不是也能跟她们说说，让她们别装作我妈，行不？这样的话，大家的相处会更融洽一些。”

如果你是带着尊敬和说理的态度跟你爸爸谈，我相信他一定能够理解你的心情。你们一起来个“解决问题”会议吧（请参阅前文）。你们集思广益找解决问题的方法，然后实施最佳方案。因为你无法控制别人说什么、做什么，如果你不努力，问题可能会继续。减少你爸爸女朋友来教训你的情形，最佳做法是，你尽量做到礼貌、举止得体。如果今后她们惹你，你不要上钩，别接茬。你就当那是一个不懂事的大人讲出的非正式的评语。

亲爱的艾利克斯：

“人们总说我跟我妈很像。但是，她不是我亲妈妈。我该怎么回应他们?”

就说“谢谢”，或者说：“可不是吗？我们太像了。”能说这样话的人，可能你这辈子都不会再见到，或者，他们跟你的关系完全就是泛泛之交。你无须长篇大论地去纠正他们的说法：

“哦，这完全是巧合，因为，你知道吗，虽说她过去10年里把我养大，但是，她其实不是我亲生母亲。我读小学一年级的时候，我亲生母亲就搬到艾奥瓦州一个种马农场跟那个农场主一起去住了。”

你应该明白，介绍只不过是社交的一个极小部分，就是很粗略地让你们认识一下，说明各自的职位和身份。做介绍的时候没必要做什么DNA取样，也无须画家谱。更没必要纠正别人的错误假设——除非这样的假设会引起伤害或者尴尬。

比方说，如果你们学校乐队的指挥说：“你父母来听音乐会了，我很高兴认识他们。”你只要说“谢谢”就可以了。完全没有必要说：“哪里？那不是我爸爸，那是我妈妈的长期男友，现在住在我家。”如果你知道爸爸会来听下一次音乐会，你此时应该说：“啊，那位是我妈妈的朋友。我爸爸会来听下一次音乐会。希望你能跟他见个面。”

只要大家都感觉还好，你就把“继”字给省了，直接说“哥哥”“妈妈”，把爸爸的第二任妻子的父母称作“爷爷”“奶奶”。如果你真的不想太具体，就说这是“我们家的朋友”“一位亲戚”，或者简单说出他们的名字就行了。这样简单些。要不然你可能得说：“我跟你介绍，这位是我继母即将结婚的前夫的弟妹的儿子的未婚妻。”

亲爱的艾利克斯：

“我从没见过我爸爸。大约 5 年前，我妈妈跟艾德结婚了，他有两个儿子。我很爱他，也觉得他就像我爸爸一样。但是，当他介绍家人的时候，总是这么说：‘这是我的两个儿子，肖恩和小艾德。这位是谢伦的女儿林迪。’我觉得太受伤了，但是我又不知道该怎么做。”

当然你会觉得受伤了。但是，这并不能证明这位艾德先生对你的爱就比对他两个亲生儿子的爱少一些。也许，他是那种实话实说型的人，可能是那种想把各种关系都厘清的人。（他可能是会做好标签把所有工具都分门别类的那种人。）

当家人重新定位，大家要找到合适的叫法不一定容易。孩子们可能真的不知道怎么叫爸爸的第三任妻子（目前同住），“凯西”“妈”“继母”“雷明顿太太”，还是“女性家长第三号”？她也不知道应该称你们为“我的孩子们”“我的继子们”还是“比尔的孩子们”。

面对这样的问题，最佳的处理方法是开诚布公地说一下。告诉艾德你的想法。你可以说：“我把你当亲生父亲一样看待，我希望你今后跟人介绍的时候，就说我是你女儿。”一般来说，他会很高兴你跟他这么说，而且，他会听从你的建议的。

亲爱的艾利克斯：

“我今年 12 岁，是家里的独子。我一直跟爸爸住，一切都很正常。但现在他要结婚了。我刚听说他要和我继母生一个孩子。我不明白他们为什么还要一个孩子。我觉得我都想离家出走了。”

生命中突然出现这么大的事情，确实让人很不好受。你一直跟爸爸幸福快乐地生活着，突然间“啪啪”冒出两个人来——一个继母，还有一个弟弟或妹妹。难怪你想离家出走了。但是，你真想这么做吗？逃避生活？你不会的。你可以处理好这个难题的。

可以先从“改变态度”开始。首先，你爸爸既然有了你，他还觉得需要再有一个孩子，你肯定会感到有些受伤；或者，你开始担心，爸爸对你的爱不会像以前那么多，他陪你的时间也会比以前少。这样的想法会让你开始生气，觉得心痛。如果你能看清楚你的这些假设，改变自己的态度，你的感受也会改变的。

比方说，你的假设之一是，爱就像是一块饼，人越多，每个人分得的就越少。爱不是这样的。爱是无限的。你给的爱越多，你得到的爱也越多。你多了一个弟弟或妹妹，你爸爸对你的爱会更多！爸爸会感激你的成熟、你的成就，还有你对家里的帮助；他会想起你的婴儿与儿童时的情况；他还会感觉庆幸，不再需要帮你换尿片了。

你不应该认为，一个弟弟或妹妹会“拿走一切”，你应该想：他/她“带来了什么”。例如，你有机会当个最好的大哥哥。或者，你有机会让你的弟弟或妹妹对你钦佩不已。或者，你有机会学习婴儿的生活，看他们如何成长。再或者，你有机会因为给爸爸和继母帮忙而自我感觉良好。

其实，这个新生婴儿可能来得正是时候。你们家可能会成为你的朋友们最喜欢的观光地点。另外，很多你这个年纪的人都不希望家长管他们，希望有隐私和独立。如果你是家里唯一的孩子，大家肯定会一直看着你，管着你。家里有了一个小宝宝，你的自由度就大大提高了。没错，多个小孩，确实是个好消息。其实，你可能想要让你爸爸和继母多生几个呢。

亲戚

我们能自己选择和谁来做朋友，亲戚就选不了了，特别是那些远房亲戚。真是太遗憾了，因为被称为“亲戚”的这类人，有很大比例会让家人觉得不自在。

你是不是已经在尽量避免跟一些亲戚接触？其实，你不应该这样做。跟他们接触和见面很重要。为什么？这能够给你一个机会，跟那些有钱的姑姑阿姨搞好关系，让你对家族里过得不太好的亲戚施一些恩惠，让家族战火绵绵不断。另外，家庭无比很珍贵。所以，好像有人说过，“血浓于酱油”。在危难时刻，当你运气跌至谷底，亲戚们总会伸出援手，给你爱和支持，还借钱给你。所以，你应该好好维持你与亲戚之间的纽带。方法如下。

亲爱的艾利克斯：

“我爸爸的亲朋好友来家里的时候，我妈妈总是说一些让我难堪的往事——比方说，有一次我滑滑梯下来，屁股上扎了根刺。有时候，还当着我的面说这个故事！这是不是太不礼貌了？”

是的。但是，有时候别人也是善意。这样的故事，其实充满的是你妈妈对你浓浓的爱意。当然了，家长们不应该当孩子是尊雕像，在孩子面前讲这样的事情。唯一的例外是向大家公布你的成就的时候：

“我知道，莎侬一定很谦虚，不会跟大家讲她的成就。她做的木工活儿刚刚得了游园会蓝带奖。”

你应该做的事情是，让妈妈知道，她讲那些故事的时候，你的感受是什么。为获得最佳效果，请不要用指责的方法。

可行	不可行
“妈妈，你跟人家讲我的事情，我觉得很难为情，特别是我还在场的时候。如果你能不讲，那就太好了。”	“你总是在别人面前讲我的事情。你**没有权力**这么做。我**很**讨厌你这么做。”

你妈妈应该会尊重你的想法的，虽然你得跟她提醒几次，她才会改掉自己的习惯。如果你的提醒没奏效，下次妈妈又在亲友还有你面前讲这样的故事的时候，你可以说：“这故事挺好笑，对吧？但你们还没听过我妈妈在树林里要去上厕所的故事吧，是这样的……”此时，你妈妈一定会提醒你，要求你做什么事情，把你“立刻”支开。不过，她今后也一定不会在你面前跟别人讲你的什么逸事了。

问卷调查的内容

我问家长们：“你们的孩子在你朋友面前让你尴尬过吗？”家长们的回答如下：

有　57%

没有　43%

“他们怎么做的呢？”

“大人说话，他们插嘴。”

“问我朋友她赚多少钱。”

“在公众场合把衣服脱光。”①

“顶嘴。”

“对我和我朋友讲话不尊重。”

“使用不恰当的语言。”

“耍脾气。”

“不按我要求的去做。”

“家丑外扬。”

“收到礼物不说谢谢。”

当我们问家长们：“你曾经在孩子的朋友面前让他们尴尬过吗?”家长们的回答如下：

有　　75%

没有　25%

“你怎么做的呢?”

“他们说的事情只有孩子才会做。”

“在其他孩子面前斥责他们。”

“讲他们小时候的难堪事。”

“批评他们的朋友，把他们送回家。”

“穿着过于正式。”

“说：‘你怎么不能像某某某那样?’”

“纠正他们朋友蹩脚的语法错误。”

“在他朋友面前说我很爱他。”

“拥抱太久。”

---

① 那个孩子当时只有三岁。不过，就当给所有青少年提个醒儿，跟父母一起出门，别当众脱光衣服。

亲爱的艾利克斯：

“我父母总是让我做我不想做的事情。就在上周，他们让我去跟表兄妹烧烤、上教堂，还要去他们朋友艺术画廊的什么开幕式。我真搞不懂我为什么需要去做这些事情。”

当孩子的，经常要做一些他们不想做的事情。但你得注意，当你长大了，你会知道，大人也经常要做一些他们不想做的事情。所以，你是从小就在学习人生经验。

即使不想做，但你还是应该做你父母让你做的事情，理由有三：

1. 公平。你父母为你做了许多他们也不想做的事情。

2. 满足感。持续感觉快乐的来源不是一直索取，也在于给予。想想吧，当你做到了家长要求的事情，它给你带来的是快乐，而不是痛苦。如果你做得对，他们的快乐也成了你的快乐。（这也是为什么家长为了孩子忍受了很多，即使他们需要经常做一些自己不想做的事情。）

3. 这是让你获得利益最大化的方法。你表现出自己愿意参与那些无聊乏味、不公平、不好玩的琐事，就是让你的父母知道，你是个成熟有担当的孩子，可以与大人们分享生活中的快乐、兴奋与特权。

亲爱的艾利克斯：

“我家是个大家庭，亲戚非常多。每周我们都得去姑姑婶婶或奶奶外婆家吃无聊的饭或是野餐。我觉得我父母都不太想去。但是每当我问他们为什么，他们总是回答：‘不为什么。’这算哪门子回答啊。为什么我非去不可？”

不为什么。

这问题可以归类为“不愿意做的事情”。之所以必须做，有三个理由，其原因在上一封信里已经解释了。

你的心情我很了解：在阳光明媚的星期天下午，你为什么非得跟那些吵吵嚷嚷整天八卦的亲戚吃饭？在责任与义务面前，你需要做的是去改变态度，态度会改变你的经历与感受。

不要把它当成要去应付的无聊饭局，应该把它当成一扇扇机会的大门。不要被动，应该主动一些。你去吃饭，什么东西让你最反感？吃的？坐在室内跟亲戚讲话？每周重复同样的事情？没有其他的青少年一起玩？不管最反感的是什么，你都可以找到应对的方法。下次你主动要求负责准备吃的。真的，试试看。提议一起玩个游戏，一起徒步远足，或者去看周围的著名景点。带上你的自行车，到周边去看看。如果你看到其他孩子，跟他们聊聊。在征得亲戚同意的情况下，带个朋友一起来。（你也许得答应同样的事情，以后陪他们去他们家的聚会。）

你还可以做另一件事情：主导谈话的内容。与其感觉无聊得要死，不如主动谈谈你感兴趣的事情。这是了解你父母的上好机会。你可以向姑姑阿姨叔叔舅舅们打听，跟爷爷奶奶打成一片，从他们那里挖掘你父母亲小时候的事情。

你的亲戚们都做什么事情的呢？或许，有人是开飞机的，有人是赛马、电脑或者摄影方面的专家。或者，你可以把你的个人兴趣也带到家庭聚会上去，比方说，带上你的吉他去唱首歌。拍一个家庭小影片。主动做些园艺等。啥都行。

亲爱的艾利克斯：

“每次我去祖父母家，他们都要求我穿正装吃正餐，还必须遵守

餐桌礼仪。我该怎么做呢?"

感谢他们。

亲爱的艾利克斯:

"我是17岁的女孩。我外公外婆住在附近，我经常去看他们。但我外公老是要我坐在他的大腿上，或者抱抱我，我真觉得不舒服。我很不喜欢这样，我开始找借口不去看他们了，但是我妈妈对我很恼火，说外公外婆感觉很伤心，因为我不再去看他们了。我不知道该怎么做。"

你一直在做你应该做的事情：当你不喜欢别人让你感觉"不舒服"的肢体接触时，你就离开。现在，你已经处于"安全"区域，我们来谈谈你可以怎么做。

第一种可能性，可能是很"无辜"的情况。你外公可能是一位非常疼爱你的老先生，是一位绅士，但很可惜，他只是没有注意到他的外孙女已经长大了。如果是这种情况，你可以这么对外公说：

"外公，我小时候很喜欢跟你在一起，坐在你的大腿上。现在我已经长大了，你应该把我当作一位少女来对待。"

注意，你并有指责你外公。你只是把你所期待的情况告诉他，这是礼貌的核心。

第二种可能性，是"不太无辜"的那种，即，你外公是故意要揩油。如果你将上述言语更明确地指出来，可能也会达到同样的效果。当然，你必须告诉你妈妈，为什么你不喜欢去外公家。事实上，如果你不想去讲，应该去跟你外公讲的人，是你妈妈：

"爸，罗莎已经是大女孩了，你像抱小女孩那样抱她，会让她觉得很不舒服。你不要再把她当成小孩子了，她已经是个小女人了。"

上述第一种做法，假设你外公是无意的，假设他不是故意让你尴尬的。因此，你也应该用礼貌的语气跟他讲话。有个重点必须注意，孩子不一定永远需要对长辈礼貌或尊敬。在胡搞的行为面前，不能无差别地有礼貌。所以，如果你外公要在桌子底下摸你的私处，你有权跳起来，打断对话，并且说："外公，不许再碰我！"

如果，基于某种理由，你没法跟你妈妈谈，如果你的外公（或者其他亲戚）一直有"让你感觉不舒服"的行为，也可以告诉你能够信任的大人——可能是一位老师、辅导员、牧师、神父或者是朋友。不要放弃。你应该不断寻找愿意倾听并且帮助你的人。

亲爱的艾利克斯：

"我痛恨家庭聚会！所有的亲戚都来亲我，搞得我脸上没有一块皮肤没有口红。我怎么做才能不显得粗鲁，又能让他们不要一直来亲我？"

难道你要在脖子上挂一个牌子，上面写"病毒携带者"？你无处可逃。这些过度亲昵的亲戚，你对他们没有办法。他们要来亲你，你不让的话，他们一定感觉不好。你最好还是顺势而为吧。或者，逆来顺受吧。如果要亲你的人不知道你的情绪，他们是无法看穿你的心思的。

如果有人要在你脸上来一个满是口红的血色大印记，你也可以试着举手抗议。另一种策略是，来个侧脸，隔空碰碰脸颊即可。当然你还可以说，"最好别吻我，我感冒了。我可不想传染给你。"然后握握手。如果你每次见到这位亲戚都这么做，他一定能领会你的意思。万不得已，你还有最后一招：

"杰恩阿姨，很高兴见到你。别，别亲我。我都这么大了，别亲了。让我抱抱你吧。”

问卷调查的内容

现在，来点好消息吧——在阅读了这么多关于家庭生活和困难的文字之后，你需要来点好消息了。

我问家长们：“对于你们孩子的最佳礼仪和公众行为，你们如何评价？”家长们的回答如下：

非常失望：0%

失望：10%

满意：67%

非常满意：22%

看看这些家长的满意度，多高啊！你知道这意味着什么吗？

那些粗鲁的孩子，是别人家的孩子！

有些家长是这么说的：

“我的孩子们一般都很体贴、很照顾别人。”

“他们在家里、在外面，表现都很好。我们很欣慰。”

“虽说我女儿的行为有改进的空间，但是我认为她不会想去伤害别人。”

“我儿子完全不了解这个社会，但他是个好心的孩子（有时候比较容易着急。）”

“我的孩子们极少会在公众场合做出冒犯人的行为。但是，他们还是需要好好学习礼貌和礼仪，比方说，如何表达他们的谢意、如何赞叹别人。”

“我们花了很多精力教导孩子，并以身作则，但是，他们都看不懂。看到其他家庭在处理同样问题的时候，我怀疑是不是我对我的孩子们要求太多了?”

“我觉得我的孩子们尊重他人、为他人着想。我知道大家都喜欢他们，我可以很放心，他们跟其他孩子在一起的时候，会做‘正确’的事情，如自己弄乱的环境会自己清理，帮助别人洗碗盘，或者打扫一下卫生。”

“偶尔我得提醒他们一下，但是谁没有懈怠偷懒的时候呢?”

“在大多数情况下，我的孩子都表现非常好!”

本章小测

1. 你走入父母房间，撞上他们正在亲热。你会怎么做：

a）大笑。

b）说：“你们还干这个呐?!”

c）二话不说快速离开。

2. 你和哥哥水火不容。最佳的解决问题方法是：

a）把他的内裤升到学校的旗杆上。

b）把他本人升到学校的旗杆上。

c）讨论一个解决问题的方法。

3. 你爸爸离婚后再婚了，你多了个继母。一段时间内，你感觉怪怪的。最佳的解决问题方法是：

a）住进酒店。

b）对她恶言恶语，希望她能够离开。

c）对她尊敬、友善。

4. 一天下午，你父母把叔叔阿姨和他们的孩子都请到家里做客。

你去厕所的时候，发现有人把一个马桶给弄堵了。当你回到客厅，你的做法是：

a）吐舌头、抠喉咙、假装要吐。

b）问："谁在厕所里投放炸弹了？"

c）啥都不说，啥都不做。

第五章　寄宿的艺术

不要猜忌

如果你从本书中只学到一条智慧的话语，我希望是这一条：

尽量多认识那些有美丽舒适度假屋的人。

将这条智慧话语作为生活指导，你就能找到快乐，还有免费住宿。要真正做好，你需要知道如何当好客人，要体贴周到、有求必应——这种客人在离去的时候，会让主人赞叹："好客人"，而不是"好走不送"！

主人会欢迎好客人再来。做得再好一点的客人，能够在主人去度假的时候来他家住。当然，这是你的终极目标。如果你第一次帮人家看房子（不是占小便宜之类的），需要遵守以下指导原则：

当你住在别人家里的时候，

要把房子整理得比你到达时整洁。

如果你做到了，当主人回家的时候，看到厨房和水龙头闪闪发亮，家具一尘不染，地毯也吸过尘，地板锃亮，浴缸干干净净，他们一定喜出望外。他们会想："我们下次要再请他帮我们看房子。"他们甚至会感觉有点不好意思，自己离开的时候房子还比较乱。但是，很快就会再乱的。他们会拿出记事本，跳过几个月的时间，看哪段时间他们想请你再来帮他们打扫，呃，来帮他们看房子。

此时此刻，你会想，做那些打扫和清洁也会需要时间，我的日光浴时间不就减少了？

当然了，工作是需要花一些时间的。所以，在你看房子期间，需要邀请一两位朋友来和你一起住。（当然，得征求主人的同意。）你需要安排好，让他们在主人回来之前的那几天来住，和你一起打扫。

因为我有如此周到体贴的安排，所以有几年的时间，我多次住进非常漂亮的房子里：特拉华一个海边度假屋、佛罗里达的一个公寓大楼、伦敦的一个平房、旧金山和华盛顿的多个联排屋、康涅狄格的房子、佛蒙特的滑雪胜地小屋、巴黎的一个公寓、法国多尔多涅的一个城堡、玛莎葡萄园岛的农场。好多房子的主人出门时，都渴望我去住他们的房子，我简直就供不应求。于是，我有时候会说："呃，让我五月份去你在托斯卡纳的别墅住整个月？今年不知道能不能排得出来呢？你那儿有汽车给我用吗？"

如果你想当这样的专业房客，第一步，就是到朋友家玩的时候就开始训练。你平时也会出席正餐、派对、庆祝还有去朋友家过夜等。说不定哪一天，你在某些人的眼里，就是比别人更好的客人人选，这样你就可能获得帮主人看房子的机会了。

当最好的客人

回复邀请

要当个好客人，第一步就是得体地回复邀请。这是给主人帮大大的忙。他们在准备百人大餐的时候，如果不确定到底有 9 人来还是 99 人来，一定很伤脑筋。你如何回复邀请，取决于主人发出邀请的方式。

例一：在学校过道里口头说的或者是短信里说的

“嗨，鱼脸。今天比赛之后来我家怎么样?”

这样的邀请，可以用同样的方法回复：

“行啊。不过，你不许叫我鱼脸!”

例二：非正式电话邀请

“嗨，雷。呃，是这样的，我爸妈，是说，呃，他们想让我搞个派对，周六晚上。好像他们自己也不确定，他们会到外地去。反正，8 点开始，你来不?”

我们是在诚心诚意地讨论邀请的事情，那些借口啊什么的，我们就不谈了。这个邀请比前一个稍微正式一点，你也可以口头回复：

“来啊。我得先跟我爸说一下，不过我想没问题。我明天给你电话。”

如果雷第二天真的打电话确定了，那就是做对了。

例三：正式书信邀请

看看这封邀请信!

这是一封正式的多重目的邀请信，上面还有小小的图画（气球、彩纸还有派对帽子之类的东西）。不管什么情况，他们人非常好，邀请你去参加派对。

请注意最下角的那个“RSVP”，这是法语“请回复”的意思。法国人说得很委婉：“如果您愿意的话，请回复。”其实，他的意思是

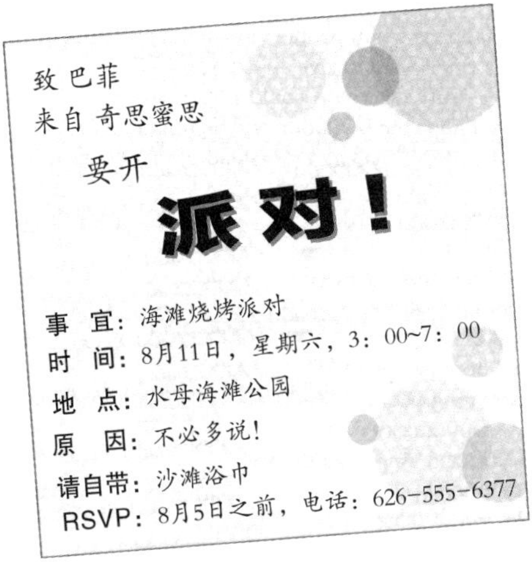

"你必须回复"，不管你愿意还是不愿意。这是约定俗成的，不必纠结法文的语法。①

由于奇思蜜思写了电话号码，所以，你可以打电话回复。如果你有她的地址，也可以回一封简单的信件：

> 谢谢你邀请我去参加沙滩派对。算我一个！我们好好玩个痛快！

或者：

> 收到你的邀请了。太谢谢了！但很遗憾，我不能去了。2029年之前，我都有禁足令！

不能去，不一定需要解释原因。如果对方问了，那才是粗鲁的行为。因为这可能会暴露赤裸裸的现实（"你这个人无趣至极，我宁可在家用牙线清理牙缝也不要去你家浪费时间"），要不然，你就得编个

---

① 同样，如果有人说："您能不能好心，把糖递给我？"你不能说"不"。

理由了：

你说："因为，呃，我，那个，呃，我要照顾小弟弟。"

对方说："你哪来的小弟弟?!"

你瞧，如果有人违反了礼仪的规定，会有尴尬的场面出现。

有时候，你可以解释一下，让对方知道你确实非常非常想去。如果你下次还想收到类似的邀请，你的解释就非常重要。

有些人在邀请信上不写"RSVP"，只写"不能出席者必须答复"。其意思显而易见。但是情况通常是这样的，如果你安排了一个酒吧舞会，发了 200 封邀请信，写上"不能出席者必须答复"，有 12 个人答复说他们来不了。如果你以为会有 188 人来参加，那你可就太天真了。你不知道哪些人不想来，哪些人是不想来却根本连答复都不想答复。所以，你一点都不确定。如果此时你拿起电话问那些没有答复的人（因为你要根据人数告诉餐饮公司准备食物），他们可能会认为你笨死了，因为"不能出席者才必须答复"嘛。

所以，邀请信上写 RSVP 比较稳妥。不过你还是知道，哪几个人需要问一下。打个电话，说："我还没接到你的回复呐，不知道你来不来派对。我打过来就是问一下，看你有没有收到邀请信。"他们可能会慌忙道歉（应该的），但你就可以确定他们到底来不来了。

例四：电子邀请信

邀请信也可以通过电子邮件的形式发送。你肯定收到过那种邀请信，你点进去，然后出现一封有声音和动画的邀请信。他们为什么这么做？以前不是也有那种一打开信封就有弹跳式的纸张跳出来的邀请信吗？你阿姨要举行"准妈妈收礼日"！网上邀请信，不管是通过电子邮件、脸书还是其他网上社交媒体发来的，都会给你足够的信息——时间、地点、人物、事情，还有，要带什么东西。他们提供了新的方法，无须 RSVP。

网上邀请信好处多多。它们大多都免费；快速简单；版面设计有数百种供你选择；可以上传自己的照片；可以发送一个直接的链接；不需要舔信封、涂胶水；无纸张作业，因此不会导致森林里的树木被砍伐用来造纸。另外，被邀请的人只要一点鼠标就可以接收。有什么不好的地方呢？就是缺少点书写或口头邀请信的人情味儿（所以，有一些事情也不适合用网上邀请信），还可能被送入垃圾邮件夹，你也不能把它收入杂记本。

如果你觉得想要发网上邀请信，请注意以下几点：

● 必须把自己的姓名写上，因为你是主人；写上派对的性质（晚餐舞会）；说明原因（庆祝驾照考试通过）；通知时间和地点；还有，如何 RSVP。

● 请仔细考虑网站可以提供的所有内容。有些东西可能要事先查看一下。比如说，有的网站可以看到所有被邀请的人，有谁已经回复了“来”“不来”“也许会来”或者是“这辈子不会来”。有一些人喜欢这样的网站，因为他人可以看到所有被邀请的人，这样就可以联系怎么一起坐车、怎么一起给份子钱、约好不要在某个没有被邀请的人面前谈到此次的派对，或者先观望一下，如果某个宿敌也会前往，自己就不去，等等。

● 如果网上邀请信有提供私人留言的功能，请把这个功能也附上，这会使得邀请信变得比较人性化。

● 仔细检查邀请信，看是否有错别字、有没有遗漏信息等，先别急着按下“发送”键。你可不想发送之后才发现 200 位客人收到的是“傻人派对”（Fool Party）而不是“泳池派对”（Pool Party）。

例五：正式镌刻、花体字或者手写邀请信

哇！你的人缘真好！来看看你被邀请去哪里了：

> 拉菲·马龙尼先生、太太
>
> 敬请您出席爱子
>
> 巴格西·艾尔伯特
>
> 首次自由体操表演
>
> 时间为三月十三日星期五下午一时三十分
>
> 地点为新泽西州莱克威尔区
>
> 纳迪亚孔马内其中学体育馆
>
> 翻跟斗之后会有午饭简餐
>
> RSVP
>
> 回信地址：
>
> 新泽西州亚特兰大市六合彩巷 112 号

如果信封里没有其他东西了，那你就按上述地址，给马龙尼先生、太太写信回复。如果你在学校碰见巴格西，口头跟他说你接受（或者不接受）邀请是不行的。他不是主办人。你应该用上乘质量的信纸回信（皱边纸可以）。然后写：

> 莫儿·弗兰德斯女士荣幸之至
>
> 在此接受
>
> 马龙尼先生、太太之邀请
>
> 将于三月十三日星期五下午一时三十分
>
> 准时出席

“但是，我为什么需要告诉马龙尼先生、太太派对的时间？

如果他们都不知道，鬼知道？”

马龙尼先生、太太这样的社交忙人需要应对很多事情，要发很多封邀请信。你跟他们确定一下，能让他们知道，你是要去哪一个了。

如果马龙尼先生、太太是那种超级替人着想的人，他们一定会把你需要答复的 RSVP 做得很简单。他们会在寄出邀请信的时候，附上一张回复卡、邮票、回邮信封。回复卡很像学校考试时用的答卷卡，那种迷你型的。

你只要把你的称谓填上，把名字写上。然后选好、打钩，把回复卡塞进回邮信封。可别忘了寄出去。

> ________（称谓姓名），
>
> □接受
>
> □婉拒
>
> 三月十三日星期五
>
> 纳迪亚孔马内其中学

如果你连这样的回复都做不到，那你一定很懒惰，做事情很不周到，不会安排事情。

宾客须知

好了，你已经回复了邀请信，如果你应邀出席了派对，以下 12 个行为规则需要遵守。

1. 出席。你已经答应了要出席。主人等着你闪亮登场、微笑迷人。如果你真的临时有事无法出席，必须尽快通知主人。

2. 准时。邀请信上的地点，比如说某某地点、某个溜冰场都有营业时间（如下午 4 点到 7 点）。如果是这样的话，客人在这段时间内到达、离开都行。其他的活动，如正式晚餐、毕业典礼或者宗教仪式，都必须严格守时，不可以迟到。要么你会错过主要的仪式，要么大家都得等你。更糟糕的是，你可能今生今世都会对此耿耿于怀。

3. 不要太早到。如果你到了，主人开门时候的一脸轻松，可能是装出来的。5秒钟之后，他们就会开始疯狂地做一些事情：煮东西、擦东西、摆东西、打扫、数东西、这边检查一下、那边检查一下、对着乱跑的孩子嚷几声。主人们最不喜欢客人太早到，这会打乱他们的做事程序，搞得他们焦虑不已。所以，如果你太早到，那就坐在车里等。或者到外面去走走，喂喂松鼠。什么都行，就是别去按门铃。

4. 不许带没有被邀请的人。宾客名单是主人列的。他们知道客人喜欢什么、不喜欢什么，他们想要达到的效果，也知道橱柜里有几个盘子可用、烤箱里可以放下几只烤鸡。如果你带上一个没被邀请的人，整个晚上的气氛都会被搞坏，餐饮的安排、座位的安排都被打乱，还有可能造成严重的后果。有这么多的可能性，所以，绝对不要带没被邀请的人。

对于大型活动，多来一个客人没有什么开支上的影响，主人也不会太介意，但你必须事先问主人。或者，你可以在回复的时候就加上这个条件：

“我非常想来。但是我以前同校的同学那个周末会跟我在一起。”

这就给发邀请的人一个机会，他可以有两种选择：

“哦，这样啊，那我下次再请你吧。”

或者：

“带上你朋友一起来吧。我也想认识她。”

5. 着装得体。你应该懂得如何着装。如果你不确定要穿什么样的衣服，那就问问主人，或者参加过类似活动的人。有时候，着装稍微正式一点，比穿着随便好，因为这说明你对主人以及这次活动的重视。西装外衣可以脱掉，但如果你没有带，那就没办法穿上了。

6. 自我介绍。当活动结束，主人第一个问题就是，客人们是不是都满意而归？好的主人创造了环境，提供了资源，希望大家能够过得愉快。客人们来了之后，就看他们如何通过精彩的对话交流和正能量来充分享用主人的安排。如果那里有你不认识的人，可以做一下自我介绍。你可能会认识上今后5年都是你好朋友的人。如果你看到有人傻傻地站着，可以主动跟他聊天，让他融入大环境。如果你对派对的圆满付出了努力，大家都会喜欢请你参加他们的派对的。

7. 不要埋头猛吃。有一次我举办派对，一个客人来了（而且是来早了），我还在前前后后做最后的检查和打点，他一个人就把我那块美味柔软的乳酪给干掉了。这些食物是给所有人准备的！

8. 不要带任何非法的东西。如果有未成年人饮酒以及使用非法毒品，会让主人陷入法律上和经济上的风险。这是对主人的热情款待的糟蹋。这样做非常非常非常粗鲁。

9. 不要窥探隐私。即使那些礼仪完美的客人，也不仅仅只想知道出席派对的人的智慧与健康。他们还可能想打探朋友们的隐私。你不可以在主人家翻柜子、看药箱，也不能翻朋友、他们父母还有他家孩子的柜子。如果你看到一些藏在箱底的照片，你对他们的看法可能会大大改变。

10. 尽量保持愉快。没错，我们确实不应该隐藏自己的感情。但是，如果把你的不愉快带到别人的派对上，还表现出来，那就是最糟糕的事情。

你应该在别的派对上见过这种人吧。大家都想在派对上高高兴兴地玩。然后，派对开始了，艾莎也来了。她好像刚刚哭过，然后就有传言，她刚被斯哥特甩了。你都还没来得及发感叹，所有人都来出谋划策了，进行危机处理。在厕所里，六个女孩谋划着怎么灭了斯哥特；地下室里，有四个男孩八卦，说艾莎是自作自受；莱恩在这两堆人之间做协调。这边，有另一群人也在讨论他们的爱情出了问题；那边，莎莉掏出电话打给斯哥特。可怜的主人不知所措。

艾莎心情不好，可以理解。但是，她无权用自己的不幸来搅乱主人计划已久的派对。她应该留在家里，或者，来参加派对好好玩，忘掉斯哥特，或者，只跟几位知心的闺密讲这个事情。

如果你的个人问题可能会影响到大众，那你就把嘴闭严。要记住，不要坏了别人的好事。到了第二天，别人会说："真不敢相信！艾莎昨天晚上一句都没有说起！"这就是你的美德了。

11. 不要流连忘返。你需要察言观色，看主人是否想要结束派对了。可以注意一些细节，如主人打哈欠了、把音乐关掉了、把灯光给调亮了、在厨房里烤焦东西了，或者说，“还真没注意，都这么晚了”。很多主人都不好意思让客人早点离开。所以，你必须在比较合适的时候提出要走了。如果邀请信里写明了结束的时间，那你就需要准时离开。如果没有写明结束时间，那你就注意看其他客人想要离开的动作，你也跟着离开。有时候派对进行得非常好，大家都很高兴，远远超过大家该上床睡觉的时间。如果有这种情况，你一定会知道的，因为当你想离开时，大家一定会坚持不让你走。（“别走啊。派对才刚开始!”）如果是这种情况，那你就恭敬不如从命。

12. 感谢主人的热情款待。如果是青少年开的派对，在离开的时候谢谢主人就可以了。第二天你再谢一次也很好。如果家里的大人也帮助组织了派对，还应该好好谢谢他们。对于那些比较小型、不太正式的活动，如果你回了一封书面的感谢信，主人一定会把你当作最有礼貌的来宾。①

去朋友家过夜时的礼仪

去朋友家过夜，有很多好处：

- 从你父母那儿放个假。
- 让你父母也放个假。
- 可以了解卡洛的爸妈允许他做些什么事情，好跟你爸妈讨价还价。
- 可以了解卡洛的爸妈不允许他做些什么事情，这个你自己知道就好。
- 卡洛的爸妈会注意到你的言行举止非常得体，然后他们就会跟你爸妈赞叹，你爸妈会想：他们说的是我那个儿子吗？

---

① 请参阅第二章中“感谢卡”部分相关内容。

● 你可以看到别人家是怎么生活的。然后回家跟家长说："我说，老爸老妈，你们把咱家搞得挺不错的！"

两家孩子和家长调换一下，对大家都有好处。以下是去朋友家过夜需要遵守的礼仪。

带足自己需要的东西。要准备齐全。牙刷、梳子、睡衣、睡袋、夹克、被子、泰迪熊等。如果你还戴着矫正头盔或者需要服药，也都记得带上。如果你是大家都喜欢的最受欢迎的客人，那你不妨准备个过夜袋，放在学校的橱柜里或者你的书包里。万一你临时被邀请，就不用跑回家去拿东西了。

"嗨，卡罗妮太太。
您能让我来您家过夜，
太感谢了。"

记得把带来的东西带回去。最好的客人只会留下两样东西：再三的感谢和美好的回忆。你带来的其他东西，都需要带回去。

跟着你的朋友做。你朋友会告诉你他家里什么能做、什么时候做什么。比方说，他起来整理盘子，那你也照做。如果他说"我们家晚上 10 点之后就比较安静了"，那你也照做。

不该学的不要学。如果你朋友的行为不恰当，那你不要学。要看他父母希望你怎么做。通过这样做，你可以学到什么叫"好的影响"。好的影响家家都会欢迎。如果你跟朋友有了争执，他说："你干吗事事都要做得那么完美！?"你就可以说："因为我希望你父母还会让我来你家过夜。”

对所有人都要友好。你朋友可能不太理睬他的父母，或对他小弟弟不友好。而你呢，必须对所有人都表现出友好和礼貌。没错，对他家所有成员——兄弟姐妹、父母还有宠物。

整理床铺。你朋友可能一直因为整理床铺的事情跟父母闹别扭。而你呢，必须把你住的地方及周围保持整齐干净。用过的毛巾需要挂起来。不要把你的东西放到房间中间陈列。把用过的碗盘放到水池里去。把面包屑清扫干净。记得整理床铺。

嘘!!!! 大家都知道，去别人家过夜，是去“玩”的，不是去“睡”的。如果要玩通宵，你们需要注意以下事项：

- 首先，对朋友父母规定的熄灯时间进行抗议，直到最后一秒，然后
- 一直拖着不睡，然后
- 重新安排谁睡哪里，然后
- 爬起来，因为你 a）忘记刷牙，b）需要上厕所，及/或 c）需要喝水，然后
- 来个枕头大战，导致朋友的爸爸来第一次警告，然后
- 聊男生、女生，讲鬼故事，讲隔壁房间在干什么、宇宙尽头发生什么事情，然后
- 来一阵咯咯狂笑，导致朋友的爸爸来第二次警告，然后
- 用比较不靠谱的方法，把已经睡着的朋友搞醒，然后
- 大家开始打瞌睡，但是每个人都会突然惊醒，说自己没睡。

如果你们要重复上述故事情节，必须保证不能把已经睡着的主人吵醒。在朋友爸爸的第二次警告之后就不能有太大的动作了。所以，懂事的客人知道什么时间之后不能够再闹了。

事先警告。如果你有什么过敏、恐惧症及/或不可妥协的习惯或行为，需要朋友家人配合调整，都应该事先跟朋友家人说清楚：

“我非常希望能来，但是我对羽毛和绒毛过敏。我是不是需要自带枕头和毯子?”

“这听起来太棒了，但我的头必须朝西才能够睡得着觉。”

“我会梦游，所以是不是别让我睡干草棚?”

不要得寸进尺住太久。要在你走的时候，让朋友一家希望你可以多住几天，而不要让他们想要赶你走。不要住太久。让人家也恢复正常生活。

问卷调查的内容

在我对家长们进行的问卷调查中，他们列举了来家里过夜的孩子的20种最粗鲁行为：

1. 进门不说“你好”，出门不说“再见”。
2. 不说“请”和“谢谢”。
3. 鞋子、外衣、书包到处乱扔。
4. 说话大声，不懂得尊重人。
5. 不想遵守我家的规矩。
6. 打破东西不道歉，也不说要赔。
7. 极力暗示他们想要的东西，或者直说想要什么。
8. 跟大人讲话不看着大人的眼睛。
9. 不理会在场的大人，不跟大人谈话。
10. 没获得允许直接进入房间。
11. 言语不敬。
12. 一直发短信。

13. 地方搞得脏乱，自己不收拾。

14. 在大人背后小声说话。

15. 翻箱倒柜看东西，乱动私人物品（看桌上的信件、乱翻日历等）。

16. 不感谢大人准备的零食，直接就吃。

17. 在餐桌吃饭还戴着帽子。

18. 没获得允许，直接拿冰箱里的东西。

19. 不打电话让家里人来接，等着大人建议回去的时间，并且/或者等待大人送他回家。

20. 吃东西像头猪。（吭哧吭哧。）

好朋友五大原则

你去朋友家，不管是去参加特殊活动、去过夜还是要住得更久，都至少要面对两种主人：你的朋友，还有他的父母。你对二者的义务是不同的。跟朋友在一起，你可以吵闹打架，然后言归于好；你们可以分享秘密，互相奚落，就事争论，一起参加促进你们友谊的所有活动。但是，如果你去了他家，你就必须做到：

1. 说话谨慎。不可以泄露秘密！

2. 帮朋友说话。（“哈菲太太，凯特有没有跟你说，她代数考试得了很高的分数？”）

3. 有礼貌。你的行为表现了你朋友的择友能力。如果你是一个烂人，你回家之后，你朋友可就得接受各种责难了。

4. 挺朋友。不要让你的出现打乱了你朋友在家里的常规义务。（“凯特，我们先做好家务，然后再去商场。”）

5. 什么都喜欢。如果你不只在朋友家住一个晚上，这一点就变得特别重要。有心的家长会问很多问题的。

他们问问题之前，其实都有想听的答案、想要的态度，或者他们都有计谋在后。比方说，他们好像漫不经心地问：“你肚子饿吗?”其实，他们可能想说以下信息：

“我希望你别生气，因为我现在不想吃，我一点儿都不饿。”

“我们都饿死了，我们马上就想吃了。”

“我完全不知道什么时候才想吃，如果能仰仗你们来帮我做决定，那就太好了。”

不清楚朋友的家长到底在想什么，就随便回答，你可能中套了。你不要喧宾夺主或者显示出你被宠坏了，也不要举棋不定或漠不关心。那你该怎么做呢？什么都喜欢。你应该思想开放、有很大的灵活度和好奇心。这并不是说你不能表达你的喜好并且引导主人让你获得你最想要的东西。不过你得做得不露声色。

我们来假设一个场景吧：你到别的城市去看你的朋友。

你朋友的父母问你：“你来这里有什么想去的地方吗?”

你回答：“没啥。”(你好像毫无生气，没有想象力，而且很乏味。这样说不好。)

或者你说：“我想去滑水。”(你可能是建议在这里不可能做到的事情，或者是主人不太愿意去做的事情。这样说也不好。)

或者你说：“随便。”(嗷！三振出局。再给你第二次机会。)

他们问：“你来这里有什么想去的地方吗?”

你说：“啊，这次过来我太兴奋了，还没仔细想呢。我一直想去迪斯尼乐园，但不知道你们最喜欢什么?”(你提出了一个想法，但又打个太极拳，把问题推了过去。)

如果你好好引导，通常你会得到你想要的，同时还可以保持最佳客人的形象。以下就是一些不断改进的说法，可以用来应对各种问题。

渴望做的事情	灵活度	回避
“我听说，那里的海鲜，	好像非常美味可口。	呃，你们觉得如何？”
“这里真安静，我真想好好睡个大懒觉，	但是，我又有太多事情想做，	你们一般几点起床？”
“我好想试试悬挂滑翔啊，	不过，我会有很多机会去飞的，	你们觉得如何啊？”

亲爱的艾利克斯：

“别人睡觉的时候捉弄他们，这算不算不礼貌？”

你是说半夜把他们的床推到高速公路上去？严格来说，在别人最没有防备的时候去欺负他，是最粗鲁的事情。如果你心满意足地进入温暖的梦乡，然后你的朋友想在你身上试试他的创造力，于是拿出热水、刮胡子的泡沫、剪刀还有画笔——你觉得如何？

对于这样的举动，你和朋友们可以约定好，而不需要禁止某些程度的破坏性行为。经常去朋友家过夜的，都会搞这样的闹剧，而且一定会发生，这也是当晚的高潮所在。不过，你们得保证，每个人都有被捉弄的机会，没有人可以反对。

做个最佳招待主人

我们转换一下场景，门铃响了，我们来看看作为主人应该怎么做。

下课后招待孩子的同学

这是最不正式的招待。那些孩子放学后回家，进进出出好像都没有人看到，只是在厨房的操作台上多了些用过的碗盘。下课后的学生们有些会成群结队，串这家、走那家，看看哪里有零食可以吃。

随着时间的推移，这些惯犯可能会经常来你家，今后还可能几乎成为你们家的一员。这就赋予了他们特殊的权利和义务。那些特权包括，你家对他的信任、喜爱不断增多，他使用你家冰箱的权利也增多。你父母可能会放下主人的面具，这位“养子”也将有机会看到你们家庭的争论，还有你妈妈不化妆时的样子。不过，天下没有免费的午餐。这样的荣誉家庭成员，也会失去客人不可侵犯的特权。没有了特权的保护，他们会跟这家人的“子女”一样，具有同样的义务，也同样被家长有所期待。也就是说，他需要帮助整理厨房、扔垃圾，还有，“不可以摔门”。

下课后，你要带同学去你家里，做个最佳招待小主人，其实很简单。

跟你父母沟通。没有问就带个同学回来好吗？家长不在怎么办？同学可以留下来吃晚餐吗？为了避免误会，最好先跟父母沟通好，看他们有什么想法。

把同学介绍给家人。一般来说，家长希望知道，那个吃着他们家食物、看着他们家电视、瘫在他们家沙发上、把臭鞋放在家门口的孩子叫什么名字。你可以简单介绍：

> “妈，这是保罗。他刚搬来不久。其他的你都认识，比夫、比尔、比伯、比恩、巴特布莱特，还有黏手指。”

说明家庭规则。如果不想被父母的出现搞得尴尬，你需要承担起家庭规则解说员的重任，所以，你会有左右为难的时候，因为有两种声音会一直折磨你：“客人做错点事情没有关系”以及“客人总是无法无天”。要用巧妙的技巧才能解决这个冲突。你在警告客人们的时候，要让他们知道，你是为他们的福祉与安危着想：

“你最好不要进我老姐的房间。她极度讨厌别人打扰，如果你进去了，我不敢保证你的安全。”

“嘿，你是不是能别站在那个咖啡桌上面？如果玻璃破了，你鼻子上插着一根玻璃，我可真不忍心看啊。”

或者，你可以拿父母出来说事，把你家的一些规则讲清楚。以父母的名义，这是最方便的招数之一。比方说：

“我怕我父母不会让我们用水晶槌球。”

“如果你要扔球，可能得去外面扔，我父母不让我们在室内做任何体育活动。”

“如果有人给我家狗狗身上涂鸦，我爸妈一定火冒三丈。”

多做事情减轻家庭负担。如果你的朋友来家里玩，还把你家当作社区娱乐中心，你父母会很高兴的。但是，家里来了这么多淘气的孩子，得额外做很多清理工作，经济上也是额外的负担。你可以多做些事情来减轻这样的负担。如果你和朋友吃过东西，有剩下的，要收起来放好。碗盘杯子刀叉都要放到洗碗池里，或者顺手洗了。把家具归位。如果你们把这些都做好了，你父母可能不会在意家里每个星期多消费了 200 升牛奶、144 条面包和 35 瓶花生酱。

做好导演的工作。如果家里来了一群无聊的孩子，家长们最头痛。如果无所事事是你的专长，那么，不要让父母看到。要不然，他们会说：“如果你们闲得没事干，车库需要人打扫。”为避免这样的场景出现，你需要充当导演。你可以安排扔铁环、看电影、玩游戏、装饰你的卧室等。捉弄你的兄弟姐妹不算一项活动。

不要让客人当替罪羔羊。有些孩子让客人当替罪羔羊，做一些在家里不能做的事情。这是在打赌，他们认为父母不会当着客人的面斥责他们。这样做不会有什么好结果的。客人走了之后，父母就会开始斥责。再说了，如果孩子知道家长会体谅孩子，不在客人面前骂他们，孩子怎么忍心去冒犯家长呢？

招待一群人

你需要做的第一件事，就是发出一个内容明确的邀请。你的死党、好朋友可能去你家 17 892 次了，你对他说："星期五来我家？"他完全明白你的意思，即"星期五放了学，跟我一起坐巴士回家，一起吃晚饭，然后去看电影，在我家过夜，隔天可以睡到晚上 11 点？"但是，不太知情的朋友对你如此简约的语言就不甚了解。

你的客人在来之前，应该知道他们是来做什么的。要不然，他们都不知道该穿什么、带什么、叫他们的家长几点来接——这一切都让他们来你家之前惴惴不安。所以，你发出的每一个邀请，不管是口头的还是书面的，都应该包括以下信息：

事由：生日会？游泳池聚会？超级碗大赛？

时间：开始和结束的时间？

地点：你家？溜冰场？公园？

主办人：搞砸了该怪谁？搞好了该谢谁？

着装：滑雪衣？泳装？正装？

回复：人来就行，不来才需要回复？RSVP？

另外，如果需要有特殊的配合才能让活动圆满成功，那你必须在邀请里说清楚，如：

请带睡袍、刮胡须的泡沫、睡袋。建议准备防晒霜、驱蚊剂！

主办活动时，你的首要任务就是让客人感觉舒适自在。你的第二任务就是注意不要让家里或者活动场地的家具被损坏。因此：

- **及时应门。**如果客人按了门铃，可很久没有人开门，他们一定会感觉怪怪的。他们不知道是应该再按一次，还是傻傻地等着，好像乞丐一样。

- **问候客人。**要说“你好，很高兴你来了”。让每位客人感觉派对开始了。

- **帮助拿外衣。**客人们可能穿着大衣、拿着手提包，还可能带着礼物。所以，你应该帮他们拿东西，或者跟他们说可以把东西放在那里。

- **如果收到礼物，要说“谢谢”。**不要当场就打开礼物。不要让客人觉得礼物比他/她本人更重要。

- **提供点心饮料。**询问客人需要什么饮品小吃，如果是自助式的，那就告诉客人去哪里取用。

- **当个好主人。**给客人引路。把新朋友介绍给老朋友。给大家开个话头，比方说：“这半年我都跟胖哥在卡路里俱乐部学习减肥呐。”

- **四下招呼客人。**所有客人都要招呼到。别请了人还把他们冷落在一边。

- **要让大家都玩得高兴。**举行集体活动的时候，不要让某个客人落单。当然，也别让客人觉得是被逼着参加某项他们不喜欢的活动。

- **感谢客人们的出席。**当派对结束，你要好好谢谢这些客人。送他们到门口，不要让他们悄无声息地离开。派对是否成功，参考标准如下：如果你希望派对早点结束，那就是不成功的派对。

亲爱的艾利克斯：

“我经常接到邀请，去参加很多派对，我自己也想搞一个，但我父母不让。别人请了我，我不是也应该招待一次朋友吗?”

当然啦。这叫礼尚往来！是我们对他们的招待表示感谢——并且，你还希望不断有人邀请你。

根据我的经验，家长不让孩子在家里搞派对，一定有他们的理由。情况有很多，也很复杂。有现实的理由，有奇怪的理由，甚至有愚蠢的理由。如果你不知道你父母为什么反对，那就去了解一下。等你父母心情好的时候问问他们。你问的问题应该是经过深思熟虑的，而不是愤怒的责问。(“爸，您能跟我说说吗？为什么您不让我在家里搞派对?”而不是“我怎么就不能在家里开派对？这不公平！别人的家长都允许!”）了解了你父母的顾虑之后，你要谢谢他们跟你做了解释，然后暂时不要再提这个话题。

之后，你就暗暗地找出能够让父母解除顾虑的方法。太花钱了？那你来出部分费用。家里太小了？去溜冰场。有别人来搅场？让橄榄球队的朋友守着门。如果还不行，那你就跟朋友一起在他们家合办。

礼尚往来还可以有其他的方法。你可以买礼物或者做个礼物。烤一个好吃的派给朋友家送去。即使你不举办派对，也可以回礼，你朋友完全能理解你的用意。

亲爱的艾利克斯：

“我父母说我可以开个派对，但是他们不让我邀请所有我想请的人。我怎么做，才能让没被邀请的人高兴呢?”

首先，不要向全校发英雄帖。其次，即使你不广而告之，还是会有很多人知道你要开派对了。但至少消息控制在较小的范围内。你要努力做好安排，让派对获得圆满成功，这样，你就有可能搞第二次派对了。因此，你可能可以这样跟那些没被邀请的人说：

“我非常想请你们这次也一起来，但是我爸妈说这次只能请几个人。不过我很快就可能可以再搞一次派对了，你可得保证你下次一定来。”

亲爱的艾利克斯：

“我跟一个女孩比较要好。我邀请她来家里过夜，在我家开派对。但是她从来没有邀请我去她家。她这么做，是不是很粗鲁?”

人生的一大难题就是：我们无法控制别人，不管他们多么需要我们的指引。你的这个朋友开过派对请其他人吗？如果有，可能是她的舞蹈课同学，或者她认为那些人可能跟你合不来，或者那些是她今后再也见不到的人。反正，她的邀请清单上目前一定没有你。

如果这个朋友没有邀请过任何人去她家开派对，那么，可能没人教她什么叫礼尚往来。或者，她父母不让她带朋友来家里。或者，她家可能比较寒酸，不想带朋友回家。既然你不知道她这么做的理由，就不应该认为自己很委屈。

你的朋友请不请谁去她家，是她的权利。即使最好的朋友，有时候也不一定互相请。如果你问她：“你怎么从来没请我去你家开派对?”这是非常粗鲁的做法。因此，你有以下几个选择：

1. 保持现状。如果你喜欢跟她在一起，她也跟你是朋友，那么，你们在什么场合见面无关紧要。做朋友就是这样的。

2. 不再邀请她来你家。因为她不跟你礼尚往来，说明她可能想让你们之间的友情慢慢变淡。如果不是这样的话，她要是问你：“嗨，啥时候再去你家过夜啊?”你可以这样回答:“不知道。下次去你家怎么样?”你这不是强行要去她家，所以这样说是符合礼貌的。看她怎么回答，就知道她为什么从来没有请你去她家过夜了。

住酒店

偶尔你也可能去住酒店，如希尔顿、万豪、速8酒店。住这些酒店时，你可能都是跟父母在一起。酒店通常是父母与孩子粗鲁行为的舞台，因为两代人有他们不同的计划与安排。父母到了房间，希望先整理行李，而孩子们则想立刻就去游泳池玩。父母认为床是用来睡觉的，而孩子们则认为床是用来打仗的战场。

所以，为了今晚能够睡好，我们来看看住酒店时应该注意哪些礼仪。

好好走路，不要跑。酒店里有很多长长的走道，两边有很多门，对吧？那可不是百米短跑的跑道。那是通往房间的走道。即使你来的路上已经在车里窝了一天，即使你精力充沛到快爆炸了，也不应该在走道上跑，不要拍别人的门，不要在床上蹦蹦跳跳，也不要对着墙打网球。应该好好走路，走到游泳池去，走去健身房跑步。

控制好音量。在自己房间里，把各种声音降到不会影响隔壁房间的程度。在该休息的时间（可不是凌晨3点到中午，而是晚上11点到早上8点），更要多加小心，不要制造噪声。

不要乱碰按钮。如果你入住的酒店里有透明玻璃观景电梯，好好乘坐就好了。你要去几楼就按那个数字。如果有人想向从40楼坐到1楼，可别让人家在39，38，37，36，35，34，33，32，31，30，29，28，27，26，25，24，23，22，21，20，19，18，17，16，15，14，13，12，11，

10，9，8，7，6，5，4，3，2 楼都停，然后才到达 1 楼。

留些冰块给其他客人用。如果外面的气温是 38 摄氏度，而你想把冷风机装满冰块，别的客人可能就没有冰块用了。制冰机是制冰做冷饮用的，不是给你搭建爱斯基摩冰屋用的。如果你想要很多冰块，自己去便利店买一袋吧。

抗拒诱惑，之一。很多酒店都有一个小冰箱，叫“迷你酒吧”。之所以叫这个名字，是因为里面的糖果、薯片、饼干还有饮料都是迷你型的。但是，价格却没有按比例降低。没有父母的同意，不要拿那里的东西。要不然，你可能最后发现你只是吃 MM 巧克力、喝汽水就花了 48 美元！

抗拒诱惑，之二。在一些廉价酒店里，你唯一能带走的免费东西可能就是虱子。在较高级的酒店，里面会有一些小东西，可以让你带走，比如香皂、香波、护发素、护手霜、浴帽、明信片、6 厘米短的铅笔还不带橡皮擦、旅行资料、枕头上的小巧克力，还有水果。（不要把房间里放的水果跟“迷你酒吧”里面的水果混为一谈哦。）酒店的房间里还有其他东西，你可能想当作纪念品拿走，如毛巾、浴袍、遥控器、收音机、毯子、枕头、小画、空调等。如果你把这些当纪念品拿走了，酒店经理可不认为你是自行取用了这些物件。他们会认为这是盗窃行为。

别在酒店乱来。如果你是跟父母一起来的，他们或许可以看住你。很多人住酒店时，就像使用租来的车一样，以为能够把它大卸八块。当然了，还有其他人是另一种极端：他们打扫房间，还整理床铺，因为他们不想让服务生看到一片狼藉。这样的做法确实有点太过，我们可以来点中庸之道。临走的时候，床单应该还在床上，不应该在地上；厕所也应该冲过；毛巾应该在毛巾架上或在台面上；包装纸应该扔在垃圾桶里。房间应该只看上去像是有人住过睡过，浴室厕所也用过，而不应该像大游行过后新奥尔良的街道。

宠物礼仪

你去别人家做客，坐在沙发上。主人家的狗跑过来，嗅你的裤裆。你的反应：

a）假装没事。

b）揍那条狗，还问主人："这条狗怎么这么变态？"

c）把狗的嘴巴用力转开，给主人一个机会介入，说道歉，并且命令："卡萨诺瓦！坐下！你这条恶狗！"

这样的情况经常会发生，这些动物都管不住它们的鼻子，到处乱闻。如果他们乱来，你有权利说"不"！

当然了，如果主人对家里的非人类成员有所管教，这样的序曲本来就不该奏响。或许我对动物不够友好吧，但如果有动物把它们沾着泥土的爪子搭在我的衣服上，或者把湿湿的、臭臭的、带虱子的毛靠在我的脸上，我会不爽。如果孩子犯了小错误，有些家长会叫孩子回自己房间，而家里的罗特韦尔犬冒犯了客人，客人说狗狗应该回避，有些家长却会抗议，不想送它回狗窝。

虽然我也支持动物的权利，但是它们需要把爪子、鼻子放在该放的地方，口水也流在自己身上。如果家里的动物没有做到，那么，就是它们的主人举止粗鲁。

为了避免成为这种主人，以下是一些“宠物礼仪”。

控制好宠物。客人不应该被任何一位主人家的成员用亲昵行为骚扰，除非他们知道这位客人喜欢这样的亲昵行为。

帮狗收拾残局。宠物狗在公众场合或别人家的地上大便，那是大忌。有些人遛狗时会带一个塑料袋，随时捡起狗大便，然后带走，我向这样的主人致敬。每当看到这样的高尚行为和公德心，我的反应都是“好棒”！

使用较短的狗绳。如果有人被狗绳给绊了，跌个狗啃泥，可够倒霉的。如果你去遛狗，不管路上有没有别人，都应该使用较短的狗绳。

注意客人的过敏以及恐惧。有些人对羽毛和猫狗的毛过敏，还有些人很怕动物。如果你了解客人有这类问题（全身是疹子或者往柜子后面躲），就应该采取适当的措施。让路虎在院子里玩吧；让菲利希亚留在客厅里；让波利在前廊待着吧；让大蟒蛇博里斯在外面晒太阳，别来骚扰客人。

如果你是那种不想限制宠物自由的人，那必须让来访的客人事先了解。你可以说：

> “我都等不及星期五你放学后来我家了。我想先告诉你一下，我家有一只非常友善的雪貂，它叫慕西波西，我太爱它了。你也一定会喜欢它的，不过……”

大多数的人都会理解，还会说他们期待见到你们家的双足、四足甚至多足动物。如果你的朋友喜欢雪貂，那你可以不用为了迎合他们而限制雪貂的自由。

除非获得允许，否则不要自带宠物。关于这一点，宠物就跟人一样——不应该带没有获得邀请的人去出席派对。同理，你也不能带没有获得邀请的宠物去出席派对。要带的话，一定先征得主人同意。

要管好你的宠物。如果你的宠物会咬人、在别人身上尿尿或者损坏家具，或者如果你的宠物造成了损失，理应由你负责。你是否对它克扣狗粮，由你来定夺。不过，在宠物肇事的时候，你只能做一件事：向受害者再三道歉，然后处理好问题。不要转嫁或者降低责任。

错的行为	对的行为
“我肯定，干了以后，刷一刷就会掉了。”	“请一定让我来帮你安排干洗。”
“它根本就没有刮破你的皮肤。”	“我们要立刻请医生帮你检查一下。”
“狗狗都会这样的。”	“我应该看好我的狗。我明天跟菲菲一起过来帮你种上新的花草。”

如果你真心想要承担责任，被你宠物骚扰的人可能会尽量把大事化小，他们可能会说：

“就一小问题。没事的。”

“就小小的淤青而已。”

“那些郁金香我本来就想换地儿种。”

你还是可以不听他们的婉拒，做个非常礼貌的宠物主人，对你的宠物所犯下的错误负责。

如果你既不是那只宠物，也不是主人，而是跟宠物有亲密接触的人，以下是一些对待宠物的礼仪。

善待宠物。把蚯蚓斩断、把猫从火车上扔出去，是很粗鲁的行为。即使你不喜欢那些动物，还是应该尽可能善待它们。不要逗它们，不要折磨它们。

把你能容忍的程度明确而坚定地展示出来。宠物太聪明了，一眼就能看穿一群人当中谁不喜欢它。因此，面对 12 位来宾，它一下就去缠着那个不喜欢它的人。如果此人正是你，依照对待宠物的礼仪，你完全可以坚决地说“不”。你可以把它的头、嘴从你身边挪开，然后坚定地说“坐下”，或者说“不许舔我这里”。很多动物对拒绝的语言很敏感，它们会去找寻其他的生人。如果这只宠物不开窍，你可以跟它的主人说：

“雷金娜，你能不能把你们家小雷金娜挪开啊？它是我见过的最可爱的考拉，但是有动物在我身边，我感觉不舒服。”

如果主人没有采取措施，你就这样暗示：

“你有没有注意到最近干洗的价钱涨了好多啊？”

或者：

“真不敢相信，急诊室治疗动物咬伤的费用这么高。”

真实故事

来自礼仪前线的报道

真恐怖！

有一回，我在我最喜欢的巴黎餐厅用餐。一条大狗进到餐厅（并不是法国狮子狗），带着它的主人和朋友。由于主人对狗狗漠不关心，它开始四下游走，嗅来嗅去，还到各张桌子去讨吃的。

我是一个人用餐，我可不想在吃饭的时候，来这么一条狗打我甜面包的主意。我叫来服务员，请他把狗看好，要不然我无法安心吃饭（我用法语说的）。

那条狗的主人没有带任何绳索，只好向门房“借”了一条手织长围巾来系自己的狗。

Vraiment！（法语：真的！）

亲爱的艾利克斯：

“我邻居的狗跑到我家后院厕所里拉屎了。太讨厌了。我和朋友们在后院打棒球，需要用到厕所。我该怎么办呢？”

这是“走后门”的新方法哦。你可以做的第一件事情，就是告诉它的主人。你的口气必须假设邻居主人不知道这件事（要不然他肯定会制止此类事情的发生）。你可以请他管好自己的狗——特别是别让狗跑到你家后院干好事。

如果交涉没有取得很好的结果，那就别怪你不客气了。此时，你和朋友们应把狗屎铲到邻居家的草地上显眼的地方，最好是靠近前门，完全应该这么做。如果把邻居落下的东西物归原主，这是应该的。你还可以留一张字条：

亲爱的史密斯先生：

你的狗狗把这些东西落在我家了。

现在，物归原主。

——一位朋友

本章小测

1. 你为什么要成为一位最佳客人？

a）你可以吃多一点。

b）主人高兴了很可能把所有东西都买单。

c）你从不知道圣诞老人是不是在看着你。

2. 有一个派对你很不想参加，但还是受到了邀请。你的最佳回复是：

a）抵制派对。

b）答应主人说会来，最后不来。

c）往主人家窗户里扔一个臭气烟幕弹。

3. 一天下午，你在家里招待两位同学。其中一位开始闹腾起来。你很担心他会打碎你妈妈很钟爱的台灯。你应该立刻：

a）拿一个冰冻的玉米煎饼卷砸他的头。

b）自己把台灯打破，你朋友就不需要被责骂了。

c）说："冷静点，老兄！这盏台灯好像也在发怒，可别让它把你给电着了。"

4. 如果符合以下条件，你可以带宠物去朋友家：

a）它没有发狂。

b）它跟朋友家里的装潢能够搭配得上。

c）你的狗能够打赢朋友家的狗。

5. 你从豪华酒店 16 楼的阳台上往下看。如果有个小孩问你，要不要来个吐痰比赛？你的回答是：

a）说："呸！"

b）准备一个奖杯。

c）说："可以，但是只能瞄准光头。"

6. 每封书面的邀请信都必须包含：

a）所有被邀请人名单，说明谁跟谁一起来。

b）派对的具体费用明细。

c）巧克力薄荷糖。

第六章　学校里的规则

炸薯球王国里的文明

学校，就其本质来说，是个催生粗鲁的窝。一大堆压力过大的学生在拼成绩、拼知名度，还有拼考大学。

你需要做作业、上解剖课、考试还要面对成绩单。

拉扯内裤恶作剧、吱吱作响的马克笔、教科书、校门口的安检。

介词、展览、禁忌、调查。

计算、配合、没收、指责。

指称、争吵、降级、毁谤。

准备、呼吸、抗议、试用期。

救命啊啊啊!!!!

大家都觉得纳闷，为什么学校里的人不再讲礼貌了？厕所隔间都没有门了，还指望谁能有礼貌？你会有这样的待遇：每隔43分钟，你会被一百万双鞋踩脚。如果你的未来取决于对以下知识的掌握，那谁也顾不上礼貌了：1492年，马可·波罗打造了一个男式运动鞋系列。

现今的学校尚存一些礼貌的现象，已经让人很惊讶。学校里应该有更多的礼貌现象。为什么？因为青少年在白天醒着的时候，在学校的时间比其他地方都长，而且，他们理应得到一个安全、充满尊重、友好的学校氛围。

所谓学校的氛围，就是你在那里时候的感觉。有研究显示，学校的氛围越好，学生越喜欢学校，学习也越好，行为表现与道德也越好，越不会有违法的行为。氛围极佳的学校通常有以下特色：

- 学生有很强的学校集体荣誉感。
- 明确的价值观。
- 对学生的行为与成就有很高的期待。
- 尊重他人的需求与感受。
- 师生关系密切。
- 每周二午餐吃奶油甜玉米。

用通俗的话来解释，上述内容就是说，学生们爱去上学，学习也好，这样的学校就是最好的学校。这个学校里的学生互相礼貌对待。为了给学校制定一些礼貌的行为规则，我们需要先了解一下，是什么造成了学校的礼貌或粗鲁氛围。我们能不能了解到学校的老师和同学对学校氛围的看法是什么？你猜怎么着？能了解到。为什么？因为，在我的问卷调查中，我问了老师和学生很多问题……

教室里的粗鲁行为

我做的第一件事情就是去了解，粗鲁是不是一个问题。当我问老师："你觉得如今的学生是更礼貌了、比较不礼貌了，还是跟你当学生时候一样？"73％的老师回答道："比较不礼貌了。"

接下来，我还问同样的老师，他们对学生的礼貌与行为的看法，57%的老师说“非常失望”或者“失望”，43%的老师说“满意”和“非常满意”。

先别急着说这些老师过早下结论，你应该记得，我们的问卷也显示了，同样比例的老师也认为，如今的成年人比其上一代人，也是“比较不礼貌了”。其实，他们怪家长、怪媒体、怪社会，说是他们造成了孩子们的现状。有一位老师是这样写的：

> “我不认为我们当中有任何一人有足够的时间来教授礼仪与礼貌。”

还有另一位老师写道：

> “如今的学校与学生只是一个社会的缩影，其反映的是人们对低俗行为标准的容忍。”

你也先别说“瞧，不是我们的错”。你应该想想，很快，你也要成为大人了。所以，应该由你来提高标准。因此，你需要了解标准到底是什么。我们先从老师的角度来看看学校里的粗鲁行为是什么样子。然后，我们从学生的角度来看看。然后，我们下课吃午饭。然后，我们下午再继续，整理出一些礼仪方面的规则，以期让学习的氛围更加温暖、丰富、快乐。①

问卷调查的内容

> 我们请老师描述学生对老师做过的粗鲁的事情——学生们搞得老师晚上回家撕扯头发，哭着自问：“我干吗去教书?！我再也教不下去了。我要找一个美好的、没有压力的工作，我要去当工

① 你愿意苟且吗?

兵排地雷。”——根据老师的回答，我整理出15种最粗鲁的行为：

1. 老师讲课时学生在下面说话。
2. 不举手就发言。
3. 不说“请”“谢谢”和“对不起”。
4. 顶嘴。
5. 上课时发短信、查电邮、上网。
6. 感觉无聊、被激怒或发怒，学生毫不掩饰。
7. 注意力不集中。
8. 对自己的行为不负责。
9. 不做眼神的交流。
10. 撒谎。
11. 说粗话。
12. 说“随便啦”。
13. 被制止了，还继续做。
14. 使用不敬的肢体语言（翻白眼，无精打采等）。
15. 不做功课。

问卷调查的内容

我们问青少年，学生对老师做的粗鲁的事情有：

“不服从他们”“羞辱他们”“模仿他们”“骂他们”。

“忽视他们”“威胁他们”“反驳他们”“打断他们”。

“顶嘴”“上课讲话”“上课发短信”。

“制造奇怪的声响”“开愚蠢的玩笑”。

“被制止了，还继续做。”

“告诉他们你恨这个班级。”

“讲老师的八卦或散播谣言”。

“还没下课就整理好书包。”

“侮辱老师的长相及/或他们的性取向。”

“在老师背后做怪动作。”

“翘课”“迟到”“不做好准备就来上课”“起立走人”。

“上课睡觉”“不注意听讲”“抄别人作业”“只靠补考通过考试”。

“作弊”“抱怨作业太多”。

“在书本上涂鸦”“约定时间不出现”。

“传纸条”“发言不举手”。

“打人”“取笑人”“撒谎”。

“当众打嗝”“骂人”“瞎闹”。

“不做功课。老师尽心尽力做准备来讲课。学生们不做课堂作业，让老师觉得人生没有意义。让别人觉得人生没有意义，这是一件非常粗鲁的事情。”

问卷调查的内容

当我问老师，让他们描述学生对其他学生做过的最粗鲁的事情——学生们搞得老师晚上回家撕扯头发，哭着自问：“学生们怎么这样恶劣地对待别人？我再也忍受不了了！”——我整理出15种最粗鲁行为：

1. 互相说残忍话。
2. 互相辱骂。
3. 贬低他人。
4. 推搡、打人、插队。
5. 让某人当替死鬼。

6. 在背后说同学的八卦或谣言。

7. 在走道里绊同学的脚。

8. 扔书。

9. 随便取用别人的东西。

10. 排挤他人。

11. 做错事不道歉。

12. 侵犯他人的空间。

13. 扰乱同学的学习。

14. 取笑同学的性取向。

15. 欺凌。

问卷调查的内容

当我问青少年，让他们描述学生对其他同学做过的最粗鲁的事情，他们是这么说的①：

---

① 警告：跟这个清单相比，老师的清单好像就是在描述合唱团儿童在给教皇汇报演出。

前10名：

1. 骂人。

2. 无缘无故惹别人。

3. 故意在你身边放屁。

4. 欺负你。

5. 在你背后说你坏话。

6. 排斥你。

7. 传播你的谣言。

8. 把你当作另类来打压。

9. 玩弄你的感情。

10. 让你尴尬，然后他们自己扬扬得意。

更多学生之间的粗鲁行为

“忽视你”“把你的私密信息当作笑话来公开讲”“公开别人的秘密”。

“对不是朋友的人都很敌视傲慢”“借东西不还”。

“撞上人不说‘对不起’”“踩你的鞋”。

“性侵犯”“打人”“对同学竖中指”“在走道上绊人”。

“诅咒”“八卦”“自夸”“推搡”“撒谎”“吐痰”“泄密”“踢人”。

“打恐吓电话”“说话还打饱嗝”。

“说话时发短信”“抢朋友的男/女朋友”“设计圈套让你钻”。

“你刚打开柜子，他就把它关上”“在脸书或推特上把你说得一文不值”。

“说你家庭的坏话”“发送假信或送给假的口香糖”。

“因国籍而排斥你”“侮辱你的原属国籍”。

“不给你机会”“侮辱你的体形与相貌”。

你可能此时已经七窍生烟了，你在想：嗯……学生对老师的粗鲁行为，学生对学生的粗鲁行为。好像不够全面啊？老师对学生的粗鲁行为是什么样的呢？

你问得合情合理。学校的氛围不仅看学生们的行为，也大大取决于老师的行为。我们来看看这些为人师表的人是怎么做的吧。

警告：老师们请注意，阅读时请坐下，然后深呼吸。看到别的老师是怎么做的，你可能会被吓到。

问卷调查的内容

当我问青少年，让他们描述老师对学生做过的最粗鲁的事情，以下是他们的回答。

老师粗鲁行为前10名：

1. 在全班面前拿我们开涮。
2. 故意无视我们。
3. 给我们留很多作业。
4. 一个人犯错，全班被罚。
5. 明知道我们回答不出来，还故意叫我们回答。
6. 挖苦我们。
7. 贬低我们。
8. 根据猜测而不是事实来指责我们做了某些事情。
9. 不听我们的解释。
10. 偏爱某些学生。

更多老师粗鲁行为：

“对我们大喊大叫。”

“在我们面前崩溃。”

“让我们感觉很蠢。”

“说我们全是废物。”

“低估我们的智力。”

“高估我们的智力。”

“经常叫某几个人发言。”

“我们都举手了，但没有让我们都回答。”

“缺乏耐心。”

“好像他们什么都知道。”

“他们认为青少年都会这么做。”

“布置太多作业。”

“说我们作弊。”

“把我们交的作业搞丢了，还怪我们。”

“根据他们既定的思维模式来打分。”

“让全班知道某个同学的分数。”

“不发回作业或考卷。”

“因为不喜欢我们而让我们不及格。”

“迁怒于我们。”

“一嘴口臭熏死我们。”

“他们觉得，他们的课是学生今天要上的唯一的课。”

“把我们当小学生看待。”

“说我们不可以上厕所。”

“根据我们的衣着和语言来评判我们。”

“我们上课讲话被扣分。”

“打探我们个人的事情。”

“认为我们是‘青少年’，而不是‘人类’。”

"上课安排得极其无聊。"

"临时布置作业。"

"不花时间好好跟我们解释。"

"他们好像不愿意来帮助我们。"

"打断我们精彩的讨论。"

"拒绝跟我们协商。"

"不听我们解释，然后假设最糟的可能性。"

"打压我们的想法。"

"高高在上。高高在上。高高在上。"

"大多数老师都够成熟、够聪明，不会对学生有粗鲁行为。"

啊！罪状罗列完毕。足够让学校在存续期间一直都充满粗鲁行为了。我详细列举这些粗鲁行为，并不是要进行一次大辩论。关于什么是无聊、作业多少算是多、老师打的这个分是不是不尊重人，双方都可以有不同的意见。我的重点是让大家了解，在一个安全、充满尊重的学习氛围里，哪些态度和行为会伤害感情，损害学生学习的权利以及老师授课的权利。

亲爱的艾利克斯：

“不做作业是粗鲁的行为吗？”

得看这是偶然事件还是多发事件。如果有突发事件使你无法完成作业，那就不是粗鲁的行为。天有不测风云。同理，老师也不一定每次都能批改作业、备好课。最好的做法就是做出诚实的解释：

“非常对不起，罗素老师，我昨晚没有办法完成作业。我们家附近有煤气泄漏，我们都得疏散。我明天把作业交给您吧。”

如果你平时都按时交作业，老师一定会理解你的情况，并赞赏你的直率。

但是，如果你有很多作业欠交，也不一定算是粗鲁的行为——只要你有合理的理由。比方说，你可能有忧郁症，或者你父母刚分居，或者有同学欺负你。你的悲伤、不高兴、害怕，都会使你无法专心做作业。有时候你的大脑也会短路，不管你多么努力，都无济于事。很多老师对此表示理解。如果你本人很上进、对自己的行为和教育负责，老师会给你较多支持的。如果你不愿意，也不一定要向老师透露太多你的个人情况。你这么说就可以了：

“很抱歉我的作业欠了这么多。最近我家里出了点儿事，我没办法专心学习。我想告诉您，我很喜欢上您的课，我也会尽快赶上来的。”

那什么样的情况下，不做作业算是粗鲁呢？如果你是在混、在应付作业，那就是对老师的粗鲁行为。这样的做法会对别人有影响的。老师和同学之间都有教与学的安排，如果一个学生没有遵守，全班的学习进度都会受到影响。学生没有做好预习准备，会影响到班级讨论。老师会感到很受伤、很受挫、士气受到打击。但是，因为没有做好作业而受影响最大的那个人，是你！为什么？因为你给自己的未来发展堵了路。你没有尝到学习的快乐与好处。你的做法让人觉得你不太想被尊敬。为什么你要对自己这么粗鲁呢？

亲爱的艾利克斯：

"考试得高分有什么错吗？我们学校的学生好像觉得考不及格是很酷的事情。我每次都考得很好，他们就取笑我，说我是异类。"

我非常同情你。但是你会是那个笑到最后的人。

那些人为什么说成绩好的同学坏话？因为他们羡慕嫉妒恨；因为他们自己很没有安全感，所以只好打压你。因为你的成绩比他们好，一再地提醒他们自己的成绩差；因为他们知道，在他们的内心深处，你会成功，会实现你想实现的人生，而他们，很可能实现不了。打压你，是他们为自己辩护的方法。

你该怎么做呢？首先，你要确定自己不能留级，也不要有优越感，然后，你可以接触一下那些取笑你的人。你可以问他们的兴趣爱好还有喜欢的活动，赞叹他们的一些成就。当他们发觉你也是一个正常人，没有趾高气扬的，他们可能就不会再挑剔你了。

不过，你还是要昂首挺胸。不要因为自己智力高、有学习的积极性还学得好，就对那些人低三下四。如果他们问你考得怎么样，你就说："考得还可以。"如果他们追问成绩，你就说，"我已经决定了，从今往后不公开我的成绩了。"这些聪明人应该知道为什么你不说了。

亲爱的艾利克斯：

"有一位老师非常喜欢我，大家都说我是他的'宠物'。我觉得他们这样做不礼貌。这又不是我的错。"

比较理想的情况是：老师不要让个人的喜好影响自己跟其他学生

的交流。好老师应该对所有同学都一视同仁。但是，老师会很自然地喜欢某些学生多一些，就像你也会喜欢某些老师（以及朋友）多一些。

在大多数情况下，被称为老师的“宠物”的学生，都非常喜爱这个科目，并对老师尊敬有加。（大多数老师对拍马屁的学生是很讨厌的。）如果有人说你是老师的“宠物”，你可以这么应对他们：

“我个性好、思维敏捷、性格开朗，柠老师很喜欢，这不是我的错。我在檬老师的课上表现也是一样的，但是你们知道，檬老师受不了我。”

但是，如果你趾高气扬、不可一世，你的同学捉弄你也是可以理解的。所以，如果你不想被打成肉饼，就得把舌头管住了，不要瞎拍马屁。毕竟，你的名声还是很重要的。

亲爱的艾利克斯：

“我们学校经常随机抽查毒品。我就被查过。我不碰毒品，我觉得我没必要做这个测试。这样做难道不是很粗鲁吗？”

确实很粗鲁。礼貌的做法是假设别人没有做错事。我们都应该假设其他公民都是可信的，如果我们尊重他们、对他们公平，他们也会以善心对待我们。随机抽查禁带物品确实违反了这样的原则。学校的态度是这样的：“嘿，孩子们，我们不相信你们。我们要求你们证明的时候，必须让我们看到你们没有违规——虽然你们看上去是模范学生。”

你也一定听说过这样的争论：“如果你没带，那你有什么好怕的？”但是，政客们，还有学校董事会的人，会接受在他们家安装摄像头以证明他们没干非法的事情吗？

坚持要在学校随机抽查的人认为，这样的做法跟在路上随机检查酒驾、各地做的安检或对核工厂工人的背景检查等，是一样的。但我觉得不一样。开车、坐飞机或者在某些特殊单位工作，属于自主的特权，如果行使不当，会给他人的生命财产带来损害。如果你不想接受这些检查，那你就不能有这些特权去开车、坐飞机或者申请特殊工作。但是，在校学生是因为法律的规定而必须去上学的。他们不能以逃避检查为由躲在家里不去上课。

在校学生目前还不能开校车、给飞机导航。因此，学校应该在教育的方法与过程上多下功夫，在排他行为上少下功夫。

教室礼仪

这是关于久经考验的最适合的教学活动的行为准则。例如，吐痰比赛、发信息，呃，不好意思，搞错了。我是说，注意听讲、做好预习、尊重他人的权利与看法。

在学校里，礼貌真的那么重要吗？真的！因为礼仪是对不良行为及违法行为的第一道防线。在学校里，如果有人不想自我约束，那么，很多不高兴的事情都会发生——被骚扰、被欺负、被停课——他们会害怕他们没法学习了。在“现实世界”里，礼仪的缺失导致无政府状态、法律诉讼还有暴力。你是想说“哦，不好意思，我非常抱歉”，还是喜欢收到一张传唤你出庭的传票？

大家文明相待，人人都受益（律师除外）。如果你不想让你的学校礼仪丧失，最好看看本书后文的行为准则。大家都遵守的话，你的学校一定能够让老师和学生感觉温暖，教学氛围一定很好。

亲爱的艾利克斯：

“我们学校老师的言行举止，好像不愿意帮我们学习。这不是他们的工作吗?”

当然是他们的工作。虽说这是他们的工作，但别人在要求获得他们提供的服务时，还是应该做到有礼貌、尊重。这可能是你们学校的问题。如果老师有心帮助学生，而学生说：“这是啥玩意儿？我们为什么要学这个东西?”老师会怎么想？如果学生整个学期都逃课，最后一堂课才来，并要求老师私下补习，老师又会怎么想?

如果学校的氛围不好，整体态度和行为都不好，你深受其害，你需要帮助的话，可以有礼貌、很尊重地去接触老师，跟他谈谈。你可以这样说：

“不好意思，宾绮丽老师，我不太明白，为什么在西班牙宗教审判当中，阿迪拉要把雷克斯·路德跟97个物种钉在同一扇门上？不知道你是不是有时间，可以跟我解释一下?”

如果你这么有礼貌地跟老师讲话，你很快就会明白，宾绮丽老师当初为什么选择老师这个职业。你会成为班上其他正深陷泥潭的同学眼中的一缕阳光和一线希望。（小贴士：如果老师脸上依然乌云密布，不为你的礼貌所动，你就需要去别的地方寻找帮助了——同学、另一位老师、你的家长、辅导老师或者是校长。）

亲爱的艾利克斯：

“我有时候听不明白课堂上讲的东西。但是我怕我提问了，大家会说我问的问题很蠢。”

不要担心你的问题蠢不蠢。其实，能问问题是一种聪明的表现，说明你仔细听讲了，而且你很在意你想学的东西。老师知道，如果有学生没听懂，很可能还有其他人也没听懂。因此，好的老师会感谢提问的学生。而你，则会成为同学的偶像，因为你大胆，敢把心里想的问题提出来。

亲爱的艾利克斯：

“如果你感觉一团混乱，都不知道要怎么提问，你会怎么做？”

我会举手，很礼貌地说：“对不起，柏拉图老师，我感觉一团混乱，都不知道要怎么去提问。您能不能再讲一遍？”

柏拉图老师会问班上其他同学是不是也觉得很混乱。当大家都把手举起来，他会再讲一遍的。

亲爱的艾利克斯：

“我们学校很多同学都喜欢拍老师的马屁。他们太势利了，没有人喜欢他们。我对他们粗鲁一些，可以吗？”

什么时候都会有拍马屁的人。（说好听一点儿吧，那是些精通赞叹他人的人。）他们不过是孩子，即使老师说“这些不用记”，他们还是会把老师说的话一字不漏地记在分色笔记本里。

有些同学在学校里成绩不错，按时交作业，行为举止负责任，上课举手发言，参加课堂活动，对待老师和同学都有礼貌、很尊重，而且不拍老师马屁。这样的同学是个好人，你应该好好交往。

那么，什么叫拍马屁呢？那就是有人做了上面所有的事情，同时还表现出趾高气扬的态度。换句话说，就是某个人做一切周到的事情，但目的很明显是为了自己的目的。我们为什么不喜欢这样的人呢？因为他们把礼仪破坏了！他们把礼仪当作工具，实现自己的目的。礼仪的好处是这些行为的副产品，而不是出发点。当不真诚的心不再隐秘，礼仪也就成了拍马屁。

教室礼仪 30 条“可以做”与“不可以做”规则——老师篇

可以做	不可以做
对待所有同学都要有耐心、要尊重	忽视学生
倾听学生的话语	大声压过学生
避免冷嘲热讽	完全基于猜测而对学生进行指责
鼓励学生听不懂就提问	因为一人犯错，全班被罚
尽量讲解清楚	叫学生回答问题，只为让他们难堪
不让个人喜好影响总体师生关系	在全班面前取笑某个学生
要理解、同情青少年的痛苦与压力	因为其他老师对某个学生的意见而有偏见
每个学生都不一样，应该分别对待	侵犯学生的隐私
期待学生做到最好，而不是最差	偏爱学生
要有忍耐与同情	放学后故意让学生留堂，纯粹为了使他们不舒服
允许学生上厕所	把自己的问题迁怒到学生身上
对负责任的行为加以特别奖励	不给学生解释的机会，而且只想最坏的可能性
男生女生平等对待	在不了解学生之前就下判断
如果开粗俗玩笑，后果自负	假设所有放屁的学生都是故意的
使用口香糖去口臭	假装和蔼可亲

教室礼仪 30 条“可以做”与“不可以做”规则——学生篇

可以做	不可以做
听老师的话	欺负同学
想清楚再说	口头和肢体上冒犯他人
自己搞脏自己清理	在性方面侵犯他人
上课前预习	拒绝别人合理的请求
先举手，被叫到才发言	在老师或同学说话的时候插话
与人交谈时有眼神交流	不经允许取用他人物品
互相赞叹	背后说人坏话或谣言
在教室里不戴帽子	贬低他人抬高自己
与老师同学讲话友善、尊重	干扰同学的学习
手脚不碰到别人	在课堂上表现出觉得很无聊，或者睡觉
说“请”“谢谢”“抱歉”还有“对不起”	对别人的长相、能力、背景、家庭、种族还有性取向做伤人的评论
不用生气的方法来表达不快	给别人施压，做出卑劣、有伤害性或非法的事情
上课听讲做课堂练习，即使不喜欢也尽力	故意打嗝或放屁
如果跟某人有冲突，就跟他/她去交谈，而不去跟其他人谈	上课时发信息、打游戏、玩脸书等
记得老师也是人，也有感情	故意把马克笔搞出吱吱的声音

作弊的问题

多年来，很多学生都问过：作弊是不是不礼貌的行为？虽说这个问题忽略了一个关于作弊的更重要的问题，基于礼貌，我需要回答一下。

“对的”与“有礼貌的”事情，有时候并不是一回事。一位衣着讲究的绅士，可以走进一家银行，摘下帽子，对带着两个孩子的女人礼让，然后走到柜台前，说：“抱歉，我是来抢银行的。你能不能把钱给我拿过来？”他可是礼貌得很啊，不过他的道德准则却让人不敢恭维。

作弊也是一样的。如果你打小抄，但没有人看到，而且你们老师也不用曲线评分，那么，作弊也不算什么不礼貌的事情，因为这样的作弊没有影响到别人，只影响到你。但是，这样做并不是对的。另外，如果你作弊使得同学感觉不舒服，或者让他们也陷入被纪律处分的危险，那可能就算是不礼貌的行为，而且是错误的行为。

人们对作弊的通常解释是：“每个人都作弊。”每个人也都会死，但是，这并不意味着我们现在就得去死。作弊会伤害你的自尊与自信。如果你作弊了，你的老师和同学可能会知道，他们就会看不起你。如果你作弊了，还得了较好的分数，你要如何面对自己呢？如果你不给自己机会好好测试一下，你怎么知道自己是不是真的懂了呢？如果你一直活在恐惧之中，一直担心会被抓住，你如何做到心平气和呢？

如果你诚实、努力学习、有热情，除了考试成绩，还有很多可以让你成功的路子。尽量不要作弊。你的骄傲与自尊远比靠作弊得来的A好很多。

亲爱的艾利克斯：

“我们班上有个同学，考试的时候老是想抄我卷子。我很不高兴，

但我不知道该怎么做。”

这里有一些对策，你参考一下。

你坐在别的地方。不过，如果你们有固定座位，那就很难做到了（老师指定的，或者是小团体自己定的）。

揭发作弊行为。很多学校对学生恶意揭发作弊有严格的处罚规定，你可能会惹祸上身。所以，这条就不要考虑了。

半揭发作弊行为。你可以跟老师泛泛地说，考试的时候，有人可能不是自己做自己的卷子。这可能会让老师更加注意监考。但是还有更好的方法。

把你的卷子遮住。这应该是最理想的方法了。把你的卷子遮住，就是给偷看你的人一个明确的信息，你不希望他/她抄你的卷子。这也能让监考老师了解情况。

跟作弊的人聊聊。有些学生作弊，是因为他们懒惰或对学业不感兴趣。其他人作弊则是因为他们压力太大，太想成功。这些人经常感觉混乱、焦虑、有负罪感，并且感到很羞愧。如果你去找这些抄你卷子的人聊，必须做到礼貌应对：“不好意思，我不让别人抄我卷子。”

你没有权利给人家上道德课。最多只能讲几句这样的话：“但是，如果你没有搞懂的话，我愿意在考完之后跟你解释一下那些题目。”

他可能让你别管闲事。他也可能对你感激不尽。不管是怎么样的结果，对你都没有什么不利。

亲爱的艾利克斯：

“所有老师布置的小论文，都要在同一天交。哪有可能把所有东

西都同一天做好？有几次，我在网上买了一些作业。他们甚至可以把现成的答案，根据我的作业要求进行修改。我在交作业之前，自己还仔细看过、改过。我朋友说这也算作弊。我说，我只是通过互联网来做研究和准备。”

这当然算是作弊。你自己写，是自己在网上寻找你认可的第一手、第二手的资料，然后形成自己的观念。这和购买别人已经写好的作业或小论文是有很大区别的。

我知道，老师也很夸张，把交作业的日期定在同一天。谁不想通过互联网的巨大资源来做一些准备工作呢？但是，如果你把从“真题供应公司”买来的东西当作自己的东西交上去，作者的身份就不清晰了。把别人的东西当作自己的东西交上去，这叫“剽窃”。

作弊这样的不诚实行为本来就不应该做。你也别再去买那些试题和答案了，因为总有一天会东窗事发的。有软件可以检测剽窃行为，越来越多的老师也在使用这些软件。如果你被抓到了有这样的行为，你得多难看，别人还怎么相信你啊。在学校，你就是应该学习管理自己的时间，写好作业。即使你侥幸，没有因剽窃被抓到，你也是在骗自己。为什么不先跟班上同学通通气呢？看是不是也有别人被这样的作业压得喘不过气来。如果你能找到一小组同学，一起去找老师谈谈，看是不是能够调整一下交作业的日期。如果学生承受的不实际的压力过大，他们就无法做出最佳的作业。

互联网是一个寻找资源和信息的好地方——有些真是好东西，而有些则是垃圾——但它不是能够帮你找到作业资料的私人助理。你可以去博客上或一些网站上找你要的东西，但是你发一条信息“嗨，我想写关于刘易斯和克拉克的小论文，谁有什么好资料啊？”这样的做法就很不好。你应该提出明确的问题，如“刘易斯和克拉克在第六汽车酒店住过吗？有谁知道吗？”这样的问题就比较好。

亲爱的艾利克斯：

“我和朋友数学都学得很好。我们都喜欢做数学题，但是我们老师布置的数学题多得离谱。如果做10题就能证明这类题我们会做了，老师还是会让我们做100题。所以，我和朋友这样处理：她来我家，我们各做50题，然后我们互相交换答案。我们差不多每次都全对。您觉得这是作弊吗？”

我觉得这样做效率很高。

和老师搞好关系

如果你遵守了前文《教室礼仪30条“可以做”与“不可以做”规则——学生篇》，如果你的老师头脑清晰而且通情达理，那么，你们应该很容易跟老师搞好关系。不过，在学校里，你可能会遇上很麻烦的老师，或者可能遇上特殊的情况。但是，只要你做好了准备，一切都可以迎刃而解。以下就是一些建议，可以在比较有挑战性的情形中使用。

亲爱的艾利克斯：

“我的名字别人老是不懂得怎么念。我怎么让老师念对呢？”

如果老师很注意的话，在上学的第一天，发觉有学生的名字不是常见的帕特、克里斯、卢克、格蕾丝或凯特，他就会跟学生问清楚，名字该怎么念。如果老师没有这么做，你最好下课后就去找老师。为什么下课才去，因为大家都不想在大庭广众之下被人纠正错误。千万别在课堂上说“老师，你把我的名字读错了”，因为这就是在说老师犯了一个错误。你应该说“不好意思，老师”，然后跟他说你的名字的正确读音。你应该来点幽默感。如果你父母把你的名字写成“凯伦”，然后用法语的发音“卡瑞林”，那有谁会知道？如果你是法国后裔，别人看你的名字，以为应该叫你“盖伊”，但你却是“基仪”。

如果你课后才去找老师解释你的名字发音，老师会觉得你很懂礼貌。你的这一个学年就有了一个很好的开始。

和问题老师搞好关系

全世界任何团体，包括老师在内，里面各式各样的人都有：圣人型的、循循教导型的、可爱的自我中心型的、单口相声型的、激动万分演说型的，还有鞠躬尽瘁导师型的。根据平均定律，肯定还有其他型的：会欺负学生的、尖酸吝啬的、稀奇古怪的、有权威情结的至高无上的保守派等。这些人有时可会做出一些不公平甚至有杀伤力的事情。

在学校外面，如果有这种你不喜欢的人，可以忽视或躲避。但是在学校里就不行了。所以，你该怎么办？以下是五条黄金定律，可以保护你免受权威人士不良行为的侵害。

1. 看准时机。时机很重要。你应该避免在老师情绪不好的时候去找他。等老师情绪好了，有耐心了，心里充满温暖了，再去找他。你可以说：

“月光老师，不知道我能不能问一个问题。您现在方便吗？”

2. 私下解决。没有人喜欢在公众场合被人发难。如果有其他人在场，一般人都会想要在口头上占上风、要面子，而不一定会解决问题。如果真的需要当下就来维护正义，那么，以下第 3～5 条非常重要。

3. 将心比心。老师也是人。如果学生能说出几句体谅的话，老师会很感激，你们之间的关系也会非常好。试试以下开场词：

> “没人注意听您讲东西，您一定觉得非常有受挫感，对吧？”
>
> “我敢打赌，没人交作业，您一定很为难。”

4. 要解释，不要抱怨。如果你对老师进行抱怨，说：“这不公平！”“你从不听别人怎么说！”老师立刻会进行自我辩护。如果你对老师的某些做法不满意，应该从你的角度来解释事情。不要提到老师的做法。你不应该这么说：“我知道，你有权利让我做这个测试。”而应该这么说：

> “我知道，即使我生病了，我也是应该好好学习的，但是我的头确实疼得厉害。我的成绩对我来说非常重要，因为我要上大学，必须拿到奖学金。”

5. 建议另外的方法。如果老师处理事情不公平，通常是因为他们发怒了、受伤了，或者有挫败感，或者江郎才尽了。你应该帮助他们，你们全班同学或许可以开一个集思广益的会议，来商讨如何应对偷东西以及欺凌行为。你可以把你们讨论的结果作为建议提出来：

> “现在，我头疼好了，我在想，是不是能够用考卷所涉及的内容来写一篇额外加分的文字，来提高我的分数？”

大多数老师都会赞同这样的做法。如果你不是在逃避责任，或者不是不想交作业，你会惊讶于老师愿意做出多少让步。

亲爱的艾利克斯：

“有一位老师，如果一个同学犯错，她会让所有同学都留下来。我觉得这样做很不公平。我应该怎么做呢？”

首先，我们了解一下，你已经向她学习到一个重要的教训：人生没有公平可言。有时候你能够出点力，有时候你绝对无能为力。不过，还是可以试一下。

等老师心情稍好了再处理。等没有其他人的时候再处理。你不能指责她，只能同情她，跟她解释，然后提出建议：

“我很抱歉看到你的贝多芬石膏像被打碎了。我知道它对你来说很重要。但是让全班都留下来，解决不了问题。而且，很多无辜的同学都被处罚了。我上历史课也迟到了，后来被留堂。我一位叔叔是开古董店的，如果你需要，我可以请他帮你留意贝多芬半身像。”

这样的做法主要针对解决问题的方法，而不是责怪老师。她可能

会接受你的处理方法。

亲爱的艾利克斯：

“我每次被叫到黑板前去做题，我都非常紧张，我觉得很尴尬，而且会犯很低级的错误。然后老师就会当着全班的面取笑我。太气人了！”

找个时间私下跟老师谈谈这件事。跟老师解释一下，你在黑板前会很紧张。还要说你被取笑了感觉不好。你可以建议其他的处理方法。比方说，不要让你自己单独做题，你可以带全班一起做。或者，你可以在做家庭作业的时候多做几题。如果他坚持要让你到黑板前去做题，他应该多考虑你的感受。

好消息是：即使你觉得被羞辱了，事后几天仍然感觉不高兴，但其实你还没走回座位你同学就会忘记这件事情的。因为他们要担心自己会不会被叫到黑板前去做题。

如果这样的问题继续存在，那你应该去找学校辅导员，或者跟你家长谈谈。

亲爱的艾利克斯：

“一位老师在全班面前说我偷了东西。我没有偷。后来，他们抓到了偷东西的人，而没有人向我道歉。我很生气。”

你完全有理由生气。你老师说你偷东西，这样的行为很粗鲁。既然他是在全班面前说的，那他也应该在全班面前道歉。如果你的老师不主动道歉，你可以私下找他，说：

“肖其贵老师，班上很多同学至今还认为是我偷了翠西的钱，我说不是我偷的，他们还不相信。如果您能出面向全班解释一下，是别人偷的，跟我完全没有关系，我将感激不尽。”

真实故事

来自礼仪前线的报道

学校的残酷事实

人生有很多事情你已经了解。比如说被叫到黑板前，你才知道书到用时方恨少。（注：黑板即白板的前世。）

高一年级的数学课，我至今记忆犹新。我一直韬光养晦，不想被老师看见，但是常常不如意。一天，我被老师叫到黑板前，做一个演算。我挣扎着演算完毕，然后像根旗杆一样立在那里。死一般的寂静。然后，一根粉笔向我飞来。（这位老师以投掷粉笔闻名全校。）然后老师长篇大论，大谈特谈何为愚蠢——我和我的答题方式之蠢，以及全班没有看出我的问题之蠢。

嘲笑学生，这是不可饶恕的粗鲁行为。嘲笑学生错误的老师，应该感到无比羞愧。有些学生可能解题时出了洋相，但这并不能成为老师嘲笑学生的理由。因为，我们知道，负负不得正。粗鲁形式不是礼貌的行为。

给老师礼物

在教室里，不应该送礼物。给老师送礼物，会给家长（出钱的人）、学生（挑选礼物的人）还有老师（需要表现出很高兴的样子的人）带来很大困扰。

这是我的经验之谈，因为我在学校里工作多年，跟很多杰出的年轻人打过交道。我目睹了无数的香水、围巾还有卡路里含量高的糖果的赠送与接收过程。没错，老师确实应该被感谢，但是这样的感激之情应该来自诚心诚意的表达，而不是物质的机械传递。如果你真的想给老师一个好礼物，以下就是一些用钱买不到的最好礼物：

- **整个学年认真听讲、积极学习。**这是最好的礼物。相信我。
- **诚挚的感谢信。**告诉老师，他的教学、以身作则和支持，是对你的极大帮助。若老师也回复了感谢卡，你们可能会发展出一辈子的友谊。

● **支持学校与老师获得更好的条件。**很多学校因为缺经费，已经快撑不下去了。窗户破了，墙斑驳了，教科书也不够用了。老师的工资寥寥无几，而很多人赚的钱却多如牛毛。如果你想回馈老师一些东西，那就积极声援给老师涨工资、给学校多拨款。你可以发请愿书、在校董会发言，鼓励大家表决。

● **手工制作的东西。**拍一张全班的照片，让所有人签名；写一首诗；录制一首你写的歌；做一件工艺品。这样的礼物，老师会想要保留一辈子的。

虽然以上说了这么多，你去买礼物也是可以的，如果礼物能体现你细心观察了老师的兴趣或需求。在学习的过程中，你可以从老师那里学到他们分享给你的信息，甚至是他们着装的方法，教室里的布置和摆设等。如果你发现老师喜欢秋海棠，或是宽版领带，或是托斯卡纳，那你买一条花色炫丽的领巾就非常合适。

处理对老师的喜爱

能有你喜欢的老师是件非常好的事情。很多孩子在上学期间都会喜欢上一位或多位老师。这种喜欢，可能是被吸引、很浪漫的那种，或者是尊重与钦佩的那种。这些都是正常的、自然的。

"崇拜"某人、对他们抱有幻想，是正常的——只要不影响你的学习与社交生活。如果你天天想着某位老师，而你的学习开始一落千丈，你和朋友断绝关系，这些情形就令人担忧了。可能你是想亲近某位成年人，却把老师当成了对象。你有什么心事，很迫切地想跟人谈吗？你的父母之间有什么矛盾冲突吗？你对爱的渴望，你希望有人倾诉的渴望，可能导致你需要找一位可以倾听你人。去找学校辅导员、找亲戚、找你家的大哥哥或大姐姐聊聊吧。这样可能会把你的压力消除一些。

你的老师也可能很喜欢你。他（或她）可能会喜欢你吧，但不是你想象的那种。你的注意力、你学习的积极性让老师满意并有成就感。但是，如果你把这种感受解释为他（或她）对你有爱意，那就不对了。因为他（或她）是你的老师，而你又比他（或她）小很多很多，他（或她）不能跟你有别的关系。这样做不专业，也不合法，不管你（或他/她）有多么渴望。

你不要把你的心思告诉那位老师。这其实是在给他（或她）一个“拒绝”你的机会——这可能使你们以后拥有共处的时间更加困难。你可以在年终的时候，送他（或她）一张感谢卡。告诉他（或她），你很喜欢他（或她）的课，并非常感谢他（或她）对你的帮助以及对你的关照。但是，你不要告诉他（或她），你做白日梦的时候，都幻想着他（或她）独自一人在热带海滩上的情形。

亲爱的艾利克斯：

“有一位老师，我老是想着他。我想他也喜欢我。我可以送他一张情人节贺卡吗?”

如果你们学校的同学有情人节送卡给老师的传统，那就可以。如果没有这种传统，那就不可以。

如果你送卡给你最喜欢的老师，要注意里面的内容不要含有多愁善感或者浪漫的字眼。最好的做法是给所有老师都送一张卡。

代课老师的痛苦

代课老师为什么会让学生表现出他们最差的一面？为什么通常表现良好的一个班级在任课老师不在的时候，会变成一群扔纸团打人的捣蛋鬼？到底是什么原因，让这些平时讲礼貌的学生喜欢折磨这个临时工？

我们先不要进行例行的分析。我们只谈礼貌和礼仪。让临时代课老师很不舒服，这是很不礼貌的事情。（他们可能会痛哭流涕地冲出教室。）

代课老师来上课，还没跨进教室大门，就已经处于劣势了。他们是临时接到通知来代课的，不了解同学，不了解任课老师的常规做法，今后也不太可能再见到这个班级的同学。代课老师不太会用学校的一些设备，不太懂学校的历史与传统，跟学生没有个人关系，跟学生今后的成绩单也没有什么联系。同学们因为这个而让代课老师不好过，真是粗鲁的行为。这等于把乌龟壳倒过来放，对它进行折磨（我是用乌龟做比喻而已，没有不敬之意）。

学生们通常喜欢让代课老师不好过。大家都这么做，并不代表这是对的。代课老师的出现，给你一个极佳的机会，你所学习的礼仪可以真正派上用场了，因为，同学的行为反映了任课老师的情况。积极帮助代课老师，礼貌对他，会让代课老师感觉自己得到欢迎与尊敬，同时，让他对任课老师肃然起敬。这位代课老师写代课报告的时候（一定要写），他会把那些让他代课顺利的好学生一一记录在案。

欺凌、顽固与坏行为

我朋友跟我说了一个故事。她说，有一回她去儿子的学校，在去他教室走在过道上的时候，两个学生从媒体教室走出来。其中一人撞到另外一个人，有了以下对话：

"看路，你个@＃＄％&！"

"你才要看路，你个@＃＄％&！"

"你管得着我吗？你个@＃＄％&！"

"老子就来好好管管你。你个@＃＄％&！给老子死过来，老子一脚踢@＃＄％&！"

"嚯，老子踢爆你@＃＄％&！"

"@＃＄％&！"

"@＃＄％&！@＃＄％&！"

这是发生在高中的事情？初中？我的朋友听到的，是两个互相炫耀的青少年吗？不是。她是去她儿子就读的小学。那两个学生是一年级的学生。他们是欺凌教派刚入教的。今后，他们一定是偏执狂（在他们使用侮辱种族的词语中已经得到证明）。他们是坏行为的典范。你可能知道你所在的学校也有这样的人。继续看下去吧，下面我会介绍一些应对的方法。

你对欺凌的理解

你一定在学校里看过同学被欺负，也一定觉得很生气。欺凌行为破坏了学校的氛围，不仅是粗鲁，还有危害，甚至可能有致命的危险。有一些在学校被欺凌的人辍学了，有一些自杀了，还有一些杀了那些欺凌他们的人（大家都想把他们杀了）。

欺凌的方式有很多种。有口头的：讥讽、骂人、逗弄、威胁、侮辱、对他人性取向（或可能性）进行评论。有社会性的：传播恶意的谣言或谎话；对某人进行“冷处理”；排挤某人；在公众场合让某人难堪。还有网上欺凌①：使用手机、无线网、互联网去伤害、侮辱、羞辱他人，或让他人陷入危险境地。当然，还有肢体上的欺凌：打人、拳打脚踢、绊人、推人、丢弃、偷窃、强占等。不过这种欺凌都是粗鲁、残酷、冷酷的行为。

如果有人在旁观，欺凌行为就会变本加厉。但是，为什么人们会去欺凌他人呢？原因很多。就旁观者而言，他们看到的是，欺凌者比较强悍，人多势众。旁观者可能觉得欺凌他人很好玩，很有意思。他们可能害怕，如果他们说了什么，欺凌的人也来欺凌他们。他们可能觉得，即使报告了也无济于事。欺凌可能使旁观者感觉有负罪感、无助、害怕。其实，如果有人去报告，会产生很大改变的。不要让欺凌者享受快乐，不要默然处之。要勇敢。以下有很多种方法，你可以尝试一下。

如果你看到欺凌现象……

在公众场合强硬对待。这需要很大的勇气。但是，因为欺凌别人的孩子会寄希望于旁观者的沉默，所以，如果看到有人在学校走道上或者巴士上欺凌他人，你可以安全地站出来，说：

> “别乱来。没人觉得你干的事情好玩。”
>
> “别去动他。别人对你这么干你会怎么想？”

---

① 本书第十一章讨论了网上欺凌。

私下强硬对待。把他拉到一旁，奉劝他：

“我说，福乐，你可能不知道哈，你对小强的方式，大家看了都觉得不爽。真的不好玩，你还搞得自己背了个‘欺凌’的坏名声。我是肯定不会要这样的名声的。我知道你不是那种人，我就想跟你说说，因为你知道后果会怎样。”

这是使用礼仪好玩的地方——你可以随意发挥。你一下就看穿了福乐的善良本性，他可能会放小强一马。

帮助被欺凌的人离开现场。带着他走到一个安全的地方。带到有大人的地方。打断欺凌者，然后对被欺凌的人说“我们需要讨论一下生物考试的事情”，或者“尊白尼先生找你呢”。

帮助被欺凌的人，提供安慰。说：

“别让福乐那小子找你麻烦。大家都知道他是个混蛋。”

“他是故意给你找碴的，因为他想让你生气。保持冷静，跟我们待一段时间，不要让他看出你被他惹火了。”

号召旁观者支持。在有人欺凌他人的时候，你可以面向旁观者，说：

“有没有其他人讨厌福乐这么找别人碴的？”

应该有很多人感觉跟你一样，并且会积极响应。你要让大家知道，如果有人观看、发笑或者怂恿欺凌的人，那他们就是一丘之貉。

对被欺凌的人表示友好。被欺凌的孩子，通常没什么朋友。你应该主动一些，去跟他交朋友，跟他讲话，跟他同行，跟他一起吃午饭，在巴士上跟他坐在一起，给他打电话，给他发信息。就短短几分钟，可能对他的人生有很大的作用——甚至救了他的命。

把谣言扼杀在摇篮里。如果你听到任何不实的谣言，应该跟传话的人说这是谣言，不要再传了。

把被欺凌的人介绍给成年人。被欺凌的人需要得到他可以信任的大人的支持，这很重要。你可以提议说愿意陪他去见校长、老师、辅导员或者他的家长。如果他不想去，你可以主动说，你愿意帮他说。

提高大家的认知。在积极反对欺凌的学校里，欺凌的现象比较少。你可以去了解一下，自己能在哪方面出点力。是不是可以写反对欺凌的博客？给报纸的主编写信？给校报投稿？写推特来反欺凌？积极主张反欺凌？这些都会有帮助的。你可以去跟校长、老师或者辅导员说说。请他们召集一些有兴趣的老师和学生来做校内反欺凌的事情。

向更高层呼吁。在“以前的黄金时代”，孩子们可能遭受的最可怕的欺凌就是沙士汽水被抢，要不就是给打得鼻子流血。如今世道不一样了，在美国，欺凌的人可能都有 AK－47 冲锋枪了。我没开玩笑。从前是欺负，现在变成了抢东西、情绪上的恐怖袭击、肢体上的折磨还有网络上的欺凌。这些事情如果发生在学校，你要是直接面对的话，可能会很危险。你应该跟家长谈谈，跟辅导员还有学校的行政人员谈谈，甚至找警察来帮忙。你一定要让更高层的当局知道现状。他们可以提高警惕，惩戒那些欺凌他人的学生，找家长，并在学校推行反对欺凌的项目。你不应该在一个“战区”接受教育。

欺凌是非常严重的违反礼仪的事情。目前的可悲现状是，你这辈子随时都可能碰上欺凌的事情。其他人也可能会碰上：家长、教授、法官、警察、老板、官僚。礼仪是按照大家一致同意的游戏规则制定的。如果那些欺凌他人的人，能够与社会有一丝丝的联系，你就可以用你的礼貌礼仪来改善现状。但是，如果欺凌他人的人拒绝接受社会的规章制度，那么你只好拿出其他的应对措施了。

如果你是被欺凌的对象……

不理会欺凌你的人。最开始，你可以装作没有听到。不要看欺凌你的人。快速离开，走到安全的地方。幸运的话，这只是偶然事件，今后不会再出现。

不要表现出你很愤怒。大多数欺凌他人的孩子都想要看到你被惹恼的样子。如果你不哭，也不生气，他们可能会觉得很无聊，也许就会走开了。要控制情绪，不是件容易的事情，但是，如果你不控制住自己的情绪，想欺凌你的人就会控制你的情绪。你表现出的情绪越少，他们越不可能继续控制你的情绪。当你安全地离开了他们的范围，你可以想办法疏导自己的情绪。你可以做个记录。去跑跑步。跟朋友说说。

命令欺凌你的人住手。你必须说："住手!""不许来骚扰我!"如果你是那种有幽默感的人，还可以开个玩笑，笑笑就过去了。

不要还手。这只会把事情搞得更糟，甚至会让你受伤或惹上麻烦。

走开。跑开也行。跑到有大人的地方。

跟你信任的大人说这件事。不要把你的情感锁起来。告诉你父母。如果你不想跟他们聊，那就找你可以聊的人，如老师、教练、校长、辅导员，或是你的哥哥姐姐，或者是牧师。如果你没有得到你想要的答复，可以找其他大人讲述。如果你跟一个朋友一起去找大人讲述，可能会好些。如果这个朋友看到了你被欺凌，会更好。

表现出信心。没错，要表现出来，演出来。腰杆子要挺直。头要昂起来。看着对方的眼睛。这样的做法会让那些想欺凌你的人无法靠近你。

在经常发生欺凌的场合，不要单独一个人待在现场。不要单独一个人去储物间、浴室或者其他校内缺乏监管的地方。要一群人一起活动。跟其他同学一起回家。下课或去食堂时，跟朋友一起去。

不要离大人太远。跟巴士司机靠近一点儿。在走道里，跟老师走得近一些。大多数的欺凌现象发生在大人不在的地方。

把你的物品贴上标签。如果你的物品上有你的名字，别人就不太可能拿走。

要清楚，如果你被欺凌，不是你的错。欺凌你的人想让你感觉自己一无是处。他们想让你觉得你就该被人欺凌。其实你不该被欺凌。你是个好人，应该被人尊敬，被友善对待。

增强信心。去做一些能让你增强信心的事情。去运动。（这是你可以做的最有效的事情，让你振奋精神，不会抑郁。）学学武术。学习静坐或瑜伽。可以去学音乐、艺术、舞蹈、骑车、运动或者设计手机 App。你会感觉良好，遇上很多和你有共同爱好的人，你们可以成为好朋友。

采取强硬的措施。告诉老师、辅导员、学校的行政人员。根据法律、道义，如果有人汇报校内有欺凌现象，他们必须采取行动。如果欺凌现象没有得到制止，甚至恶化了，如果学校里的成年人无法控制情况或不想去控制情况，你父母应该联系警察，或者考虑采取法律行动，来应对欺凌他人的青少年以及他们的家长。

如果你是欺凌他人的人……

欺凌是最最没有礼貌的事情了。让其他孩子感觉受伤、恐惧、寂寞、被迫害、抑郁，还有比这更糟糕的行为吗？如果你欺凌了其他同学，你需要扪心自问：

- 你有权利打压别人吗？
- 你是不是想要获得别人的关注？

- 你是不是想要受人欢迎，让别人觉得你很厉害、很强？
- 你是不是经常捅娄子？
- 你是不是不高兴、郁闷？
- 你是不是很寂寞？
- 你是不是家里有什么问题？
- 你是不是家里人都喜欢喊叫、骂人？
- 你父母是不是会打你？
- 你是不是看了很多暴力电影或者玩了很多暴力游戏？
- 你的偶像是不是经常通过发怒与暴力来得逞？
- 你是不是觉得没有安全感、压力大、很愤怒？
- 你是不是被欺凌过？

如果对上述问题，你回答了“是”，那可能就是你欺凌别人的原因了。

或者：

- 大家很喜欢你吗？
- 你运动好吗？
- 你成绩好吗？
- 你有很多朋友，有很多兴趣爱好吗？
- 别人尊敬你，想要跟你做朋友吗？

如果对上述问题，你回答了“是”，那么你很可能很受大家欢迎，但情况却非如此。肯定是哪里出了问题。可能是关于安全感的原因，也可能是爱的缺失或者没有大人支持和帮助的原因。没错，肯定是哪里出了问题，因为幸福、健康的孩子不会想要看到别的孩子惨兮兮的。他们不会让别的孩子感觉屈辱、悲伤、害怕，而自己却觉得高兴。如果你是这样的孩子，你的内心深处受到的伤害是很深的。而且，你也不知道要如何处理你的问题。你可能会给自己的生命与未来造成伤害。

你需要深深挖掘一下，你为什么会有这样的表现，对别人并最终对自己造成这么大的伤害？跟你信任的人谈谈吧。跟他们说说你的所作所为。看有什么方法可以解决你的问题，而不要去伤害他人。如果大家很喜欢你，而且你也很强大，那就找个方法来更好地来让你心满意足，让你受到尊敬。难道你不想成为又酷又有爱心的领导者，却想当个坏心肠滥用暴力的欺凌分子？

不准性骚扰

性骚扰是完完全全的**粗鲁**，而且还违法。性骚扰完全不是友好友爱的行为。即使最轻度的性骚扰也是不体谅人的行为，或沟通不当，这是没有准则地企图挑逗、折腾、表达感情或者“报复某人”。最严重的性骚扰，则是非常敌对的、控制性或者暴力的行为。

性骚扰跟欺凌类似，在学校里很常见。有研究[①]显示，接受调查的中学生中，在调查进行的那一学年当中，有接近一半的人（48%）说在校内有被性骚扰的经历。大多数被骚扰的对象是女生（56%），男生也被性骚扰（40%）。男生更容易对其他人进行性骚扰。以下是一些中学生性骚扰的例子：

- 不被欢迎的触摸、拥抱、亲吻、抚摸。
- 性骚扰或企图性骚扰。
- 强奸。
- 从后面揪起别人的内裤。

---

① HILL C，KEARL H. Crossing the line：sexual harassment at school. AAUW，2001.

- 揪下他人的裤子或裙子。
- 肢体上的侵犯（围堵人、挡人、高位俯压或紧密贴近）。
- 施压获得性行为。
- 制造亲吻、吮吸或咂咂作响的声音，让别人觉得不舒服。
- 做出某些色情的动作（舔的动作、舌头动作、亲吻动作以及眨眼动作）。
- 抛媚眼，色眯眯地看人。
- 上下打量他人。
- 叫春、吹口哨。
- 直白地问个人性幻想问题、性偏好以及性经历。
- 对衣着、外表、身体部位、某人喜欢或“擅长”何种性行为做出大家不喜欢听的评论。
- 用外号称呼别人（“宝贝”“蜜糖”“婊子”“骚货”等）。
- 对他人的性行为说谎或者散布谣言。
- 讲大家厌恶的性笑话或肮脏的笑话。
- 不断约人外出，而对方一直没有兴趣并且拒绝。
- 用手或身体部位做出性行为的动作。
- 在他人面前做出自我性抚摸或展示动作。
- 发送大家不想看到的有关性方面的信息、实时短信、照片或电子邮件。
- 展示色情或性行为方面的动画、涂鸦或图片给不想观看的人看。
- 制作书籍、清单或网站来针对某些学生做出污蔑性的评语。
- 公开对某些人的外表或身体给出“评分”（如按 1～10 评分）。
- 在脸书或其他社交媒体发表个人的性方面照片，令人感觉尴尬、羞辱，或对某人进行报复。

你可能对上述清单中描述的一些事情表示怀疑。你可能会问，友好地触摸一下、评论一两句或者吹个口哨，有什么不好？跟人调情也犯法吗？难道连找乐子的权利都没有了吗？

找乐子当然可以，但不能以伤害他人为代价。也许你喜欢某位男生或女生，你对他们的行为没有恶意，但是，性骚扰是以“承受者”的角度来定义的，不是以“施予者”的角度来定义的。如果你的行为承受者不喜欢，或者，如果承受者感到尴尬、羞辱、害怕、无奈、被侵犯或被贬低了，那你的行为就算是性骚扰，而不是调情。如果你的行为对象要求你或示意你停止动作，那你的行为就算是性骚扰，而不是调情。

调情的行为让承受者觉得被重视、受宠若惊、受到关注、受尊重，性骚扰则让人觉得迷惑、生气、被恐吓、被贬低；调情让承受者的自尊提高，性骚扰则让承受者的自尊受到打击；调情是双方的互动，性骚扰是单向的；调情是受欢迎的，性骚扰是不受欢迎的。

有时候尺度不好拿捏。在青少年时期，你有很多性方面的新感受，你想跟别人发展进一步的亲密关系。当你不断发展这样的关系，可能会感觉困惑或者迷茫。你可能不确定对方是不是喜欢你、有多喜欢你。你可能很迷惑：我可以把手搭在她肩膀上吗？道晚安的时候，我可以跟他吻别吗？我可以说她穿得很好看吗？我能告诉他，他让我浮想联翩吗？

没有标准答案。人类的爱情与性欲力量很大、很深，让人捉摸不透。不可能为了避免伤害他人或者造成误解而对调情或约会的行为进行规范。如果学校为了消除骚扰而禁止同学间的温情、信任以及友爱，那可就是悲剧了。

如果你能够讲礼貌，遵守礼仪行事，那你应该不会有调情过度的行为。讲礼貌，遵守礼仪行事，就是说你在口头上和行动上要谨慎。讲话慢些。先问一下，说："我可以……吗?""如果我……你介意吗?""这样可以吗?"

还有其他的方法可以检验自己的言行举止是否合乎礼貌。你可以问自己：

> 如果有人对我的姐姐、妹妹、妈妈或女朋友说了或者做了这样的事情，我会介意吗?
>
> 如果有人把我的所作所为录下来给我父母、朋友、老师或同学看，我会介意吗?

当然了，你很可能行为举止犹如正人君子，不过，出于隐私保护，你一定不想把你在邻居家里的事情播给大家看。上面说的是那些会让你尴尬的事情——让你的品行和名誉受损的一些录像。

如果你努力表现，考虑到了他人的需要与感受，那你的行为就不会被认为是性骚扰。你可能会被认为很性感。

如果你看到了性骚扰事件，或者本人就是性骚扰的对象，本书前文介绍的关于应对欺凌的方法，都可以用上，提高大家的认知。跟学校的学生领导还有教职员工合作，创造一个无性骚扰的环境。了解自己的法律权利以及学校的规章制度。寻求支持。找可信赖的成年人倾诉。汇报性骚扰事件。批评谣言与谎言。最重要的一点，如果你看到了性骚扰事件，或者你本人就是性骚扰对象，一定要大声驳斥。你要挑战性骚扰行为，把它说出来，叫骚扰者停止骚扰。"你发的关于奥莉娅娜的推特，很粗鲁、很侮辱人，内容错误，并且很孩子气。把它删掉！立刻删!"

反对偏执

流言蜚语你都听到了，冷嘲热讽你也听到了，你已经忍无可忍。现在应该采取行动了。应对偏执者的谎言，最好的方法就是不再忍受他们冒犯的语言。

具体应该怎么应对，要看当时的情况。你先想想，他们为什么要说这样冒犯的语言？一些冒犯的语言不是因为偏见产生的，而是因为无知产生的。虽然这不能减低这些人的丑陋，但是，由于对方不了解情况，这就给你机会，让你来教导他一下。

比方说，你5岁的弟弟叫别人“基佬”。他通常只是听到别人叫，自己也学着叫而已。你可以问你的弟弟，他知不知道“基佬”是什么意思。如果他不知道，你就告诉他。因为他太小了，你要把话说到适合他的程度，他才能听懂。

或者这样一种场景。有一位交换生来你们学校学英语，她评论了学校里的“有色人种”。你应该跟她解释，由于学校的历史，“有色人种”这样的说法会冒犯很多人。可以建议她使用“黑人”或者“非洲裔美国人”。

再举一例。你的爷爷跟你们住，他称来你家的女生为“蜜糖”。虽然你知道他没有性别歧视的意思，但你还是可以跟他介绍一下这几十年社会习惯上的改变。你可以跟他说，如今的女士不喜欢被人叫“蜜糖”，不管她们本人多么娇嫩可爱。你可以跟爷爷说，叫她们名字就可以了。

很遗憾，大多数偏执的评论都不能算是无辜的。它们都是害怕、无知及/或偏见的结果。如果用沉默来对待这样的评论，就是在默许。沉默也无法终止仇恨。18世纪政治家艾德蒙·波克说过著名的话语：“若是好人沉默不语，邪恶将会得以宣扬。”

在学校或工作的环境里，什么都不做，很简单。现实中有很多压力，让人很难挑战非正义、种族歧视。在内心深处，你知道那是错的，但是大家什么都不做，所以你自问，为什么要做那一只出头鸟呢？

因为，如果你不去积极解决问题的话，你就变成问题的一部分。如果你表明立场，偏执的人会说："你说，我们应该更加容忍。那么，你对我们的容忍在哪里？"不要被这种所谓的恶毒"辩护"给吓到。就像我们对待有毒废物一样：明白有毒废物的存在，了解它是有害的，然后尽所能将它消除。

如果你挺身而出，反对偏执者，最多会被那些人讨厌、嘲笑、排斥，而那些人行为残忍、无知、冒犯、充满仇恨，可能是非法行为。最好的结果是，你会发现班上大多数同学的想法都和你很像。一旦你打破僵局挺身而出，他们会鼓励你、支持你。你会成为学校里创建友谊、尊重以及包容氛围的重要人物。

以下有五种方式可以应对偏执者的讥笑和评论。请记住，他人偏执，不能作为你对他们粗鲁的理由。事实上，礼貌是应对偏执的最锋利的宝剑。

1. 离开。如果你去出席一场演讲或表演，台上的人（喜剧演员或音乐演奏者）可能说了一些偏执的话。此时，你要发表言论可能不礼貌也不实际；可能没有一个场合能让你提问或讨论，来反击那些评论。此时，你可以起立，离开，而且不要动静太大。不要打扰到其他人。此时无声胜有声。你的反对声音，大家都听到甚至看到了。可能有人会随你而去。你已经表明了立场。（你不是起立了吗？）

2. 怒视。我们都知道盯着别人看很不礼貌。所以，我们换个说法，称之为"高度视觉聚焦"。用你那激光般的目光看着那位口出冒犯语言的人，就足以向他表示你不赞同他的说法。如果观众都学你的样子这样做了，这个方法就非常有效。如果有 12 双锐利的眼睛都在怒视那位发言人，他一定会扭捏出汗，想着自己是不是讲错了什么。如果你的目光没有被重视，就可以采取比较吸引注意力的行动了。

3. 向发言人提问。很多偏执者以为观众的看法和他们一致。因此，如果你针对他说的那些偏执的评论提出些问题，他可能会感觉不安。假设有这样的场景：有人说了些种族歧视的话。你可以用轻快的语气和语调问他：

"不好意思?"

"我没听清楚。"

"对不起，我肯定是听错了你的意思。"

如果对方又说了冒犯的话，你可以重复你的话：

"对不起，我肯定又听错了你的意思。"

这就像孩子一直没有说谢谢，家长就一直说："我还没有听到。我还没有听到。"

4. 要求发言人解释。如果有人讲了种族歧视的评论或笑话，你可以说：

"抱歉，我没听懂。您能不能解释一下您的笑话呢?"

这是一个非常文明礼貌的问题，而且，把全场的注意力都聚焦到了发言人身上。你还可以这么说：

"你觉得这样说很好玩吗?"

5. 表明内在联系。另一种回应方式是告诉发言人，你属于他的言语所提及的范围：

“你可能不知道，我妈妈就是波兰人。”

发言人此时可能只能不知所措地一个劲儿道歉，说他没有冒犯好朋友的意思，不管他们是不是波兰人。当然，发言人可能有进一步的侮辱语言，说你“连笑话都听不懂”。

你要对歧视、不容忍以及仇恨的观点进行挑战，这是应该的。但别想着能够改变那些偏执者的思想。如果你能改变他们，那最好。如果改变不了他们的想法，那你也成功地将发言人的观点局限在他自己身上。不管是哪种结果，你都会对自己感到自豪。而且，你的行为会给其他旁观者启发，可能他们今后也会挺身而出了。

亲爱的艾利克斯：

“关于人种的笑话怎么了？很好笑啊。”

什么东西比较好笑？你的人种还是别人的人种？

讲关于人种的笑话，就等于有人在学校大庭广众之下被脱了裤子。如果是别人被脱裤子，这有点儿意思。但如果是你被脱裤子，那你就会严重受伤。关于笑话，主要看是谁在被嘲笑。

我不是反对关于人种的笑话，有些确实非常好笑。在所谓的政治正确把幽默变成濒危物种之前，我们应该好好地笑起来。对某种文化、人种、宗教或某个人群开玩笑，不应该立刻就被自动划入不敬的范围。很多笑话是善意的，是逗笑，没有恶意。不过，有些笑话是由于根深蒂固的偏见。卑劣的思想还有错误的成见是偏执的根源。

如果你想要讲关于人种的笑话（还有关于“胖子”“律师”以及“愚蠢的金发女郎”的笑话），需要遵循礼仪的尺度，需要考虑笑话的内容以及场合。

- **内容，**指的是“笑话的出发点和性质是什么”。

比方说关于犹太人的笑话，如果是嘲笑他们的神父、圆顶小帽子或者他们吃的鱼丸冻，场合允许的话，可以好好讲。如果对犹太人讲大屠杀的笑话，不管在什么样的场合，可能都会冒犯犹太人。

● **场合**，指的是“在什么时间、什么地点讲这个笑话”。

在葬礼上讲关于死亡的笑话就不对。在你奶奶家吃晚饭的时候，不应该讲关于柔韧技巧和健康代油的笑话，除非你奶奶与众不同。如果能遵循以下原则，你可以拿某个人群或者某个人种开开玩笑：

1. 笑话的对象是自己。（律师讲律师的笑话。）

2. 在场的所有人都属于这个人群。（在律师年会上讲关于律师的笑话。）

笑话一旦讲出去，你就控制不住它的传播途径了。比方说，你在更衣室讲了个黄色笑话。虽然都是男生，可有人也许对你的笑话不高兴。他们可能会告诉他们的女朋友。然后可能就有人传言，你对女性态度恶劣。可能你真的如此，可能你并非如此。但是人们总是根据你说的东西来对你进行评判。

我并不是说，你这辈子只能讲呆板的笑话。不过讲笑话之前，先考虑一下内容和场合。先想一下：如果别人对我讲这个笑话，我会觉得舒服吗？

学校体育运动中的文明举止

观众礼仪

观看校际活动要比观看校内活动更加注意礼仪。例如，在学校的音乐会上，如果有人喊道：“把那个吹巴松管的灭了！”就很不礼貌。

同样，在学校的戏剧表演上，也不能高喊："我们要看演戏，不要看打酱油的！"

在校内体育比赛当中，标准可以放松。通常，观众可以对裁判以及对方选手有轻度的语言犯规（或略施咒语）。而且，这些犯规是针对某人所打的位置、他们的表现及/或他们的身体部位。例如，对裁判的眼睛、投手的手臂以及教练的智商等，这都是合理范围内的犯规。但是，裁判的妈妈、投手的宗教信仰以及教练的人种，就不属于这个合理范围了。

这些通常可以接受的做法，即在看台上口出恶言，并不等同于接受这样的做法是好的做法。要不然，这些人如何能够挨得过比赛中无聊的暂停时间？不过，如果只是为了消磨比赛时候的无聊，为自己所支持的队高声呐喊不是更好吗？何必去侮辱对方队员以及他们的表现呢？

在如今这个时代，越来越少的人行礼如仪，我们真的需要把粗鲁的行为也学院化吗？粗鲁的行为只能怂恿看台上的人对裁判吐痰、扔雪球。看看世界杯足球赛吧，有人用啤酒瓶砸别人的头，这是流氓行为。流氓球迷的行为更糟糕！

我们应该检讨一下观众的礼仪了。让我们多说说："打得好！"少说说："把那家伙扔出去！"这样做，好处多多。毕竟，运动选手需要更多的支持。

亲爱的艾利克斯：

"我是学校棒球队的。我以前很喜欢打棒球，但是现在我想退出了，因为我觉得一点儿都没意思。来看球的家长们在看台上粗言粗语骂球员。上次球赛的时候，有两个爸爸进行了一场恶战。我打球也想赢，但是，这不过是一场球赛而已。有什么方法能够让家长们看球时不要那么粗鲁吗？"

有这种表现的家长，他们小时候经常会被罚，坐在角落里，然后不让吃晚饭就去睡觉。他们的行为不可原谅。如果他们想在看台上大声喧哗、出口伤人，他们应该去竞选国会议员。

你的队友们可能跟你有同样的感觉。你为什么不召集队友，去找教练说说？教练可以跟某位家长聊聊，或者给全体家长发一封信，提醒他们优秀体育精神的重要性。在比赛过程中，教练也可以让粗鲁的家长知道，他不会容忍对他的队员有任何的语言中伤。

家长们的表现是个大问题，这太不幸了。教练们应该在赛季刚开始的时候就联合起来，告知家长们，如果他们想来观看比赛，必须遵守某些规则。

选手礼仪

体育运动是考验运动员礼仪的最佳方法。因为，优秀的体育精神经常需要你控制自己的感情，并表现出最佳的行为。

比方说，当你在整个下午的比赛中一直被推倒，而且满脸是泥，比赛的最后两秒钟还被对方误入一球，结果被淘汰出决赛，此时，要你伸出手，向对方队员说："你们打得真好！"这是很难的事情。因为你此时最想说的是："你们交了狗屎运！"

为什么你需要隐藏你的情绪呢？因为"输赢并不重要，你怎么打的才重要"。没错。如果你相信这句话，那么我再给你来一句："棍棒石头可能会伤了你的骨头，但是，名声不会。"输赢当然重要！输赢事关自信、奖学金、事业的发展以及广告的收入。不过，在每次比赛之前、之中以及之后的表现，才是决定你是赢家、输家的关键。你可能会赢得比赛，但你可能是人生的输家。你可能在赛场失利，但在人生的道路上是个常胜将军。

以下是一些方法，让你不管比赛结果如何，都让自己成为人生的赢家：

玩得高兴。如果去比赛，不能打得高兴，何必去呢？高兴的气氛是会感染的。你的队友们会被你的热情所鼓舞，比赛也会变得更加有意思。

不要耍脾气发飙。除了小报的记者和狗仔队，没有人喜欢看幼稚的耍脾气和发飙行为。要忍住，不要骂裁判，不要撂挑子走人。只有身价百万的职业选手才可以做那样的事情。

不要找借口。如果你把事情搞砸了，真诚地道歉，然后就应该放下。如果你怪罪太阳、风、裁判、球拍或者地鼠洞，那只会招来更多鄙视的眼光。如果真的不是你的错，群众的眼睛是雪亮的。

不要责骂他人。如果你的队友搞砸了，应该多鼓励他们，而不是责怪。如果你能说"没关系"或者"别多想"，会发现效果比"瞧你干的"要好。

祝贺胜利的对手。这就是锻炼性格的时候。伸出你的手，祝贺对方打得好。

赞扬失败的对手。但要真诚。如果对方打得不好，千万不要说他们打得好。你应该说：

> “感谢你。”
>
> “谢谢你跟我们比赛。”
>
> “你们这种状态不行啊。上周你们跟林肯队就打得非常棒。”

选队要有技巧。最后才被选为某队的队员，常常是件很尴尬的事情。你在那儿站着，盯着自己的鞋，希望你是下一个被选中的人。最终，大家都被选上了，而你还在原地。最后有人说：“哈哈，威利就算你们那一队的啦。”这会造成终身阴影的。

真实故事

来自礼仪前线的报道

出局!

我读小学五年级的时候，有一次我打垒球出局了。有队友骂我蠢货，我捡起地上的一块香蕉皮就朝他扔过去。接着，我们一通扭打，搞得浑身是泥。体育老师把我们拉开，罚我们绕两个垒球网跑10圈。

本事件教育我们：如果哪所学校垒球网之间距离远，不要去上那所学校。

很多体育老师深谙此道，他们会按双数随机召集队员。如果你成为负责选人的队长，应该厚道行事。你可以（悄悄地）告诉对方的队长，请他们按反方向选人。你应该从最弱的队友开始选。所有人都会清楚你的举动是什么意思。不过，我敢保证，通常最后才能被选上的人会感激你一辈子。另外，那些明星队员也会深刻体会到：要为人谦卑，因为他们站在一旁，看着别人互相击掌庆贺被选入队。

以上差不多介绍完了赛场的礼仪。最后再啰唆几句：

- 如果你没有踢中球，而是不幸踢到了守门员的头，你应该说“对不起”“很抱歉”。
- 如果你对某人发起攻击之后，要把钉鞋从对方的裆部收回，把自己的手指从对方的眼珠上收回，然后把对方拉起来。
- 在打篮球的时候，有人跳起投篮时，不要拉下他或她的短裤。

亲爱的艾利克斯：

“我们学校强行规定，在上午体育课之后必须洗澡。我非常痛恨这么做。同学们会粗言粗语，还会对别人的那里进行比较，你懂的。”

对他人的身体部位发表贬低性的评语，这是非常不礼貌的。

我们从最基本的开始说吧：青少年都会对自己身体的发育（或者未发育）情况比较敏感。在90位同学面前赤身露体，这种敏感尤为致命。很多非常正常的青少年会觉得他们要么太胖了或者太瘦了、太高了或者太矮了、太大了或者太小了。通常，青少年在9～15岁会开始出现第二性征。大家开始对谁发育到什么程度会非常好奇。这样的好奇很自然，不过，不应该表现出来，也不应该冒犯到别人。盯着别人看是很粗鲁的事情，不是吗？

在换衣间的第一礼仪原则是：眼看手不动。第二原则：自己眼看，不要被人看到。接下来的10则警句，应该在所有的换衣间张贴一下：

1. 不要拽起别人的内裤，把别人提起来。
2. 不要用毛巾打人。
3. 不要跑动，除非你喜欢滑倒撞到头。

4. 不要把别人锁在橱柜里面。

5. 不要让自己身上的水滴到别人身上。

6. 不要藏起别人的衣物和毛巾。

7. 不要对一丝不挂的同学指指点点、大笑、张大下巴或者咯咯地笑。

8. 不要对别人评头论足。

9. 不要弯下腰，而没有先说："对不起，你是不是介意我的屁股顶着你的脸？"

10. 不要带卷尺或者放大镜进入浴室。

还有，绝对不可以拿手机或平板电脑进来拍照！

如果你对在换衣间换衣服很敏感，可以把体育课要穿的服装穿在里面。你也可以跟比较亲密的朋友靠近一些，不要靠那些喜欢捉弄人的同学太近。跟亲密的好同学用相连的橱柜；跟好同学一起去洗澡。你要记住，那些喜欢评论别人的人，通常是自己很没有安全感的人。如果有人对你的身材指指点点，你可以不理会，或者笑笑说："如果我是你，我不会这么说的。"

餐厅礼仪

乱扔食物。吐痰。刮盘子。嚼口香糖发出巨大的声音。这是动物园关猴子的地方吗？不是，这是典型的学校餐厅。

中午吃饭的时候，学生们的表现就像是动物园里的动物，因为他们整个上午都被关在笼子里了。被压抑后精力的爆发加上牛肉和薯条，这是危险的搭配组合。虽然说我们都希望看到良好的餐桌礼仪，但是学校的环境却处处给学生们制造反效果。比方说，如果学生们只有 11 秒钟的时间吃午饭，还要听最新新闻，他们就会急迫地想一边嚼一边发表言论。学生们很难在热狗和牛肉通心粉面前保持良好的举止。如果像啫喱果冻色彩动人、新鲜的起泡奶油那么绵密，他们就更不太可能表现得像绅士淑女了。

但是，你还是可以自我挑战，逆流而上，抵挡这样的庸俗化趋势。以下是一些礼仪方面的小贴士：

● 对餐饮服务人员一定要有礼貌。

● 不要摔别人的餐盘。

● 如果有人端着餐盘，不要对他们瘙痒或者绊他们。

● 如果有人餐盘或者杯子摔了，不要大笑、拍掌或者欢呼。

● 如果想从别人盘中取食物，必须先获得同意。更好的做法是，自己不要动，请对方拿给你。

● 不要在别人吃午饭喝饮料的时候讲笑话或说恶心的话。这样能降低别人把牛奶从鼻子里喷出来的概率。

● 自己的垃圾自己带走。不要从空中投掷垃圾。没有人想被你的垃圾打中。

● 要合群。和朋友们一起吃东西。很多学校里的学生都会“预留”固定的位置。如果别人占了你平常吃饭的位置，应该友好地处理。如果你瞪着那个人，捏着鼻子，冷嘲热讽，或者命令那个人走开，都是粗鲁、残暴的坏行为。

● 离开餐厅的时候，应该心存感激，因为你不需要洗碗。

申请大学

在中学时代快结束之前，大家都要面临一个重大任务——申请大学。你必须多年前就开始着手准备，并确保没有在社交媒体上留下什么会让负责招生的老师跌破眼镜的不光彩的东西。很多大学都要求申请人写一段关于自己的短文，介绍自己的兴趣、目标及/或报读那所大学的原因。有些大学会请申请人介绍学习的经历。如果你今后也需要回答这样的问题，不知你所写的东西，真实性如何？在这种情况下，诚实是最好的方法吗？

其实，有时候说真话、全是真话、绝无谎言只能换来一堆堆的拒绝信，而并不能换来大学录取通知书。如果你对所报读的大学说你只是对性感兴趣，只想离开你的家，也不能换取负责招生的老师的同情。

申请大学的成功之道，走向人生的成功之道：中庸。你需要说他们想听的，而又不能太离谱。你想让你的申请书鹤立鸡群，同时，又不希望负责招生的老师追查到底。你想突出你的成就，而又不想让学校觉得你在自夸。你想显示你有想要获得成功的动力（比方说，你想作为校友回馈母校），而又不想让学校觉得你是急着要赚钱。总而言之，你应该这样描写你自己：

- 有创造力，却非怪力乱神。
- 能合作，却非没有原则。
- 独立，却非叛逆。
- 自信，却非自大。
- 有原则，却非不容忍。
- 热情，却非浮夸。
- 面面俱到，却非没有重点。
- 样样知晓，却非自以为是。

因此，申请大学就是把你所知道的（包括正在学习的）有关礼仪的事情汇集起来，把你最真诚、最能容忍、最具有洞察力、最具有安全感的一面展现在大学面前：你昂首挺胸走自己的路，也非常清楚他人的权利以及他们感觉敏感的事情。最后，我还要提供以下六个小贴士给申请大学以及要去面试的人。

记住，你填写申请表的目的是为了跨进大学的校门。不要把它当作《少年恶棍忏悔录》。如果你要在里面写一些负面的事情，那些事情应该是给你带来正面成长经历的事件。

去面试，要穿着得体。面试老师绝对没有兴趣看到你内裤高过裤子6英寸，或者你衣服在乳沟下端6英寸。你应该穿着舒适，让自己感觉自然，但也要足够正式，可以表现你对面试的尊重，并且你对此次面试还特别重视。

做出最佳的表现。这是你展示所有最佳礼仪的时刻。面试老师向你走近时，你应该起立。握手要有力。看着对方的眼睛。要称呼对方“先生”或“女士”。坐时背要直立，不要躁动不安。面试结束，要向面试老师表示感谢，并说跟他/她交谈非常愉快。

表现出热情。如果面试老师在谈话中快要睡着了，这可不是什么好迹象。不要那么无趣。讲话大声点儿。眼睛也来点闪电。讲话不要含糊不清。把你对学习的热情传递出去。呃，还是不要吧。

展示你对学校的了解。证明你已经看过学校的介绍。如果你说对建筑非常感兴趣，而你申请这所学校是因为你父亲也读这所学校，但是这所学校却没有建筑设计系，可就非常尴尬了。

带着问题来面试。准备几个有深度的问题来面试，以防面试老师问你有什么问题要问。你可以问关于学校的教育大纲、文化生活、志愿者活动、学习的规定、运动方面的要求、实习机会等。不要问那些很明显没有做功课的人问出来的问题（例如，读几年才能拿到学位?)。

申请大学的过程中，有几件事情不需要挑破。比方说，申请人假装他们所有的课外活动都是因为他们的爱好和兴趣，而不是为了申请大学加分。他们还假装目前申请的这所大学是他们的第一志愿。而大学方面呢，也假装他们所做的是客观的决定。才不是呢。大多数学生的条件都远远超过他们报读的大学。某所大学要不要录取某个成绩全A、喜欢历史、曲棍球队的队长、吹长笛还做帮助无家可归人士方面工作的学生，或者某个成绩全A、喜欢数学、网球队的队长、弹吉他还做帮助内城区青年方面工作的学生，全由大学决定。最终决定的因素不是因为你，而可能在于大学曲棍球队和网球队的表现。因此，如果你被大学录取了，你应该觉得自豪，觉得很应该，觉得很成功，但是，如果你没被录取，也不要太往心里去。

综上所述，申请大学就像是你的第一次约会。你要对自己诚实。同时，也不要讲那些对你没有帮助的话，除非你们的关系已经相当好，到了你的缺点也会被看成优点的那种程度。

本章小测

不要东张西望。开始做题。

1. 学校进行随机禁带物品检查，查到你。你的正确反应是?

a）绝不轻易地放弃抵抗。

b）捍卫自己的权利。

c）龇牙咧嘴，但还是接受。

2. 期末考试的时候，你隔壁桌的同学很艰难地想要抄你的卷子。你的做法是:

a）把卷子给他，免得他眼睛受累。

b）大喊：“布莱恩偷看！”。

c）用手臂遮挡卷子。

3. 有老师误以为你在作弊。你的做法是：

a）用湿面条抽他。

b）告他性骚扰。

c）下课后去找他，好好说明情况。

4. 你的老师病了，今天有新女老师来代课。教室礼仪要求你：

a）换座位，这样老师就不知道谁是谁了。

b）在日光灯上吊一件男士连体背带内裤。

c）在课堂上尽量配合。

5. 今天的餐厅特别拥挤。一个很不受欢迎的女生坐在你和朋友经常坐的位置上。较礼貌的做法是：

a）朝那位女生扔菜叶子。

b）捏着自己的鼻子说，“这是什么发霉的味道？”

c）跟她友好地交谈。

第七章　交友的艺术

同龄人友好相处

很多人在青春期经历了许多的第一次，以及最后一次。成年人已经压抑了他们的许多痛苦回忆，通常会说青少年时代是“人生最佳的时代”。但是，青少年也通过第一手经验，知道了什么叫顾虑、残酷和竞争，什么叫压力和责任，什么叫恐惧和迷惑，什么叫羞辱和折磨，什么叫嫉妒和对立。他们知道自己的感情有多深，那不只是突然萌发的爱恋，他们不会简简单单就放弃，那是真爱。

青春期的最大乐趣和最大痛苦，与个人的社交生活息息相关。如果青少年能够行礼如仪、互相尊重，很多的痛楚和尴尬都是可以避免的。但是，如果你对青少年朋友说起要礼貌待人，通常会引来一通嘲笑，因为很多青少年认为，为了不受到伤害，自己主动出击是最有效的方法。他们不想被人嘲弄、讥讽、恶言相对、排斥，所以，他们首先对别人嘲弄、讥讽、恶言相对、排斥。

与同龄人友好相处的青少年，通常能够免受那些充斥在学校走道里的痛苦和焦虑的经历。并且，他们能够和朋友们关系密切，受益良多，甚至享受浪漫的关系。我们来看看以下一些可以通过礼貌建立良好关系的方法。

朋友间的礼仪

交新朋友

交新朋友有什么正确的方法吗？有！你所表现出来的态度，要显示你已经有足够多的朋友了。

这样的建议似乎非常奇怪，对吧。事实上，很多青少年因为太迫切地想要交上朋友，会让自己的表现令人退避三舍。这就人让别人觉得他们有问题。(这是缺乏自尊导致的。)

所以，你应该尽量流露出你的信心。放松，但是心怀尊敬。要很酷，但又不傲慢。要热情，但又不拍马屁。要神秘，但又不拒人于千里之外。用微笑来展示自己的平和，但又不让人觉得你心烦意乱。等你做好上述调整，就可以开始行动了。

1. 观察。先注意看场面上都有什么人。先分清尊卑高下以及各类小圈子（运动员、小学生、哥特人、怪人、书呆子、小朋友、懒人、溜冰人、石匠、孤独者、绅士、黑帮、艺术家、摇滚乐手、啦啦队、金属头、最崇拜的人，等等）。你很快就知道该离谁远点儿，该跟谁走近一些。

2. 询问。低调询问一些事情。可以是程序方面的问题（“你觉得老师会要求我们怎么做这些作业?”）或者个人方面的问题（“参加辩论队的感受如何?”）因为大多数青少年自我感觉良好，他们会很高兴有人问他们问题。

3. 赞叹。如果有人在班上讲了可圈可点的话、穿了一件很好看的衣服，或者表演很棒，你可以给予赞叹。人们都喜欢那些懂自己优点的人。

4. 参与。一起参加团体活动，参与乐队选拔，报名校报的工作，参加服务俱乐部的工作。跟有相同兴趣的人一起，志同道合，最容易交上朋友。

5. 拒绝。也许会有青少年正在找寻新的犯罪合伙人。如果你不拒绝这些人，或者你也使用违禁品，或者跟他们一起逃学，他们将会成为你的朋友。这样的人你绝对不要碰。

6. 培养。友谊需要时间来培养和维持。当你交上新朋友，应该给他支持、鼓励，对他忠诚，还要有同理心。这也是我们想要的东西。如果我们能够这样做，就能形成一个良性循环。

亲爱的艾利克斯：

“我一直想做到有礼貌，想着我的所作所为如何能够影响别人。但我经常被人嘲笑，说我太有礼貌，甚至朋友们都这么嘲笑我。为什么他们觉得有礼貌是件坏事？”

“人类青少年软件”里，还有一些BUG需要消除。故障之一是，青少年总想把那些聪明、表现好、努力学习还道德高尚的同学打压下去。不具备这些良好品性的人想打压别人，这样他们不需要因为自己没有这些品性而感到自卑。

做好自己，行礼如仪，恪守原则，负起责任，坚守道德。这样的行为，无须对别人说抱歉。那些现在嘲笑你的人，以后会觉悟到你所拥有的这些品性有多么重要（希望不要太迟）。等他们奋起直追，想要培养这些品性，你已经在享受胜利的果实了。

亲爱的艾利克斯：

“逗弄人永远是粗鲁的行为吗？”

就某人的特征逗弄一下，是可以的——比如对他们的长相、成绩、受欢迎度等。如果轻微适度还带着友爱，那么这样的逗弄通常是带着赞叹的成分的。

但如果对某些无法改变的外表特征、背景或者行为（如口音、结巴、成绩不好，或者有家长在监狱里服刑等）进行嘲弄，那就不对了。

你怎么知道别人对自己的好成绩，或者英国式的口音是喜欢还是觉得尴尬呢？你肯定知道的！青少年拥有最先进的雷达，可以感知他人最敏感的事情。

应对小圈子

你可能认为（你可能还是对的）派系小圈子是粗鲁行为的巅峰。人们喜欢跟朋友在一起，这没有问题。但是，他们一定得把别人不当人才行吗？

不行。而且，他们也不应该这么做。但是，他们知道不该这么做，并不代表他们就不会这么做。那么，如果你遇上了这种小圈子的人，或者被他们排斥了，你应该如何应对呢？

● 你可以先了解一下，这些人为什么形成这样的小圈子。很多青少年在社交方面很不懂事。他们在社交中缺乏技巧，非常没有自信。小圈子或者帮派（就是小圈子的极端表现）会互相爱护、许可、保护并支持。他们这圈子的人对别人打压得越多，他们就自我感觉越酷。

● 你可以自己判断，加入某个小圈子是否对你非常重要。那个小圈子到底能够给你什么你想要的东西？当你仔细研究某个小圈子，你会发现，它并没有他们想表现的那么特殊或高尚。

● 你可能会觉得，如果你不属于某个小圈子，你的人生将没有意义或者非常空虚，那样的话，你就参加呗。你可以跟那个小圈子里的人先交朋友。（贴士：先单独跟那个人联系，不要有其他圈内人士在场。这样做，你才不太容易被嘲笑或被拒绝。）或许你们会有相同的兴趣爱好。一旦你和此人成为朋友，你可能会发现，你很自然地就成了那个小圈子的一员。（一旦你进去了，可以慢慢影响他们，让他们不要对别人那么离谱。）

当然了，你并不是别无选择：你可以对那些小圈子不理不睬。请查阅前文“交新朋友”部分的内容。你可以去找一些热情、有趣、愿意接受别人、敞开胸怀的人做朋友。他们很可能会跟你礼尚往来，成为好朋友。

妥善处理朋友间的问题

同龄人的压力

如果你发现你交往的朋友行为可疑，甚至可能有违法行为，你该怎么办？如果有人想逼迫你做一些你不想做的事情，而你又不想给别人“我很高尚”的那种感觉，该怎么办？

简单说出以下句子即可：

“不了。谢谢。”

“我不想做。”

“不用把我算进去。”

“不需要了。”

除此之外，你无须对任何人做任何解释。不过，在某种情况下，对某种人，你可能需要解释一下。比方说，你可能需要对跟你交往很深的人解释一下，为什么你不想和别人发生性关系。如果不解释，他/她可能会误解你的理由。或者，你需要解释一下，为什么你不想在学校的墙上喷写种族歧视或者反犹太人的涂鸦。

不管什么情况，你都必须立场坚定。没有人可以让你做你不想做的事情。你也可能发觉，一旦你意志坚定地拒绝了，会有其他人跟随你的决定。

亲爱的艾利克斯：

“我决定了，我不会去碰违禁品。但是我的朋友一直怂恿我跟他们一起，兴奋一下。在这样的情况下，如何做才算有礼貌呢？”

你可以很欣慰，至少你的朋友们懂得什么叫分享。但是，他们想跟你分享的东西是你想要拒绝的——不管是一支烟还是一个果冻三明治——你只要说：“不用了。谢谢。”如果对方是很有礼貌地要跟你分享，你的拒绝就让他不会有进一步的动作。但是，如果遇上那种很坚持的人，你该怎么办呢？以下是情景对话：

“想要兴奋一下吗？”

“不用了。谢谢了。”

“为什么不？”

“我不想。谢谢了。”

“咋了？你怕了？”

“我不想。谢谢了。”

“来吧。试试。”

“我不想。谢谢了。”

"你不会死的。"

"我不想。谢谢了。"

"就试试嘛。"

"我不想。谢谢了。"

"那算了吧!"

你可以看出礼貌的力量。记住，你自己做出决定，无须对任何人做出解释。如果别人问你原因，那都算是粗鲁的行为。如果你对这样的问话做出回应，只会让你们的讨论进一步深入，并且让你一直在为自己辩护。再来个情景对话，看看如果你做出回应，会是什么结果：

"想要兴奋一下吗?"

"不用了。谢谢了。"

"为什么不?"

"因为我不想。"

"咋了？你怕了?"

"我不怕。"

"那为什么?"

“我就是不想。”

“你试过吗?”

“没试过。”

“那你怎么不试试?”

“我没有从悬崖上跳下去过。但我不想去试。”

“你怎么知道?你以为你什么都知道吗?”

“我可没那么说。”

“那算了吧!”

对话继续……

如果你立场坚定,不给对方辩论的空间,你会把对方整得很累。这样的策略可以用在各种拒绝的场合:

“很抱歉,我最好还是不要去店里偷东西了。谢谢了。”

“别把我算进去啊。让我去砸信箱,这事儿我干不了。”

从礼仪角度来讲,你没有义务对你的朋友邀请你参与的事情做任何评判,或指出其危险性。但从友谊的角度来讲,可能你有这个义务。

饮酒与驾驶

你和你朋友去参加一个派对。他开车。派对上有酒,你朋友也喝了。要回去的时候,你的朋友拿起外衣,笨手笨脚地摸出车钥匙,说道:“回家了。走啊?”

他简直就是疯了,他已经醉得分不清前后左右。他可能把那辆2 000公斤重的汽车变成致命的武器,而且还想让你与他同行。当晚你没有喝酒,你还很清醒,能够保持礼貌。于是你说:

“绝对不行。我跟主人说说。应该能够让你在这里过夜。”

"你的状况不行。来，我帮你找找哪里可以让你躺一躺。"

"来，请把车钥匙给我。我叫辆出租。"

"我知道你一定认为我过分了，但是如果我让你开车，然后发生什么事情，我一定不会原谅我自己。这次就听我的吧。"

"艾米说她可以带你回家。我们明天再安排时间过来取你的车。我搭密卡的车回去。"

或者，如果你有驾照，可以说：

"我来开，把你送回家，然后明天早上再把车开过去给你。"

如果以上做法行不通，你可以找几个大块头朋友来，把车钥匙从他手里抢过来。这样做并非不礼貌。为了救人一命，可以稍稍违背礼仪的要求。比方说，在通常情况下，对陌生人推推搡搡是不礼貌的行为。但是，如果有巴士冲来，你把陌生人推开，就是英勇的行为。

不要觉得你会被人误解为不礼貌。当事人可能都不会记得这样的事情发生过。万一第二天他抱怨你的行为，你可以立场坚定地回答：

"你的友情和安全对我来说更重要。你现在生我的气，没关系。如果能够让你免于车祸死亡，或者撞死别人，我还会这么做。"

背后说坏话

你刚听说你的好朋友安迪在你背后说了你的坏话。你很伤心，这可以理解。那你应该也说他些什么，或者不要他这个朋友了吗？具体情况得具体分析。

目前你只有一个信息来源，即那位向你透露情况的人。他其实是在安迪背后说他的坏话。这个人，假设他是 B（告密者）是怎么知道安迪 A（你的朋友）的事情的？他是直接听到你的朋友 A 这么说的吗？或者，他是从C那里听来的，而C又是从D那里听来的，D又是从A那里听来的？换句话说，你知道这个信息在传到你耳朵之前，经过了几个耳朵吗？

对于这样的消息，最好还是持保留态度。你不知道安迪到底说了些什么。换句话说，假设安迪烤了一大盘饼干要给你当礼物。他把那一盘饼干交给一个朋友，还说："请把这些交给吉娜。"安迪的那位朋友认为，这么一大盘饼干，少了一块谁也不会在意的，于是他拿了一块，然后交给另外一个朋友，说："这个给吉娜。"如果这盘饼干又经过了12个人之手，每个人都雁过拔毛，还把所传的话改头换面，最终你拿到盘子的时候，可能就剩下一堆饼干屑了。然后，你会想，这是什么乱七八糟的礼物？

我们来看看安迪的话是怎么被传递的：

> 安迪："我好担心吉娜的状况。她父母正在闹离婚，她心情好像糟透了。我希望我能帮她做点儿什么。"
>
> 桑迪："吉娜的父母闹离婚，安迪很担心。他想做点什么事情来帮吉娜。"
>
> 曼迪："安迪说吉娜的父母闹离婚，他们心情都很不好。很明显，吉娜需要帮助。"
>
> 兰迪："据安迪说，吉娜的父母在闹离婚，因为吉娜问题很多，需要人帮助。"

而你听到的最终版本是：

> 甘迪："安迪跟大家说，你父母闹离婚，都是你的错，还有，你需要转到特别的学校，那是专门对待你这种有特别问题的学生的。"

要解决这种背后传话的问题，唯一的方法就是向安迪询问。他可能确实说过什么。但是，还有其他的语境问题，或者还有特别的解释，而传话的人没有传。先不要怪罪安迪。你应该先告诉他，你听到的是什么内容，你的感觉又如何：

“我不敢相信这样的话会是你说的，所以我想问问你。”

你可能最终会发现，整件事是一场误会。或者你会发现，你的朋友确实应该怪罪。如果是后者，你自己来决定下一步要如何处理。

躲避

某天，不知为什么，你的朋友们突然变得奇怪。他们不接你的电话，不回信息，在学校碰上了也不跟你打招呼。你觉得他们在躲你。这是怎么了？你该怎么做呢？

你喜欢的、你信任的人突然对你不理不睬，你一定觉得很孤单，不知所措。如果只是一个朋友这么做，应该是那个人有问题，你可以不理会。如果所有朋友都这么做，那应该是你有什么问题（或者是他们误解了，以为你有问题）。

此时你应该反省一下。最近你有什么异常的举动吗？你是不是很不高兴，很负面，很暴躁？你有没有说或者做什么事情，可能伤害到或者冒犯到别人？即使你的朋友对你很粗鲁——自私、傲慢或小气——你还是应该努力考虑一下你自己的言行举止。请记住，你无法控制别人，只能控制自己。能够让别人改变的方法就是先改变自己。这对你的朋友、家长、老师还有老板，对所有人，都有效。

如果你实在找不出原因，不知道为什么你的朋友们会这么对你，可以去找你最信任的那位朋友。在没有其他朋友的情况下，跟他聊聊。你可以对他说，你很珍惜跟他的这份友谊，但是你不知道为什么他还有其他人似乎都不想和你为伴。你跟他说，这让你很伤心，你不知道你是哪里做错了，导致大家这么疏远你。他可能会告诉你一些原因，指出你最近的一些变化，或者，帮你找出那些让大家对你产生误解的原因。

还有一种可能，就是其他人都不需要你了。很无奈，但这是现实。青少年之间的关系就是如此脆弱、痛苦、短暂。朋友之间一言不合就可能翻船，不需要什么原因。如果某个小圈子的人不想再和你玩了，你没法让他们收回他们的决定。但你可以昂首挺胸，再去交新朋友。如果那个小圈子的人今后决定又想让你回去，你可以自行决定要不要恢复与他们的友谊。不管怎么做，都不要抛弃你已经交的新朋友。你知道那会多么伤人。

亲爱的艾利克斯：

"我做了非常对不起朋友的事情。之后我们就一直躲着对方。我想要道歉，但我觉得无济于事。我现在该怎么办呢？"

你唯一能做的就是去道歉。你可以面对面道歉（如果对方愿意和你见面），或者写一封道歉信。道歉时，不要躲躲闪闪，不要找借口，不要避重就轻，或者用"太过敏感"或者"开不起玩笑"为理由，把责任推卸给你朋友。你要坦然接受做错事的责任，并明确说明你非常抱歉。你应该说，你绝对不会有意伤害朋友或让朋友难堪；你不知道你为什么当时那么草率、那么没过大脑、那么不懂事；如果能让时间倒流，你愿意做一切事情来挽回过错；你知道你可能不值得他继续交往，但如果他愿意，你希望他能够原谅你。

如果你们之间的友谊很深，他会原谅你的。听你解释这件事对你的影响那么深，他甚至会反过来安慰你。

选边站

如果你的朋友不止一个（希望不止一个），那么，在某个时间，可能你的朋友们会有冲突的时候。他们都要你支持他们。

成年人也会遇到这样的状况，比方说，一对夫妻朋友闹离婚，双方都说是对方的错。远离这种战场是最明智的做法。每次你的朋友要上战场去打得不可开交，你不一定也要一起去。

当朋友们互相恶言相对，你应该举手打住：

> “停！我很抱歉看到你跟梅姬闹不愉快，我知道你们一定也很不开心。但是，我对你们两人都很敬爱，我不想卷入你们当中，还要选边站。我坚信，如果你跟梅姬坐下来好好聊聊，你们是能够解决问题的。”

但这并不妨碍你利用获得的双边信息来促使他们恢复关系。比方说，如果一方说：“你知道吗，如果他道歉，我愿意既往不咎。”那你就可以对另一方说：“你知道吗，我肯定，如果你愿意道歉，梅姬愿意既往不咎。”

倾诉秘密

你是不是曾经有过（重点是“曾经有过”）不能保守秘密的朋友？这是朋友交往中最严重而且最普遍的问题。要保守秘密实在太难，要透露秘密诱惑实在太大，因为信息就是力量！当有人在泄露秘密，他其实是在显摆：“我知道一些你不知道的事情。我是‘内线人物’，而你，不是。”

有时候，人们并不是故意泄露秘密。在心里，他们并不是在打破一种信任，因为他们只是把事情告诉一位他们认为可以信任的朋友。当然，这位朋友又告诉了他的朋友。这样不断接力下去，很快，整个学校就都知道了。

保守秘密的唯一确定方法是：自己不要讲出去。如果你必须讲给某人听，你要确定，那个人也告诉过你很多秘密。这叫“互相制约”。听说过两个拥有核武器的国家互相制约的情况吧？双方都有能力毁灭对方，因此，双方都不敢主动出击。

亲爱的艾利克斯：

“我的一位所谓的朋友，偷看了我的日记，还告诉别人我怎么写他们的。我觉得太尴尬了，我都想去死了。不过，我得先杀了那个人才行。怎么可以这么卑劣?”

所有能够深思熟虑、有道德的人，在他们人生当中都会遇到一些事情，让他们发出和你一样的感叹。这个问题的答案，涉及进化论、人类本性、心理学、基因、性情、自我形象、环境以及人是在什么情况下被带大的。再加上一个因素，即各种卑劣行为各不相同，因此，问题变得更加复杂。如果把别人的书扔掉，已经是很不好的行为；对别人的种族进行嘲笑讥讽，就是非常卑劣的行为；如果对住在农村的人，有人因为他们的宗教而把他们全部处死，那就是罪大恶极了。

人们为什么会那么卑劣呢？原因很多：

没有思考。很多人对自己的人生马马虎虎。他们没有想过他们的言行举止会带来什么后果。

没有同理心。很多人以自己为中心，不会从别人的角度去思考问题。

没有容忍心。儿童可以从他们父母、政治人物、社会信息以及先辈们那里学习到如何容忍。但是，有偏见的人常常自以为是，不会自认为他们的行为“卑劣”，但他们的行为通常很卑劣，甚至更糟。

自封权利。有些人觉得生活对他们很不公平，他们认为他们有权利要他们想要的东西，并任意挥霍。他们称之为“取得平衡”，而不认为这是卑劣的行为。

自我形象卑劣。有些喜欢伤害别人的人，经常是自己受到了巨大的伤害。通过打压别人，他们以为自己掌握了力量，从而掩盖了他们没有安全感的心理。

上述原因都不是可以做出卑劣行为的借口。但是，我们可以通过上述原因更加了解什么是卑劣，更加了解我们自己。

卑劣行为是最严重的粗鲁行为。对于朋友的背叛行为，你可以有三种处理方式：

1. 明确表示不再和他交往。

2. 等待，静观事态的发展。你们的友谊可能会就此自生自灭，也可能渐渐恢复正常；你自己的感受可能改变，你这位朋友也可能会道歉。

3. 找这位朋友聊聊。告诉他，你对他的做法的感觉。不要指责他，不要攻击他。你需要强调你的震惊、尴尬，还有你受到的伤害。他可能会感觉非常懊悔，你的坦白可能会让他向你道歉。

躲债

你为人大方豪爽，也很乐意把钱借给别人。如果你慷慨解囊，朋友却不还钱，那该怎么办？躲债是粗鲁的行为，你可以“以毒攻毒”[①]。你可以这么说：

> “上星期我不是借给你20块钱吗？你一定是忘了。现在我需要钱了。”

---

① 以毒攻毒，以粗鲁应对粗鲁的方法，请见本书第一章相关内容。

你假设朋友不记得了，给他一个挽回脸面的机会。如果他说手头没钱，你可以跟他制定一个还款计划，让他每星期还你 5 块钱。你很快就会知道，他是真心想还钱，还是在找借口拖延。如果他是一笔坏账，你可能就得自己消化损失了。

如果你借钱给那些你还不知道信用程度的朋友，最好先看看他们是不是已经把第一笔钱还上了，然后再考虑是不是要借给他第二（或第三）笔钱。这样的话，你就可以尽早决定是否要割肉。如果是大额借款（比方说，你朋友向你借了 100 美元，要买一双运动鞋），你们最好起草一份文件，写明借钱一事，并且写好还款计划。这是预防今后产生误解的做法，也能让双方都很慎重地对待这个商业交易。

很多朋友之间会互相借钱，度过艰难时期，这没有问题，只要大家保持相对平衡就行了。但是，如果你经常是借钱比较多的那个人，那你就得注意一下自己的现金流问题了。

亲爱的艾利克斯：

“我有一个朋友，我很喜欢他，但是他一直待在我家，即使我暗示他必须离开了还不走。我要怎么跟他说才不会失礼？他还一直给我打电话，说个不停。”

你需要坚决一点儿——并且要有事先准备。你邀请他来你家的时候，必须告诉他来访结束的时间。例如：

“今天下午你要来我家吗？我下午6点要开始做作业，之前我们都可以一起玩。”

至于他那些永不停止的电话，你可以准备一大堆借口等着他：

“我就要吃晚饭了。”

“我得再打一个电话，要不然就会太晚了。”

“我爸爸给我打电话了。我得接他的电话。”

“我妈叫我帮她做些事情。”

当你说出一个借口的时候，必须做到有礼貌。例如：

“我真希望你能够多待一会儿，但是……”

“我真想跟你多聊一会儿，但是……”

还有另一句很有用的电话结束语，那就是：“我就不耽误你的时间了。”意思是说：“我知道你很忙，我就不耽误你的时间了。”这样说很完美，因为听起来你是在帮对方一个大忙，因为你不想耽误对方的时间一直讲电话。

嫉妒

有时候你的朋友们似乎比你厉害。可能他们拿的奖比你多，考试分数比你高，或者穿的衣服比你酷。也许他们更受欢迎，更有吸引力，或者更聪明。反正，你每天醒来都觉得你是一个彻头彻尾的失败者——你还很嫉妒他们。

看着别人似乎运气总是那么好、那么成功，而且那些人还是你的朋友，真让你心里不舒坦。你觉得嫉妒，那是很正常的。但你忽略了一个事情：他们选择你作为他们的朋友。你觉得他们愿意跟一个彻头彻尾的失败者交往吗？绝对不可能。这就是说，他们一定是看上了你的某些优秀品质，而你自己没有看到。

每个人成功的方式是不一样的。也许，你是一个非常**平易近人**的人，想事情周到、讲礼貌、负责任、可信任、乐于助人、有同理心、爱护他人、忠诚、支持他人，还有，跟你相处很有意思。这些都真的是你的优秀品质。只不过这些品质很难用分数来量化，或者通过投票来表达。你可能觉得这些事情不算数。然而，这些东西都算数。事实上，这些品质会让你的人生受用无穷，比那些只是学习成绩好或只是体育好的优点更有用。

作为朋友，你应该对你的朋友获得的奖励或者荣誉表示高兴——即使你心里有些受伤。但是，如果你对这些有成就的朋友表示衷心祝福，这种伤是会过去的。你应该注重自己的强项和特长，而不要强调你没有的东西。

真心倾诉

你的朋友们会跟你倾诉他们的问题吗？这可能是对你极大的信任——也是一种负担。有时候你不知道要说些什么，或者，你怕说错话。

有可能你说的话经常是对的，要不然，你不会有那么多朋友想对你倾诉。针对日常琐事以及青少年的情绪波动，以下是一些较好的应对方法。

提供可以依靠的肩膀。很多人遇到问题的时候，都只是希望有人能够倾听自己的诉说而已。他们觉得很孤独、不正常、很迷茫甚至很害怕。如果你能够将心比心地仔细倾听，就可能满足了这位朋友90%的需求。如果你经历过类似的问题，可以分享你的经历。如果你觉得有解决问题的方法，可以说出来。

问问题。帮朋友从不同角度发掘问题，会对他们很有帮助。因为你是在引导朋友最终解决问题。[①] 首先，帮朋友确定问题是什么。（很多情况下，人们只是觉得没有头绪。一旦找出主要问题，那就没有什么好害怕或者不安的了。）然后，通过头脑风暴的方式，帮朋友分析在心态上以及实际处理方面要如何应对。鼓励朋友挑选最佳的方法，然后制定一个方案。你还可以帮他实现这个方案。

要把大事化小。为了让你的朋友感觉良好，必须不断鼓励朋友，最终把问题或困难大事化小：

> “你会处理好的。”
> “没什么大不了的。”
> “你还有别的机会。”
> “很多人都经历过这种问题。”
> “会没事的。”

上述安慰语，可能都会成为事实。不过，很多人心情不好，他们不想要合理的解释和老生常谈。他们只要同情、爱、理解还有接受。他们要你理解，他们很受伤。你作为一个真正的朋友，必须表现出你是朋友，并且给他们所需要的东西。

比方说，如果有朋友说，他父亲患了癌症，需要做手术，你不要

---

① 请参阅本书第四章相关内容，复习解决问题的方法。

说："我知道，一定会没事的。"虽然你是想给他打气，让他高兴起来，但是，你不知道手术的结果会如何。他也不知道，所以他才会怕得要死。你应该说"你一定很害怕"或者"如果我爸爸要手术，我一定也怕死了"。

提供帮助。当朋友有问题来找你，你需要问他们需要什么样的帮助。他们可能说"不用"。如果他们这么说，你应该说："好的。不过，一旦需要，一定要告诉我。我真心想帮你。"当你这么明确地表达了你对朋友的关心时，你的朋友会知道，他们并不孤单无助。

不怕讨论困难的事情。有时候，青少年在讨论一个问题的时候，他们会觉得很尴尬，或者，他们后悔开始说起这件事情。下次你们见面的时候，你应该告诉这位朋友，说你很高兴他能够把心里话告诉你。接下来你问他，现在感觉如何？情况怎么样？如果他还不太想说这件事情，那就不要多问了。

你必须知道，你朋友可能没有对你说出所有的事情。如果朋友有严重的问题，他们通常只会把冰山的一角透露给你。他们可能会抗拒，可能会感觉羞耻，可能会迟疑，不想把家丑外扬。

比方说，如果有人说他父母合不来，其实在家里，他父母已经打得不可开交了。还有人说，他在"尝试"一些违禁品，其实他已经6个月天天犯禁了。

如果你感觉朋友没有对你把问题和盘托出，你可以鼓励朋友都说出来。如果你问："你想聊聊吗?"他很容易就会说"不想"。如果你说："似乎你的问题挺严重的，要不要跟我说说?"你朋友会感觉跟你讲话是帮了你一个大忙。

如果有问题自己处理不了，必须寻求帮助。上述方法也许可以解决日常的小问题。如果你的朋友想要自杀，你该怎么办？如果你怀疑朋友在家里受到虐待，你该怎么办？如果你朋友在注射海洛因，你该怎么办？这些问题都很严重，不要以为你能处理。

你朋友跟你坦白说出问题，他们可能会希望你**强迫**他们获得帮助。即使他们反抗，你还是要尽量建议他们咨询一下，并且，你会做任何事情来帮助他们。如果你朋友拒绝，并叫你保证不会对别人说，你不要扭头走开。你应该跟你父母或者其他可以信任的大人说这件事情。讲一讲这位朋友的情况，并向这些大人寻求帮助。

你应该问问，你朋友的生活状况和健康状况是否有什么危险。你朋友可能听了会很生气，但是如果他有严重的问题，后来因为你获得了帮助，他会感激你，会继续把你当好朋友的。如果他不再理你，你心里很清楚，你是为他着想，你想帮他。

跟室友和平相处

如果你此时身处集中营，跟其他 7 个人同住一屋，你会感觉自己快要发狂了；如果在上学路上，你跟一个纽约来的傻瓜同路，你也会觉得要崩溃了。不过，如果你运气好，这些人也可能成为你的好朋友。但如果你运气不好，他们会让你的生活悲惨无比。

如果你必须和别人同住，最好的结果是和一些有相同之处的人一起住。如果现实一点的话，你会跟和你差不多的、能够呼吸的双足动物一起生活——这就是你们的相同之处。

室友可能会成为你的精神伙伴——他们可能跟你和睦相处，最后你们变得跟兄弟姐妹一样好。① 或者，他们可能让你发疯，用他们一

① 关于室友与兄弟姐妹的话题，请参阅本书第四章相关内容。

张邮票也要付钱，他们把面包屑掉在你床上，随便拿你的东西，要跟男/女朋友独处的时候就叫你滚开。

你先做好自己，然后再想办法跟室友们搞好关系。第一，尊重室友的隐私。同住的人互相尊重隐私，这很重要。在这么小的环境里，物理上的隐私已经不太可能，但我们可以尊重室友的精神隐私。做法如下：

- 不要看室友的信件、电子邮件、日记或文书。
- 不要翻室友的书桌和抽屉。
- 不要动室友的电脑和手机。
- 在使用室友的物件之前，必须征求同意。
- 不要把因为同住而了解到的室友的事情广而告之。（“嘿，你知道吗，丹尼睡觉流口水！”）
- 除非室友侵犯了你，不然，不要打小报告，或者让他处于各种（身体、法律、情绪或者名誉方面的）危险境地。

不可告发行为	可告发行为
每当月圆之夜，室友都会溜出去，高唱威尔第歌剧。	每当月圆之夜，室友都会溜出去，喝得酩酊大醉，跳到火车前面又跳回来。
室友在法语小测的时候带小抄。	室友在寝室卖违禁品。

当然，为了妥善处理你与室友的关系，对于那些可告发的行为，你最好先直接跟室友谈一下。

如果你的出发点是为他好，室友应该会听从你的好建议。你的以身作则，比威胁的话语要好用：“你再乱动我东西，小心我把你舌头割掉。”很多人对分享的理解不同，因此，最好是先设定分享的范围：“你可以借我的球拍用。不过，你每次要用我的牙刷，得先经过我同意，行不?”需要讨论的东西还有：谁睡上铺，睡觉时窗子是不是要关上，你的室友把所有的衣橱都占了，那别人怎么办?

还有一种方式可以创造隐私，即把自己当隐身人。比方说，你的室友正在跟一位朋友讲述一件痛苦的事情。除非你的作业已经拖得不能再拖了，你只好在自己桌前默默写作业，否则，你应该静静地离开。要不然，你的室友也会离开，除非他没有注意到你的存在。因此，如果你集中注意力写作业，你的室友会理解的。如果你听着他们讲话，还不时做鬼脸和惊讶的表情，偶尔插几句话，那就很不好。当室友的那位朋友离开了，室友可能会跟你说发生了什么事情。虽然说你已经了解得八九不离十了，但还是要让你的室友来说明。这也是尊重隐私的一种表现。

关于尊重室友的隐私，最后一点就是：尊重室友的固定作息时间。假设你每天下午3点到4点去踢足球。但有一天，教练病了，训练取消，你刚离开宿舍5分钟就回来了。但是，你室友以为他有1小时属于自己的时间。如果你直接走进宿舍，你可能会看到你意想不到的让他很尴尬的事情——室友竟然在读书！所以，当你回到宿舍，进门之前，可以先拍门，然后慢慢地找钥匙，然后把书掉在地上，还跟走过的朋友喊声：“嗨!”然后慢慢慢慢地开门。你的室友一定会很高兴你这么有礼貌。

亲爱的艾利克斯：

“如果室友是个混蛋，怎么办？说真的，他是超级没救的那种。”

哇！这么严重？不过，我们先来仔细分析一下，你室友真的是混蛋吗？因为有时候，这个标签会被乱贴。比方说，以下行为可能会被误认为是混蛋作风，但其实是不同的做事方法：

- 把铅笔直立摞起。
- 戴奇怪的眼镜。
- 有奇特的发型。
- 学习特别用功或者特别不用功。
- 给自己父母写信。
- 用刀叉切苹果吃。
- 喜欢吃维也纳炸小牛排。

但是，如果有人有以下行为，他就是彻头彻尾的混蛋了：

- 散布恶意谣言。
- 欺负新来的同学。
- 不经许可，随便拿你的毛衣穿。
- 不做自己该做的清洁打扫。
- 往别人的食物上吐口水开恶意玩笑。
- 你睡觉了，他还不把音乐声音关小。
- 把你的秘密告诉别人。
- 喜欢吃维也纳炸小牛排。

可以看出来，第一个清单上写的是旁观者无法忍受的现象，不是混蛋的行为。这些表明，现象并非室友的本质。如果用这样的方法来判断室友，那就是“对性格的偏执看法”，你是在说明“如果你不照我的方法做事情，你就是个混蛋”。青少年难道不是最痛恨大人们这么做吗？

第二个清单上描述的就是彻头彻尾的A级混蛋。这些行为并不是那种没有害处的表面问题。这是侵犯的行为。有人会因此受伤。这种人以自我意识为中心，毫不考虑别人的感受。

你首先需要判断：室友只是与众不同，还是说，他是板上钉钉的混蛋？如果是前者，那就继续观望，直到你真正了解他为止。你可能最终会发觉他是一个大好人，只是目前他的表面特征迷惑了你而已。

如果你的室友是后者，是个彻头彻尾的混蛋，那么，你有三个选择：

1. 把他教好。如果你想投入时间和精力，可以运用你的智慧与技巧来帮助他。可能他只是不懂如何去交朋友。可能他在自己家里或以前受过什么挫折。你去做他的朋友，说不定会有奇迹出现。

2. 保持距离。以礼待之。保持距离，不要冒犯。做好准备随时跟他分道扬镳。

3. 换房间。大多数学校或宿舍的管理员都会说，跟你不喜欢的人同处，是很好的人生历练。说得多轻巧。他们又不需要跟自己不喜欢的人同处！如果你在尽量克服困难，与室友和睦相处，而你的室友却给你和其他人造成很大的麻烦，你们无须默默忍受。你应该跟老师和辅导员谈一下这件事情。

或许，你可以换个房间，你走或他走。

浪漫事情的礼仪

中学生会渐渐接触到一些浪漫的事情。他们的荷尔蒙开始释放，突然间，世界变得非常不一样。讨厌的小男孩还是讨厌的小男孩，不过竟然变得可爱起来。咯咯傻笑的小女孩也依旧在咯咯傻笑，不过竟然也变得可爱起来。空气中弥漫的是爱的味道。

浪漫之事不会从天而降，它需要仔细的安排，还有朋友的配合。根据初中生的礼仪，不允许当事人自行讨论他们的分分合合。原因：可能被拒绝——这是花任何代价也要避免的事情。

事情是这样发生的。小男生给小女生发信息。他假装问作业，或者安排一起搭顺风车的事情。接着，他看似漫不经心但却是鼓足了勇气，才问出下一个问题：你喜欢蒂姆吗？

这个小女生对蒂姆着迷得不得了。所以，她回信息：他 OK。于是，信息继续：

你喜欢他吗？

喜欢。他喜欢我吗？

这么打下去，整个晚上都说不完。于是，小男生出了另外一招：

如果他约你出去——我是说如果——不过万一他真的约你，你去不？

可能。

你去不。

也许。

也许去？

我想可能吧。

所以，你可能去，对吧？

对。

猜猜是谁来找我了？蒂姆！让他跟你讲几句吧。

此时，全程在观望而且很明确自己不会被拒绝的蒂姆，接过手机，约小贝一起出去玩。第二天上午 8：20，全校都已经知道了这个浪漫新闻。大家都看到蒂姆和小贝手牵着手。他们的朋友们也可以随便传他们之间的故事，卷入他们之间的大大小小起起伏伏的事件。

他们的关系可能不会太长久，因为没有人想要“被”甩，而最好的方法，就是在被甩之前把对方给甩了。因此，双方一旦出现问题、开始感觉厌倦或者没有新鲜感，立刻会有一方找自己的朋友告诉对方，“你已经被甩”。被甩的一方可以极力否认自己被甩，或者，他可以用被甩这件事情来博得同情或关注。朋友们会聚集起来，声讨甩人的一方，并对被甩的一方表示同情。全校又有了更多的花边新闻，整个晚上，手机不停，信息不停。

从礼仪的角度来看，这个操作系统非常不好。他们为了避免某个人受伤，把伤害推向他人。个人的事件在校内被传来传去，指指点点。不过，在初中（有时候高中也是如此），事情就是这么发生的。

人们在新事物面前，刚开始都是不知所措，还怕得要死。刚刚走上恋爱的颠簸道路，还在摸索着前进的学生们会发现，一路上会有很多什么使者，想要为你提供帮助。就像小孩在学骑车，后面多了两个辅助轮子。这些辅助轮子可以帮你在初学的时候全速前进，还不会摔倒。但是，如果你一直靠着这些轮子，你可能会过分依赖它们，这对你日后的发展不利。因此，在你不需要的时候，要把这些辅助轮子——使者——统统抛掉。

亲爱的艾利克斯：

“好多女孩子喜欢我。但我不喜欢她们。我要怎么说才不会伤她们的心？”

假设有一个对你最痴迷的女孩邀你出去。让她们消除积极性的最简单方法，就是让自己“很忙”。（对那些很喜欢你的人，不需要进行先发制人的拒绝。）你可以说：

“很抱歉。那天晚上已经有安排了。”

如果她们继续约你，你继续这么应对。如果她们打来电话，你就说：

"很抱歉。我现在很忙，没时间讲电话。"

很快，她们就会理解，你真是太忙了，没有时间走进她们的世界。如果还有人不依不饶地约你（今后五年你哪个时间段没有安排?），你可以说：

"我恐怕没有太多时间进行社交活动。"

因此，总有人会被拒绝。不过，礼仪也没有办法消除伤害；礼仪只能降低伤害的程度。那些不懂得顺着明显台阶下去的人，只好准备受伤了。

亲爱的艾利克斯：

"我非常喜欢一个男孩，但是他根本就不知道我的存在。要怎么才能让他喜欢我呢?"

如果说有这种情况，爱一个人，但他根本就不知道你的存在，是很糟糕的。还有更糟糕的：爱一个人，但是他根本就不喜欢你，还对你不理不睬。如果我们能够"让"别人喜欢上我们，那谈恋爱岂不是太容易了？也会少了很多破碎的心。

也会更没意思。

你没办法"让"他喜欢你，但你可以努力尝试，引起他对你的注意。也许，通过你的最佳行为举止，他会喜欢上你。但你不要炫耀自己，不要把自己强加给他。好好学习研究下一个问题的答案吧。

亲爱的艾利克斯：

"我怎么才能让一个女孩知道，我很喜欢她?"①

如果你只有7岁，那很简单。拉拉她的小辫子。或者，把一只蜘

① 也适用女生喜欢男生的情况。

蛛放在她的饭盒里。如果你大于7岁，那请考虑以下策略：

关注她。对她微笑。向她说："哈罗！"问她班级里的情况，她的兴趣爱好，她的观点，她的经历，她的老师、朋友、家长还有兄弟姐妹的情况。询问这么多关于她的事情，只说明一件事情：我喜欢你。

跟她相处。跟她一起做事情；下课的时候，跟她一起走路；给她打电话；给她发信息。跟她一起做这么多事情，只说明一件事情：我喜欢你。

尊重她。要对她说"请""谢谢"。对她的成就表示高兴。如果她失望了，你要安慰她。不要在她背后说你不敢在她面前说的话。你对她的支持与信任，只说明一件事情：我喜欢你。

考虑周全。给她送花。给她送小纸条。倾听她说话。如果她不经意说喜欢什么东西，你可以买来当小礼物，给她惊喜。你对她这么敏感和周全，只说明一件事情：我喜欢你。

放出消息。让你的朋友告诉她的朋友：你喜欢她。对这样的事情，在学校里大家都是很热衷的。

直接告诉她！直接的告白常常会带来意想不到的效果。对她说："我真的很喜欢你。"如果你觉得这样说太直率，你可以说"我真的喜欢和你在一起"或者"我真喜欢我们在一起的时间"。

约某人出来

如果你想种花，得先把土壤给准备好。如果你想约某人出来玩，也得事先做好准备。以下是九个小贴士，帮助你更容易获得成功。

1. 要先了解你想约的人。无缘无故地约人，通常会遭到拒绝，因为我们都是这么被教大的：不要跟陌生人出去。所以，你最好做点儿功课，了解一下你想约的人——也给对方一个机会来了解你。在学校里（不是课堂上）跟他讲话。吃午饭的时候坐在一起。一起参加小组活动，看看你们是不是有很多共同之处，看看你们在一起是不是会很开心。如果一切发展顺利……

2. 早点发出邀请。早点邀请，给他充分的时间来准备——如果是去非正式的场合，如吃饭、看电影或者是彩弹射击，需要提前3～4天通知。这是给他充分时间，向父母请假、多做家务赚钱、把需要事先安排好的事情重新安排一下、决定穿什么，当然，还有长长的期待，期待跟你在一起。

临时通知的邀请通常会被拒绝。对方要么早有安排，要么没有安排，却不想让你知道他没有安排，或者假设你是找不到人一起去才约他的。

当然，有些事情是没办法早点邀请的，因为无法预见。比方说：

> "我刚知道，我叔叔明天会出海。你想跟我们一起去海上扬帆吗？"

3. 不要邀请得过早。如果你太过于迫切，看上去不太好。另外，这会让双方看上去都很傻：

> "你想跟我一起参加毕业舞会吗？"
>
> "天啊，我也不确定。我真高兴你能邀请我。那么，这两年我们就看看，我们是不是合得来。"

4. 选对时机。你向你父母要东西的时候，一定会选择正确的时机才提出来。你约人，也要遵守同样的法则。如果你知道在某个时机提出来会令对方尴尬、分神、措手不及或者冲出教室，你一定不能这么做。应该冷静等待，在没有他人的时候再提。

5. 你应该亲自去邀请。有史以来，有些人喜欢帮别人做那些自己不想做的事情。在成年人的世界里，这些人叫作**律师**。在青少年的世界里，这些人叫作**朋友**。

显而易见，如果是经过了第三方才知道的拒绝，当事人比较容易接受。如果你不是亲自去邀请，那你就是接受了“合理推诿”。如果有人开始传言你被拒绝了，你就可以说：“哪有这样的事情？我根本就没有约他。”除了这个好处之外，让朋友去邀请，会有三大不良后果：

- 二手邀请让你显得很软弱——害怕，没有信心。当然，你可能是真的害怕，也真的没有信心。这都正常。可你虽然害怕，虽然没有信心，然而你去做了，那就叫勇气。这样的做法很吸引人，很有魅力——我们都希望接受这种人的邀请。
- 二手邀请容易引起误会——你能肯定帮你传话的人讲的话是你要讲的吗？日期和时间讲对了吗？是在最佳的时机讲的吗？如果被拒绝了，对方的意思是“我才不要跟那个家伙出去”，还是“我可能会跟他出去，但不会去那个地方”，还是“我很喜欢跟他出去，不过我已经有约了”？①
- 二手邀请容易带来谣言与传言——如果你约某人出来，而对方不肯，只有两个人知情。这是你们两个人的事情。你单独问他所表现出来的尊敬，可能会使他不会对别人乱讲。但是，如果你是找朋友去约他，这就成了公众事件了。你朋友可能会对另一个朋友讲，你想约的人可能会对他的朋友讲，很快全校都知道这件事情了。

所以，不要让朋友代劳。你应该自己去面对你想约的人，自己打电话，自己发信息，或者自己写信。

---

① 关于“不”的各种可能性，请参阅本章后文相关内容。

6. 慢慢来，不要急。有些人（在美国有三个）不愁约不到人出来。他们信心满满、魅力无限，他们抓起电话，打给想约的人，提出一个建议，等待对方的同意，然后从容不迫地安排一个美妙的夜晚。

但是，很多人通常对自己没有那么自信。对吧。很多人会想：他喜欢我吗？如果没话说了，我该怎么办？如果对方不答应，怎么办？如果我做了蠢事，怎么办？我们要去哪里呢？你想来想去，最后鼓起勇气，任由小心脏怦怦乱跳，任由你的胃不断地翻滚绞痛。你拨了对方的电话，然后立刻按掉。经过了 11 次这样的反复，你终于没有按掉电话，听着拨号的铃声，听到他接了电话，然后充满信心，用坚定的语言说道："深呼吸！"

当你第一次约某个人出去，不要太紧张。不过是一次约会罢了。不要安排跟他在一个不熟悉的环境里共度紧张的六个小时。做点低调的、不那么正式的事情。安排跟几个朋友一起去看一场棒球比赛，打打网球，去溜冰，看场电影，去购物。你们会越来越自然，你们的友情也会不断加深。渐渐地，你会知道什么时候可以邀请他赴正式的约会。

你可能会想，我很酷啊，一切都在掌控之中。有可能。但是你的约会对象可能不这么认为。为了他，放慢脚步，放慢速度吧。

7. 邀请的时候要具体。如果你含含糊糊地问一下，那你就是自找碰壁。比方说：

"你想出来玩吗？"

"不想。"

即使对方想说"想"，他一定还想"一万年以后吧"。你也完全不知道他这么想。

以下就是含糊和具体邀请的差别：

含糊——错误!	具体——正确!
“周五晚上你干啥呢?”	“周五晚上有空一起去玩游戏吗?”
“要跟我一起出去吗?”	“你想跟我一起参加万圣节舞会吗?”
“我们一起去干点什么吧?”	“你想跟我去丽都电影院看《巨角麋鹿》那个纪录片吗? 周六怎么样? 那个片子只放一个星期。”

你发出明确的邀请之后，可以再说一下具体的时间、地点、交通方式、最晚回家时间、特殊着装要求以及所需设备等。

8. 要积极正面。如果你用负面的语言发出邀请，你已经是在给对方无意识的拒绝做准备。对方很容易就拒绝你。

> “你不想跟我一起看电影，对吧?”(对。)
>
> “我觉得，星期四你没有空，对吧?”(对。)

使用负面语言，会降低被拒绝的杀伤力。(虽然我被拒绝了，但我猜到会是这样的结果!)这是自欺欺人。因为这是没有信心的表现，需要对方来反对你的负面语言才能接受你的邀请。这太复杂了。

> “你不会想要跟我去看电影，你是不是这样想的?”(是的，呃，不对，我想。但是，如果你认为我不想，那我就不想了。)
>
> “我觉得，星期四你没有空，对吧?”(呃，其实我是有空的，但如果你认为我没有空，那么我就是不应该有空，对吧? 要不然，不知道你对我的社交生活会怎么想呢? 所以，我还是找点儿其他事情做做吧。)

应该记住，你对别人发出邀请，是对别人的恭维。本人，这么优秀的一个人，希望请你来做伴。你需要发出这样的信息。如果你还是被拒绝了，至少你知道，你尽力了。

9. 关于钱的事情，先讲清楚。假设你很想约会，但你又囊中羞涩。难道你就不可以约人了吗？或者，有人要和你一起去听音乐会，票价 85 美元一张——对你来说太贵了。你会拒绝吗？不管是哪种情况，都不要因为钱的事情而不发出或接受约会的邀请。青少年一时钱多一时钱少，那很正常。

如果你是发出邀请的人，可以委婉地说明你的意愿。比方说，如果你想付钱，可以说：

> "我请客。"
>
> "如果你不介意，让我来……"
>
> "我生日拿红包了，让我请你去……"

如果你钱不够，可以提一下，我们是不是可以 AA 制[1]？你也可以说："门票我来出，你买吃的，可以吗？"

如果你是接受邀请的一方，不要觉得不好意思提谁付钱的事情。如果钱不是问题的话，你还是要带足你那份，万一需要自己付钱，你就会比较轻松。如果钱是个问题，那么你可以说："我很想去，但是目前我手头有点紧。"这么一来，你们都开诚布公，就很容易安排了。

被邀请出去

你的朋友约你出去。这是决定性的时刻！你怎么回答、如何回答，取决于你是不是喜欢那个人，是不是喜欢到愿意跟他单独出去的程度，是不是有时间去约会，以及其他许多因素。但是，你的回答只有几种——"行""也许吧"或者"不行"。我们来分别讨论这三种回答。

---

① 关于 AA 制，可以参阅本书第八章相关内容。

如果你想回答“行”……

你可以发自肺腑地喊：

“我愿意！”

“太好了！”

“我非常想去！”

“我就等你约我呐！”

你应该带着热情、赞许、期待、憧憬的心情来接受邀请。对方可能三个星期以来铆足了劲，浑身流了许多汗，才敢向你发出邀请。他不应该只获得以下的应付：

“OK。”

“当然。”

“可以吧。”

“为什么不？”

千万不要接受了邀请，然后又临阵脱逃，除非有紧急事情发生，或者你病了。不能让你的约会对象没着没落的。他可能已经做了很多准备，钱也花出去了，或者通知其他人了。你的反悔可能给对方造成很大的不便，或者让对方很尴尬。然后，你也可能落下个很容易伤人、很不可靠的名声。

如果你想回答“也许吧”……

有时候，你得先问问父母，看他们当天是不是有什么别的安排。如果有安排，当你明确了能不能去的时候，就应该给对方答复。当你答复的时候，还是需要充满热情，但是你得解释为什么不能去。不要瞎编一个理由，然后让对方等上好多天，而其实你是在等，看是不是别人有更好的活动来请你去。

“真是的，如果她能约我周六去‘主动女生舞会’，我的人生就此完美了。我将会是地球上最幸福的男生。老天啊，求求你，求求你，让她约我吧。”

“阿奔，你要跟我去‘主动女生舞会’吗？”
“不知道耶。也许吧。啥时候？”

如果你想回答“不行”……

有三种“不行”的场景：

1. “我在等别人约我”。假设场景：你被某个很不靠谱的人约去参加一个学校举办的舞会，但是你其实在盼望另一个男生约你去。当然你不能说“我在等待更好的人来约我”，或者说“如果没人约我，我就跟你去”，因为这会让对方很伤心。当然，你也不能现在说“不好意思，但是我这个周末有其他安排了”，然后又出现在舞会上。因此，你只能做一种答复，即：

“不好意思，我周末已经有安排了。谢谢你邀请我。”

如果你周末出现在舞会上，那就很明显地告诉对方，你周末的安排是什么。

如果对方问你，你周末的安排是什么，那就比较粗鲁了。如果真有人这么问你，你无须回答。你就把你准备好的理由重复一遍或多遍。对方总会退却的。

2. “我真想去，但不行。”这种答复的重点是让对方知道你真心想去。当你说不行的时候，你要表现出很遗憾、很苦恼、很失望、伤心欲绝的感受：

> “哦，奈吉，我真是非常非常抱歉，那天晚上我已经安排了做针灸，我真的没办法调时间。如果下次还有机会，一定记得请我。我真希望下次还有机会。”

3. “给我 100 万元我也不去。”如果要给这类人第一次的答复，你可以说“我已经有安排了”，或者说“谢谢邀请。但我那天晚上没有空”。此时应该有礼貌。没有必要伤对方的感情，说：“你开玩笑是吧？你哪条神经觉得我会跟**你**出去？”

如果有第二次邀请（可能是在同一时间地点的重复邀请，比方说：“那下周六怎么样？”），你还是可以用同样的方法回答。如果你拒绝了好几次，对方还是不醒悟，那你就可以更直接一点了：

> “你能邀请我，我受宠若惊，但是我不确定要跟你出去。”

如果对方还追问理由，你可以说：

> “我觉得我不适合你。”
>
> “我对别人感兴趣。”
>
> “我现在还不想跟人约会。”

这样的答复一箭双雕。首先，尊重了对方的感情。其次，不给对方反驳的余地。只有那些完全不懂事的人才听不懂你的弦外之音。

最后一点，不要广播。如果是你被人拒绝了，你一定很受伤，很失望。你也不想拒绝你的人再四处传播说你被拒绝了。你无法控制别人的嘴，但是你可以管好自己的。

亲爱的艾利克斯：

“能跟我的朋友也喜欢的人出去约会吗?”

如果你的朋友在跟他约会，那就不行。如果你和你的朋友都没有在跟他约会，那么，你们出去之前先讲清楚。如果你们两个人都争着要和他约会，那你们两个人要做好朋友就比较难了。

或许你可以先了解一下，那个男生对你和你的朋友分别是什么态度。如果他对你们两个人都不喜欢，或者他只喜欢你们其中一人，对避免你和朋友之间不必要的冲突会有一些帮助。了解了这些背景，你就可以和你朋友商讨一个比较好的方法。比方说，你可能会决定，你们当中最先喜欢他的人可以先去。

有些比较敏感的年轻人不愿意和他们的前男/女友或者喜欢过的人出去。你也别要求朋友去做这样的事情。管好自己的社交生活已经不容易了，哪有时间和精力去管别人呢?

亲爱的艾利克斯：

“我的男朋友来接我出去的时候，会坐在车里按几声喇叭。我父母很不高兴，因为他都不进我家里来。我跟男朋友说他应该进来，他却对我发火。然后我就对所有人都不高兴。这方面的礼仪应该是怎样的呢?”

礼仪说：“年轻人，现在就下车。立刻！马上!”如果是绅士，第一次来接一位女士外出，一定会来到女士家门前。这么做，有三个目的：

1. 见女朋友的父母。

2. 表示对女朋友的尊敬。

3. 今后他就可以穿一件T恤衫，上面写道："见过女友的父母，我还活着。"

如果你已经不是第一次约会，还是有机会挽回局面。你可以告诉你男朋友，下一次来接你的时候，必须下车，必须来家里。

你可以稍做准备，然后让这件事情变得完美。你可以先告诉父母一些关于你男朋友的事情：

"亨利是班上的象棋冠军。他去年夏天在莱维敦参加了考古挖掘。"

做了这样的介绍，你父母和男朋友之间就有些话可以说了。你也可以给男朋友提供一些信息：

"我爸爸是火星探测漫游者的设计者之一。我妈妈是《每日报道》的犯罪版记者。我们家刚装修完。你就说你喜欢我们家的装修。"

男朋友到的时候，你需要亲自去开门。这个时候，你不应该还在楼上梳妆打扮。你应该主导谈话的进行。如果你的父母是得寸进尺的那种，他们可能会要你的男朋友进来坐坐。小坐之后，你们就可以出门了。

之后的约会，你就可以从窗口看他来，然后等他的车子开到门口，就出去找他。这个时候，他就不需要到门口来了。但是，如果他是个懂礼貌的小绅士，还是应该来你家门口。如果你是淑女，也会到男朋友家门口的。

亲爱的艾利克斯：

"例如有人帮我安排了盲约，我去了，但我觉得我不喜欢那个女孩。如果我当时就不继续下去，可以吗?"

不可以。这样做很粗鲁，很伤人。但是，你可以有几种方法来慢慢缓解尴尬的局面：

- 盲约时多几个人去。我不是说让你多安排几个选择对象。你应该多叫几对其他朋友一起去。这样有助于你减少跟对象单独接触的机会。
- 选择一些不需要直接跟对象双眼对视的活动。去看电影，去溜冰，去购物，或者去看一场橄榄球赛，都成。

如果你心态好，盲约可以是很有意思的。最佳的结果是，你交到一位好朋友。最差的结果是，你锻炼了耐心、容忍以及风度。

亲爱的艾利克斯：

“有时候我男朋友来我家，我会做些点心或做一餐饭。他从来不过来帮忙。他连盘子都不愿意帮忙洗。他说那是女人的活儿。还有一件事我很不喜欢，我跟他在一起的时候，如果碰上熟人，他从来不做介绍。除了这两件事情，我是爱他的。”

如果你男朋友对做厨房的工作有过敏性问题，你就可以原谅他，但是他得负责洗衣服。不过，听上去他好像对尊重女性有过敏性问题。他要你给他单独提供服务；在公开场合，你却需要站在他的阴影里面。如果你再仔细想想，他一定还有类似的态度方面的问题。

你男朋友还生活在老旧的时光胶囊里。他可能受20世纪50年代家政课教材的影响很严重。

如何做个好的家庭主妇

准备好晚餐。大多数男人回到家里都已经很饿了，如果家里已经准备了丰盛的晚餐，就是热情欢迎男主人回家的感觉。

把家里的噪声降低。他回到家里之前，把家里所有洗衣机、烘干机、洗碗机还有吸尘器都关掉。尽量让孩子们也不要吵。面带微笑，欢迎他回家。

以下事情不可以做：不要一看到他就跟他说问题，向他抱怨。不要抱怨他回家迟了，晚饭都凉了。你得考虑到，他一整天都忙了许多重大的事情，你的事情都算是小事。你要：让他感觉到舒服；让他坐在舒服的椅子上，或者在卧室的床上躺下；给他准备一杯冷饮；调整好他的枕头；帮他脱下鞋子；跟他讲话，需要轻声细语，温柔无比，悦耳动听。

晚上的时间都以他为中心。不要抱怨他没有带你出去用晚餐，或者参加什么娱乐活动。你应该理解，他的世界有多紧张，压力有多大。他需要放松，需要休息。

如果你此时想吐，或者想要狂笑，准！这种性歧视败类，在美国许多家政学校里都有。但那是老皇历了，现在时代不同了，不可以有这样的尼安德特时代的事情发生了。

要对自己爱的人保持敏感、体贴周到，这没有错。这是良好关系最重要的一部分。但是，这跟性别没有任何关系——而且必须是双向的。所以，如果你爱你的男朋友，你应该多做些工作，把他从旧石器时代拉回现代社会。不要挖苦他。你只要告诉他你的感受。你只要说出，为了你们之间的相处，需要做些什么：

“我需要感觉你也同样尊重我。”

“我需要我们来分担责任，不论性别。”

他可能完全听不懂你在说什么。如果是这样的话，你就跟他说得更直白一些。如果他开始听懂了，你应该帮助他，鼓励他。如果他没听懂，甩了他。但是，目前不要太泄气。他还年轻，是可以教好的。

跳舞的礼仪

你去参加学校的舞会。乐队在演奏一曲你喜欢的乐曲。天花板上垂下来的玻璃反光球似乎把整个舞厅都变成片片光亮的小碎花。而你不想老围在餐桌前打转。要怎么去邀请别人一起跳舞呢？

你可以说："我能请你跳这支舞吗？"或者可以说："想跳舞吗？"但结果通常是："想，不过是跟那边那位帅哥！"

如果别人请你跳舞，你会如何拒绝呢？你可能不知道吧，拒绝别人跳舞，比去邀请别人更难。首先，你没有拒绝过别人。你应该婉拒，这是比较礼貌的做法。你可以用以下方法来婉拒；

1. 用身体做借口。如：

"很抱歉——

我现在感觉有点儿累。"

我觉得太热了 。"

我好像闪了腰了。"

当然，接下来你的行动必须符合上述借口。等过了 15 分钟，你可能恢复了，可以开始考虑正常行动，奔向舞池了。

2. 有紧急任务 。如：

"很抱歉——

我现在需要点儿新鲜空气。"

我现在需要打个电话。"

我现在需要清凉一下。"

此时，你同样应该有符合上述借口的动作才说得过去。

3. 有事先安排 。如：

"很抱歉——

我已经答应别人了。"

我已经答应莉莉太太要帮她准备饮料了。"

我已经答应卡拉要教她怎么跳探戈了。"

你可能觉得有点奇怪，为什么不能直接说，"不，谢谢。"假设以下这样的场景：

你说："我能请你跳这支舞吗？"

对方回答："不，谢谢。"

你想："有没有搞错……"

然后站在那里发呆一两分钟，感觉很受伤，又不知道该说些什么。然后你回头一想，为什么不跳？我出什么毛病了吗？是我满头大汗？是我跳得不好？还是这首曲子对方不喜欢？我还应该再邀请一次？

换句话说，礼貌婉拒（假理由也没问题），可以让双方都保持不失颜面和自尊。这就是礼仪的重点。

亲爱的艾利克斯：

"有人教我说，如果有人来请你跳舞，那个人又不是个失败者，那我就应该接受他的邀请。但是问题在于，之后要如何摆脱他们。我很愿意讲礼貌，但是我不想因为一支舞就把自己绑死，你懂的。"

就用第一次婉拒的方式婉拒以后的邀请咯。唯一的区别在于，你是在舞池里拒绝，而不是在舞池边缘拒绝。你可以感谢你的舞伴，然后，说你身体不适，有急事要处理或者有事先的安排。你还可以脸带微笑，说："谢谢你陪我跳这支舞。不好意思。"然后自行离开。

亲爱的艾利克斯：

"我要带女同学去参加一个学校的特别舞会。我需要帮她买那种特别的花别在她身上吗？"

不那么需要。你当然需要带上女舞伴，但无须特别的装饰。当别的女孩如春花般绽放，你就让你的女同学当一束小草吧。

但是，如果你想让你们的关系开花结果，就应该帮她买一朵美丽的胸花。在去舞会之前，你需要问她穿什么颜色的裙子。如果她穿格子花呢裙，你当然就不能买圆点花纹的胸花了。

你可能要问："但如果她事先知道了我会买胸花，那就不算惊喜了。"

不会的。女孩子都知道，在收到礼物的时候，要表现出惊喜。

现在，技术活来了。你得帮她别上去。你要先问她，喜欢别在哪里。胸花通常别的位置是靠近肩膀（看清楚，往衣服的布料上别），也有靠近腰的（搂着她的时候要小心）。或者，她喜欢把胸花别在她的小包包上面。

一旦你们确定了胸花的位置，请遵守以下简单原则：

1. 拿住胸花，确保花朝上。

2. 拿好别针，平针穿入布料，压过花茎。

3. 把别针穿入布料，然后再挑出布料。裙子上应该会留下四个针眼（小贴士：有些胸花有两根别针，应该是为了更好地稳固胸花吧。但这种胸花就会在裙子上留下八个针眼。）

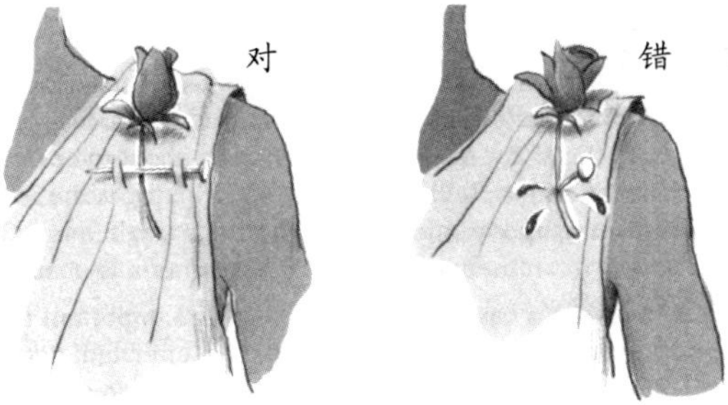

有些女孩喜欢手腕花（戴在手腕上的，像手镯那样），或者小花环（可以握在手里的那种）。你最好先问一下你的女同学她的喜好。

女孩可能会给舞伴那种别在西装领扣上的胸花。别这种胸花方法如上，唯一的不同是，需要把别针穿过花茎。这不是因为女生喜欢男生好看——这是对男生用别针在她们裙子上留下针眼的报复。

礼貌分手

你跟一个人交往已经一个月（一年或者一周）了。由于某种原因——厌倦、改变兴趣、不合、不高兴——所以你认为该分手或者绝交了。但是，你是一个做事周全、很敏感的人，不想伤害对方。那最佳的做法是什么呢？

你这样的人一定会问这个问题的。你会采取必要的做法来降低痛苦和伤害。不管你是想彻底绝交还是把你们的关系重新定义为“只是朋友”，方法是一样的。

1. 面对面亲自说清楚。这样做很困难，但是，别的事情你不也是自己做吗？不要派他人去做这样的事情，也不要只发个信息。不要写信，更不要在网上发一个帖子就完事。你应该找一个单独的时间跟对方说。

2. 不要指责，不要怪罪。这只会增加痛苦，更容易导致争吵。如果你说“你从不注意我”或者“你老是迟到，丢三落四，我受不了了”，对方只会说“你误解我了”或者“我会改的”。

如果说有例外的情况，那就是对方的行为对其本人或他人可能有伤害。比方说，如果即将被甩的那个人有酗酒的习惯，你要明白地告诉他，因为他酗酒，你才要和他分手，这算是一种简单的借口，加上其他人的劝说，有可能让对方开始清醒，采取行动控制自己酗酒的问题。

3. 不要声讨。除非你认为需要说明一个特别的原因，不然的话，应该把分手当成缘分已尽，而不是因为某人的行为所致。你只要说：

“我觉得我已经没有从前的那种感觉了。”要明确地说明你的感情已经变了，是你的事情。不是其他人的过错。

分手一事，没有什么奇幻方程式可以遵循。结束一段关系，会使生活一团糟，而且很痛苦。但是，如果你快刀斩乱麻，直接干脆地解决问题，你会减轻痛苦，对方还可能继续跟你是朋友。

亲爱的艾利克斯：

“我刚知道我女朋友把我甩了。她让她的好朋友过来告诉我，她不想和我继续交往了。我要怎么报复才算和她扯平？”

你女朋友用这种粗鲁的方式来结束你们的恋情，对你来说太不幸了。你绝对可能感觉悲痛不已。最好的扯平方法是……

以优雅大方的姿态迎接这一切。你应该展现出自己不受这种关系影响的自信心。你的同学和朋友们很快就会知道你被甩的事情，他们都会看你是如何应对的。如果你怒火攻心，开始恶言攻击你的女朋友，那你就被她掌控在手心里了。她可以说：“你瞧，这就是我甩了他的原因。”如果有其他女孩原本想跟你约会，看到你这么报复、这么失控，她们都会退避三舍。

你应该平静、冷静并且理解对方的做法。如果你朋友要你表态，你可以说：

“人总是会变的。人生还要继续。”

“我会记得我们在一起的快乐时光。”

“我祝她今后跟别人在一起能够愉快。”

如果你能如此高雅大度有礼仪，就直接反映出你前女友的粗鲁之举。当她知道你“坦然”接受被她甩的这个事实，她会觉得自己很低劣、懦弱、做错了。讲礼貌是最佳的报复。

另：当你回到家里，可以发飙、发泄、大声嚷嚷、对自己的枕头痛击一番；大哭一场，哭到睡去；找好朋友倾诉一下，但是别去骑马；要积极做事情；不要孤立自己；跟朋友多在一起玩；好好犒劳一下自己。你的朋友会对你赞叹有加，虽然你已心碎，但你很坚强，没有被打倒。坚持下去。你会发现，很快就有其他女孩愿意跟你约会了。

行为粗鲁：虐待的行为

如果别人对你好，你一定能体会得到：你会感觉有价值、受到尊敬、受到照顾。但是，当别人对你不好，你就不一定那么容易体会到了。处于男女朋友关系中的青少年们，常常会感觉混乱，他们不知道哪些行为是正常的、可以接受的。在双亲的爱护、尊重与照料下长大的孩子，会看到双亲健康关系的模范作用。那些父母整天在家吵架的孩子，在这样的环境里长大，会觉得打打闹闹是正常的。

如果你在思考你和男/女朋友之间的关系，并且想深入地了解一下，以下问题你需要问问自己。这些问题适用于所有少男少女的关系。

你的男/女朋友——

会在别人面前打压你吗？

会在别人面前嘲弄你或让你感觉尴尬吗？

会贬低你的想法吗？

会不理会你的感受吗？

会说你喜欢的人和物的坏话吗？

会用喝了酒为自己的行为找借口吗？

会不让你跟别人接触吗？

会不断给你发信息追踪你吗？

会迁怒于你吗？

会莫名其妙对你发怒吗？

会对你不好，然后道歉说永不再犯，却依然不改吗？

会因为自己做错却怪你吗？

会不承认伤害了你吗？

会明确说明他/她才有决定权吗？

会为了达到自己的目的，对你进行威胁和挑衅吗？

会动粗或使用暴力吗？

会在你不喜欢或者没准备好的情况下，与你发生性关系吗？

如果对上述问题，你有一个或一个以上回答了“是”，那就说明，你所处的关系有虐待的行为。当然了，如果你的男朋友是个很爱你的人，而且为人很好，只是有个坏习惯，就是喜欢在朋友面前讲你的尴尬往事，那他就得好好改改这个坏习惯。如果男/女朋友互相关爱，一方说起某个事情让他/她不高兴的话，另一方一定会真心改正，尊重对方感受的。你应该用自己的聪明才智来判断你要如何处理你所面对的问题。

不过，如果你对上述问题的答案都做了“是”的回答，一般来说，你可能会有一些麻烦。除了肢体上的虐待，还会出现心理上和情绪上的问题。如果你正处于这样的虐待关系之中，那你就需要寻求帮助。跟你的父母、老师或者学校的辅导员谈谈，或者打电话给青少年或家庭暴力热线。别人有暴力，这绝对不是你的错。你不需要忍受。

性方面的礼仪

很多关于礼仪的书都躲过“性”这个话题，因为这个话题通常是成年人在卧室里要处理的私密事情。本书是写给青少年看的，他们需要得到批准才行（不能为所欲为）。

本书也不讨论青少年是否应该在性方面积极或不积极。这事由你自己和你的伴侣决定。你根据你的价值观、成熟度、宗教信仰、自我感觉、渴望以及道德标准来决定；根据你的父母对你的教导、你自己学到的，最终由你觉得怎么做才是对的。你不应该根据你的朋友们的看法，或根据你的男/女朋友的需求，或根据你所看到的众多广告媒体发出的各种混乱的信息来决定。

我已经做了上述免责声明，现在来谈谈本节要谈论的话题：性方面的礼仪。

首先你要了解哪些行为是粗鲁的行为，是超越了道德底线的行为：

● 把艾滋病病毒（HIV 病毒）传染给别人。

● 把性传染疾病传染给别人。

● 算计某个男生，让你怀上。

● 在经济上、情绪上以及无法照顾孩子的情况下把孩子带到这个世界。

● 期待社会或你的家长对这个孩子负起责任。

● 给某人压力与你发生性行为。

● 强迫某人做他们不愿意做的性活动。

● 使用酒或者其他东西让某人降低抵抗能力或失去意识。

● 不理会对方说“不要”。

● 利用、虐待然后抛弃某人。

● 说假话把某人搞上床。

● 散布很隐私的秘密以及性方面的谣言。

- 跟最好的朋友的伴侣发生性关系。
- 对某人进行性骚扰[①]。
- 对某人的身体或性表现进行贬低式的评价。

如果你想（或已经）在性方面比较积极，以下是你应该做到的：

- 对待可能成为男/女朋友的人要尊重、友善。
- 尽量对可能成为男/女朋友的人以诚相待。
- 对可能成为男/女朋友的人的愿望以及暗示要有敏感的体会。
- 不要对可能成为男/女朋友的人的愿望有过火的行为。
- 一定要使用安全套或其他安全措施，以降低疾病及/或怀孕的风险。
- 不要把私密的行为到处宣传。

亲爱的艾利克斯：

“我的一个朋友刚诊断出携带HIV病毒。我父母说我不可以再和他接触了。我不同意。我们从幼儿园开始就一起玩。我不可能不再和他接触。我要怎么说，父母才会听我的？”

你这么挺朋友是对的。如果因为他是HIV病毒携带者，你就弃他而去或者不再关爱他，这是很粗鲁的行为。你的父母可能很害怕，因为目前对艾滋病没有根治的方法。他们的害怕是因为他们对你的爱，所以才禁止你跟他接触。

不知道你跟父母解释过医学方面的事实吗？他们知不知道HIV只能通过体液传播？这些体液包括精液、血液、阴道排泄物以及唾液（虽然通过唾液传播病毒的可能性微乎其微）。也就是说，只有通过性

---

① 关于性骚扰，请参阅本书第六章相关内容。

行为、输血以及混杂血液（比如拜把兄弟时候的换血），或者共用注射针头才会传染。只要你不注射毒品、不发生性行为或者混杂血液，你就不会得艾滋病。共用厕所的马桶或者游泳池，不会染上艾滋病；跟别人跳舞或者握手，不会染上艾滋病；拥抱、睡在艾滋病人旁边，不会染上艾滋病；艾滋病人呼出的废气跟你有接触，也不会染上艾滋病。

一旦你父母不再对你朋友携带 HIV 病毒的消息太过震惊，他们可能就不会那么紧张了。你也可以在家里放一些医学方面的小册子，让他们了解情况。与此同时，你本人也需要做一个艰难的决定。你要抵抗家长的意愿而继续去找你的那位朋友一起玩，即使你需要编很多理由和借口。就看你的良知和道德了。如果只是因为朋友染上了病毒，你就拒他千里之外，这在礼仪方面来说，是非常粗鲁、非常伤人的举动。

安全套（康多姆）简史

你可能还不知道安全套的历史吧。16 世纪，一位意大利的医生盖布里奥·法罗皮斯设计出第一个男性防护工具，其用途不是预防怀孕，而是预防当时肆虐欧洲的花柳病。法罗皮斯医生的发明很快就促使人们使用添加了药物的亚麻保护鞘，长度均为八英寸。在阴茎的根部用一根粉红色的（好可爱）带子来固定。据说，在 17 世纪中叶的时候，英格兰国王查理二世要求他的私人医生设计一个东西来预防梅毒。又据说，有一位医生用羊的肠子做出一个套状的保护鞘。是哪位医生发明的？康多姆医生。

在公共场合的亲昵行为

你和男朋友在巴士站等车。10 分钟之后才会有车来。于是你亲了他一下，他也亲了你一下。9 分钟之后，你停下来，呼吸一下新鲜空气，却看到周围都是鄙视的眼光。

你可能想问：在公共场合有这样的亲昵行为，算是粗鲁吗？全世界有那么多的暴力事件在发生，我们秀一点儿恩爱有什么不好？这个问题问得很好。但是，你认为的“秀恩爱”，在别人眼里是“粗鲁行为”。

恩爱，是应该鼓励的行为，但是在公共场合过分亲昵，却要避免。为什么？因为没有人喜欢看别人炫耀。你有些东西别人没有，你就来炫耀，这是粗鲁的行为。

粗鲁的行为是带有性意味的肢体接触——特别是那些让你（以及观看的人）心跳加速，血压升高的那种。

本章小测

1. 你刚转入一所新学校，急于想找到朋友。于是你：

a）到处发 20 美元面值的钞票。

b）主动要帮别人做作业。

c）展示自信，上课提问题，参加学校的俱乐部和社团活动。

2. 你有个朋友老赖在你家，不知道什么时候该回去。礼貌地让他离开的方法是：

a）把一只老鼠扔在他大腿上。

b）在他脚边扔一颗催泪弹。

c）说：“我真希望你能多待一会儿，但是我有事要和我妈妈一起做。”

3. 你的室友经常没有获得你的许可就从你的书桌拿走东西。要制止他，比较有礼貌的方法是：

a）把你的桌子扔掉。

b）在最上面的抽屉里放一只毒蜘蛛。

c）要求他在拿你的东西之前，获得你的同意。

4. 当一位男士要把胸花给一位女士别上，他应该注意：

a）看花上面是不是有虫子。

b）提议给她打一针破伤风。

c）不要扎进她皮肤。

第八章　吃吃喝喝

餐桌礼仪

自从洞穴人第一次把恐龙排骨扔进微波炉来招待邻居，吃饭一直都是我们人类至关重要的社交活动。不管是浪漫的烛光晚餐、婚礼盛宴、权力之争的饭局还是感恩节的大餐，不管是祭祀用的屠宰牲口，还是在商场里买的有两根吸管的奶昔，人类生活都跟饮食息息相关，难怪在餐饮方面有很多讲究和礼仪，什么时候吃、在哪里吃、吃什么，还有，怎么吃。

多了解一下你所在地的饮食习惯与风俗。如果你在餐桌上表现不好，可能会被你妈妈责骂，或者让你在众多朋友面前丢脸，或者被你男/女朋友甩掉。如果你给人的印象是让人作呕，那你下次就不会被邀请了。以下是一些你需要掌握的餐桌礼仪。

场地摆设：开始分析解码

假设你应邀去男朋友家出席一次正式的晚餐。他告诉你，他的父母正在大张旗鼓地操办着，然后你也觉得越来越紧张。你准时到达了，在客厅一阵简单的寒暄之后，晚餐开始了。

你一看到餐桌，你就知道要命了。问题很严重。你这辈子都没有见过这么多的盘碟刀叉水杯汤匙——还只是你面前的而已。你刹那间汗如雨下，你不可能起身回家，你无处躲藏。30 秒钟之内，你已经展现了自己的无知。

喂！醒醒，别做噩梦了。学会正餐餐桌上的摆设并没有那么难。本书会介绍很多关于餐桌礼仪方面的事情，让你全面了解，给你信心。继续往下看吧。

餐桌的正确摆设

为了避免做客时出现状况，你应该在自己家里先演习一下。先征得父母同意，然后拿出家里最好的餐具，说你想学习餐桌的摆设。等你父母惊魂稍定，他们可能还会来帮你（说不定还跟你一起学）。

要正确摆好餐桌上的餐具，其实很容易。如果你明白了一些基本原则，大人们也很快就能学会：

- 把需要用的餐具摆出来就好。
- 银制餐具[①]和玻璃杯子的放置，应以方便用餐为前提，从外向内摆放。

具体如下：

1. 叉子放在餐盘左侧（较小的海鲜叉除外，应放在汤匙的右边）。

2. 刀放在餐盘右侧，刀刃朝内。

---

① 不是银子做的餐具，严格来说，应该称为扁平餐具。

3. 刀的右侧放汤匙。甜点匙在餐盘的上方，或者等甜点上桌的时候一起闪亮登场。

4. 色拉盘放在刀的左侧（除非色拉是作为一道菜单独上）。

5. 叉的上方放的是奶油面包碟子。

6. 玻璃杯放在刀的外侧。

如果你到别人家去出席正餐，吃第一道菜时，通常会使用餐盘最外围的银质餐具。这些餐具被收走之后，接下来，用放在第二圈的餐具，依此类推。当然，如果主人摆放餐具时没有按照这样的规矩来，那你就只好观望主人和其他客人怎么做了，要不然，你可能会用汤匙来切牛排了。

正餐时间，一道一道菜

要凭空想象正餐的餐桌、摆设还有如何使用餐具，可能比较难。可以这样，你想象一下，假设你又回到了男朋友家里，坐在餐桌前，而且此时你已经知道了要怎么做。（注：不是那么正式的家庭晚餐就是这样进行的，只有菜的多少和餐具的多少有区别而已。）

刚开始

晚餐通常第一道菜是生蚝。你得知道餐盘右侧的小海鲜叉子是用来吃生蚝的。所以，如果你不是在想，“如果要我一直看着这个恶心的软软的东西，我会吐的”，那么你就应该拿起那个小叉子，把生蚝吃掉。希望你邻座的人说：“如果你不吃，给我？”然后你们就交换餐盘，这样的做法、语言，在用餐时可以放松要求。谁会在这样的紧张时刻这么较劲呢？反正生蚝被解决了。（小贴士：在用餐的过程中，小碟子会从右往左一个一个撤掉。）

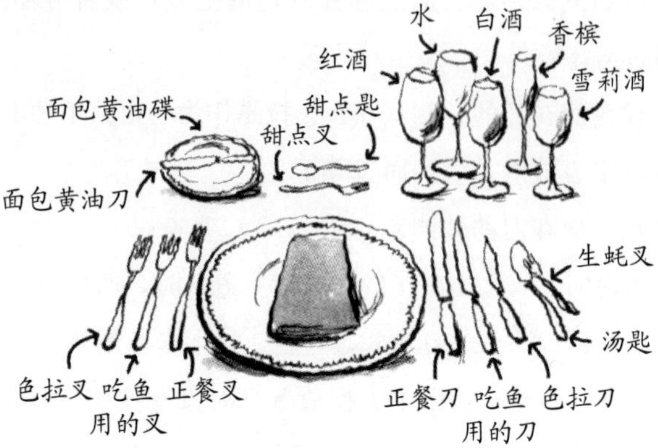

汤

接下来上的是汤。因为喝汤不用叉子，所以，往右边看，最右边的那个就是汤匙了。

此时，你可能在想，最右边不是通常都有一个茶匙吗？答案是：通常有。但是，那个茶匙不应该放在那里！茶还没有上之前，不需要茶匙。所以，这个可以先不管。如果是你在摆设餐桌，应该把这个茶匙放在抽屉里。

我们继续喝汤。喝汤时不要吸溜。

色拉

你还饿吗？当然了！别怕，此时还是吃色拉的时间。左方的小叉子还在，右方的色拉刀也还在。吃生菜！

鱼来了

色拉吃完，就该上鱼了。色拉叉被撤下，最左边的叉就是吃鱼用的叉。最右边的刀，就是吃鱼用的刀。

此时，你可以用餐巾轻轻擦拭你的嘴，向男主人与女主人赞叹美食可口，同时，你也可以稍微喘息一下。

吃完了鱼，吃鱼的餐具撤下之后，会换上新的餐盘，此时要上的菜是……

肉

一块厚厚的、吱吱作响的鹿肉上来了。此时餐盘的最外侧是切肉用的叉和刀。开动吧。

注：在用餐时，主人会根据菜肴建议佐餐的饮料，同时也会考虑到客人的年龄以及他们的喜好。根据客人的年龄，主人会建议喝葡萄酒或饮料，如牛奶、果汁或苏打水。如果这个正餐的档次非常高，主人还可能在喝汤的时候建议来点儿雪莉酒，吃鱼的时候来点儿白葡萄酒；在吃肉的时候喝点儿红酒，在吃奶酪的时候喝点儿香槟。主人一定会把餐桌摆设好，因此，你只要由外朝内依次拿起正确的杯子就可以了。

如果你年龄还小，不可以喝酒，或者你不想喝酒，那该怎么做呢？没问题。如果有人来倒酒，你只要说“不用了，谢谢”。不需要把你的手盖住酒杯，也不需要把酒杯翻过来放。

甜点时间

大家都知道，吃正餐，为的就是满足你想吃甜点的欲望。此时你开始担心，银质餐具都用完了，重要的东西现在才上桌。别担心。你之前餐盘的位置上，是不是有两个底朝上放置的小勺和小叉？那就是吃甜点用的。[①] 请注意，这个小勺不是茶匙。（茶匙是喝茶时候用的！）这个是稍大一点儿的甜点匙。

一块涂满白巧克力的 22 层胡桃派上桌了。风卷残云般，它又消失了。你转身看着邻座吃了你的生蚝的那位，说：“不好意思，如果你不吃，给我？”虽然这在礼貌上是有一点儿欠妥，但是，只要你的语言没有问题，趁没有人看见，赶快，换餐盘。

---

① 如果没有的话，不要着急。在上洗指碗的时候会上的。（请参阅后文洗指碗相关内容。）

亲爱的艾利克斯：

“如果用错了叉子，该怎么办？”

继续用下去。如果你很大胆，而且是在别人家里，就等没人注意的时候，把手上的叉子舔干净，放回原处。

亲爱的艾利克斯：

“我没什么宗教信仰。如果我去别人家里吃饭，他们要先祈祷一番，我知道我不能直接开吃，但是我也需要低着头等到他们说‘阿门’，或者跟餐桌上邻座的人手拉手吗？”

礼仪的原则是“入乡随俗”。你只要跟着主人做，表示尊敬就对了。所以，你应该低下头，牵邻座人的手，最后说“阿门”。在此过程中，如果你算出了棒球的打击率，谁会知道呢？不过，下次尽量坐在你最想牵手的人旁边。

亲爱的艾利克斯：

“我有个女朋友。我父母要我请她来家里吃晚饭。我一直推，因为她的餐桌礼仪是全世界最糟糕的，如果我父母看到了，他们会从餐桌上摔下去的。我也看见过她两个胳膊肘支在桌子上，我都看不过去。我要怎么才能告诉她，她的餐桌礼仪这么差劲？”

要指出别人在礼仪上、行为上及/或性格上有缺陷，风险很大，而且一般是比较粗鲁的行为。大多数人如果听说自己上不了厅堂，都会很不爽。

试试这样的说法：跟你女朋友说，她是世界上最好的人，你爱她爱得无法用言语表达，你非常希望你的父母也能够喜欢她。接下来，你要用很尴尬的语调，很羞涩地说出你父母对餐桌礼仪严格得吓人。

你顺口提几个前女朋友的表现，比如，用手拿东西来吃，把长长的意大利面慢慢吸入口中，边嚼东西边讲话等，这些都是让你父母大跌眼镜的行为。然后你问她，是否愿意为了你，来家里吃饭的时候特别留意餐桌礼仪。

此时，你要开始注意你自己的餐桌礼仪。接下来，请看另一道菜。

基本餐桌礼仪

之前，我们已经带你吃过一轮正式大餐了。但是，餐桌礼仪不只是会正确使用刀叉，也不是只是撞到小橱柜后会说“对不起”。

以下是一些规则和指导，你没事时可以多琢磨琢磨。如果你去别人家里吃饭，或者去餐厅吃饭，需要遵守这些礼仪；在你家的餐桌上，你这样做也会让父母刮目相看。

拿食物来玩

不可以在餐桌上把布丁弹射出去（我小时候经不起爷爷的逗弄，就会这么做），也不可以把豆子或者其他小块蔬菜当作子弹射击自己的兄弟姐妹。还有其他各种你想象得到的食物大战，统统不可以做。禁止拿食物来玩。

把自己餐盘里的食物推来推去

禁止拿食物来玩，即使你玩得很高兴，即使你创作的餐盘画面很有艺术感。换句话说，不可以用土豆泥构筑水坝，不可以用香肠当犁来开路。

不喜欢吃的食物

如果你到别人家里去做客，可能会碰上自己不爱吃的食物。如果你连餐盘都没碰一下，那就是非常粗鲁的。如果你是轻度不喜欢，应该尽量吃。如果你是一口都不能碰，那至少把盘子转个方向，让主人觉得你确实吃了一点。切一小块猪肝，把它藏在生菜下面，再切几块藏在绿豆下面。尽量把食物的表面积缩小。另外，你应该谈笑风生，让大家多注意你的表情，而不是你的餐盘。

你可不想让别人发觉你没在吃东西，否则就是你隐藏食物的工作没有做好。如果有人胆敢粗鲁地问你“猪肝好吃吗?”或者“你没吃吗?”，你就笑笑，说：“好吃。”

亲爱的艾利克斯：

“我吃素。如果去朋友家吃饭，他们通常会做肉食，可我吃素，我要怎么做才能比较有礼貌呢?”

你应该在收到邀请的时候，就说明你吃素，然后可以解释，你吃色拉、蔬菜、米饭以及肉边菜。换句话说，你朋友家在准备的时候，不需要另外为你考虑。当肉上来的时候，你不吃就是了。

之后，你的朋友还有他们的家长就会知道你吃素，以后你再去他们家吃饭，他们应该会记得，也可能准备一些素食给你吃。特别是，你非常有礼貌，跟大家在餐桌上谈笑风生，大家都盼着要再度和你共同进餐。

亲爱的艾利克斯：

“我父母硬叫我吃我不喜欢吃的东西。这是不是很粗鲁?”

不应该强迫孩子们吃会让他们呛到、呕吐或者昏在桌边的食物。

家长们不可能做五道前菜来满足挑剔的嘴巴。如果家长坚持认为孩子必须吃茄子，而孩子发誓此生只吃鱼条，此时应采取中庸之道。

以下是维持家庭幸福美满的用餐七大原则：

1. 孩子必须先吃一口新的食物，然后再决定是不是不喜欢吃。

2. 家长必须接受，因为孩子还未成年，他们的味蕾会抗拒某些东西。

3. 抗拒吃某些食物的孩子不能期待父母为他们专门煮其他东西。

4. 家长必须努力准备全家都喜欢吃的菜肴。

5. 孩子必须知道，微波炉墨西哥卷饼不是唯一的食物，他们应当有均衡的饮食。

6. 家长必须知道，孩子几天不吃水果蔬菜没有问题，但不能太久不吃。

7. 孩子和家长必须协商决定家里的饮食方针，并考虑以下问题：

- 孩子如果不喜欢某样食物，可以自己煮点其他的吗？
- 孩子如果不吃完晚饭，可以吃甜点吗？
- 用餐的量，由谁来决定？
- 孩子如果不吃晚餐，可以稍晚的时候另煮一些东西来吃吗？
- 孩子在正餐之间可以吃零食吗？

自助食品

让你自己取用的食品，盘子通常会从你的左边上。如果盘子没有被人拿在手中，你取用完了，需要把容器放在桌上。

要用公勺来取用食品（绝对不可以用自己的刀叉）。通常会有一组公用的叉子和勺子，叉子是用来稳住食物以免掉落的。用完之后，公勺需要归位。如果有人帮你托着盘子，你要说“谢谢”。

有些食品在做的时候已经定好分量了（如溏心蛋、三文鱼等）。你不可以只切一半，或者只把上面的料刮走，留下酥面底。即使你不一定吃得下整份，也应该取一整份。

其他的食品，你吃多少取多少。当一盘食物上桌，你需要快速做一些算术运算。如果有8个人一起用餐，而你是第一个取用的，那你就应该最多取用盘里的1/8。如果已经有3个人拿了，那就剩下5位，你应该最多取用盘里的1/5。如果大家都依循这个原则，最后拿到餐盘的人就不太可能只剩下一点点，或者已经是光盘。（如果你拿着一个空盘子，然后跟最后一位客人说，请吃鸡，不知道他会是什么表情。）

你还以为算术没有用。怎么样，大错特错了吧。

亲爱的艾利克斯：

“如果我把吃的东西掉在地上了，我该怎么处理？”

如果家里养了狗，你什么都不要做。狗狗会很高兴帮你处理。如果家里没有狗，而且食物也不是黏糊糊很麻烦的那种（如一条扁豆或者一块苹果），你可以弯下腰，捡起来，偷偷放在你的盘子边上。（如果你把食物掉在桌子上了，同理。当然，免去弯腰的步骤。）

如果你掉的食物比较难处理（如辣椒酱或是奶油甜玉米），那你就得出手处理一下了，你可以说：“我怎么这么笨手笨脚的？”然后，你可以到厨房去拿一个勺子、一块海绵布或者纸巾（除非主人说可以晚饭后再处理）。

如果是在家里用餐，你掉了一个餐具，可以捡起来，说声抱歉，然后换一个干净的来用。如果是在餐馆里，那就可以不必理会（除非你觉得会让人踩到并打滑)，然后请服务生给你一个干净的。如果有食物掉在地上，也可以让服务生去处理。

先给谁上菜?

你是不是跟很多人一样，对于在家庭饭局上应该先给谁上菜一头雾水?请看:

- 成人先，小孩后①。
- 女士优先。
- 非亲属先。
- 长者先，幼者后。

如果你不知道别人的年龄，不要问。自己估计一下。

因此，应该给最年长的非亲属女性上菜，随后是次年长的。非亲属女性都上完菜了，接下来可以考虑你的奶奶、阿姨等。这些人也上完菜之后，你可以开始给家里的直系女眷上菜，如妈妈、(成人)姐妹等。(小孩什么时候可以晋升为大人，经常很难断定。主人会因此在餐桌上对处于青春期的孩子冠以成人礼，从而得到这个孩子一辈子的感激与崇拜。)给餐桌上的女性上完菜，可以开始给男性上菜了。顺序要领如上。

大人们可能已经口水直流了，但是，他们还是不能开动，还没有给孩子们上菜呢:女孩子先，客人先，年长一些的先，然后才是男孩子。负责上菜的人，最后才给自己上。

有时候，有人会增加餐桌礼仪的难度。他可能会坚持要把某份菜让给下一位人士，以此类推。一不小心，这份菜可能在桌上被传四五圈。因此，有经验的人会在上菜时说道:“这是给玛丽阿姨的。”

---

① 太小、等不及的孩子可以优先。

孩子们不要以为这样的做法是对他们的忽视。正好相反。他们应该觉得很荣幸，能够有机会向成年人展示他们尊重长辈的礼仪。

请把……递给我好吗?

在饭桌上，你经常会发现，你想要的东西在桌子的另一头，还特别多。如果你想要那边的东西，不要站起来或者伸长手臂。你可以说:

"请把烤蘑菇递给我好吗?"

有时候，某盘菜会在某个健忘的人士面前驻足不前。如果有这样的情况，你完全可以说:

"娜塔莎，那盘烤蘑菇你用好了吗?"①

娜塔莎一定会红着脸，把那盘蘑菇递过来。当然，因为你是问她用好了吗，如果没有，她还是可以从盘子里再拿几粒烤蘑菇，然后再递给你。

如果有人在传递食的过程中劫持食物，这样是不好的。比方说，如果A要把肉汁传给F，C和E不能半道上劫持。应该先等F用好了，然后C和E可以提出要用，再分别等待肉汁。

需要用长柄的勺子（或其他较长的器具）传递的食物，在传递时，应该确保把柄留给接受方。

亲爱的艾利克斯:

"传递食物有什么规矩和讲究吗?"

盛菜的盘子应该从左往右顺时针传递。大多数人是右撇子，用右

---

① 弦外之音：娜塔莎，守点规矩，别老盯着那盘蘑菇好吗?

手送盘子会比较理想。如果有左撇子协会举办聚餐，这个规矩可能要改一改。

如果你去出席某个晚餐，食物要怎么传递，不能由你说了算。如果按通常规矩应该从东侧传来食物，此时却在西侧出现，那你不要逆转潮流——除非宴会真的非常无聊，你想制造一点儿气氛。

亲爱的艾利克斯：

“如果有人请我递胡椒，我为什么需要把胡椒和盐都递过去？”

因为调味料也是有感情的，如果少了对方，它们会寂寞的。把它们放在一起，别人要找它们的时候，就不需要派遣搜寻小组去满世界找了。

再来一份

如果你是去别人家做客，通常别要求再来一份。一来，主人家可能没有多余的；二来，他们可能需要匆忙赶制第二份；三来，他们可能明天晚餐要吃剩菜了。

如果你是去别人家做客，而主人问你，是否要再来一份？此时你可以欣然接受。特别是你看到其他客人也表示要吃第二份。但是，在用正餐的时候，最好还是婉拒。要不然，可能会出现你在那里享受着第二份美食，而其他十一个人都在等着你吃完好上下一道菜的情况。

饮品

如果你招待客人，不要问：“你想喝什么？”因为这样的问法可能引发尴尬的对话。

你：“你想喝什么？”

客人：“来点儿番茄汁吧？”

你："我们家没有番茄汁。想来点儿蔓越莓汁吗？"

客人："那我还是来点儿低糖可乐吧。"

你："呃，我们家没有低糖饮料。百事可乐怎么样？"

客人："你有杜松子水吗？"

你："没有。但是我们有苏打水。不过，应该没有气了。"

以下对话方式可能较理想：

"你想喝点什么呢？我们有橙汁、苹果西打还有姜汁，我还会做巧克力牛奶，虽然我水平不太好。"

亲爱的艾利克斯：

"喝茶的时候，为什么需要打兰花指？"

不需要。数个世纪之前，很多人这么做，因为当时的杯子没有柄，因为热水很烫，所以，手指和杯子接触得越少，被烫伤的手指就越少。后来发明了带柄的杯子，也就没有理由在喝茶的时候在空中挥舞兰花指了。但是，这个习惯还是有人保留。于是你会看到，有人在优雅地喝茶的时候，还是打着兰花指。

胳膊肘支在桌子上

关于这方面的礼仪，很多人有误会。家长们说"胳膊肘不要放在桌上"，他们的意思是：

"不要靠在桌子上。"

"不要双手托着下巴。"

"不要把双肘支在桌布上吃东西。"

这样的动作很容易引起可想而知的结果。

不过，在两道菜之间，在聊天的时候，你也许可以把前臂轻轻靠在餐桌上，因为从技术上来说，那个部位不是你的肘部。

不管怎样，只要在用刀叉，就需要沉肩坠肘，不要动作过大，也不要撞邻座的人。

用叉子叉起食物

取食物时要用叉子，而不需要其他东西的辅助，如面包、刀子或者手指。这些小叉子非常有用，尖尖的刺可以刺入食物，平平的基底可以铲起食物，你就不必低头用嘴巴去就着盘子吃东西了。

有些食物经常会负隅反抗不肯就范，比方说你最讨厌而你父母一直催你必须吃完才能吃甜点的小豆子。如果有这样的情况发生，你可以对父母说，你已经尽力了，而无须对父母粗鲁不讲礼貌。

用手指进食

在非正式的家庭晚餐或外出野餐时，用手来取用以下食物是允许的：鸡肉（但是满是汤汁的厚厚鸡块不行）、香脆熏肉片、鱼肉条、混合虾肉、比萨饼、排骨（用刀叉吃完主要的肉之后，可以用手辅助啃骨头）、洋蓟叶、清脆芦笋、玉米棒、炸薯条、腌小黄瓜、生蔬菜拼盘、水果（苹果、橙子、西瓜、香蕉等），当然，还有那些旁边没有银质餐具的食物，如薯片、果仁、橄榄、乳酪饼干、冷餐拼盘、小块三明治等。

如果你到别人家做客，而且是非正式场合，可以注意观察主人怎么做，你跟着做准没错。如果你是去参加正式晚餐，上面提到的食物基本上不会出现。不过，如果前菜中有美味比萨饼，你需要用刀叉吃。

亲爱的艾利克斯：

“用手指抓炸鸡吃可以吗?”

可以的。不过我更想吃我的手指，只用少许柠檬调味。

亲爱的艾利克斯：

“用嘴给食物降温可以吗?”

只有食物立刻会爆炸才可以。如果只是食物太烫，那我建议你稍等片刻。如果是汤，用汤勺轻微搅动，可以使汤稍微变凉。

面包蘸汤

拿一小块面包蘸入浓浓的汤汁再吃，这样的做法不好。不过，这是很多人的本能，想用面包把最后一口浓浓的汤汁蘸起来，把汤吃完。如果你无法抗拒这样的冲动，一直想这么做，可以试试以下做法：

1. 掰一小块面包。
2. 放在餐盘中。
3. 用叉子小心地刺穿面包。
4. 此时面包就像海绵，你可以轻轻柔柔地抹。

不要盯着面包看。假设那块面包自己就是有生命的，就好像是显灵板。也别想要把每一滴汤汁都蘸起来。你擦得再干净，盘子最终也是要放入洗碗机的。

海绵式蘸食

几乎每个人都有蘸食食物的习惯。这是人类很自然地想要满足的愿望。不过，当自己得到了满足，不要让别人有负罪的感觉。要蘸食食物，最好是在家里，而且，四岁以上的人在有其他人在场的情况下，把甜甜圈、蛋糕或是其他食物蘸进液体饮料之后才进食，是不太合适的。

洗指碗

很有可能你一辈子都不会用到洗指碗。不过，如果你在深夜步行于暗巷，很有可能看到一个洗指碗。所谓洗指碗，是吸血鬼用来盛手指的。

开个玩笑。别当真。来来来，重新讲一次。

洗指碗是个小碗，会在上甜点的时候一起上。里面盛着半碗水，下面垫着一小块布垫，水上漂着一些小东西。那不是虫子，而是花瓣。

如果你想吃甜点，那你就得劳动一下。先把洗指碗和布垫拿到甜点盘左侧，满怀敬意，取过甜点用的小刀叉，分别放置在甜点盘两侧。

不要喝洗指碗里的水，也不要压沉花瓣。你只要用手指一只一只轻轻触水，然后用餐巾轻轻擦干即可。

洗指碗太没有用了，该出现的时候不出现，比方说，吃完野餐、烤鸡或烧烤排骨的时候就需要，而它偏偏只在正餐时候出现。吃正餐时，手指头几乎不会弄脏。

食物进出口腔

有时候，放进嘴里的东西必须要出来。不可吞下的食物残渣或骨头，如何送进嘴的，还如何拿出来。换言之，用叉子把牛排送进嘴巴，吃不动的软骨，还是要用叉子从嘴里取出。

而且，你在这么做的时候，不要让大家看到。要悄悄地把那块嚼了一半的东西放到餐盘里。如果能够埋在土豆泥下面，那你就算是高手。

用手扔进嘴巴里的橄榄，可以用手取出橄榄核。

例外情况：

- 鱼刺。可以用叉子把整块鱼肉送入嘴里，但是，你得用手才能把鱼刺从嘴里拿出来。小的鱼刺容易沾在嘴唇上或者叉子上，不用手的话，很难取出。

● 西瓜籽。西瓜可以用手送入嘴里，但是，要把西瓜籽取出来。大家都同意用嘴巴进行抛物发射比较理想，这也可以作为吐西瓜籽比赛，但只能严格控制在户外进行，不得在室内尝试。还有，不可以对着人发射西瓜籽。

直接从外卖盒里吃食物

我承认，我从冰淇淋盒子里直接吃冰淇淋。但是，我只在自己一个人的时候这样做。这不算不礼貌。同理，如果你在家里，直接打开冰箱饕餮一顿，没有人会看到；或者，直接从外卖盒里吃食物，都不算是不礼貌。如果你妈妈看到了，那就另当别论。

关于该不该从食物的包装盒里直接吃食物，如果要讲究高级礼仪，那很简单：不该这么做。如果你要给客人上菜，千万不要把整个牛奶瓶/盒、腌渍蔬菜的瓶子、整盒的帕玛森奶酪粉端上餐桌。用装牛奶的器皿来装牛奶，用小碟子盛腌渍的蔬菜，拿个容器来盛奶酪粉，还要放个小勺。

然而，在现实生活中，高级礼仪常常会被忽略，因为大家没有那么多时间来做那么多的准备、整理还有洗碗盘。在家里只好按家里能够接受的程度来，比萨饼就在外卖盒子里，早餐麦片就直接从盒子里倒，外卖的中餐、整瓶的果酱还有番茄酱，就这么吃了吧。

自助餐礼仪

世界上的人分两类：一类人在自助餐上吃得像猪一样，另一类人是正常人。不管你属于哪一类，都必须遵守以下三种自助餐礼仪：

1. 不要对食物打喷嚏。

2. 不要把用过的盘子再拿去盛食物。

3. 不要超过同桌人的进餐步调。等大家主食都吃完了再去拿甜点。

早餐俱乐部

早餐跟其他几餐都不同，在家里，很多礼仪要求都比较放松。因为大家此时都从一个比较脆弱的精神状态中挣扎着苏醒过来。要上班的，要去面对工作和老板；要上学的，要去面对学校和霸道欺凌的同学。为了应对这些情况，他们需要完成某些以自我为中心的精神仪式，包括：

- 每个人离家的时间不同。
- 在餐桌上看报纸。
- 进餐时绝对安静。
- 每日雷打不动的早餐菜单。

各人的早餐菜单不一定要和别人相同，因为在不同的家庭，早餐的定义也不一样，有轻食（咖啡加烤面包），也有重口味（薄烤饼、炒蛋、熏肉、果汁、麦片还有薯条）。

餐桌上不一定需要讲话（不过对于某些家庭，建议多沟通），但是大家都应该互道早安和再见。在任何情况下都绝对禁止讲伤人的话。离开家之后，在社会上，伤人的话随时都会出现。

离开餐桌

等全桌人都用完最后一道菜，大家才一起离开餐桌。主人可以提议："我们移步到客厅里坐坐？"或者某位家长说："今天轮到谁来洗碗了？"

如果你是客人，而且在用餐过程中需要离席，你可以说"不好意思"，然后离开。在家里，应该问："我可以离开一下吗？"（懂得先说"我可以离开吗"，而不是"我能走了吗"的小孩，应该得到奖励。）

亲爱的艾利克斯：

“如果我去朋友家吃饭，饭后我应该搭把手一起收拾桌子吗?”

看你朋友怎么做。如果你朋友帮忙收拾，你也照做。如果大家都不同意，不让你动，那你就乖乖地坐着。不过吃过晚餐，你可以提议，说要帮你朋友做他的常规任务——洗碗或者擦碗。

亲爱的艾利克斯：

“我父母老说我不应该边吃东西边讲话，但是，每次我大口吃东西的时候，他们总是跟我讲话。我要怎样才不会满嘴是食物还跟他们讲话?”

如果你满嘴是食物，被他们抓到现行，可以先把嘴里的食物推到一侧，做个简短的答复。有些人说这是取巧的办法。不过，为了不一边讲话一边满嘴喷食物，这是一个比较有用的招数。

如果对方的问题只需要是或不是的答复，你点头或摇头就可以解决。

如果你需要做较复杂的答复，可以示意一下，然后等你吃好这一口，吞下去之后再回答。怎么示意呢？举起食指，似乎是在测试风从哪里来。除了手势，你可以再配以眉头稍稍上扬以及略带高兴的表情，这就是在表示，我太想回答你的问题了，但是，我知道你不会介意稍等片刻的，对吧，你不愿意看我一边讲话一边满嘴喷食物吧？

或者，你吃东西时可以小口一点。这样的话，你的嘴巴能够较容易达到随时可以讲话的状态。

亲爱的艾利克斯：

“我最不喜欢跟我父母一起吃饭了。每隔两秒钟，他们就会说

‘叉子要拿直’，‘身体要坐直’，‘不要一边吃东西一边讲话’。我该怎么做啊?”

叉子拿直。身体坐直。不要一边吃东西一边讲话。

亲爱的艾利克斯：

“我父母总是嘲笑我和朋友很能吃。我们饿了，难道这也有错吗?你觉得他们这么说话是不是很粗鲁?”

凡事多往好处看。你父母还可能嘲笑你的语法不过关呢。

问题的根源在于，青少年给自己喂食的方法确实让人觉得惨不忍睹。青少年好像饥饿的鲨鱼，巨口大开，把眼前的食物一扫而净：冷冰冰的比萨饼、巧克力软糖、花生酱、冰淇淋、外卖盒里剩下的东西，30 加仑牛奶！这只是早餐哦！这些叫作青少年的动物是成群喂养的，他们被厨房里散发出来的熟悉香味（烤巧克力蛋糕、慢炖食物的汤汁）以及声音（银质餐具与抽屉的碰撞声、煎炸熏肉片的声音）所牵引。

如果要 20 分钟后才开饭，他们就会自行开始吃点心，什么椒盐脆饼干、百吉饼，拿微波炉热比萨饼、热汤、热意大利肉馅云吞、热威化饼等。很早以前，青少年可能会在饥荒时候等不到三明治做好就饿死，如今，12 道菜的大餐会被青少年风卷残云般片刻就一扫而光。

当然了，青少年这种喂食方法不是他们可以在餐桌上粗鲁的借口。家长们应该托起跌落地上的下巴，不再倒吸凉气，他们应该对这群孩子说：“谁还想吃一块派?”

儿童与青少年晚餐时间的八项职责

1. 随叫随到（老奸巨猾的家长通常每隔 5 分钟或 3 分钟就会叫一次。他们还会发出警告：“你最好现在就过来，要不你试试看!”）

2. 衣着整洁，手洗干净。

3. 等待父母先入座，然后才开始吃东西，除非父母强调可以先开动。更好的表现是：帮妈妈拉出椅子，推送椅子协助她坐下。

4. 餐桌上的举止合乎礼仪。

5. 适度沟通，内容包括：

● 宾主普遍关心的话题（比方说，对统一欧元货币对东京证交所债券利率的影响提供经济供应侧的分析。）

● 个人经历的描述（比方说，今早上学途中，你如何挽救了最好朋友的性命）。

6. 倾听（或者貌似在倾听）他人的对话。

7. 获得许可才离开餐桌。

8. 如有要求，愉快地接受协助收拾餐桌的工作。

你可能在想，哈哈哈哈，这些我都不需要做。

需要的。如果你父母的义务是带回熏猪肉，那你的义务就是吃的时候不能像头猪。

餐巾小礼仪

关于餐巾，你一定有很多想问又总是不敢问的问题，下面是答案：

● 坐下之后，把餐巾放在你的腿上。这不是服务生的工作。他们无须对你的大腿服务。有些餐馆把餐巾折成圆锥状，你应该抗拒自己的欲望，别想把圆锥体放在你的大腿上。

● 较大的餐巾可以对折。小餐巾应该完全摊开。

● 不要学亨利八世国王的理发师，把餐巾在一侧展开，还带点侠士的风度。

● 不要把餐巾的一角塞进你的领口。小孩的围嘴有此功能，但那是给不满三岁的小孩用的。吃龙虾的大人，如果不怕被嘲笑，也可以围起来，以免他们的上衣被搞脏。

● 可以用餐巾来轻轻擦拭你的嘴，不要用它摩擦你脸部的角质层。

● 在两道菜的空隙时间，不要用餐巾擦拭口红、擦眼睛或者擦拭银质餐具。

● 如果你在用餐期间需要离席，把餐巾放在椅子上即可。如果用餐结束，你需要把餐巾稍微折叠一下，放在餐盘左边的位置。

● 餐巾圈的正确使用。很多人误以为餐巾圈是为了显示主人有很多银质餐具而发明的，其实不是的。在纸巾和洗衣机发明之前，主人需要把客人的姓氏缩写或徽章刻在餐巾圈上面，以区分各人的餐巾。随着油渍的不断增多，客人与餐巾之间的关系也不断加深，直到以餐巾被清洗而终结。

● 最后一点：千万不要把餐巾当作手帕来用。如果你用餐巾擤鼻涕，全桌人整晚上都会想象，你的鼻屎如何变硬，还会想到此时你有什么感觉。

使用餐具的礼仪

使用银质餐具有三种方法：美式、欧式以及错式。左撇子或许可以做些自我调整，但是不可改变桌面的布局。

美式	欧式	错式
1. 左手持叉，叉齿朝下。用食指控制、运力。叉柄握于掌心。	1—3. 方法同美式，心里想着自己的方法是欧式。	1. 左手持叉如握拳。

续前表

美式	欧式	错式
2. 右手持刀，刀刃朝下。		2. 右手持刀如握拳。（假想你在握着几根牙刷。）
3. 轻轻切割。不要锯。刀刃靠近叉子，否则容易出现餐桌飞菜的场面。		3. 狂锯一番。手肘震动，食物逃出餐盘。
4. 刀具放于餐盘内，刀刃朝内。	4. 继续持刀，也可放下，取决于什么时候要吃下一口。	4. 刀叉并用，送食物进入口中。
5. 把叉子换至右手，叉齿朝上，可用来挑起或刺入小块食物。	5. 左手持叉，叉齿朝下，刺入小块食物。	5. 一边满口嚼着食物一边讲话。
6. 把叉子提起放在嘴边，吃。（吃食物，别吃叉子。）	6. 把叉子提起放在嘴边，吃。	6. 问同桌的人，饭菜还没有上完，他们怎么都离开了？

银质餐具的信号

银质餐具的放置，是一些固定的信号。如图所示。

“我还没用完。”

“我在等下一道菜。”

“我用完了。”

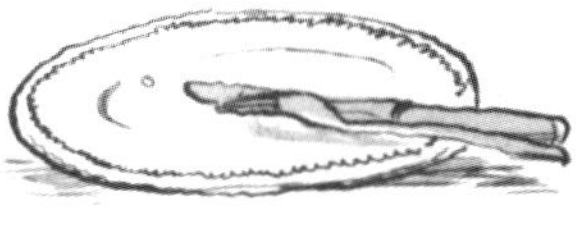

“我是猪。”

筷子的使用

如果筷子是那种连在一起的，你先得把它们拆开。筷子的前端通常是尖尖圆圆的，这头是用来夹食物用的。用的时候，筷子要放齐，握在筷子上方约三分之二的地方。

握筷子跟拿铅笔差不多（几乎）。用食指与中指来掌握，其角度要大于平时写字的角度。

不要把筷子的顶端靠在虎口上（此处不像是在拿铅笔），虎口是筷子的中上端需要依靠的地方。筷子底部需要用无名指支撑。筷子的下面一支不动。筷子在食指和中指的不断运动下，起到夹取的作用。

再仔细想一想。纸上谈兵教授如何使用筷子？还是算了吧。叫你朋友教教你吧——或者叫服务生给你一副刀叉。

愉快用餐礼仪中“可以”10 条、“不可以”10 条。

可以	不可以
·等待所有人到齐，等待女士先入座。	·把已经咬过的蔬菜或薯条在公用酱汁内蘸食（没咬过的一头可以）。
·等待所有人都上了菜，才开始吃——除非主人说可以先享用。	·在餐桌上剔牙齿。
·接到分享的餐盘时，只取用一小部分。	·取用食物的时候挡住他人面前的食物（可以请就近的人传递）。
·如果你的菜弄脏了其他人的衣服，应该主动提议支付干洗费。	·吃食物咂嘴（但是你可以用很满足的“嗯嗯”来向主人表达赞许）。
·练习口中有少量食物还能闭口讲话的功夫（这在日后你在吃商务餐的时候很实用）。	·用公勺在自己杯子里搅动，或用公共牛油刀抹自己的面包。
·先吃完一口，再吃第二口（或呷一口饮料）。	·翘椅子。

续前表

可以	不可以
・小口吃，闭口嚼。	・如果水杯洒了，用自己的餐巾来擦。（先把水杯放好。如果有水溅到邻座女宾身上，不要擦拭她的身体。）
・进餐步调不要超前，也不要拖后。	・以握拳的方式拿刀叉。
・身体坐直，进食的时候身体稍稍前倾。	・讲话时用刀叉比手画脚，加强语气。
・尽量不要发出哼哼的声音。	・逗弄他人的脚（除非你确定那是谁的脚）。

如何吃

1. 张开嘴。
2. 送入食物。
3. 咀嚼、吞咽。

除了这些原始的问题，你可能有其他问题，如哪种食物应该怎么吃。以下是一张清单，从洋蓟到茶，详细列举了你需要知道的所有内容。

食物	可以	不可以	重点
苹果或梨子	拿起、咬、咀嚼、吞咽。	正式场合不要用手抓起。要用叉子刺入，然后用刀切成四分之一，再切成适口的大小。	如果你把籽也吞下去，大约 60 年之后才会在你的胃里长成树，开花结果。

续前表

食物	可以	不可以	重点
洋蓟	撕下一片洋蓟叶，用酱汁的一端蘸酱。把叶子放入嘴里，用牙齿轻轻咬住叶子，慢慢拉动叶子，直到吃完（你是不是觉得这么努力地吃，食用率却如此之低。）所有叶子都吃完了，还剩下坚硬鬃毛状物质包裹着的花托，里面才是嫩嫩的花蕊。可以用刀叉切开这个花蕾。享受美食吧。	不要把整朵洋蓟塞到嘴里。	吃过的叶片剩余部分可以叠起来放在餐盘里。
芦笋	使用刀叉切出适合放入口中的长度。	不要把芦笋尖刺入眼睛。	根据餐桌礼仪，清脆的芦笋可以用手指取用。很少有人知道这一点，所以，在豪华餐厅里，你就别以身试法了。
烤豆子	用叉子取用，但是你需要知道，24 小时之后，你需要自己承受身体释放的气体。	不能用手指取用。	问：为什么很多人都在野营的时候吃烤豆子？小小的密闭帐篷里，需要睡 12 个人，而这些人都需要消化烤豆子。
香蕉	拿着香蕉的底部，从上往下慢慢撕开香蕉皮。吃。	不要像舔棒棒糖那样舔食香蕉。	在正餐场合，把香蕉整根剥好，用刀叉切着吃。

续前表

食物	可以	不可以	重点
莓子与樱桃	用手抓住樱桃柄，把水果放入嘴里，闭上嘴唇。拉出柄。樱桃应该会留在嘴里。把柄放在餐盘里、扔在垃圾桶里或者扔在户外的土地上。如果水果有核，可以用手从嘴里取走。	在吃饭的时候，不可对其他宾客吐核发射。	在正餐场合，需要用汤匙来取用。用舌头把核退在汤匙上面。
面包与黄油	用手掰一小块面包。拿刀涂上黄油。吃。重复上述动作。（例外：烤面包可以一次性全部涂上黄油。）如果没有面包盘，可以把面包放在餐盘的边缘。	不可把一整块大面包或圆面包塞进嘴里。不要手持面包，然后往上面猛涂黄油。	用黄油刀把小碟上的黄油切下来，转移到自己的餐盘上。然后用自己的刀给面包抹黄油。
蛋糕	用叉子吃。真正的美食家总是先切三角形的尖端。	不要用手拿着蛋糕吃，除非你是在厨房里偷吃。	放在桌台上的蛋糕，好像大家都没有吃，不过却消失得很快。这是因为大家都觉得自己拿的那片蛋糕很小，不会被察觉。
甜点	所有青少年都有设定好的程序，知道怎么正确地吃甜点。	不要在脸上留下巧克力的痕迹。大家都看得到的。	如果是整盒甜品，其潜规则是“你碰过哪块，就必须拿哪块”，除非主人让你多拿几块。（给好主人加分。）甜品下面的小包装纸也必须一起拿过来，用完后扔掉。

续前表

食物	可以	不可以	重点
樱桃西红柿	小的樱桃西红柿可以用叉子吃，一口咬下，里面的果汁和籽都在你嘴里喷发。较大的西红柿应该切开来吃。	在嘴里咬樱桃西红柿的时候，嘴巴不要张开。	樱桃（英文“欢喜”的意思）西红柿应该吃得很欢喜，很高兴。
俱乐部三明治（以及其他可以一口塞进嘴里的食物）	悄悄捏实三明治。吃的时候要拿在餐盘上方，万一掉下，不会掉到你的腿上。用叉子吃掉在餐盘里的食物。	不要把三明治放在脚底下踩扁。	插在三明治里的牙签不能吃。
带棒子的玉米	玉米粒要从左往右吃。你可以选择吃的方向：横着吃，跟打字一样。竖着吃，跟旋转的滚筒一样。	不可一边吃一边发出打字的声音。	这些方法都有助于让更多玉米渣塞在你的牙齿缝里。
鱼	用叉子压住、控制鱼。持刀的方法要像拿铅笔，从左往右切入鱼皮，挑起上半部的鱼皮和鱼肉，然后从左往右吃。吃下半部时重复上述过程。小心鱼刺。此时，鱼的大骨显现了。要小心地将大骨挑起，放到餐盘的边缘。此时可以享用另一侧的鱼肉了。	不可用刀来砍鱼头。如果你不想看鱼头，可以用柠檬盖住。	如果上的是整鱼，不可给它们戴着帽子，因为这样做不礼貌。
柚子	没有带齿的汤匙，很难吃柚子。否则应该先在厨房里分好了。	吃柚子的时候，不要把柚子汁挤到别人眼里。	如果哪天你无聊至极，可以想一想葡萄（grape）和柚子（grapefruit，即“葡萄水果”）之间是否有物种上的关联。

续前表

食物	可以	不可以	重点
葡萄	用手将葡萄一颗一颗放入口中。用手取出葡萄籽。	不要在一串葡萄上摘下来吃，因为这样会留下那些没人想要的葡萄。	如果有人传给你一碗葡萄，可以用手或者剪刀（如果有）把葡萄从串上摘下来。
冰块	用茶匙取用。或者，可以手持水杯就着嘴唇，把水杯里的水喝完，然后举杯仰头，把冰块送入嘴里。	不要嚼冰块。这会让人觉得你是一台垃圾捣碎机。	冰块让人感觉清新，没有热量，其作用被大众远远低估了。
装在碗里的冰淇淋	用小茶匙吃，脸上配以超级享受的愉悦。	不要把冰淇淋捣成冰糊糊。如果你吃不了那么冰的东西，可以耐心等它稍稍融化。然后，可以用汤匙缓缓沿着小碗的内沿，把冰淇淋搅成你能接受的效果。	如果贪吃的小孩一口把冰淇淋吞下，对他们的惩罚就是头疼。
装在甜筒里的冰淇淋	立刻舔舐娇娇欲滴的冰汁。尽量用舌头把冰球往甜筒里压，不要出现“冰淇淋球落地”的悲惨场面。还要注意，不要出现“甜筒断了”的情况。	不要从下往上吃冰淇淋。	不要把冰淇淋掉地上，不要到处乱滴，这需要多多练习，然后才有机会被允许在汽车里吃冰淇淋。

续前表

食物	可以	不可以	重点
冰淇淋苏打	吃冰淇淋苏打的唯一好方法是，两根吸管、两把汤匙，和你喜欢的人一起吃。	如果在吸食最后一口苏打或者碎冰的时候发出一点儿声响，那是可以接受的，但是不能让隔壁包厢座位上的人听到。	要记得给你的男/女朋友在上面加樱桃。
柠檬	在挤柠檬的时候，用另一只手作为掩护，以免柠檬小精灵飞出去射到别人的眼睛。	如有旁人，不要直接咬柠檬块。看的人牙齿都会酸掉。	如果你的人生是柠檬，那就学着做柠檬戚风蛋糕吧。
橙子	通常切成四块，直接啃，或者用手掰开，一瓣一瓣吃。	在正式场合，不许讲关于橙子的庸俗笑话。	在高级餐厅里，橙子需要用叉子吃。
豌豆	用叉子吃。可以把最后一粒豌豆围堵在土豆泥的城墙边，然后取用。如果餐盘里只剩豌豆了，无法取用，应该放弃。	不要用面包、手指或者刀等辅助工具把豌豆转移到叉子上。	如果吃豌豆吃得慢而且方法不正确，会被人嘲笑，那么父母的命令——“把豌豆吃完!”——就不算不合理。
比萨饼	在非正式场合，吃第一口的时候，可以抬起比萨饼，从上往下把比萨饼的尖端送入嘴里。剩下的，必须水平推进，也可以用手掰断外沿那圈脆脆的面皮，然后折起来吃。	不要咬住比萨饼，然后做出拉丝的动作。	在正式场合，需要用刀叉吃比萨饼。如果你坚决不想吃橄榄粒，可以先用叉子挑出来。

续前表

食物	可以	不可以	重点
色拉	如果提供了吃色拉的刀叉，请用刀叉。否则你可以使用桌上剩下的餐具。大块的生菜必须改刀再吃。	不要把生菜切得太碎，好像被碎纸机切过那样。	在欧洲，色拉在主菜之后才上。在美国，是在主菜之前。
汤	手持汤匙，其柄必须和桌沿平行。要舀汤，先把汤匙从内向外没入汤盘较远的一侧。从汤匙的内侧（不是尖端）轻轻呷一口，把汤送入口中。喝到最后一口时，可以把汤盘的一侧微微抬高，方便取用。	不要把整只汤匙送入口中，除非汤里面有块状食物。不要吸溜汤匙里的东西，发出清洗化粪池的声音。不要用刀切汤里块状的食物，要用汤匙的一侧来切。不要捧起碗来喝汤，除非汤碗有柄，或者盛汤的是一个杯子。	当你不喝汤或者喝完了，如果汤碗很大，可以把汤匙留在碗里。如果汤碗较小，可以放在汤碗下面的小碟子上。
土耳其烤肉	如果是作为前菜的烤肉串，可以直接用串吃。	如果烤肉是主菜，那么你需要一手拿串、一手拿叉，将肉卸到餐盘之后再吃。	不要把烤肉用的钎子当作兵器和邻座的人打仗。应该把钎子放在盘子的边缘。

续前表

食物	可以	不可以	重点
意大利面	用叉子缠住几根面条，然后开始旋转。（是叉子旋转，不是你本人旋转。）	不要吸溜，不要把面条从嘴巴里耷拉下来，像表演海洋世界动物喂食的场景那样。不要用嘴巴咬断面条让面条落入盘中。	用汤匙来辅助叉子旋转并卷起面条，这样做不符合礼仪（虽然有很多人都这么做）。
茶	让茶浸泡一会儿。提起茶包，等茶包里的茶汁滴完。	不要上上下下在茶杯里提起放下茶包，不要用茶包上的绳子绞干茶包。	把用过的茶包放在茶碟上。

外出吃饭

你很有可能想带自己的女朋友到高级餐厅去消费一下。你从没去过这样的餐厅，所以不知道去了之后需要怎么做。这里就来教你怎么做，好让你们进餐愉快。

你向女朋友提议的时候，顺便跟她说一下去那家餐厅的着装要求。如果你想给她个惊喜，可以说：

“这个星期六晚上你有空一起吃饭吗？我想带你去一家高级餐厅。”

或者，你可以讲得更明确一些：

“星期六晚上你想去‘肖其贵’餐厅吃晚饭吗？”

接下来，你就需要订位了。你不需要用法语来订位。直接打电话过去就行。你说，你想订周六晚 8 点的两人桌。如果你有任何特殊要求（比方说，靠窗或者有生日蛋糕的桥段），都需要说明。[①]

当天晚上，你们到了餐馆，会有服务员来接待你。你需要自报家门，说你已经订了位子。服务生会查到你的订位，然后把你们引到安排好的桌旁。你的女朋友需要跟着服务生先行。你不要走丢了，所以，你得紧跟其后。如果那张桌子不符合你的要求（太靠近厨房、正对着通风口，或者邻座的客人非常吵闹），你可以礼貌地请求换一张桌子。你有权这么要求。

座位安排好之后，可能是服务生拉出椅子，帮你女朋友入座，或者如果你的座位是那种靠墙的，你就需要把桌子稍微移开，让她能够优雅地坐进去。等她坐好了，你才坐下。

接下来，服务生会送上菜单。如果你想不动声色地告诉你女朋友，别点最贵的东西，可以列举那些你觉得有意思的菜。她会看那些有意思的菜（不是价格），然后按推荐的来点。

只要你不用手直接拿东西吃，也不把桌布当手帕来用，那么在高级餐厅里没有什么应该让你觉得不舒服的东西。如果餐馆里有污渍，那就是不高雅；如果有鄙视的行为，那就是餐馆服务不好，行为粗鲁，跟用餐的人没有关系。不再光顾是你对他们行为粗鲁的意见。

亲爱的艾利克斯：

“上菜的盘子里那些很漂亮的小东西，我要怎么处理？”

你说的是那些配菜的点缀吗？那些花花草草是可以吃的。不过要

① 如果餐馆特别火，或者特别小，最好先订位，然后再跟你女朋友说。如果女朋友当晚没有空，你随时可以取消，再根据女朋友的时间订另一个时间。不过，你一定得打电话去取消第一个预订。不来还不通知，这是粗鲁的行为。

注意，小雨伞、塑料棕榈树还有牙签不能吃。虽说这些东西不会增加卡路里，但它们确实难以下咽。

亲爱的艾利克斯：

“如果饭菜里发现虫子，怎么办？”

第一，不要尖叫，不要抓起虫子往墙上摔。你要不动声色地告诉餐厅服务生。他会端走盘子，然后换一份没有虫子的给你。如果是在朋友家里吃饭遇到这种情况，你需要小心判断。为了不让主人尴尬，你可以假装吃饱了，然后什么都不要说。如果你是第一口就发现不对劲，可以不动声色地告诉你朋友或者主人。他们会给你换一盘新的。不要喧哗，把此事搞大。如果你是在自己家里吃饭，那就说声不好意思，端起盘子走进厨房，自己再另取一份。当然了，如果你想自嘲一下，可以说：“哇，真棒。这盘小米饭里竟然有虫子耶！”

亲爱的艾利克斯：

“到餐厅吃饭，怎么决定由谁来坐最好的位置？”

这需要事先计划周详。到达餐厅时动作要快，因为坐下了，位子就是你的。通常女性坐上座——靠着墙，可以看到房间里所有空间的位子。剩下的位置适合给男人做这些事情：靠近收银机可以付钱，靠近桌边可以品酒、可以招呼服务生。由于女性也开始做上述事情，所以，座位的选择和安排无须再依据性别与功能。一群人一起出去吃饭，大家很容易就可以确定让谁坐那个“最佳”位置。

点菜的艺术

如果有人请你出去吃饭，你应该点什么菜呢？这个问题还需要问吗？点最贵的。

开玩笑了。

应该点一些中等价位的菜。如果你点了太便宜的，请你的人会觉得你认为他没钱。如果你尽点些贵的菜，请你的人会希望你觉得他没钱。

注意听话中话。如果请你的人说“这家餐馆的龙虾特别棒”，或者“我想吃鸡肉，但我希望你能试一试这里的牛排”，那就是给你开绿灯，随你点。

如果他给你出难题，说：“你想吃点啥?”那你就说：“每样菜看上去都很好吃啊！你觉得我应该点哪一样好?”同理，如果是同学的朋友带你们出去吃，你也应该问他们推荐什么菜。即使是去他们从来没去过的餐厅，他们也能建议一些听起来不错的菜名，然后你就可以听出他们的意思了。

真实故事

来自礼仪前线的报道

事由：米其林三星挥霍记

曾经有人请我在巴黎一家米其林三星餐厅吃过饭。在这里吃午饭可以花的钱，比很多国家的国防预算还多。

我们一行是三位男士一位女士。我们三个男的看着菜单上的价格，都感觉惊讶不已，然后保持沉默。而那位女士却充满热情：“这些菜太有意思了！我们一定得尝尝龙虾馅意大利馄饨，还有蟹肉香烤三色，还有三文鱼，还有……”她几乎叫出餐单上一半的名字。我们对她的豪华奢侈大跌眼镜，然后我们发现，她的菜单上没有写价钱。

此时，前文提过的粗鲁兄弟出现在我们面前。呃，其实，是服务生。我们大点特点。之后，我们都缩衣节食干吃了八天的麦片。

亲爱的艾利克斯：

“有人请我到一家乡间俱乐部吃晚餐。我的菜单上没有写价格。

我很担心会不会点到了最贵的东西。如果遇到这种情况，比较礼貌的做法是什么呢？”

这种“无价”菜单的意义在于，请客的人想告诉你，此次请客，你不用管价钱。（我们把礼物的价格标签撕掉，也是出于同样的理由。）在乡村俱乐部这么做也合情合理，俱乐部的会员通常会为他们的客人买单。但是，在其他餐馆里，服务生绝对不可能知道谁是那位中了特大奖的幸运人士。把有价钱的菜单给男士，而把没有价钱的菜单给女士，是性别歧视的最巅峰表现。

如果你到了一家餐厅，拿到一张没有写价钱的菜单，你应该用上面介绍的方法，跟主人讨论一下，试探一下。通常来说，龙虾、海鲜、带壳类的海鲜以及上好部位的肉，会比鸡肉、意大利面、色拉还有三明治贵一些。

AA 制

AA 制是指用餐的人各付各的餐费。现在问题来了，如果是有人请你出去吃饭，你怎么知道是对方付，还是各自付？

如果你运气好，请你的人当时就会说：“周六一起吃饭吧，我请。”或者，“我有好消息也有坏消息。好消息是，我要请你和我一起吃晚餐。坏消息是，我现在穷得叮当响，我们必须 AA 制。”

如果你不清楚由谁付钱，可以：

- 等等看，不过你得带足可以付自己餐费的钱。
- 可以说：“我很想去，不过我在周五之前囊中羞涩。”对方通常有两种反应：“哦，没事。我请客。”或者，“那么，我们等到周五之后再一起吃饭？”

如果你们采用 AA 制，应该把账单根据人数平均分。这就免去了大家争吵谁的咖啡应该多付几毛钱的问题。但是，如果你知道你点的菜比别人的贵很多，应该坚持多付一点儿。不过，如果你点的菜比别人便宜很多，比方说，你只点了一碗汤，而别人都点了四道菜的大餐，你也只能很不幸、很不公平地接受平均分摊的餐费，以免大家因为餐费的计算而发生一场混战。如果是这种情况，还有一个招数可用。当账单送上，立刻掏钱把自己的那份加上税金和小费给付了，还要说："我这份已经够了。"

亲爱的艾利克斯：

"如果在餐厅吃饭，我点了东西，却不喜欢，要怎么办?"

如果食物的烹制没有问题，你就无能为力了。你可以问问有没有人愿意跟你换，或者可以另外再点一道。一家好的餐馆不会对你没有动过的食物收费，但此事餐馆有定夺的权利。

如果你点的东西做得不好，或者令你不满意，可以悄悄告诉服务员：

"不好意思，我点的是比较生的牛排。上来的太熟了。"

只要你讲礼貌，餐馆会帮你重做的。如果服务生不太想理你，你就只好找领班或者是经理了。

如果刀叉碗盘或者水杯不干净，可以随时请服务生换。

亲爱的艾利克斯：

"为什么服务生总是对青少年很粗鲁?"

因为某些青少年在餐厅里总是很粗鲁、很吵闹。他们大声喧哗、骂脏话、很粗暴、做过分亲昵的动作、对着饮料吹泡泡、拿食物玩、扔东西、在桌布上堆砌盐山、对服务生粗鲁、不给小费或只给极少量的小费，有的甚至要逃单。很遗憾，这些人把所有青少年的形象都搞坏了。因此，当服务生看到一群青少年进来，心里就一阵不舒服。虽然服务生不应该对顾客不礼貌，不过，至少我们明白他们为什么会这么做。

当然了，如果是你去外面吃饭，你的举止一定是可圈可点的模范。请拿出你的最佳餐桌礼仪，对服务生礼貌有加，多给小费。[①] 下次你来，服务生可能会争先恐后地想给你提供服务。以下是可以做和不可以做的行为对比。

可以做的行为	不可以做的行为
请求坐某张桌子。	把餐厅的座椅摆设全部打乱。
请求解释菜单上的内容。	嚷着“这真是宰人的价格”。
把没做好的菜退回去。	冲入厨房，把菜往墙上摔。
跟负责你的座位的服务生沟通你的需求。	高声喊叫：“这里有人服务吗？”
吃不完的东西要求打包。	索要呕吐袋。
看好账单，确保正确无误。	带会计师一起来检查。
（跟亲人好友同桌）可以悄悄在嘴唇上补一点儿口红。	梳头、全面化妆、挤青春痘。

亲爱的艾利克斯：

“把盘子递给服务生，这样做符合礼仪吗？”

如果你坐在某个角落，服务生必须俯身挡住他人，你就可以把盘子递给服务生。要不然，你就是在妨碍他的工作。顺便提一下：不要把空盘子摞起来。让服务生来把空盘子清走就可以了。

① 关于小费，请看本章后文相关内容。

分享食物

你跟朋友在餐厅吃饭，你们点的菜上来了。你朋友点的洋葱圈看起来非常好吃。你点的薯条也又香又脆。你在想，如果我们分享盘中的食物，不知是否合乎礼仪?

如果你的朋友不介意，当然没问题。不过你一定得先问。或者，你可以等一下，如果他主动请你吃他点的东西，那就最好。不要不由分说就伸手过去抓起来吃。(如果他动作慢，迟迟没有请你吃，你可以说："哇，洋葱圈看起来很不错啊? 好吃吗? 要不要吃一点我的薯条?")

在餐厅这样的公众场合，如果要挖一口自己盘里的土豆泥，然后送到别人的嘴里，这样做似乎很不合适。但是，分享食物是可以的。比方说，那些用大盘装的、给大家一起分享的食物就没问题——辣子鸡、比萨饼、大碗意大利面等。即使是在一些高级餐厅里，每吃一口就发出一个赞叹的鼻音，还想着"这一口六美元"，你还是可以把你盘子里好吃的东西，用叉子盛一小口给你的亲密朋友或爱人吃。对那些你不太熟悉的朋友，就需要用他们的叉子，或者把食物放到他们面包碟里才行。

如果你想点两样前菜，然后跟朋友对半分，在点的时候可以告诉服务生。很多餐厅会在厨房里就帮你们分好。精心装盘的大厨可能会不太高兴，不过，偶尔给大厨来点儿挑战，也挺好的。

小费的问题

在完美的世界里是不需要小费的。服务员拿应该拿的工资就行了。但是，这个世界里有吝啬的雇主（"小费就够你赚的啦!"）还有一些吝啬的客户（“还得给小费？他们工资都很高的!”）。从事服务行业的人只拿最基本的薪水——而且常常低于最低工资。他们都依靠小费来养活自己。如果有 12 个商人来吃晚饭，整个晚上用了三张桌子，消费了 2 500 美元，然后只给 10 美元的小费，那么就是欺负服务员了。想想吧，如果你整个晚上帮人带小孩，然后主人只给你一个铜板，你的感觉如何？

在美国，给小费的第一原则是：一定得给小费。如果理发师剪掉了你的耳朵，如果出租车司机压着你的脚了，可以少给一点儿，或者不给。你得说明为什么没有给小费或者小费低于正常水平。在欧洲大多数餐厅里，小费是当作服务费算在账单里的。这种情况下，你可以不另付小费就扬长而去。但在美国，习惯不一样，大家认为给小费是自主的犒赏行为，需要让服务生能够赚到基本工资的水平。

有些青少年通常只给一点点小费。这是因为他们自己经费也有限，还因为他们不知道应该给多少。但少给小费对那些靠小费充当工资的服务生很不公平。以下是给小费的一些建议。

在餐馆里。最低是账单的 15%。如果服务非常好，餐厅很高档，或者你想成为最佳顾客，可以给 20%或者更多。小费不要低于 0.5 美元。不过这意味着，即使你只买一杯咖啡也给了 25%的小费。

关于小费应该基于账单的实际数字，还是应该基于加了税的数字，大家没有定论。我来帮你做个决定吧。按加了税的数字给小费。为什么？因为你不是小气鬼。假设你的账单是 20 美元，州政府税金是 8%，如果你按不加税的数字给小费，不过省下 0.32 美元。如果账单是 100 美元，不过省下 1.6 美元。你觉得有必要那么仔细地分辨：没有人在税方面给你提供服务，所以小费不应该基于加了税的数字？省省吧。

如果你是跟一群朋友一起去吃饭，要仔细看账单里是不是已经加了小费（有时候他们会说那是“服务费”，有时候会写成“赏钱”），要不然你就付了两次小费。

另外，即使你是自己服务自己，吃的是自助餐，还是需要付足小费。

对迎宾员或者领班，他们只是引座、拉椅子或者给你们递菜单，你不需要给小费。但是如果他们为你提供了特别的服务（重新安排座位、预留一个生日蛋糕，或者帮你没订位就弄一张桌子），给 10 美元或 20 美元的小费是正常的。你要在离开的时候偷偷塞在他们手里。

如果吧员只是帮你打开了你点的酒，你就不需要另外给他小费。但是，如果他帮你做参谋、建议了一瓶好酒，你给 15%的小费也是应该的。

洗手间服务员。这些人的工作就是听你尿尿。如果你被这些人的职务介绍吓到了，我可以理解。如果他们没有帮你做任何事，你就不需要给小费。如果他们给你递了毛巾，你可以给 5 毛 1 块的小费。如果他们还提供了其他服务（我真想不出还有什么其他服务），或者，如果你动了他们精心安排的薄荷糖、手霜、糖果或者发胶，那就给个两三美元的小费。

衣帽寄存服务员。如果你看到柜台上有个小盒子，里面放着一些钱，那就是他们想拿的小费标准了。但是，他们放的那些钱一定是大额的，不过那只是他们希望得到、而你不一定需要给的。通常，一件衣物给 1 美元小费。

我可以提供一些个人的建议，我很乐意在餐厅、博物馆、艺术画廊还有音乐厅的衣帽寄存处给小费。但是，对于那些把我当小偷一样进门要求把包留在柜台的商店，绝对不给小费。

机场行李员。第一件行李 2 美元，剩下的行李每件 1 美元，这是在路旁下车，你自己去值机的普通小费标准。如果行李员帮你把包送到值机柜台，那就需要每件行李 2 美元的小费。有些飞行公司收取路旁下车值机费用。

酒店。如果你住的是高级酒店，那你得准备很多零钱来当小费，可以给行李员（一件行李 1 美元，两件起算）和大堂服务员（1～2 美元，因为他努力帮你叫出租车）。汽车酒店就是这么催生出来的。

每天可以给整理房间的女服务生预留 1～5 美元的小费（看你房间的价格），退房的时候给。极少人保留这个传统。你应该传承下去。

大堂副理（其法语原词的意思是"万事通"）可能会给你提供某些特别的服务，如帮你搞到某个已经售罄的演唱会门票，或者给你思乡情结严重的狗找一位心理医生。给 5～10 美元小费很正常。如果是一票难求的演唱会，你给 15 美元或者票价的 15%～20%的小费也是应该的。

很多酒店都会在账单上加 15%的服务费（还有送餐费）。你应该仔细看账单，如果已经收了，即使你在房间享用了早餐或消夜，也无须额外给小费。你在订餐的时候可以问一下，最后的账单里有没有包括送餐小费。如果没有包括，那你可以给送餐的人 2 美元。

送比萨饼的人。通常是每个比萨饼给 2 美元小费。最低小费是 2 美元。如果量很多，应该给账单总额的 15%（如果送餐人服务不好，给 10%就好了）。如果你住在 6 楼，而且没有电梯，或者如果送餐人得穿越厚厚的雪地给你送餐，你是不是应该给小费的时候慷慨一点啊？

出租车司机。最少给 1 美元。7 美元以上车费的，应该给 15%的小费。如果司机帮你拿行李，再多给 1 美元。如果司机在半路上没有

“甭找了。”

汽油了，或者误了你的飞机，那就可以不给小费了。

擦鞋的人。如果你有时间，想把你的耐克鞋擦干净，普通鞋给1～2美元的小费，长靴给2～3美元的小费，也要看擦鞋服务提供到什么程度。

理发以及修甲服务。给总账单的15%。洗发员可以给2美元。

街头音乐家。我经常想，如果他们能够不演奏了，我会给他们1美元。如果有乐手来你桌前弹奏一段然后又走开了，你不必给小费。如果你点了一首歌，那就给1美元吧。

代客停车。在大都市，给3美元，普通大城市给2美元或少点也行——在他们把车开回来的时候给。如果车上里程表多了300多公里，那你不需要给小费。

主人。不要给主人或老板小费（比方说，让一路易斯亲自给你做头发造型，或者餐厅老板亲自给你送三明治上门）。不过，你可以好好谢谢他们，或者帮他们介绍更多的客户。

导游。对于博物馆的讲解员或者导游，有时候我们需要给小费。

看别人怎么做。如果是短程的服务，2 美元就够了。如果你的行程是西伯利亚 3 周游，那么这个小费的金额应该大一些。

绝对不能给**警察**小费。这会被理解为贿赂。还有一些人不能给：飞行乘务人员、巴士司机、火车司机、开飞机的人、电梯操作人员（不知还有没有这个职业）、政府官员、老师还有自营的小酒店老板。但是，如果你经常和这些人打交道，如巴士司机、门房或者游泳池救生员，可以给一些非金钱礼物来表示感谢。

本章小测

1. 你去出席了一个晚餐派对。你把一口汤送进嘴里，发觉非常烫。你会怎么做：

a）吐出来。

b）起诉女主人，要求 400 万美元的损失费。

c）悄悄往嘴里吸入空气，使热汤冷却一些。

2. 你去朋友家和他们一家人吃饭。当主菜从厨房里端出来的时候，你发现这是你不喜欢的菜。你的做法是：

a）把它从女主人手里打翻，希望她能上其他的东西。

b）说："噢，我最不喜欢这道菜了！"

c）取一小份，然后尽量多吃几口。

3. 一位食素的朋友来你家吃晚饭。他吃了一大堆色拉还有意大利面，但是没有碰肉。此时你该说什么才比较得体：

a）"如果所有人都吃素的话，动物也应该是米做的。"

b）"你有没有得过维生素 C 缺乏病？"

c）什么都不说。

4. 你在学校餐厅吃午饭。你正嚼着一块汉堡牛排，突然嚼到一大块软骨。你的反应是：

a）把它扔向体育老师。

b）发出“啊，啊，啊”的声音，想尽量吞下去。

c）在没有人看到的情况下，用叉子把它从口里取出，放到自己的盘子里。

5. 家人在家里吃早餐的时候可以看报纸，只要：

a）他们不发出声音。

b）把看到的内容告诉他人。

c）他们在吃早餐。

6. 你在一家豪华餐厅用餐。服务生送上你的前菜，但那不是你点的。你的最佳做法是：

a）把它摔到地上。

b）把桌布从那个前菜下面扯出来。

c）说：“不好意思，我点的是小鸭子。”

第九章　你的最佳表现

人生重大事件的礼仪

人在一生当中会经历很多事情：婚礼、葬礼、犹太教成人礼、毕业典礼等。有一些是欢喜的场合，有一些是悲伤的场合，但它们都有一个共同点——座位不舒服。为了避免绊倒新郎，或是把新娘弄痒痒了，甚至有人从洗礼池里舀水喝，我在这里介绍一下经历人生重大里程碑事件时的一些礼仪。

亲爱的艾利克斯：

“你在葬礼上会做些什么？”

肃立。

葬礼

想到要参加葬礼或者告别仪式，一般人都会觉得不太自在。你可能会想，我该说些什么呢？我谁也不认识。万一我哭了怎么办？万一我笑了怎么办？

美国人很怕葬礼。大家都避之犹恐不及，并且，很多人在成长的过程中，不知道要如何应对这种悲伤的事件——不管是他们的家人还是别人的家人去世。参加葬礼总让人觉得怪怪的，这可以理解，但该去的你一定得去，这很重要。这是对亡者家属最好的支持，既能给自己一点儿安慰，又能给亡者以尊重。一个人的葬礼只有一次，没有第二次机会了。参加葬礼，需要注意以下事项。

穿着保守一些。不一定需要穿黑色的衣服，但是太耀眼、太引人注目的衣服是绝对不行的。这不是让你显示着装品位的时候，这是对肃穆的场合以及对亡者家庭传统的尊重。

留言簿。在教堂或在亡者家里，会有一个留言簿。这个簿子的目的是让亡者的家人知道并感谢前来参加葬礼的人，而不是用来指责那些没有来参加葬礼的人。（“亏得哈里以前为他做了那么多事情！”）也许还有网上版本可以留言。你可以写你想表达的东西：说出你的心里话，说出你的同情与支持，写一段有关亡者的特殊记忆。

尊重葬礼礼仪。葬礼和告别仪式上有许多程序：瞻仰遗体、宗教仪式、送葬队伍、埋葬、守灵还有一片混乱的遗嘱争夺战。每个家族的传统和文化都不同，可能有的家庭会哭得很厉害，有的会咬紧嘴唇一言不发，有的会举办一个令人终生难忘的派对，有的则会陷入无边的沉默。如果有些活动跟你的文化、语言、宗教信仰不同，或者你跟亡者的关系一般，你并非一定要参加这些活动。比方说，如果你不熟悉的话，亡者家属不会让你在胸前比画一个十字、让你去亲吻亡者、用你不懂的语言诵读一段祈祷文，或者哭得死去活来。你可以做的事情是：满怀敬意地观看葬礼的过程。该站起来还是该坐下，跟着别人一起做就行了，跟着大家一起来尊重亡者家庭的传统与习惯。

可以礼貌地拒绝。在葬礼上，你可能会被邀请往棺材上撒土，还可能让你讲几句话。（有些葬礼上，安排了认识亡者的亲友发表悼唁和追思。）还可能会让你去瞻仰遗体。如果你觉得能够承受，你的参与会让亡者家属感到安慰。但这些程序并非硬性规定，如果你想拒绝，亡者家属不会觉得是种冒犯的。你只需说：“不用了。谢谢。”这就够了。如果请你发言，你可以说：“我是想说几句，但是，我觉得我不行。”

但是，如果亡者家属请你去护柩（抬棺材），拒绝就不太合适——除非你最近肩膀脱臼了。

要肃穆。假设你的一个朋友的父亲去世了。你很同情他，但是你对他父亲又一无所知。你和很多同学参加了葬礼。由于你不是亡者的家属，似乎你可以很自然地跟你的朋友们愉快地打招呼，然后跟他们打成一片。不要！如此高调的行为举止可能会被别人误认为是对葬礼和亡者的不尊重。你不需要假装很悲伤，但是你应该保持肃穆，以表示同情。

表达同情。在葬礼仪式之后，参加葬礼的人通常会列队一一向亡者家属表示哀悼。很多人都担心，不知道这个时候该对亡者家属说什么。不用担心。你只要排队，走上前，对亡者家属说：“非常抱歉。”或者说：“请接受我的哀悼。”如果你认识家属，你可以说：“如果有什么需要帮忙，请告诉我。”如果你觉得这些话你也很难说出来，那你就什么都别说。对那些你比较熟悉的人，可以给他们一个拥抱。如果不熟，你只要带着哀伤跟他们握握手。不需要用力，可以用你的双手握着对方的手。拥抱或者握手时，都可以说：“你的心痛就是我的心痛。”

或许，知道在这个场合什么东西不能说更加重要。比如以下情形。

“我很了解你的感觉。”

“你一定心都碎了。”

“这样也许更好。”

“至少他就不会有痛苦了。”

“现在你的生活可以继续了。”

“我想，那房子归你了吧?”

“你父母可以再生一个小孩。”

“我想他肯定不想我们太难过的。”

如果有人做以上评论，是不妥的。因为：

- 他们是在告诉别人应该有什么样的情绪，以及悲伤的方法。
- 他们把自己的想法强加给那些目前很难表达自己意思的人。
- 他们讲述了自己对死亡的理解，而不是亡者家属的理解。
- 他们认为，人死了没有什么大不了的，就跟换个电灯泡那样简单。

送花。把花送到举行葬礼的教堂或者家中，都是很正常的。当然了，如果有 300 个人送花，就会形成一个花的海洋，大家不能走动了。

所以，不少人会说，与其送花，不如捐款给亡者比较重视的慈善机构。捐钱帮亡者做个好事，是对亡者最好的敬意，同时，也是给参加葬礼的花粉症患者的一个福音。

写悼念信。这种信跟感谢信类似，必须写。还要亲手写，用钢笔在高级纸张上面写。不要到商店里去买一张现成的卡，上面写着什么：

玫瑰是红的，
紫罗兰是蓝的，
抱歉，他已经是死的，
呜呼哀哉。

你应该写一封简短但是温暖人心的信。说你知道亡者已去，写你记得的美好回忆，然后表达你的同情。不要用那些委婉的词语，如“走了”或者“离我们而去”。这样说好像是亡者坐上一辆慢动作的车，暂时离开了房间而已。用电子邮件、信息等也是不恰当的。

亲爱的哀先生、哀太太：

很抱歉获悉比利去世的消息。我跟他有着非常特别的友情。我大学一年级转学来布福的时候，比利对我非常好，帮我适应了这里的生活和学习。没有了他的友谊（还有他的数学作业），我真不知如何是好。请接受我最诚挚的同情。

您真诚的

亚瑟·芬牧

发泄心情。某人的死亡，即使是你不认识的人，也可能导致各种情绪的宣泄。不要把这种情绪压在心里。至少应该把它写下来，也可以跟别人聊聊，抒发一下心情。如果家人或朋友无法倾听、了解你，可以试着跟老师、辅导员或者神职人员谈谈。

亲爱的艾利克斯：

“如果说有人被火化了，那他的骨灰是要在葬礼上撒掉吗?”

如果亡者被火化了，一般会安排一个仪式来撒骨灰。不过通常不是在葬礼的当天进行。因为如果是在教堂里撒，最终它会归于吸尘器。很多想要火化的人在死前都会说明他们想把骨灰撒在什么地方。

这个地方一定是对亡者有特殊意义的地方，比方说，美国的落基山脉、罗马的台伯河，或者是沃尔玛的停车场。如果你参加了这样的仪式，通常也不会是去撒骨灰的人。如果你是，那你可得看好风向，要站在上风口。

亲爱的艾利克斯：

“我有个朋友，她妈妈大约6个月前去世了。之后我们就很少见面，我感觉很有负罪感。我跟她在一起的时候也觉得没有什么意思，另外，我也不知道要跟她说些什么。你说她这个样子还会持续多久？”

这很难说。哀悼没有什么“正确”的方法。有人会哭，有人不哭；有人会消沉很长时间，有人很快就恢复平时的状态；有人会对自己很生气或有负罪感，因为亡者在世的时候，他做了对不起亡者的事情，或者没有做一些该做的事情；还有人生亡者的气，因为他们就这么走了。你看到的表面现象，可能跟人们内心深处的感觉是完全不一样的。

你朋友的生活因为母亲去世已经乱透了。她在经历了目前的短暂悲伤之后，今后还是会一直带着丧母的悲哀。6个月前，她的亲朋好友可能都在向她伸出援手——来参加葬礼、帮她买吃的，还送花——之后他们就都不见了。亡者的亲属就这样被遗忘了，精神上如此，行动上也如此。而其他人则觉得亡者的亲属应该早日“重回轨道”，或者他们觉得，亡者的亲属想要给自己一些时间，或者他们觉得跟那些依旧感觉痛苦的亡者亲属待在一起很不自在。

你能对你朋友还有你自己做的最好的事情，就是——做她的朋友。打电话给她，跟她做伴，约她一起出去参加社交活动。如果她犹豫不决或者拒绝，你可以稍稍给她一点儿压力。你可以说，真怀念跟她一起的感觉。不要让她觉得必须强颜欢笑。你只要让她知道，不管她是什么状况，你都愿意随时跟她做伴。

你和她一起的时候，可以问她好吗？家里情况如何，家里人都好吗？尽量让她开口讲话。很多人在经历过这样的事情时，都会把他们自己给封闭起来——因为他们经历过的事情别人没有经历过，也因为很多人都想逃避这个话题。你可以和她说她妈妈的事情，说你记忆中的事情。你这么说，并不会让她因为“又想起”妈妈而伤心。她一直都在想着她妈妈。

如果你朋友开始讲述她的感受，你好好倾听就可以了。[①] 你不要故意让她高兴起来，也不要把她的话题给岔开。如果她谈起家里的问题，或者她说她觉得很困惑、很悲恸，你可以鼓励她找辅导员或者其他可以信任的成年人去倾诉。

宗教仪式

如果你有自己的宗教组织，应该会了解仪式和活动的时候应该遵守的规矩。如果你被邀请去参加别的宗教的仪式，比方说去参加某个特殊的活动，请注意遵守以下原则，别让自己冒犯和亵渎了神灵：

- 对邀请函尽快答复。
- 准时到达。
- 不要跳过仪式，直接来参加后续的聚会。
- 在仪式进行过程中不要说话，除非仪式需要观众回答。（你可以低声读出祈祷文里面的答词，低声询问页码是可以的。）

---

① 关于如何倾听，请看本书第十章相关内容。

● 如果你需要上洗手间，不需要举手等牧师或神父同意。你静静地离席就可以了——最好是在仪式声响比较大的时候走开。

● 不要讲笑话。在宗教场所，如果有人不可控制地咯咯发笑，真是难堪的场面。如果有事情让你发笑，你必须紧咬牙关、坚决忍住，千万别在你朋友读诵犹太律法的时候笑着看你朋友。如果他被你逗笑了，那就糟糕了。

● 着装得体。你的朋友或同学当中如果有人属于同一个宗教组织，可以问他们要穿什么样的衣服。

● 参加仪式活动。如果你不了解情况，不需要去参加“确认”仪式①，不需要下跪祈祷，或者跳进洗礼池。别人站着你也站着，别人唱歌你也唱，尊重他们的崇拜活动即可。

● 不要自行取钱。在某些仪式中，你会看到一个装钱的盘子在教堂里传来传去。这不是给你任意取用的钱，这是大家捐给教会的款。如果你愿意，可以捐一些钱。

● 馈赠礼物。② 如果你很有心，可以给你的朋友送个礼物，但最好不要带到教堂来。你可以事前就送到朋友家里，或者在后续的聚会上拿出来。如果你要给钱或者支票，也可以在宗教仪式过后悄悄递上。

犹太教的成人礼

犹太教的成人礼，是在犹太孩子 13 岁生日过后举行的一种仪式。在犹太教当中，这个仪式标志着孩子已经成人了。犹太教的成人礼会在自己的教堂里举行，教会里的人都可以参加，受成人礼的人也可以

---

① 基督教的信仰通过**确认礼**来让孩子参加成年人的教会活动。如果你被邀请去参加**确认礼**，或者你本人要去**确认**，本章节的很多建议都会对你有用。

② 关于送礼物，请看本书第二章相关内容。

邀请其家人和朋友参加。仪式过后，通常会在教堂举办一个聚会，大家会对受礼的人表示祝贺，聚会上也会吃好多鲱鱼。

稍后，会有一个派对，只有受邀的人士——如家人、朋友和同学——才可以参加。我在12～14岁时候，参加过好多这样的派对，而且我很幸运有很多犹太朋友。当我知道，我可以跟异性朋友通过打保龄球、游泳、滑冰、吃晚饭、跳舞、打高尔夫球来讨论神学，我对宗教的敬畏大大加深。

如果是你本人要接受成人礼，那你需要做好以下的准备，然后可以更好地当个大人了：

仪式之前……

● 了解家里的经济状况，做个理智的决定。成年礼派对不是用来进行攀比的。如果别人家的孩子的成年礼派对请了格兰美奖摇滚乐队来表演，你并不能拿这个来跟父母谈条件："如果你们爱我的话，那就开始拿房子抵押借钱吧。"

● 如果你的父母或者兄弟姐妹开始建议要请他们的朋友来，你不要说："呃，这个，真的需要请他们来吗?"你应该表示欢迎才对。朋友来了就一定会带礼物，而且，他们来了，请他们的人得去照顾他们，你就更有时间跟自己的朋友在一起了。

● 礼尚往来。你必须回请那些曾经邀请你去参加他们成人礼派对的人。如果派对的人数有限制，你至少必须请他们来参加成人礼的宗教仪式。

仪式当天……

● 你是当天的主角，好好享受一番吧，但是必须要有品位，必须高雅，而且谦虚。你必须了解，虽然今天是你的特殊日子，你还是需要处处行礼如仪。

● 你必须热情问候所有宾客，甚至那些你父母要你邀请的人。你可以说：“很高兴见到你。感谢你来参加。”

● 如果你不认识或者不喜欢的亲友要来亲吻你，不要做鬼脸。

● 不要打断仪式的进程，宣布你的礼金数额现在已经超过1 000美元。

● 如果大人们都说：“天呐，你都长这么大了！”还有“当了大人了，感觉如何？”你需要有耐心。

● 把朋友介绍给你的家人和父母的朋友，让他们互相认识。

● 事后尽快写感谢卡，不要拖延。[1] 拖得越久，你就越不想写。可以在感谢卡开头写很高兴看到他/她，或者很可惜他/她没能出席。

---

① 关于如何写感谢卡，请参阅本书第二章相关内容。

不要以“感谢你的……”为开头。

- 感谢你的父母，因为他们为你这个特殊的日子做了很多准备。感谢神父，感谢唱诗班的领唱，感谢摩西——感谢所有人。
- 水果酥派不要都吃完了，给别人留一点儿。

亲爱的艾利克斯：

“我被邀请去参加朋友的成人礼。我不是犹太人。我必须戴那种小帽子吗?”

你说的是抢劫银行时候戴的那种比尼帽吗？当然不用。如果你说的是犹太教的男信徒戴的那种，它正确的名字叫作：亚莫克圆顶帽，不是比尼帽。

你被枪毙的时候需要戴帽子吗？不需要。不是犹太人，可以戴吗？可以。这是尊重的表现。就像在教堂里，别人都站起来，你也要跟着站起来。

成人礼舞会

成人礼舞会，是指女孩18岁时第一次出席的正式社交舞会。这个舞会在早年间比较受重视（当时有种种限制，女人连脚踝都不能暴露给男性看）。由于女孩受到种种限制，不可抛头露面，那么举行这样一个仪式让她们去除面纱华丽登场走进社会，还挺适宜的。如今，这种习惯已经失去意义。大多数人在接到邀请去参加成人礼舞会时，他们的理解已经大不相同了。

成人礼舞会日渐式微，这是因为追求恋人的做法越来越不流行。以前，如果一位绅士没有经过正式的介绍，绝对不会跟某位女士交谈。所谓追求，就是这位绅士对女士表示兴趣以及好感（如果一切顺利），有意最终与她结婚。成人礼舞会就是把这位女士介绍给公众的最佳场合。这就是发出信号——她可以出阁，可以成婚了。为女儿举办成人礼舞会的父母会邀请亲朋好友特别是他们高贵英俊家财万贯的儿子们，前来参加。因为被邀请来的家庭都是女方父母认识的人，所以他们一定会保证待选的东床快婿可以通过相貌这一关。

不过，如今的社会不同了。男人女人之间没有正式介绍就不能说话这样的禁忌，早已消失得无影无踪。也就是说，可能出现这样的情况：一位年轻男士在自动洗衣店问一位女士："嘿，借点洗衣粉用用?"接着，三天之后，在拉斯维加斯，他们就在扮成猫王的婚礼主持人的见证下结婚了。男男女女可能在很多场合认识，如在健身房（"看见我练胸大肌了吗?"）、在酒吧（"那个橄榄你要吃吗?"）或者是网上交友平台（"喜欢寻乐的职业人士，年龄 28 岁，看上去只有 27 岁……"）。

我们可以理解，很多父母不再费那么多的精神和金钱做那么多的准备帮女儿进入社会。而且，极少数女儿愿意这样被隆重地推出。如果有家庭要坚持这样的传统的话，他们通常会请专业人士代劳。这些自发的社会传统仲裁会挑选合适的女孩，并帮她家准备成人礼舞会。很多年轻女性可能同时达到适婚年龄，舞会也顺应时代，升级到摩登流水线版本——大家费用相当，且尽享产品利益。

每位佳丽都应该配以 2～3 名护花使者。这样做，是让她觉得自己非常受欢迎，同时也留出足够多的男士跟她的家人如妈妈、阿姨还有妹妹等人跳舞。如果这位佳丽被保护到 18 岁尚未出阁，那么她应该不会认识 3 个男士作为待选的佳婿。于是，自发的社会传统仲裁会就需要帮她找了。首先，他们要用电脑仔细交互查询"圣稀罕男校"的毕业生，进行社会地位、乡村俱乐部会员以及福布斯400会员信息的配对，并在舞会场地外放一个大大的广告板——“免费午餐，欢迎品尝”。

如果你是女孩，而且你父母正在帮你准备成人礼舞会，那你有以下任务需要完成（其内容与犹太教成人礼很相似）：

- 了解家里的经济状况，做个理智的决定。不要想着在舞会后，包一架维珍飞机，带朋友到巴哈马群岛去举行沙滩早午餐。
- 要记住，此次的“出阁”仪式，是把你介绍给你父母的熟人。也就是说，他们有权请他们的朋友（即使人数比你的朋友多），你也不可以说：“他们干吗一定得来？”
- 跟所有宾客打招呼聊天，虽然人数多、辈分复杂。你要说很高兴他们能够来参加。
- 如果你还不是被卷入大人世界的懵懂青少年，那你就假装是吧。
- 穿着得体。典型的服饰是白色的长礼服，不可以穿两截的露脐装。
- 把朋友介绍给你的家人、你父母的朋友，让他们互相认识。
- 要注意到所有的护花使者。跟你爸爸、爷爷、表哥、朋友跳舞，次数要合理，照顾到所有人。
- 大人们总会说：“以前那个小女孩哪去了？”对他们要有耐心。
- 对送礼物的人表示感谢。
- 感谢你的父母。

如果你是男生，被别人从“圣稀罕男校”的同学会名单上搜到，还被邀请来参加这个成人礼舞会，你需要尽到以下义务：

- 是否出席，必须答复。
- 着装得体。（邀请函上会写着装要求。）

- 帮女伴别上花饰胸针。[1]
- 由于舞会上不应该有人被怠慢，所以，请不要拒绝想跟你跳舞的女士。
- 跟主人以及其他宾客友好交谈。
- 跟老奶奶调情。
- 不要喝醉。
- 给主人写感谢卡。

毕业典礼

小学加中学，这漫长的十二年终于要结束了——担心、挣扎、骚扰、痛苦、仇恨、希望、帮助、憧憬、恳求、祈求——这都是你父母的艰难历程！难怪他们这么希望你快快毕业，好去参加你的毕业典礼。这是他们期待已久的事情。他们终于自由了。没有考试了。没有作业了。不要再去见校长、班主任了。他们可以好好坐下来，放松一下，给自己的未来做些打算……什么？还有四年?!

毕业可能是你的成就，但却是你父母的收获时间。他们终于可以很欣慰、很自豪，因为他们再也不用担心孩子把书包落在公交车上、把运动短裤和运动鞋搞丢、把眼睛弄伤、把笔记本弄丢，家里永远不会再出现成绩报告单，等等。在这个庆祝胜利的时候，一切都成为过去，都可以原谅，他们此时也会做出愚蠢的举动。比方说，让你把同学朋友介绍给他们认识，拍照时不记得把照相机镜头盖给打开，不知要对哪个焦距，挥手赶苍蝇，然后又重新对焦，继续对焦，叫大家都

---

① 关于这一点，请看本书第七章相关内容。

看镜头、微笑，然后等你弟弟看镜头，然后在380名同学的焦急等待之下，按下快门。

没错，毕业典礼那天是你终生难忘的日子。为了让它成为你想要的记忆，请记住以下礼仪要点。

发出邀请函。通常是学校发的，大概是以下这样：

贝汉中学校长、 全体教职人员 及应届毕业生 至诚邀请您的光临 今年的毕业典礼 时间：5月20日星期六下午1点 地点：学校草地

如果你只把这张纸塞进信封寄出去，收信的人可能猜不出是谁发的邀请函。所以，你应该再附寄一张邀请卡。什么？没有卡？那就去买一张空白的卡。用你最美的花体字，把你的名字写上去。如果你们几位同学都想请某位人士来参加，如足球教练，那么你们可以共用一张邀请函，但是把所有同学的邀请卡都收进去。要不然，你们教练家的信箱很快就会挤爆了。

因为毕业典礼的座位有限，你不一定能够请所有你想请的人来。所以，你必须选你最希望来的人来发邀请（看谁最有可能送你一辆汽车）。如果你的嘉宾名额有剩余，可以考虑邀请导师、朋友甚至远房亲戚来参加。

通知亲友。你可以把要毕业的消息通知你的家教、教练、钢琴老师、童子军负责人、小时候照顾过你的好保姆等。如果你希望能够请他们来参加毕业典礼，但又因为座位有限而不能一一邀请，可以在通知信函中说明这一点。你还可以表达自己感谢他们多年来对你的支持，他们的友谊对你意味重大。

不要暗示送礼物。你毕业的消息不要泛滥到送给每一个人——卖纸尿裤的还有帮你切除扁桃体的医生——除非他们也是你的好朋友。

对家长以及亲友要理解。你的父母此时一定倍感自豪与欣慰。他们可能会拿着摄像机跟着你拍个不停，喊你在家里的绰号，在你脸上留下红红的唇印，跟所有愿意听的人讲述你的过去。你不要觉得很尴尬。你的同学们也有父母。

握手即可，不要拥抱。当你上台去接受毕业证书，应该只跟校长握手。拥抱、拍背，还有欧式飞吻是不行的。不过，如果是校长要做这样的动作，你可以回应校长的举动。

感谢你的父母。

亲爱的艾利克斯：

“毕业时穿的袍子下面穿什么，是不是可以随便穿？”

在这种场合，袍子下面还是根据学校的着装要求来比较妥当。你可能在想，反正又看不到，袍子下面穿什么不可以啊？理论上来说是这样的。大家应该注意听台上的演讲，而不应该分心去看别人袍子下面穿些什么。换句话说，只要你袍子下面穿的（或者没有穿的）不会让你跟衣着得体的同学反差太大，就算是合乎礼仪。

亲爱的艾利克斯：

“在毕业典礼上进行抗议是不是粗鲁的行为？”

如果在毕业典礼上有毕业生把背朝向主题演讲人，有些成年人看到这样的场景，可能会掉眼泪。如今的成年人，他们在20世纪60年代经历过著名的“黄金年代”。你们可以查阅《远古历史》教科书，看看当时的情况，或者问你的父母。不管是什么情况，这样的举动是不可接受的。毕业典礼不是用来让某些人表达个人意见的，不管是艺术上的还是政治上的。除非你上的是工艺品高中，那里的毕业生通常喜欢在毕业礼帽和袍子上做各种装饰，例如后现代主义风格的厨具，带“尼克松”（nix）字样的扣子、贴纸、海报、标语板还有别针什么的。

如果大家同意，可以佩戴一个小小的丝带，以悼念在郊游中被鳄鱼吃掉的12位应届毕业生。这个算是例外情况。

亲爱的艾利克斯：

“我们学校邀请了一位非常有争议的人士来做毕业典礼演讲嘉宾。包括我在内的很多同学都打算离场以示抗议。这算是不守礼仪吗？”

除了毕业典礼上嘉宾的发言，其他人各种形式的表达，不管是道德方面的、政治方面的还是宗教方面的，都属于不恰当的行为。（睿智的发言人都知道要如何小心讲话。）离席、起哄、嘘声或者穿戴有煽动标语的帽子，都算是不守礼仪。在别人讲话的时候底下的人讲话，是粗鲁的行为；同理，当别人讲话的时候，起哄或者喊口号也属于不可接受的行为。

任何一位发言人的讲话，可能只有青蛙卡米特不会反对，其他人总会有不同意见。如果每次听到不赞同的意见，就有学生嚷嚷着，阔步离场、进进出出，或者站起坐下，那该是什么样的场面。（一定很有意思！）

说老实话，对于毕业典礼来说，某个学生的想法没有任何影响。

这是属于整个社会的毕业典礼，是属于毕业生家庭还有教职员工的典礼，是属于传统与知识的典礼，是属于所有毕业生的典礼。学生可以有一辈子的时间去主张他们的想法、表达他们的意见，为他们的理想而奋斗。但是，等到毕业典礼过了再来抗议吧，在那之前，必须打消、粉碎这样的想法，即使发言人讲的和你的理念完全相反。但是，我并不是说在毕业典礼之前你不能采取行动，你可以在社交媒体上发起活动，反对学校邀请这种可憎的人来做毕业典礼演讲嘉宾。有很多次，由于学生社区群体的反对，导致学校取消邀请演讲人（或者让演讲人回绝邀请。）

“在现场不抗议”的做法，有一个例外情况：发表仇恨言论。如果发言人用了语言暴力或者攻击抹黑社会人士，社会人士不能听任这样的欺凌事件继续下去。如果对仇恨言论，你发表一个冷静的、强烈的应对，这不算是粗鲁行为，而是可以容忍的范围。你的应对越是坚定，就越有力量。

你也可以静静地背对发言人，或者肃穆地与一组人列队离场，这也是对发言人挑衅言语的一种有克制的抗议。如果有学生此时起立，说：“先生，这些攻击言论充满仇恨，给我们学校以及这次的毕业典礼抹黑。我请你停止这样的言论。”这个学生将是我心目中永远的英雄。

亲爱的艾利克斯：

“要怎样做一个离别致辞而不冒犯别人，您有什么好建议吗？”

少说话。不要骂人。不要伤害人。讲几个内幕笑话。多讲正能量的理想主义的话。感谢所有的老师和家长。下台的时候不要摔跤。

婚礼

你被邀请去参加一场婚礼。可能还被邀请去当伴娘，或者当引座员。你需要了解以下事情。

当伴娘

虽然英文的伴娘里含有“女仆”（maid）这个词，但是，伴娘不是去给新娘刷地板、熨衣服的。她的任务是打扮得美美的，给时装业做出贡献。

要做好称职的伴娘，第一，要到场；第二，要听从指挥。当伴娘还要先试装（而且衣服应该自己付钱），参加准新娘送礼会、婚前狂欢派对、婚礼摄影、婚礼彩排、婚宴以及派对等。（别忘记去参加婚礼。）新娘以及主伴娘会告诉你该知道什么、该做些什么。

一般来说，当伴娘有以下任务：

- 帮助新娘策划婚礼。
- 协助处理婚礼前的准备工作（购物、发请柬、制作装饰等）。
- 协助策划、主持并且分摊准新娘送礼会的费用。
- 在婚礼之前以及当天，在情绪上以及精神上提供支持。
- 在婚礼当天，奔前走后帮忙，帮新娘做头发、化妆等。
- 安排桌面装饰、婚礼礼物。
- 摆好姿势准备婚礼摄影。
- 在新娘入场的时候，走在新娘后面。
- 跟伴郎和其他宾客跳舞。
- 购买结婚礼物（可以和其他伴娘合买）。
- 捡起地上散落的五彩纸屑。

当引座员

被邀请去当引座员是件光荣的事情，除非你有特殊原因，否则不应该拒绝。（婚礼当天正好有橄榄球比赛，这不能成为理由。）你的主要职责是，穿着整齐、打扮潇洒，把宾客带到他们的座位上。

你可能需要去租一套正式的服装。准新郎和伴郎会不断提醒你，什么时候需要你的服务，如在婚宴、婚礼仪式之前、之后，试穿企鹅装燕尾服、婚礼摄影、婚礼彩排以及正式婚礼的时候。

你必须提前一小时到教堂，脱掉外套和帽子，戴上白手套，系上领结，站在教堂内侧左边。领班引座员会告诉你如何指导宾客坐下（用屁股坐）。

新娘的家人和朋友坐在教堂的左侧；新郎的家人和朋友坐在教堂的右侧。

- 如果有女士单独前来，你可以伸出右臂让她挽着。（她用完了得归还。）
- 如果有一群女士同时到达，你可以向最年长的女士伸出右臂让她挽着。（只能猜年龄，不能问。）
- 如果女士有男伴，他必须跟你走。
- 如果有男士单独前来，你不需要伸出右臂让他挽着。（除非他需要你的协助。）
- 如果有全家人到达，你可以陪同母亲。她丈夫和孩子会跟着你走。

你应该跟宾客亲切交谈（她们的手臂不是还紧紧地拽着你嘛）。即使等待入场的宾客已经在门口排起了长龙，你也丝毫不需要赶时间。就当全世界都在你的掌控之下，你可以慢慢来。

如果新郎没有朋友，他那一边显得空荡荡的，领班引座员会让你开始把新娘一方的宾客往右侧领。这样做是防止教堂往左侧倾斜。

如果引座员很多，且时间充裕，你可以给 10～15 岁的年轻女士们引座。这有可能成为她们终生难忘的经历。

等宾客全部入座，所有引座员和伴娘将列队进入教堂，开始入场仪式（不太重要的小人物，如新娘和新郎，将紧随其后）。婚礼仪式过后，还有离开教堂的退场仪式。这跟消化系统的运作一样，有进必有出。领班引座员会告诉你该如何负责管理人群的流动。

亲爱的艾利克斯：

“在婚礼结束，大家排长龙去祝贺的时候，该说些什么话?”

“太遗憾了。”不好意思，我说错话了。

你应该恭喜新郎。就简单说：“恭喜!”但不可以恭喜新娘。对新娘，你要祝她幸福快乐，你该说的话是：“愿全世界的快乐与你同在!”

当你面对那些在大约 25 年前稍做努力，使得今天这个婚礼能够实现的人，你只需自报家名，然后说“你好”，或者“见到你很高兴”，或者说“这个婚礼太美了，美极了”。似乎你仍然沉浸在当时的炫丽场景之中。

探访病人

人生中总有一些时候，你所认识的人身体开始出现状况。我们希望他们的状态不会太差，而且，我们希望他们尽快康复。你可能想去看望他们（可能你不想，但你感觉还是应该去）。在健康的家里需要讲礼貌，去医院也需要讲礼貌。请注意以下的礼仪须知。

先征得同意。有些人不想别人去看他。要么他们病得挺厉害，要么他们不想让你看到他们的尴尬情形，或者他们觉得这么多年以来终于可以稍微清静一下了。你应该尊重他们的意愿。如果你想去看望，先给他们本人或他们的亲人打个电话问一下。

在恰当的时间离开。请尊重你去看望的病人的自尊。如果有护士或医务人员请你离开，你必须配合，除非他们只是来给病人吃药。病人在擦身体、在床上使用便盆的情景，或者病人的其他隐私部位，可不是供亲友来医院参观的项目。

带上礼物。也可以不带。也就是说，礼物可有可无。有的话，很好；没有，也没关系。一个病人真的需要那么多气球、巧克力还有糖果吗？如果你想送花，必须买那些已经开放、容易携带的花。如果你要买花束，最好先确定病房里有花瓶。

选礼物也需要技巧。绝不可以给肺癌病人送雪茄。送花、送杂志都很受欢迎，特别是那种印刷精美的流行时尚杂志，平常自己舍不得买，要在医生诊所候诊室看的那种。自己制作的贺卡以及手工艺品特别受欢迎，病人的朋友自己亲手做的更是如此。

你可以来点创意之举。如果医院许可，可以尽量安排学校乐队给整个病房区来个演奏会。你也可以带上 DVD 播放机，租一张影碟，跟病人一起看。

你还可以问病人，他想要什么？可能他目前最想要的是一块进口的超级美味比萨饼吧！当然了，你得先问一下医务人员，他现在是不是有什么需要忌口的食物。

要积极活泼。你去看望病人，就是要给病人支持、同情，还有，要让病人高兴。不要跟病人说你的生活如何艰难，或者你这里酸那里疼的，也不要谈你的父母有很多问题没解决。如果病人看上去不是很惨的话，你可以说“你看上去挺好的”，希望能够让他高兴起来，因为他自己可能觉得自己看上去很糟。你得察言观色，看他父母是否愿意谈他的病情。有些家长只想谈病情，有些家长除了病情什么都想谈。你能够觉察到他父母对病情是幽默的态度还是感觉很糟糕。你可以随机应对。

不要超时逗留。病人可能服了药，可能会疲倦，可能感觉疼痛。他可能需要做什么锻炼，也可能有其他人要来看望他。去看望病人，不要超过 20 分钟。如果你想离开，而病人拉着你的手，说：“不，不要，不要走。求求你啦。我快疯了，这里无聊死了。”那你就不妨让他继续拉你的手。（但别让他拉断了。）

除了去医院看望，还有很多其他的方法可以表示对病人的支持。在征得病人或其家属的同意后，你可以充当“信息中心”，给病人的亲朋好友提供信息更新服务。这可以使病人家属无须每天对 40 个询问进行解答。他们只要把病人的状况告诉一个人——你——然后由你通过群发短信、推特或者电子邮件来向大家转达。或者，你可以创一个脸书页面或健康信息网站，让大家知道病人的状况，并且让大家留言、鼓励、祝福等。

如果病人不能下床，你可以给他送书本或者带作业给他。他本来的长期安排，如帮别人看孩子、帮家人煮晚餐、每周三次开车载弟弟去做练习等，现在都没法做了。如果你想帮忙，可以在一个网站上列举需要帮忙的时间和事件，安排同学朋友来协助。这样就能清楚地看出谁可以在什么时间协助做哪件事情，病人也可以知道他最终应该感谢哪些人。

本章小测

1. 你参加葬礼的时候需要签到，其原因是：

a）看谁最先跑到大门，可以领奖。

b）练习签名。

c）表示尊严以及哀悼。

2. 你受邀参加犹太朋友的成人礼。很遗憾，日子跟你周六彩排的时间冲突了。最佳的处理方法是：

a）让朋友把成人礼改到周日举行。

b）去彩排的时候戴个亚莫克小帽。

c）向朋友表示深深的歉意，并送上一件可爱的礼物。

3. 你是一个成人礼舞会的男嘉宾。你的职责包括：

a）在果汁里加烈酒。

b）放置放屁坐垫。

c）好好跳舞，谈吐优雅。

4. 在学校的毕业典礼上发言的是一位政客，你强烈反对他的观点。你的正确做法应该是：

a）对着他露出屁股。

b）朝他扔西红柿。

c）礼貌地倾听，但不给掌声。

5. 你去参加一个婚礼。你很喜欢新郎，但是你不喜欢新娘。你应该：

a）踩她的裙子。

b）把她往蛋糕上推。

c）保留意见，保持礼貌。

6. 你有一位同学骑车摔倒了，手脚摔伤在医院卧床不起。你去医院看望他，应该：

a）在胳肢窝给他搔痒。

b）在他鼻子上放一只蜘蛛。

c）问他希望你下次来看他的时候，给他带什么东西。

第十章　说话礼仪

对话的艺术

粗鲁的行为有很多种，可能是肢体上的（玩滑板的人在路上冲撞你），可能是象征意义上的（在枪击受害者的葬礼上穿一件全美来复枪协会T恤衫），可能是行为上的（在高速公路上尾随得很近），可能是忽视型的（不向拄拐杖的人让座），还可能是语言上的。有人一张开嘴就喷出冒犯的话语：

“没看到我在忙吗?”

“真希望我没生过你!”

“谁在乎你的想法?”

“或许拉奥可以告诉我们全班，他到底觉得什么事情那么好笑。”

以下都是粗鲁的行为：侮辱、打压、诋毁、讽刺；插嘴、打断发言、问难堪的问题、说损人的话语；指责、批评、发牢骚、攀比。还有一些人，他们从不说“请”“谢谢”“对不起”。

几乎每个人，每天都会跟别人沟通——面对面、打电话、发信息、发电子邮件，或者通过脸书沟通。这些沟通的质量在很大程度上决定了我们当天的生活以及人际交往的质量。如果我们的沟通愉快、礼貌，我们可能会自我感觉良好，对我们的世界，我们也会感觉良好。如果沟通不顺甚至遇到粗鲁行为，我们会很生气，不想再去相信他人。

也就是说，我们大家都应该了解沟通的礼貌。以下就是详细的介绍。

电话礼仪

不管是打电话还是接电话，讲究礼仪都是至关重要的。把薯片放下，把口香糖塞到嘴边，把手机调成震动；另外，要注意听。

如今，几乎人人都有手机，家里共用的电话已经是濒临灭绝的物种。但是不少家庭还是拥有那种叫作“座机电话”的古老装置。如果你不想被人说你电话礼仪糟糕，以下是关于共用电话的注意事项。

拨打电话

礼貌地和你要找的人说话。如果接电话的不是你要找的人，那么你需要询问是否可以跟他讲话。你可以说：

> “请问，我可以跟摩菲讲话吗？”

不要问：

> “摩菲在吗？”

这方面我有过教训。有一天，我打电话给一位朋友，是他四岁的儿子接的电话。我问道：“你爸爸在吗？”“在啊。”五分钟之后，他爸爸还没来接电话，我终于醒悟，于是我说：“能不能请你爸爸来听电话？”“OK。”那孩子回答。

你不需要向接电话的人说明你是谁。如果对方问的话，也是不礼貌的（除非他的家长或老板命令他必须问）。如果你认识接电话的人，可以亲切问候：

“嗨，毕维斯太太，你好，我是摩地摩。我可以跟杰克说话吗？”

你朋友的妈妈会很欣赏你能够对他们的存在表示敬意。

找到你要找的人，必须讲清你的身份。你可能有这样的经历：接到一个电话，对方叽里呱啦地讲话，你半天都还搞不清楚对方是什么人。所以，如果你不是打给能以迅雷不及掩耳的速度辨认出你声音的好友，就需要你自报家门。这会让双方避免尴尬场面。

不要在不方便的时候打电话。由于每个家庭吃晚餐以及上床的时间都不同，你应该事先了解一下，什么时间给朋友打电话最方便、什么时候最不方便。晚餐时间，或者凌晨2点被骚扰，是很多家庭不能容忍的。你可以问：“什么时候打最方便？”或者：“最晚可以什么时候打电话到你家？”

请求许可使用电话。如果你在别人家里，要使用他们家的电话，必须先征求同意：“我可以用你们的电话吗？”用电话的时间尽量要短。很多家庭里的电话是可以直接拨打无限制国际长途的。如果你想打长途，但又不知是不是需要额外付费，最好先问清楚。

接听电话

先说“你好”。在家里接电话，高高兴兴地说声“你好”就行了。不需要说：“这里是巴府，小姓巴索罗夫。”或者说：“永生殡仪馆。你家死人我们埋。”

如果你的父母要求你用某种方法来接电话，你必须遵从。

真实故事

来自礼仪前线的报道

对不起，打错了

有一天，我的电话响了。我拿起电话，说了声“你好”。对方问：“你是谁?”我心想，怎么这么粗鲁？但我说：“您想找谁?”我用礼貌又坚定的口气让来电方感觉是他说话失礼了。附带给他上了一点语法课。

如果你拨打了电话，而接电话的是陌生的声音，你不应该把电话立刻挂掉，也不能说：“你是谁?”你应该说出你要找的人的名字。如果你打错了，可以道歉。你也可以核对一下号码。这样你就能知道，是你的号码错了，还是你拨错了。

现在，你准备好接受今天最严峻的考验了吗?

此时，我的电话响了，最佳的实习机会来了，我来表演一下给你看看，如何把本书的内容用于实践。

(滴铃铃。滴铃铃。)

艾利克斯：“你好。”

呼叫方：“找肉制品部。”

艾利克斯：“你好?”

呼叫方：“你那是什么店?”

艾利克斯：“我觉得，你是打错了吧。”

呼叫方：“很抱歉。”

艾利克斯：“没关系。”

(挂断电话。)

这是一个很可爱的对话交流，让我加强了对礼仪的信心。

不要调查对方的身份。如果你接起电话，对方要找你的家人，不管你有多好奇，也不能询问是谁打来的、是什么事情，除非家人要你这么做。你可以这么说：“我能告诉他是谁打来的吗?”

不要喊叫。家长通常很讨厌他们的孩子喊叫：“妈！电话！是那位女士!”虽说喊叫也能把信息从A点传到B点，如果你亲自走到B点，作用会不一样的。如果你需要通知某人有电话找他/她，应该走到被找的人身边，然后可以轻声地说：“妈，电话。是那位女士。”

不要说出你的个人信息。为了安全，不要向陌生人说出你父母不在家。也不要说出你的地址或信用卡信息。还有，绝对不要说你爸爸在洗手间。不能听电话的人绝对不是“在洗手间”，他们“现在无法过来接听电话”。

仔细倾听对方。如果你一边吃东西一边看电视；还一边跟别人说话，或者一边在桌上玩着什么还一边跟人讲电话，是很粗鲁的行为。如果你无法专心听电话，你可以说，你正在忙些其他的事情，稍后你会打回去。

亲爱的艾利克斯：

“我跟别人在通电话，可我父母经常把我的电话夺过去。这是不是很粗鲁的行为?”

不是。这是不可避免的，因为你经常霸占电话。家人想打个电话，他们没太多时间逐一侦查，看是不是有人在使用哪一台分机。所以，这样的事情经常会发生。

如果是你拿起电话，而有人在别的分机打电话，那你就把电话挂了。当然还得先说一句“对不起”或“抱歉”。如果是你在用电话，你可以说“是我”。除非是紧急情况，否则想用电话的人不能问以下问题：“你还要打多久?”或者下达命令：“我要用电话。你能不能挂了!”这样的话需要亲自小声告诉正在通电话的人，或者递张纸条，而不要让电话的另一方感到尴尬。

语音留言

在电话发明之前，有事情大家都会直接“上门拜访”，成为不速之客，而且，他们通常会遇到想见的人不在家或其他不方便的情况，如此人在睡觉、在招待宾客、在吃饭、在练习吹笛子、在画油画或者在涂脚指甲。管家或门房可能会说：“女主人不在家。”这跟女主人的实际处所毫无关系，只是让来访者了解主人不方便的传统说法。若是这种情况，来访者应该留下名片，这样的话，女主人就知道是谁来访了。这就是“来访者名片”的起源。

如今，我们有了语音留言，还有来电显示功能。你就把这个当作电子管家或门房吧。在自己家里，你绝对可以拥有不受干扰的隐私时间；在电子大门被叩开之前，你绝对有权知道对方是谁。所以，使用语音留言以及来电显示功能，绝对不是粗鲁的行为，只要做到以下礼仪就可以。

录音简短精练。除非打电话的人多年来一直住在冥王星，否则，在听到语音留言之后，他会知道需要如何行事。你无须提供下面这样详细的指示：

> “你好，你拨打的是史蒂夫、玛丽、爷爷、费铎、比利、威利、迪利·麦卡锡的家庭电话，电话号码是966—2351。很抱歉我们此时无法接听电话，我们或不在电话附近，或正在用晚餐，但是你的来电对我们一定很重要，所以，能否请您语音留言，内容包括您的姓名、您拨打电话时的时间、电话号码、鞋子尺寸、您要联系的人、联系的原因、最方便的回电时间。我们将尽快给您回电。等待3.2秒之后（如果一切正常），有‘哔’声提示，请留言。（如果不正常，11秒钟后会有5次‘哔’声提示，随后是长达8秒钟的啸叫声。）祝您今日愉快，感谢您的来电！”

当然了，你也不要把马赫第二交响曲或者林肯的葛底斯堡演讲作为你的问候语。打电话的人，特别是打长途电话的人，或者是手机话费有限的人，会很不高兴的，他们可不想听你的音乐欣赏、政治言论还有笑话。你只要简单说："您拨打的电话是401－9999。"或者说："我是亚历山大·贝尔。请在语音提示后留言。"这样就可以了。

留言简短。有时候你会需要留一个又长又复杂的语言。但是，在其他时候，如果可能的话，请尽量做简短的留言。而且你也知道，谁都可能听到你的留言。还有，如果你要报电话号码，请讲话清晰、速度缓慢。要不然，听留言的人可能需要不断播放37次才能记下你说的号码。

亲爱的艾利克斯：

"我们家的人老是忘记给我转达电话留言的信息。有时候我跟朋友打电话的时候，妈妈才对我喊：'对了，他昨天打过电话给你。'真是烦透了。我该怎么办呢？"

你需要使用高端与低端策略相结合的方法来解决这个问题。首先，你可以设置电话语音系统，给每个人都设置自己的语音信箱。这样你的朋友就可以直接给你留言了，其他家人也可以自己查自己的语音，而不会动到你的语音信息。

但是，如果有人亲自接了要找你的电话怎么办？大多数电话都是因为接听的人没有写下而忘记的，因此，这就需要使用一些低端的解决方法。在电话旁边放一沓固定的纸张和笔。如果有人接了要找你的电话，对方说"请告诉他，弗兰打过电话"，然后还不写下"弗兰打过电话"，那人就是个大笨蛋。

你需要常常检查那一沓纸上是否有给你的留言，另外，偶尔你需要问一声："有谁给我打过电话吗?"这样就可以解决问题了，除非你们家大笨蛋很多。

骚扰电话

如果你接到骚扰电话并把它们挂掉，这不是粗鲁的行为。其实，这是对付他们的最好方法。不要跟他们多讲，不管对方说得如何天花乱坠。如果他们不依不饶地打来，你可以联系电话公司。电话公司可以追查到是谁打来的。

电话推销员

如果你不知道什么是电话推销员，那我跟你科普一下。电话推销员就是受过培训的陌生人，他们很喜欢跟你套近乎，为的是卖一些价格不菲的东西给你。他们受过培训，故意在你坐下来要吃晚餐的时候打来：

> "你好艾利克斯你好吗太棒了今晚是你的幸运之夜因为你真的获得了以下大奖之一没错全新劳斯莱斯一辆或者湾流私人飞机一架或者是1 000万美元或者是一个镶假钻项链坠饰你只要买一个价值600美元的旅行套餐就可以前来领取这个奖品所以如果你能告知信用卡号码我就可以收取旅行套餐的费用然后我再告诉你你到底中了哪一个大奖。"

电话推销员的行为非常粗鲁。但是，这并不代表你也可以以毒攻毒。因此，对于这样的侵犯隐私的不速来电，礼貌的做法是："谢谢。但我不感兴趣。"但是，电话推销员都训练有素，他们会忽视你企图终止谈话的礼貌回答，他们想尽量拖住你，还会提高音量，说道：

> "你是说，你不想获得1 000万美元?"

此时你就可以坚决地说"再见"并挂掉电话。

插播电话

如果我正在跟人通电话，对方突然说有电话进来，并让我等一下。我通常会数 20 下。这段时间足够对方告诉第二位来电者："对不起，我正在接一个电话。我过几分钟给你打过去。"但情况通常是，第二位来电者跳到首位，然后原来的第一位，我，却被无限期地挤到最后一位。所以，我会数 20 秒，然后挂上电话。

这不算是粗鲁行为，因为我没有挂谁的电话，也没有人被我挂电话，这是问题的重点。在我学会这个技巧之前，在 15 分钟的电话过程中，我曾被对方叫停两三次，甚至四次，浪费了我许多宝贵的手机话费！

之前跟你通话的那个人会打回来给你，说："我想我们的线断了。"那你就可以回答："很明显，确实如此。"你们之间断线次数的增加，会不断鼓励对方忽略你们通话中想要插入的新电话。

让正在和你通电话的人等待，是非常粗鲁的行为。如果打电话给一个机构时需要等待，那情有可原。打电话的人应该知道，自己想联系的人已经在跟其他人讲电话了。但是让讲私人电话的人等待，就太说不过去了。让插入电话的人留个言，难道会出事吗？

你肯定知道，有哪些理由可以让致电者在电话上稍等片刻：

- 让有紧急事务的人可以联系上你。
- 在你等待重要电话的时候可以用上电话。
- 让家长、孩子或者同事可以联系上你。

太不幸了。以上这些自圆其说的想法，导致了粗鲁行为的出现。让对方在电话上等待，而去接另一个电话，是在跟对方说："我的时间比你的时间重要。"在真正紧急的情况下，接线员是可以强行插入电话的。

如果你在打电话，而你的电话有来电显示功能，你还是可以用礼貌的方式应对那些想插入的烦人电话。

选择一：忽视后打入的电话

这是最好也是最礼貌的做法。假设你在打电话，又有新电话打进来。不管新打进的电话号码你是否认识，都不要去接，不要打断自己正在进行的通话。（好样的！）你可以在通话结束之后，在方便的时间再给那个号码打去。或者，对方可以给你留言，也可稍后再打来。

选择二：简短应答第二个电话

如果你知道第二个电话的号码，你觉得应该先了解一下对方为什么打来（比方说，你爸爸给你打电话，而他平时很少给你打电话）。此时，你可以礼貌地对正在跟你通话的人说，你爸爸来电，你先看看他有什么事，问对方是不是介意稍等一会儿。然后你就接你爸爸的电话。如果不是紧急事情，你就跟他说你正在通话，过后再给他打回去。然后你就可以跟第一通话人继续通话。如果你爸爸有紧急的事情要跟你谈，你必须再回去跟第一通话里的人说抱歉，说你有急事，稍后给他打回去。

选择三：接听你正在等待的重要电话

你可以终止与朋友的电话去接另一个电话的情况是：来电有紧急情况，或者你正在等待的重要电话打来了，或者你有一定要接的电话。在这些情况下，你可以在和第一通话人刚开始讲话的时候就礼貌地跟他/她说，你正在等待其他电话，如果电话打来了，你必须接听。当来电显示你等待的电话已经打进来了，你可以对第一通话人说："不好意思，我等的电话来了，我稍后打给你好吗？"说完之后，你就可以结束与第一通话人的电话，并与第二通话人开始通话。

当你已经预见粗鲁的行为，并事先道歉，这样的情况就是我们通常所说的"考虑周全"。

小贴士：唯一不算粗鲁行为的情况是让那些电话推销员等待。如果你在应付电话推销员，此时有人打电话进来，绝对可以让电话推销员在电话上等着（或者不等着）。大多数情况下，等你接完电话，电话推销员早已离去。不过有时候，你会发现那些电话推销员还真的很有耐心。

手机

如果有一天，美国可以做电话植入体内的手术，全美应该有一半人愿意接受。我真搞不懂为什么大家这么心甘情愿地把钱给人赚。

手机、智能手机、步话机还有传呼机无所不在，给我们带来太多的影响。即使你不愿意涉足其中，你也会受到这些器材的影响。不管你走到哪里，你都会听到手机的响声，都以为自己身处一个蟋蟀大会之中。在餐厅跟别人一起吃饭，可别人都在看着手机。或者，在飞机上，你隔壁的人大声嚷道：

> "TELEDEX 29块做空100万。还有，告诉毕华丽把泳池洗干净。没错，我是从飞机上打来的。没错，我是在嚷。要不然别人怎么知道我是重要人物？"

我建议在公众场合设立电话区和非电话区。在这个建议被采纳之前，以下是一些使用手机电话的基本礼仪：

1. 在出席一些需要安静的活动时，如在祈祷场所、在图书馆、在音乐会上、在剧场、在电影院、在演讲现场、在葬礼上、在餐厅里、在私人家里用晚餐的时候，请保持安静与尊重，把铃声关掉。给人的大腿带来惊喜的手机来电振动，只要在振动时不发出声音，是可以使用的。不过，你不能接听电话。你应该做的是，说声抱歉，或者悄悄溜出去，再或者稍后给那人打回去。

2. 你应该了解，有些人耳朵里戴着个东西自言自语——你似乎也是其中一个——很让人讨厌。所以，除非你要接的电话对在座的所有人都很有意思（比方说，一个商业交易的协商讨论，或者是大家都喜欢的某个人），否则的话，你应该找个角落去接听，这样做才不算行为粗鲁。

3. 公共厕所是大家解决各自问题的地方，而不是谈生意的地方。为什么不是呢？因为在这里谈生意很猥琐！所以，别在公共厕所里打电话。让大家都可以好好地解决问题释放自己吧。

4. 某些人对电话铃声的干扰痛恨至极。为什么有些人的电话铃声那么大，又那么令人作呕!?（没错，我确实在嚷!）千万别选那些让令人毛骨悚然的铃声，把音量调到你能够听到的最低音量吧。

5. 如果你和别人吃饭，或者在开会，别把手机放在桌上。你不时对你的手机投去爱恋的眼光，会让对方认为你的手机比他更重要。但我们都知道，事实并非如此，对不对？对不对？

6. 如果你跟别人出去玩，而你需要等一个重要的电话，你需要先让朋友们知道，并先说抱歉。当你等的电话来了，你就可以找一个安静的角落去接听。

7. 好好讲电话，不要嚷。如果你用正常音量讲话，对方还是可以听得很清楚的。

手机礼仪原则“可以”与“不可以”24条

可以	不可以
• 偶尔跟朋友打打电话，不要总是发信息。	• 手机铃声太响、太吵闹。
• 友好、有礼貌、诚实、尊敬待人。	• 在公众场合大声打电话：“啥？啥？我听不到！她说啥？真的吗？”
• 如果你觉得父母会担心，就给他们打电话。	• 不理睬自己的朋友，只顾着讲手机。
• 如果听不清楚，要说“抱歉”，不要说“啥”。	• 不说再见就挂电话。
• 接听电话，要出去或不在众人面前接。	• 不通知对方就把电话放免提。
• 如果在吃饭，电话铃声应该调成振动或静音。	• 在没有紧急事情的情况下，打断别人讲电话。
• 如果父母提意见，你要终止电话。	• 打恶作剧电话或者做恶意留言。
• 在公众场合，讲电话要小声。	• 发送令人尴尬的照片。
• 不要一边吃东西，一边打电话。	• 在危险情况下打手机或发信息，如开车、过马路、在电梯中或者在收银台点餐的时候。
• 在教室和图书馆等地方，大家需要集中注意力，此时你要把铃声调成静音。	• 一边打电话，一边跟别人讲话。
• 预先说明你在等待一个重要的电话。	• 在餐馆吃饭时把手机放在餐桌上。
• 在需要保持安静和尊敬的地方（如教堂、剧院和音乐会），必须把手机关掉。	• 在公共厕所打电话。

亲爱的艾利克斯：

“我一边在商店顺利结账，一边打电话，这有什么不礼貌吗？”

首先，你身旁顾客不想被动地听你的谈话，不管你讲的事情多么有趣；其次，收银员或柜台上的人可能因为饱受粗鲁顾客的践踏，已经身心憔悴。对待收银员你必须做到全面的礼貌，稍有怠慢，就好像把收银员当成物件而不是人。因此，你应该终止电话，对她报以灿烂的笑容和友好的问候，你会让她今天工作愉快，你也心情愉快。

语音互动系统（也称“说话的电脑”）

如今打电话时，经常会遇上一系列的选项，会有美妙的电脑女士声音提示（如需 XXX，请按 1，如需 YYY，请按 2，如需 ZZZ 请按 3，等等）。当你按下一个数字，之后会出现 500 个新选项，之后又有 500 个，之后又有 500 个，然后又有 500 个。此时，你已经深陷这个菜单迷宫 23 分钟了，最后你迷失了，或者电话被掐断，你不得不重来。

不过，还是有好消息：电脑语音互动系统都不粗鲁。事实上，大多数的语音提示都是很礼貌的（“我们很抱歉，所有工作人员都在协助其他顾客”）。他们还会说“请”“谢谢你”还有“感谢您的来电”。这样的说法至少好过某个人说：“你能等一下吗？”然后还没有得到答应，就已经让对方在线等待了。

但是，你会喜欢花整个上午不停地按数字键，或者跟一个电脑沟通吗？你原来还想着可以一边等，一边做些其他的事情，但是令人恼火的音乐不断干扰你的注意力，你最终什么都做不了。

目前来看，这个语音互动系统还将继续存在。在不久的将来，我们可能会有机器人在餐厅为顾客服务、卖 T 恤衫、清洗牙齿。不过，

"我们很抱歉，所有的工作人员都在协助其他顾客。请不要挂断电话，稍后我们会尽快答复您。"

跟电脑沟通的一个好处是，你可以做鬼脸、做粗鲁的手势，而没有人会知道。

书信礼仪

书信是一门即将消失的艺术。过去，这是互相沟通信息的唯一方法。而且，如果收信人不喜欢他收到的信息，甚至会把送信的人给杀了。所以中国有名言："两军交战，不斩来使。"

但如今，我们有太多通讯的方式：电子邮件、电报、电话、传真、短信、信息、推特、脸书等。这些即时通信手段确实非常好用。如果你要联系山谷另一边的邻居，抓起电话或上网就可以实现。如今已经不太需要写信，再花上三个星期来等待回复，就为了确认是不是能借一头牛来用用。

由于大家不再写个人信件，如今能够收到个人信件的人会特别高兴。哪一种邮件会让你怦然心动——写着"致住户"的里面满是广告优惠券的一个鼓鼓的信封，还是一个用钢笔手写你的名字和地址的芳香扑鼻的信封？你应该练习写信的艺术，原因至少有三：

1. 你会让很多人对你刮目相看并心生欢喜。

2. 你可以通过优雅的书法给收信人带来喜悦。

3. 你会收到回信。

人类有许多种情感，因此，书信也有许多种。有情书、感谢信、问候信、告别信、悼念信、道歉信、咨询信、求情信或是投诉信。不管书信的目的为何，总有礼仪上的要求。以下开始介绍。

给父母的信

从学校或某个活动营地或者是度假的时候往家里给父母写信，是亲子关系中的重要传统。即使有家长喊叫着“过两天你回学校住我们就解脱了”，他们也还是会在你去学校后两天就开始在你的卧室里哭着轻抚你的奖杯。你的信件、海报、电子邮件以及短信都是你父母可以毕生收藏的关于你的记忆。他们还帮你珍藏着一个时间胶囊，多年以后，当你想要知道曾经的你是什么样子，他们可以随时为你开启。

孩子给父母写的信，如果想写好，必须要有以下三项：

1. 让父母感觉欣慰自豪的事情。

2. 让父母感觉担心的事情。

3. 让父母给你寄钱的事情。

然后，在信中穿插介绍一些新闻、爱意、撒撒娇、进度报告、社交评论、哲理警句，还有很多问题，让你的父母知道你很关心他们。你日常生活的点点滴滴——朋友、老师、外出、学习、成绩、体育比赛、心灵感触以及远大理想——都是可以写给父母的东西。当然，你也要回答父母来信中询问的问题或事情。

你可以想想，如果你要打电话，都会讲些什么内容。把这些内容写下来就可以了，写在纸上、在电邮上、在短信里或是在脸书上。

	亲爱的妈妈，还有菲尔：	
假亲热，套近乎 新闻 **让父母感觉担心的事情**	有啥新鲜事儿吗，两位？我知道你们都很想我，所以我想就给你们写封信吧。你们知道吗？我在学校加入了“极限俱乐部”。我们俱乐部的会员每周末会骑登山车冲下悬崖。不过，别担心。我们的导师坚持要我们必须绑上跳蹦极用的橡皮条（他还亲自拉着）。顺便说一下，导师的外号叫作“躯干”，因为他之前执意要开一辆涡轮机车冲下悬崖，所以他四肢俱损。不过，我们真的是很安全的。	
让父母感觉欣慰自豪的事情	上次我提起过的法语考试，你们还记得吗？我考了高分。记得你们说过，如果我想考高分，只要我的屁股能放在椅子上就可以了！如今我主动要求去当义工，在中级法院青少年关押中心教法语。不过，我得先学好几个词用法语该怎么说，例如“关押”还有“缓刑”。	
让父母给你寄钱的事情 **暗示！暗示！**	我最近常常去餐厅吃点心。我感觉有点不好意思，因为都是我同学请客，他们知道我的经费比较紧张。我真希望哪天可以省出一些钱，回请他们一下。或者，下次我回家的时候，可以带一些妈妈做的布朗尼巧克力蛋糕来给同学们吃。	
	菲尔的演讲怎么样啊？之前妈妈说起一笔佣金，拿到了吗？家里油漆刷得怎么样了？跟凯蒂说，她可以穿我的衬衫，但是她必须保证，不能把口水流在我的衣服上面。	**表示对父母还有小妹妹的关心**
	好了，我得认真学习去了，就写到这儿吧。	
	爱 宾利	

写信时不要太突出自己，当然，书信必须写得得体。你的信是证明给你父母看，他们花钱让你去读这家学校或参加某个活动是值得的。不过，你写了什么不太重要，重要的是你写了。聪明的父母会为能与孩子有任何形式的交流而感到高兴。父母也知道，信里即使有语法错误和拼写错误，也不可以批评。

亲爱的艾利克斯：

“我父母说我可以去参加夏令营活动，但是我必须保证每周给他们写两封信。这种勒索算不算不礼貌?”

要回答这个问题，需要一些人生智慧。这个问题也是礼仪方面的问题。久远年代之前，有一位希腊陶工兼画家名叫爱比克泰德，他说过：“人不会被事物打扰，人只会被对事物所持的观点左右。”此外，莎士比亚在《哈姆雷特》里也说过：“世事无好坏，心念使然耳。”也就是说，我们的感觉是因为我们对人生的态度而起，而不是因为人生本身。

如果你曾经在校门口等妈妈接你，但等了一个小时，妈妈还没来，那你差不多就可以体会到事实真相了。如果你觉得妈妈很不靠谱，因为她忘记来接你了，你一定很生气。但是，如果你想妈妈是不是出车祸了，你就会担心、会害怕。如果你想，可能是妈妈的车坏了，或者是堵车很严重，你就会很同情妈妈。你对这件事情或任何事情的态度（比方说，被甩了、想要有朋友、考试不及格等），在很大程度上决定了你的感受。你是想要充满希望，还是悲观失落、理解或不容忍、现实或冲动，都取决于你的选择，你的感受也随之而来。

我干吗讲这么多废话？这跟你的处境有什么关系？你可以说你父

母叫你写信是一种“勒索”，也可以说那是一种“关爱”。你可以改变自己的想法来改变自己的感受。不要感觉愤慨，你应该感受到父母对你的爱。不要觉得写信是个累赘，你应该认为这是沟通新闻、表达爱意以及要求食物的大好机会。

如果你有写信回家的任务，而在活动中认识了喜欢的人，那你就很有内容可以跟你的意中人聊了。你可以靠近她，然后做个鬼脸，哀叹一声：“哎，我最不喜欢写信了。你父母也要你写信回家吗?”如果她说：“我觉得，能跟我所爱的人进行沟通，这是很好的事情。”你就有小小问题了。但如果她说：“我太了解了。我也不能忍受规定我必须写信回家这样的事情。”那你就遇上同病相怜的人了。你可以说：“我现在就想去河边写信，你是不是也想写信给父母，就让我们一起痛苦吧!”

亲爱的艾利克斯：

“我上的是寄宿学校。我几乎每天都收到父母的电子邮件，但我并没有每封都回，我感觉糟透了。并不是我不想回，只是我太忙了，我也不知道要说些什么。如果我不回电邮，而是打电话回去，算是不礼貌吗?”

打电话绝对不算不礼貌，前提是：

- 不可以凌晨3点打。
- 不可以隐瞒打电话的真正目的。

对你至亲至爱的人的联系——信件、电邮、短信或者电话——置之不理，绝对是违反了礼仪。这就像是有人跟你讲话而你不理睬，更不要说那些帮你付学费的人了。

书信礼仪

关于信件，需要遵守以下礼仪：

尊重收信人的隐私。不管你有多么好奇，都不可开启或偷窥他人的信件。明信片也是如此，更不要去记录谁给谁写了信。因此，你不可对你的小妹说："你的前男友想干啥？"如果你遵守了礼仪，你是不会知道这些事情的。

尊重发信人的隐私。如果你收到某人给你写的信，你想跟别人分享，这很正常。但是在告诉别人之前，请三思，写信的人是否想让其他人知道。那封信里面可能是关于个人的事情，或者是只能给你看的内容。如果你不确定，那还是小心为佳。因此，在你获得写信人的同意之前，应该对信件内容好好保密。

需要来点创意。写信，不要总是以"你好吗？我很好"这样的内容来开头。这样写并没有错，只不过，这样的写法已经重复过896 443 221 909次了。你可以试试以下写法：

> 亲爱的爷爷、奶奶：
>
> 我刚用你们给我的生日礼物——那条非常漂亮的手帕——擤了鼻子，这让我想起了你们。你们近来可好？爷爷的感冒好了吗？我的花粉症在这个季节也很严重，不过，感谢你们给我的礼物，我不再需要用袖子来擤鼻涕了。
>
> 你们那里的龙卷风好厉害啊！被刮到你们游泳池里的奶牛，你们叫人把它弄走了吗？

文具

写不同的信时，需要用相应的文具。

- 给朋友写信，可以用任何文具，或者你喜欢的东西——用紫色的墨水写在柠檬绿的纸上，还贴满黑暗中会发光的荧光小兔子，都没有问题。

● 给公司、学校或者某某代表写信，那些兔子和彩虹什么的就可以免了。这些信件应该用手写，字迹必须清晰，也可以用高质量正规尺寸纸张用激光打印机打印。不需要有装饰色彩，只要最基本的白色、奶白色或者浅灰色即可。

● 给成年人、亲人或者不是朋友的同辈人写的个人信件，应该用笔记本尺寸的纸张或者空白的卡片用黑色墨水书写（如果你的书法很糟，也可以用电脑打印。你肯定不想让朋友接到你的信时充满欢喜，但又因为看不懂你的笔迹而备感失望）。请确保信纸或卡片上的图画或信息不会与信的内容冲突以致冒犯了收信人。比方说，如果你朋友做了胃部切除手术，你祝贺他早日康复的贺卡就不应该晒美食。

如果你很容易写错，或者常常拿不定主意要写些什么内容，应该先打一个草稿，把内容写清楚，把语法和单词的拼写搞对，然后再定稿。

不要在信纸或贺卡上留下带有你的手指印的墨迹，也不要留下墨水的印迹，要不然，别人会给你起外号叫“墨迹”。信纸折叠的尺寸，应以可放入信封的大小为宜，通常为对折或者折成三分之一大小。不要把信纸折成手机芯片的尺寸。

称呼

通常，信件内文以“亲爱的”开头，后面的称谓要取决于你写信的对象。具体如下①：

● 如果你写信给不知姓名的男性，可以写“亲爱的先生”。

● 如果你写信给不知姓名的女性，可以写“亲爱的女士”。

---

① 本书描写的是英语国家的情形，请读者参考阅读。——译者注

● 如果你写信给不知姓名和性别的人士，可以写“亲爱的女士/先生”。

● 如果你要用传统的方式表达对亲人的喜爱，可以写“最最亲爱的”，如“最最亲爱的妈妈”。

如果你要写事务书信，请在称谓之后加冒号；私人信件的话，称呼之后请加逗号。

如果要写情书（下文还会谈到），你可以发挥你的创造力，因为只有一个人会看到你无比夸张的文采。因此，诸如“亲爱的心肝”，或者“老婆大人”，或者“蜜糖罐”等昵称，都可以超低空飞过礼仪雷达，我们可以不做评论。

亲爱的艾利克斯：

“我刚收到一份邀请函，在信封上，我的名字后面的称谓是‘玛斯特’(master)。这是何种礼仪?”

“玛斯特”（master）一词通常是给8岁以下男孩写信时的称谓。（有人说：10岁甚至12岁都可以用。）根据英国传统，“玛斯特”（Master）一词指的是男性教师，如校长（Headmaster）或者教务主任。

以下列举的是在信封上的称谓：

致男孩或男士	致女孩或女士
8岁以下	中学之前
杰・杰荷索法马斯特	凯・凯拉玛祖小姐
8～18岁	中学以上
杰・杰荷索法	凯・凯拉玛祖女士
18岁以上	已婚者
杰・杰荷索法先生	凯・杰荷索法太太

例外情况：有些已婚女士愿意用丈夫的姓名再加称谓，以上例而言，就是“杰·杰荷索法太太”。如果她想如此，那我们就尊重她的选择。还有一些女士即使结婚了也继续使用自己的本姓，所以，要用女士来称呼，而不用“太太”的称谓。

结束语

“忠诚的”似乎是个百搭的通用结束语。还有类似的词语，“您忠诚的”“真诚的”“非常真诚的”，都是在个人或事务性书信里使用的结束语。如果你与收信人有一些个人上的关系，也可以写上“爱”“带着爱”或者“充满爱意的”等。如果你还在读初中，说不定可以画上几个“心”形，写上 Luv 等。不过，最好还是免了吧。

如果你跟事务性书信的收信人已经认识，互相信任、尊重以及友好，并且你们之间还有正面积极的交流，你可以写上“问候”这一类别的词语，如：

“衷心的问候”

“暖暖的问候”

“最佳的问候”

“美好的问候”

这些问候的话语，是“您忠诚的”与“爱”这两个极端结束语间的中庸词汇，跟飞吻类似，其程度介于握手与亲吻之间。可以对你的中介代理、律师或者股票经纪人使用。如果你想来点复杂的，像维多利亚时代的书信那样，在结束的时候可以写“您忠实孝顺的女儿”或者“无比深爱着您的儿子”。

情书

我们做个假设，你很喜欢某个男生，想给他写一封情书。怎么写最好呢？

要！非！常！小！心！退一步想，你真的要写这样的情书吗？

我们可以理解，你想表达你的心情。问题是，如果你写了情书，很可能落入很多男生的手中传阅。因为对你也有意的男生收到你的情书，会很得意地炫耀给他所有的朋友看。（如果他欣赏你的直率和胆量，也会效仿你的做法，并且一定也是充满热情。你们一定会是你侬我侬。）如果这样的书信传情在学校里发生，说不定有人会从他手中抢过情书，在餐厅里大声朗读一番。好尴尬！

可能你会说，爱永远不变，情永远不移，但大家都知道，青春期的“永远”指的是“两星期”。因此，在还没有解剖完一只青蛙之前，你就可能已经移情别恋了。基于这种状况，你还希望留下一大堆你写的情书四处流传，让未来的历史学家追溯你的浪漫情史吗？我想不会吧。

所以，最好不要用笔写。间接的做法就是赞扬他，向他问问题，和他在一起，对他好，对他尊敬——这一切都是用行动在说：“我很喜欢你。”这比写一封信浪漫多了。如果你依然特别想了解写情书的礼仪，坚持要写一封情书，请给我留言：feixl@qq. com.

礼貌得体的谈话

所有的关系都是从不认识的人开始的，朋友、恋人或者同事，都是如此。可能是偶遇，可能是通过共同的朋友或者一起工作时认识的；但认识的方式都一样——沟通。而谈话，是沟通的主要形式，因此我们在这里要介绍一些温馨提示，让你成为沟通高手。

如何开始谈话

很多人觉得很难跟不认识的人开始聊天，他们会觉得很尴尬、很害羞。有这样的想法很自然。但是，如果他们知道成功聊天的窍门，就不会觉得难了。

窍门是：问问题。要开始聊天，你只要问问题就行了。最佳的问题是那种开放式的问题。虽说那些只需要回答是或不是的问题也行，但你的困难就加大了。

下面是一个例子，你可以看看，光问那些只需要回答是或不是的问题，要聊下去有多难：

"音乐很棒！"

"是。"

"你是不是喜欢《膀胱空空》?"

"是。"

"派对很酷。"

"是。"

"你是迈克的朋友吗？"

"是。"

"酷。"

好了，现在来问开放式的问题，看看对话可以如何推进：

"你觉得这音乐怎么样?"

"绝对的棒！向音乐指导致敬。DJ 简直了！"

"简直了？"

"没错。简直了！上周末我去参加另一个节日活动，有个脊椎治疗师，《膀胱空空》他喜欢得不得了。"

“那个节日活动在哪里举行的？”

“雷西·金斯曼豪宅。蜜糖汽车派对。”

“啥？”

“甜美十六岁。”

“派对如何？”

“简直了。相当好。好多粉丝，不过今晚美食家的阵容更庞大。”

“我知道迈克是吃货，这我一点儿都不奇怪。你怎么认识迈克的？”

“是这样，我有幸认识他的表妹。我们都是女驾驶员平行停车俱乐部的会员。”

“啥？”

“驾驶员培训。年轻人。”

“我下学期也来报名。你们俱乐部都有啥活动？”

此时你们已经没有沟通障碍了。你会详细彻底地了解驾驶员培训的内容，不喜欢听都不行。

如果碰上的是同龄人，你有 300 万个东西可以问：学校、老师、班级、兴趣、当前大事、运动、电子游戏、电影、电视剧、旅行、音乐、你们共同认识的朋友等。你要留意观察。如果对方戴着“湖人队”的帽子，你可以跟他聊篮球的事情。如果对方的羽绒服上还贴着滑雪缆车的票，你可以跟他聊滑雪的事情。

跟大人聊天也没有什么不同。如果你是去朋友家，可以看到很多可聊的东西：特殊物件、海报、书籍、爱好、来自世界各地的纪念品等，你都可以问朋友的父母。你还可以问他们的工作，问他们年轻时候是什么样子的。只要你的问题问得真诚、礼貌——你还要注意听他们的回答——他们会感觉良好，因为你很关注他们的爱好。并且，这会让他们感觉压力不那么大。如果他们善于沟通，他们也会问你很多问题。通过你来我往的问答，你可能会突然发现你们的沟通很容易、很开心。

现在你已经能够做一些简单的沟通，可以开始注意一些小细节了。

要记住，良好的沟通不是科学，而是艺术。要保持顺畅的沟通，就像把车开好，是一样的道理。不要只想着到达目的地，然后猛踩油门。你需要不断根据道路以及行驶条件做出调整。聊天谈话也是如此。你需要注意观察对方的肢体语言还有话语的含义。你很快会体悟到，哪些话题聊不下去了。如果是这样，那就需要踩刹车，然后换一条路走。相反，如果对方侃侃而谈兴致很高，你就知道前方绿灯，可以猛踩油门了。

远离流言蜚语、恶口与谣言。常在河边走，哪能不湿鞋。如果你老跟别人讲流言蜚语，听你讲话的人会想：天哪，这个人在人家背后这么说话，在我背后还不知道会怎么说我呢。如果你背后中伤他人，会给你惹上很多麻烦的。

以下是一个例子，看事态是如何快速恶化的。

你在蒂姆·德福林家里参加一个派对。你跟他不是很熟，但你们都是游泳队的，所以他请你一起来参加派对。

你看到吉尔·班克斯也来了。她是班上有名的傻瓜。

你开始跟蒂姆聊天：

“派对很棒啊。”

“谢谢。”

“对面那位是吉尔·班克斯吗？我的天，那位还能找到你家，我真跌破眼镜了。听说她是路痴。不过，话说回来，每个派对都得有个小丑，对吧。我很吃惊你竟然会邀请她来。”

“我没邀请她。”

“你是说她不请自来?”

“不是。她住这儿。她是我同母异父的妹妹。”

你死定了!

声音不要太大。在开始跟人聊天的时候，不要问不该问的事情。此时可能是需要如履薄冰的时候。你想问一个问题，但又不清楚是不是属于个人问题。怎么才能知道什么事情不可以问呢？你先问问自己，你想问的那个问题，如果有人向你问起，而且是让整个房间所有人都听到，你会觉得自在吗？如果你感觉无所谓，那你想问的问题可能也不会有什么伤害。

根据我们的文化传统，有些问题是绝对不能问的。对于刚认识的人，你不会去问他们的宗教信仰、性取向、赚多少钱、有没有出轨、有没有小孩、父母是不是离了婚或者他们在年段考试排第几名等问题。

另外，我们也应该避免暗示某种判断或批评的问题，如：

“你怎么开这么耗油的车?”

“你说要跟布莱德长久交往，但你又跟桑继德出去，你难道不觉得这是不对的吗?”

虽说这些问题也算合理，但问出来就不好了。当然，如果你是跟朋友这么说话，那就没问题。关系亲密的朋友之间可以问私密或有挑战性的问题，但你还是要用友善和尊敬的方式来提问。

不要喝醉酒。喝醉酒能够最快最彻底地终结谈话。喝醉酒不仅非法，而且危险，还是对活动主人和与你一同出席的人的最粗鲁的行为。人要能自控，才能遵守礼貌谈话的四大简单原则：

1. 不要长篇大论做演讲。

2. 不要说伤害性的话语。

3. 不要揭露秘密。

4. 如果要讨论社会、政治、道德以及宗教方面的敏感问题，特别是面对大家已经有强烈看法（和激烈态度）的议题，必须极小心地处理。

亲爱的艾利克斯：

“我父母不讲英语，我们在家讲我们自己的母语。我从来没有邀请过我的朋友来家里玩，因为我怕他们来了，又听不懂我们家人在讲什么，这会是很粗鲁的事情。在客人面前讲外语，算是不礼貌的行为吗?”

如果你们只讲外语，不做其他的事情，那就很粗鲁。你可以想象一下，如果一位客人听到在座的其他所有人都在叽里呱啦讲着他听不懂的话，会是什么感受。他会觉得被排除在外，甚至觉得其他人都在对他指指点点。

但是如果你愿意充当翻译，可能会给所有人都带来一次美妙的体验。你可以成为你的朋友和你的父母之间的沟通媒介。你和父母还可能教你朋友你们的语言文化和传统，反之亦然。很多的沟通都是通过非语言的形式进行的，如表情、手势、仪式动作等，即使没有通用的语言，还是可以沟通得很好。你所需要的就是一颗热忱的心以及满满的幽默感。

真实故事

来自礼仪前线的报道

事由

很久很久以前，有一次，我跟几位朋友一起去吃晚饭。其中一位女士的丈夫喝高了，开始大声讲话，无所不谈。

他触犯了所有的礼仪规矩：垄断了谈话权，其他人没有机会讲话；大声嚷嚷还讲粗话，其他桌的人都看我们；他还羞辱自己的老婆；大谈政治经济钱财福利，还说不努力工作的人都要发配到其他星球去。

那个情景很丑陋、很尴尬、很伤人。我完全没胃口吃东西，就连我满心期待的羊脑，动都没有动一下。

倾听的艺术

你有过这样的经历吗？你在抒发心情，却发现你的“听众”并没有注意听你说的话。你还不如对着电灯杆说话。这种感觉很糟，谁愿意对着电灯杆说话啊。

注意倾听的人能够使用许多技巧来显示他们在注意听。证据何在？我们从反方向来说吧。你不妨想想，如果有人如家长或老师对你长篇大论地宣讲，你会怎么做呢？坐姿懒散、哈欠连篇、翻转眼珠、盯着天花板发呆、在纸上涂鸦、用脚打拍子、敲打手指、不断更改姿势、不断看手表。以上是“完全沟通失败”的例子。注意倾听的人绝对不会做上面的事情。相反，他们会：

- 坐直坐好。
- 看着说话人的眼睛。
- 不会用手脚打拍子、抖动身子。
- 低声同意、点头、回应、动容（这些都是他们注意听的表现）。

如果再加上一些表达，那就更让对方欢喜：

“嗯呐。”

“别骗人了！”

“哇！”

“真的假的？”

“然后呢？”

“真酷！”

“不可能！”

“你开玩笑呢，对吧！”

以上描述的态度、动作以及应答，都表示你在倾听对方的讲话。但是，那只是倾听的部分表现。你还应该表示你听懂了，你会关心。其做法就是，假装像镜子那样反射对方的话。

如果谈话内容较“轻松”，通常就是把对方的“内容”用不同的方法讲出来：

李：“天气真好。”

你：“前些天淫雨绵绵，现在出太阳了，真好。”

李：“我不习惯这种多雨的天气。我以前住在撒哈拉。”

你：“哇！你在沙漠住过？什么情况？”

通过反问，你是在向李说明，你在仔细听。如果李说“天气真好”，而你说“我喜欢吃果酱甜甜圈”，李就知道你根本就没在听他讲话（也知道了你满脑子都是糨糊）。

如果谈话内容较“沉重”，最好要把对方的“情绪”表达出来。

莉：“我最讨厌下雨。我这辈子遇到的不如意的事情，都是在下雨天。”

你：“下雨给你带来不好的回忆？”

莉："狗死了。沙鼠死了。乌龟死了。保姆死了。叔叔死了。都是在下雨天。"

你："下雨一定让你感觉悲伤。"

你听出来了，莉不是想跟你聊天气，她是想聊下雨天给她带来的严重情绪影响。你通过讲出她的言下之意来表现你在仔细听她讲话。你这么有同理心，莉一定会继续跟你倾诉。她会感觉到你对她的支持与理解，也会感觉跟你分享她的事情很安全。

如果莉在抱怨，而你真的顺着她的话聊天气，你很快就会知道，你们谈不下去了。

莉："我最讨厌下雨。我这辈子遇到的不如意的事情，都是在下雨天。"

你："我一点都不在乎下雨。我从小就在水边长大。"

如果你能够听懂对方的话，并顺着表达一下，你就是在"积极倾听"。这就是在简单表达："我明白了。你的感受我懂。你完全可以有这样的感受。"

有时候，你并不同意对方的话，或者，你并不认同对方的感受，特别是你也是对方怒气和敌意所针对的群体时。你不应该争吵或者发飙，你应该更加仔细地倾听。你可以尝试挖掘对方会有这种心态的深层原因。这是化解潜在情绪爆发、避免冲突的非常好的方法。请看：

你爸爸："你去哪儿啦？这都已经三更半夜了，你还优哉游哉这么晚才回家……"

你说："你一定是担心过头了。"

你爸爸的感受是什么？生气！没错。但是，生气通常是表面现象。上述情景中，爸爸其实担心得要命。试想一下，爸爸左等右等不见你回家，他的脑海里已经飘过多少种恐怖的场景了。

再考虑下面这个例子：

> 你朋友："你怎么可以这样！你说过要帮我保密的。现在全世界都知道了。"
>
> 你："我不是故意说出去的。我说漏嘴了。我知道这是千不该万不该的事情，我也知道，你不可能再相信我了。"

这个情况也是一样，对方表现出生气的样子。但事实上，对方是感觉到了感情上的伤害与背叛。所以，如果你要修补你们之间的感情与信任的裂缝，需要从这一点来下手。

在对话即将进入灾难区之时，你需要强调情绪，并稳住状况。然后，如果你发觉问题是源于误会，可以分析说话的人所说的事实或者假设。接下来，你可以这么说：

> "根据你说的，似乎你觉得我是有意不服从你的命令？"
>
> "你认为我不喜欢你的课，是因为我迟交了作业？"
>
> "因为我进过你的房间，你就假设是我偷了你的钱？"
>
> "你觉得我会糊弄你？"

亲爱的艾利克斯：

"如果讲话的人不知道你在听，就算是不礼貌，对吗？"

如果讲话的人认为他们讲话时没有人在听，这样做就是严重的侵犯隐私。这叫**偷听**。如果你想知道这样的做法多么严重，那你就想想，如果父母暗中偷看了你的手机或日记，你感觉如何。

有时候，你无法不听到别人的对话——邻桌的人在吵架，或者巴士上的两个小孩在聊最新的绯闻等。这种情况不算偷听，只能算是

“被动收听”。写小说的素材就是这么来的。既然在公众场合被动收听到别人讲话不算隐私，只要你不暴露你是在听，那就不算不礼貌。换句话说，你继续低着头，似乎在看你的书；继续切菜，很专心的样子；练习冥想功能，似乎你已进入某种入定的状态。

被动收听的人会让说话的人知道他们的存在。比方说，如果你的父母在厨房里讲一些事情，可他们忘了你就在饭厅里。你可以清清嗓子，敲敲桌椅。虽然你可能无法被动收听某些事情了，不过，你这么做是对的。如果你什么都不做，只是静静地听，那就算是偷听了。

纠正与驳斥

如果你跟人讲话，很清楚对方讲的东西是错的，你该怎么做呢？可以在心里想：你这个大傻瓜！你怎么这么笨？但是不可以说出来。同样，如果有人踩了你的脚，他向你道歉，你可以在心里想：你怎么这么笨手笨脚的？但你也只能说：“没关系。没伤到。”

讲礼仪并不是限制你的思想，只是控制你想用口头表达思想的欲望。在公众场合要纠正或驳斥别人是粗鲁的行为——特别是针对成年人。（成年人对孩子这样做，也是粗鲁行为。）大多数人在谈话中讲的错话都是无关紧要的。或许是口误、不太重要的事实错误、语音或语法上的小错误。有人可能把“阿布伦”说成“阿兰·布尔”，或者说错了一个日期，或者把某个事件跟别的事件混淆了。无须你来纠正，因为这都无关紧要。如果说话的人在讲很重要的事情，而他又把某个很重要的事情搞错了，那这个人跟开悟应该是缘分甚远。因此，你还是不要管他了，除非他即将带来严重后果。

如果你觉得真有必要出面纠正，以下是一些指导原则：

私下交谈。在没有听众的场合沟通，这样可以避免对方的尴尬。

态度谦卑。你在讲话的时候，应该让对方觉得似乎你才是错误的。可以这样说：

“真是太有意思了。上学的时候，老师都教我们乔治·华盛顿是美国的国父。不过，也可能是多利·麦迪逊。你现在提醒我了，看来我得去查查。”

如果你的态度温和，对方可能会意识到他的错误，他会这样说：

“呃，听你这么一说，我觉得你可能是对的。”

兄弟姐妹或者很熟悉的朋友之间，可能会这样讨论：

“是。”

“不是。”

“是。”

“不是。”

他们可以永远僵持下去，直到某一方因为劳累而放弃。

亲爱的艾利克斯：

“我阿姨总是把一个老故事讲了又讲。第一次听已经是无聊至极，如今听了5次了，我还是觉得无聊至极。我该怎么让这样的人闭嘴不再讲了?”

你阿姨并不是想让你觉得无聊才讲故事给你听的。很多人都会重复他们想讲的东西。这是因为老年人（29岁以上者）只剩下最后的3个脑细胞，他们的记忆不行了。而年轻人朋友太多了，他们不记得给哪个朋友讲过他们的故事。

如果有人开始讲故事，而你又已经听过，你可以找机会见缝插针，说：

“啊，这故事我听过。这是我听过的最离奇/最凄美/最感人的故事。”

这个故事让你愉悦或者感动的程度，你可以夸张一番。你的热情会缓解讲故事人的尴尬，因为她/他不是第一次讲述这个故事了。如果还有其他人在场，你可以继续说：

“这个故事值得听。太棒了。我超爱听。让爱丽丝阿姨讲讲吧。我听过了，我先去忙些其他的事情。”

如果不能把故事会扼杀在摇篮里，那你别无选择，只好听下去。而且，你需要认真有礼貌地听，不可显示出厌倦的表情。时而点头表示同意（不要打瞌睡或鸡啄米似地点头），时而微笑示意，大家笑时你也笑，同时入定思考：待会儿要买什么菜。如果你自己也经常做这样的事，重复讲同样的故事，可以事先说明：“如果这个故事我以前讲过，大家提醒我一下。”听众中有厌烦的就可以及时提出，从而避免让双方尴尬的局面。

亲爱的艾利克斯：

“我有一个朋友，他讲话结巴。如果我已经知道他想讲什么，我可以帮他把句子讲完吗？”

不可以。在交谈中必须遵守礼貌原则，要等对方把话讲完，你才可以讲话。你朋友的情况如此，你只好等久一些。不可显示出你知道他讲话结结巴巴。跟他保持眼神的交流。不要转动大拇指，不要不耐烦。

不同文化有不同的传统和习惯

不同背景的人有不同的文化，他们都在谈话、谈生意、协商、社交谈话等方面有其传统的方式。以下是一些例子，说明如果文化不同，某些言语举动可能会引起误会甚至是冒犯的行为：

● 在某些文化里，对长者或陌生人直呼其名，其趋势越来越明显。然而，在其他一些文化里，这是种不尊重的做法。甚至，在某些文化里，大家会避免称呼姓名，而以“姐姐”“妹妹”或“哥哥”“弟弟”相称，或者用“莉莉妈妈”这样的称呼。

● 在西方文化里，姓是放在后面的，如马丁·路德·金，“金”是姓氏。而在东方文化里，姓是放在前面的，如朴永新，“朴”是姓氏。

● 在某些文化里，妇女婚后冠夫姓，称某某“夫人”。而在其他的文化里，妇女婚后保持其本姓，因此，朴先生结婚了，他太太仍会按其本姓，称金夫人。

● 在美国习惯使用的语言，如直译，意思可能是“此时被绑住”“有一头母牛”“凉”，在说英语的其他外国人看来，这些是无厘头的英语，他们一定听不懂。同样，如果美国人去了英国（英国人的母语是英语），他们也听不懂什么来根“菲戈”（烟），或者去“噜”（厕所），或者“看你的头”（不要撞到头）。

● 在某些文化里，很多人都喜欢听别人的夸奖赞叹。但在另一些文化里，如果听到赞叹，被赞叹的人会觉得很不好意思、很尴尬。因为人们赞叹他们此时的成就，就意味着他们过去的所作所为有缺陷。另外，在同学或同事中被单独表扬，也容易改变相互关系，甚至招来嫉妒与竞争。

礼貌表达的艺术

如果你想成为一个讲礼貌的沟通高手，以下是需要遵守的一些原则。

使用“万灵”词语。诸如“请”“谢谢你”“不客气”或者“抱歉”这样的词语，是谈话中非常好用的“万灵”词语。这些词语，可以使你达成意愿，可以让你解围，可以让问题不翼而飞。如果你对这些词语的掌握不是很熟练的话，以下还有一些“万灵”小贴士，可以让你每次开口的时候都先练习一下：

1. 在请求时，任何时候都要说“请”。

2. 每次别人给你东西或帮你做了什么事情，都要说声“谢谢你”。

3. 如果别人向你致谢，应该说：“不客气”或者“我很荣幸”。对别人的致谢，不要轻蔑地说出“随便啦”或者“没问题”的态度。

4. 练习并掌握“抱歉/不好意思”（Excuse me）在不同场合的使用。

“Excuse me!”	语言欢快	意思	“不好意思！请让让!”
“Oh，excuse me!”	自己快速倒吸一口凉气，脸带羞愧之色，并把手放在自己心口上。	意思	“我怎么这么笨手笨脚的/粗心大意!”
“Ex—cuse me?”	话语严厉，眉毛扬起，声调渐强。	意思	“你最好把你刚才做的事情改过来——马上!”
“Excuse me.”	语音平和，若无其事的样子。	意思	“不好意思，我打嗝了。”
“Excuse me...”	要插话之前的提示。	意思	“请允许我打断一下……”

选择时机。在球赛分数打平，赛事白热化的时候，你能跟朋友进行交心的谈话吗？如果白天你刚把老爸的车撞出一个坑，晚上敢跟老爸说要买一个新的平板电脑吗？为什么不能？因为时机最关键。如果

你不想让你的话语变成对牛弹琴，如果你想让你的愿望实现，那你就必须在最佳时间，当对方在倾听的时候，说出你的愿望。也就是说，对方此时非常放松，他很高兴，而且没有在忙其他的事情。

不要打断别人。如果有两个人在谈话，而你想插进去——千万不要。你应该礼貌地等候，等他们两人或其中之一问你有什么事情。然后，你应该说“不好意思，打扰一下”，再讲你的事情。当然，如果有紧急情况，没有什么其他方法了，你只管说：“不好意思，房子着火了！”

亲爱的艾利克斯：

“如果你必须去打断两个人的谈话，而你礼貌地站在一旁等，但是他们却对你置之不理，那该怎么办？”

你的肢体语言是：“我在此等待，想打扰一下你们的谈话。”他们的肢体语言（可能还有面部语言）是：“我们不想被打扰。”也许他们很粗鲁，但是不要直接跳到这样的结论。说不定他们真的在进行严肃认真的讨论，不能被打扰。或者，他们只是谈话太投入了，没有注意到你的存在。

既然你没有被注意，可以先离开，稍后再来。或者，你可以说：

“不好意思，打扰一下，车已经来接我了。二位现在就要那个地址，还是我再打电话告诉你们？”

他们一定会起身跟你一起走。如果他们需要地址，他们会暂停谈话，先向你拿地址。

亲爱的艾利克斯：

“如果你在发言而别人来打扰怎么办？学校里有个女孩老是这

么干。”

你有三种处理方法：

1. 继续发言。这是忽略对方粗鲁行为的方法。这样做可能很有意思，因为你在讲话，那个人也要讲，这还挺不容易的。有时候，她会意识到自己的问题，她会屈服。但通常她不会屈服。而你也就把发言时间完全交给她，不过，听众都看得出她的粗鲁，也知道你的宽宏大量，让她这么来打断你的发言。

2. 你说：“先让我说完这一个观点。”或者说：“请让我说完我要说的话。”

3. 跟那位打断你发言的人私下交谈。记住要用纠正错误的第一要素：假设对方不知道自己的所作所为是错的，而且对于这个问题，是你在谨慎处理：

“吉尔，我相信你一定没有意识到，但是，你有时候会打断我的发言。如果你能尽量控制一下，我会很感激。有时候我的注意力不容易集中，要记住我想说的东西，本来就不容易。”

接受赞叹与表演

假设你有许多成就，你完全有理由认为每个人都应该知道。你可能会认为，最佳的方法就是自己来传播你的事迹。

千万别。自吹自擂绝对不好。最好是让你的行动来自我说明。没有必要向全世界宣传你在球赛中如何挽救了全队，或者在其他比赛中获得大奖。大家都在，也都看到了。如果有些事情大家没有看到，还有其他人会说——你的朋友们。

没错，朋友就是干这个事情的。有义气的朋友都会说：“你知道吗？比尔博是最轻量级拳击比赛的冠军！”最有义气的朋友会把这个消息说10次。

如果有人向你衷心地祝贺，你可以表示感谢，并且可以表示得很无所谓：

> “我只是运气好而已。”
>
> “对方也很厉害，也是冠军的料。”

为人低调谦虚，是最佳的表现。如果你说“啊，没什么啦”，这会比你自吹自擂“我很厉害吧！”更能获得别人的赞赏。

那你的朋友是怎么知道你的成就的呢？你可以无意间把这个连你自己都觉得惊讶的消息透露出来：

> “嘿，你记得我参加过那个短文比赛吗？我居然赢了！我自己都不敢相信！”

这样做没有问题，这跟自吹自擂（那是种自负的行为）不一样，你是在分享喜悦（这是布施的一种）。你应该把喜悦跟你的家人和朋友分享。

亲爱的艾利克斯：

“学校里有个女孩子一直自吹自擂得厉害。我很喜欢她，但是听多了她的自我吹嘘，我觉得很无聊。当她在其他朋友面前也这样做的时候，我觉得讨厌至极。我不想放弃这个朋友，不过有时候我觉得想放弃。”

你要知道，喜欢自吹自擂的人，通常是对自己很没有信心的人。他们需要通过鼓吹自己有多厉害来撑起自己的尊严。当然了，这样做也会把别人吹走。这些自我鼓吹的人一旦被别人遗弃，会让他们感觉更糟糕，之后又导致更多的自我炫耀和遗弃。这就是所谓的恶性循环。

因为你懂得讲究礼仪，不需要针对同学的精神问题进行任何评论。你的同学如果喜欢自吹自擂，并且一直这么做，你可以挥手告别这段友谊，或者直言如下：

“我觉得你人很好——要不然我也不会跟你交朋友。但是我有这样的感受，你老是这么自夸，大家都很受不了。我知道这是一种习惯，我自己偶尔也会自夸一下。但是我想，如果你想做点什么来改变这一点的话，我们可以互相约定，如果我看到你自夸，我就给你打暗号，不会让别人看到的。”

你的朋友可能一开始觉得很受伤，无法接受。但是如果你通过幽默、感性的方式来跟朋友好好谈，她会感到有你这样的朋友真幸运。

如何结束对话

你已经学到了如何开始对话，如何处理一些细微的东西以及难处理的事情。现在，你需要学习如何优雅地结束对话。这在你需要跟别人谈话、处理个人事务或者逃避全世界最无聊话题的时候，非常有用。

有很多方法可以用。比方说：

- 你可以指着远处，说：“那不是某某某吗?”当跟你说话的人看过去的时候，你离开溜走。等他/她再转过头来，你早已经不见了。
- 如果有一个大块头的人朝你们走来，你就贴着他/她身边离开。就像西部牛仔躲在马的一侧逃出城外。

上述两种方法会有严重问题——粗鲁、粗鲁、粗鲁。以下是两种社会上大家接受的方法，可以结束对话：

1. 接力传递法。在一对一的社交谈话中，说到一半，某人径自离开，是很不礼貌的事情，即使是短暂中断谈话。但是，把对方交给其他人来继续交谈，是可以的。你可以这么说：

“哦，你认识卡莱伦斯·达洛吗？我来介绍一下。”

然后，你走过去跟卡莱伦斯·达洛说了几句，带她过来做一个正式的介绍，然后开始一个新的话题（“卡莱伦斯最近新接手了一个案子，你可能听说过”），之后，你就可以说声抱歉，然后离开。卡莱伦斯可能恨透了你，今后也不会再跟你讲话，但至少此时，你是自由的。

2. “不好意思”法。只要你能给出一个理由，要终止对话还是挺容易的。最好的理由通常给人的印象是：如果不是命运的安排或者职责所致，你愿意和对方彻夜长谈。以下是久经考验、屡试不爽的借口：

“不好意思——

我要在贾斯丁开唱之前就抓住他。”

我搭的车就要走了。”

我要去打个电话。”（这比“我要去上厕所”更理想。）

挑选借口的时候，一定小心，因为你过后需要去圆你的借口（至少也要做个样子）。如果你说要走了，但还在派对上流连忘返 2 小时，跟你说话的人一定会伤心欲绝。

如果是别人要离开你，你就相信对方给的借口吧。比方说，如果有人跟你说“不好意思，我需要出去透透气”，你可别说“好啊，我跟你一起去”。如果他想要你作陪，一定会说：“要不要跟我一起出去透透气？”

如果是一群人在聊天，你要离开就比较容易。他们没有你也可以继续聊天（虽然没有了之前的乐趣），所以，你只要说声“不好意思”，然后就可以离开。这种形式的“不好意思”，其内涵是：“我真的不想打断大家谈话的兴致，所以，请大家继续聊天，不要管我。”

亲爱的艾利克斯：

“如果有人抓住你和你讲话，而且完全不给你任何机会插嘴，你要怎么摆脱他呢？”

你可知道如何摆脱一位永不停口的话匣子首先何谓话匣子如果你不清楚的话让我来告诉你话匣子就是说话不需要停下来喘口气也不像我们普通人需要稍做停顿让听众可以稍做回应话匣子只会接二连三地讲话一个话题接着一个话题地讲下去长篇大论让人精神麻木让人不知所云还会引发听众睡意昏沉幻想逃离同时听众又害怕说话的人因此受到打击与伤害而只好继续礼貌地听下去但又觉得自己一分一秒都难以继续支撑下去。

请相信我，我理解你的痛苦。

摆脱话匣子的礼貌方法

如果你找不到突破口，那就自创一个。但要有礼貌。作为被困的听众，你有许多时间用来想出一个借口（时间快到了，巴士就要离开了；你需要买东西，商店快要关门了，等等）。你需要判断一下，是否需要视觉或者技术上的支持，来完成你的突破（你突然惊觉，想起某个事情，你把手温柔地放在他的手上），然后说：

“华夏子太太，我真不想打断你的话，我太喜欢跟你聊天了。但是我突然想起来，我答应过我妈妈，4点钟之前必须回家。”

然后，你起立，走开，迅速离开现场。

如果她还跟着你怎么办？她还敢追踪你?！这是犯了礼仪的大忌。于是，你别无选择，只好做出这种情况下唯一适合的动作：跑！

应对粗鲁的成年人

很多成年人对孩子说的话都令人难以置信，如：

“天哪，你都长这么大了！”

“你都快跟你姐姐一样漂亮了。”

“瞧你那一脸的雀斑。”

“你一定是高度近视，要不怎么戴这么厚的眼镜！”

“你现在读10年级，是不是年龄太大了?”

“你要去参加的那个活动，是专门针对超重儿童的吗?”

“你怎么可以长那么高?”

一种米养百种人，我们不应该对别人的长相乱加评论。无心之语并非恶意，只是那些成年人忘了他们小时候是怎么过来的。他们忘了，他们的长辈是如何每天24小时对他们的行为和长相指指点点。他们对他们孩子说的话，敢对自己的同事说吗?

“你跟吉米上一任老婆很像。”

“瞧瞧那些妊娠纹。”

“上次见你到现在，你最少长了15公斤吧?”

“你现在还在当助理经理，是不是太老了些?”

如果有成年人说这样粗鲁以及冒犯的语言，你要怎么做呢？你有三种选择：

1. 以牙还牙。

2. 耐心、幽默、带着尊敬地还击，还要脸带笑容。

3. 克制自己，不要发怒。

第二个选择通常会让成年人们气得发狂。如下。

例 1：一位成年人说："你已经吃第三块蛋糕了。"

以牙还牙的反击

你说："吃进我肚子里，比吃进你肚子里好看。"

分析：这种反击让那位成年人觉得，她的批评是有理由的：你不仅是一头贪吃的猪，而且是一头粗鲁的猪。

礼貌的回复

你说："谢谢你的关心。不过说实话，阿姨，我吃得太专注，都不记得我吃了几块了。"

分析：这种礼貌的回复让批评你的那位阿姨不知所措。你感谢她的关心，也承认自己没注意到自己吃的东西的数量。那对方如何知道自己理亏了？因为你的彬彬有礼，反映出她讲话的失礼。你是不是觉得这样做很妙呢？

例 2：一位成年人说："说说吧，你有小女朋友了吗？"

以牙还牙的反击

你说："没有。你有吗？"

分析：当那位成年人脸上泛起红晕，无趣地走开，你可能会觉得打赢了一个小小的战役，但你所做的只是让自己不舒服，并且让大家知道，你是多么不会尊重人。

礼貌的回复

你说："我三生有幸，朋友很多，男的女的都有。"

分析：你还是这么彬彬有礼，把这个喜欢打探绯闻的成年人拒于千里之外。这种答复的隐含意义是：从深处讲，你完全没有不敬的行为；从浅处讲，你的话语足够让对方了解，不关你的事。礼貌至上。大获全胜！

例 3：一位成年人说："我真搞不懂你们年轻人怎样能把头发搞出那么多花样。"

以牙还牙的反击

你说："至少我们还有头发。"

分析：从这样的交流中无法获得什么，也无法学习到什么。成年人对年轻人的成见继续加深。

礼貌的回复

你说："我今晚费了好大的工夫，想把自己打扮得漂漂亮亮的。我也非常想了解一下，你们年轻时候的发型是怎么整的。"

分析：如果你带着幽怨受伤的表情说出上述话语，对方会立刻警觉，然后他会坚持说他绝不是在说你不好看。接着，他会跟你描述他年轻时候的发型流行趋势。于是，他会发觉自己讲话失礼了。此时，你又大获全胜了。

当你回复无礼的问题或评论的时候，请注意以下原则：

- 对无礼以牙还牙的做法是最无效的反击。
- 如果有人说了什么，你并不需要回答。
- 应对粗鲁行为，可以用优雅的方法泛泛而谈：

"非常感谢你告诉我这些东西。"

"感谢你让我注意这些事情。"

“我会仔细考虑的。”

“我目前不喜欢讨论这个事情。”

“你真的这么认为吗?”

“我确实一直想听听其他的意见。”

当然，你可以根据实际场景，调整上述语句。以下是一些较好的例子。

成年人：“在当今社会，你绝对成不了艺术家。”

年轻人：“感谢您的提醒。”

成年人：“你真应该对你父母更尊重一些。”

年轻人：“您真的这么认为吗？我会仔细考虑的。”

成年人：“在我看来，你太年轻了，不适合独自旅行。”

年轻人：“我确实一直想听听其他意见。”

现在我们分析一下第三种做法：克制自己，不要发怒。你也许早就听说过那句名言：“说的内容不重要，关键看你是怎么说的。”① 其实，如果能够掌握说法的方法，你就可以说任何事情而不会冒犯到别人。在对付粗鲁者的时候，它非常好用。以下就是几个例子，证明了礼貌语言的威力远远大于不礼貌的语言。

粗鲁语言	礼貌克制
“不准你这么说。”	“我一定是听错了吧。”
“这么说真是无礼、偏执。”	“抱歉，我没听清?”
“你撒谎。”	“我觉得你搞错了。”
“少管闲事。”	“这是我们的家事，在外面，我不谈家事。”

① 你可能已经听你父母说过一万遍了，但是，对这句真理，你不妨好好学习。

亲爱的艾利克斯：

“我是被美国家庭领养带大的。我跟他们的长相非常不同，所以大家都看得出我是领养的。我对此并不介意，但是我介意别人问我的问题。有时候，甚至连餐厅的服务员都会问。我该怎么说呢？在美国，大家认为问这类问题是粗鲁的行为吗？”

很明显，大家不这么认为。要不然我们就不会有那么多人问这样粗鲁的问题了。其实，问这样的问题确实粗鲁，非常粗鲁。对这样粗鲁的问题，你可以用以下方法应对：

有人说	礼貌克制
“他们不可能是你亲生父母。”	“对我来说，他们就是。”
“你的亲生父母为什么不要你了？”	“你们猜测别人父母为什么做什么，是不是很离谱？你的父母要你吗？你是不是他们的非计划产品？”
“你为什么会被领养？”	“你为什么这么在意？”或者“我不想跟我不太熟悉的人聊隐私的问题。”

如果你愿意的话，也可以解释真正的理由——这不是什么爱管闲事，而是要暴露出他们的提问是不可饶恕的对他人的侵犯：

“我为什么会被领养？因为我父母在三更半夜被人从家里拖出去，受尽殴打与折磨，然后被枪杀，然后被草草掩埋在地下。他们无法照顾我了。”

在这样回答之前，你需要考虑一下谈话当时的情景。比方说，如果是同学或老师问你这样的问题，只是想和你建立起某种关系，你可以决定要不要敞开心扉，说出你的过去和你的心情。如果是餐厅的服务员，他的心态可能只是好奇而已。对他，你只要明确提醒他做自己该做的事情就好了。

对这样的事情做回应，并不是粗鲁的行为。那可是在公众场合，这也许也是给他们一个教训，让他们下次再遇到类似的情况不要乱说话。

当父母亲行为粗鲁的时候

陌生人、非亲属以及不熟悉的成年人，通常不会对青少年有粗鲁的行为。家长——说不定你的家长也包括在内——反而可能会粗鲁得离谱。他们可能对“公司礼仪”和“现实生活”[①] 的差别不是太了解。或者，他们对“诚实即最佳做法”[②] 有着过度直观的理解。不管是哪种情况，家长的无礼行为同青少年的冒失行为一样，都是违反礼仪的行为。

当家长们表现粗鲁，通常是在批评孩子的时候。我也应该承认，有些批评确实是应该的，如果能够把话说好，孩子会很欢迎听到父母的意见。但是，如果父母的批评方式太过严厉、不友好，或是具有侵犯性，那就算是粗鲁的行为。比方说，父母没有任何理由对孩子说：“你是不是什么事情都做不好？”其实，这句话可以这样说：“我来告诉你当初我是怎么学会的。”在父母与孩子沟通的时候，父母希望如何获得孩子的尊重，就应该如何尊重孩子。

通常，问题出在定义上。大家从以下的例子可以看出，父母和孩子对某些行为下定义的时候，用的是不同的字典：

① 第四章已经讨论过这个概念。

② 请耐心稍候，下文即将对此做详细分析。

父母觉得是……	孩子认为是……
指导	批评
提醒	啰唆
对孩子好	不公平
无视	忘记
摔门	关门

下次父母逮到你做错事，你就说："爸爸，你是对的。我很抱歉，下次我一定做好。"这样就直接把批评与冲突扼杀在摇篮里了。我保证。

问卷调查的内容

根据我对青少年做的调查，以下是父母会对他们说的40种粗鲁的话语。

1. "你怎么这么笨?"	12. "回你房间去。"
2. "你不够努力!"	13. "跟你讲话呢，认真听!"
3. "你有问题是吧?"	14. "你还是三岁小孩吗?"
4. "你这个小××!"	15. "照我说的做。"
5. "你难道不用脑子吗?"	16. "不行。我已经决定了。"
6. "你这辈子会一事无成!"	17. "不准你再这么跟我说话。"
7. "你应该更清楚后果会如何。"	18. "不准你再出去玩。"
8. "你就穿那玩意儿去上学?"	19. "我还跟你费什么事儿啊!"
9. "给我过来!"	20. "最近我不想看到你。"
10. "把电话挂了!"	21. "我不相信你。"
11. "别让我看到你。"	22. "我不爱你。"

续前表

23. “我不在乎。”	32. “如果××去跳河，你也去跳吗?”
24. “你想要什么，无关紧要。”	33. “做点符合你年龄的事情好吗?”
25. “不关你的事。”	34. “你很不成熟。”
26. “你真是个讨厌的臭老鼠。”	35. “你懂什么?你就一个小屁孩。”
27. “我怎么还能再相信你呢?”	36. “你太小了，不会懂的。”
28. “我等都等不及了，你快滚出家门吧。”	37. “因为我说了算。”
29. “我真希望从没生过你。”	38. “因为我是你爸/妈。”
30. “我讨厌你的那些朋友。”	39. “我为你做了这么多事情，你竟然……”
31. “为什么你不能像你哥哥姐姐那样听话?”	40. “我像你这么大的时候……”

问卷调查的内容

我非常公平，也对父母做了问卷调查，以下是孩子们会对父母说的40种粗鲁的话语。

1. “别管我。”	10. “我希望我从没生下来。”
2. “你去做你的事情就好了。”	11. “我希望你死了。”
3. “别在我面前碍事。”	12. “我讨厌这个家。”
4. “别再阻挡我的人生。”	13. “我不需要你。”
5. “不要来我的房间。”	14. “我不是你的东西。”
6. “闭嘴。”	15. “我不需要这么做。”
7. “我×你×。”	16. “我不在乎。”
8. “你是全世界最糟糕的父母。”	17. “你不可以命令我该怎么做。”
9. “我真希望你们不是我的父母。”	18. “你又如何?”

续前表

19.“你自己做!”	30.“ 给我钱。”
20.“你的品位太差了。”	31.“这是我的人生。”
21.“我想怎么做就怎么做。”	32.“那又怎样?”
22.“我啥时想做再做。”	33.“谁说的?”
23.“我不需要你的帮助。”	34.“好呀。”
24.“你从来不为我做事情。”	35.“好的，可以。”
25.“你太不公平了。”	36.“多大点儿事啊。”
26.“你太不近人情了。”	37.“这晚餐吃得我恶心。”
27.“你真愚蠢。”	38.“我恨你。”
28.“你太老了，不会懂的。”	39.“你一点儿都不在乎我。”
29.“在公众场合，我不想和你在一起。”	40.“随便啦。”

亲爱的艾利克斯：

“我爸爸说，我只会抱怨，对我得到的东西一点儿都不珍惜。不是这样的。我很珍惜我所得到的一切。我应该怎么做呢？难道我要到老爸面前，说，‘哇，我好幸运啊！天哪，这太棒了！’”

你们之间这样，是典型的沟通方法不对。你对你的状况很珍惜，但是你爸爸却没看到你有所表现。这样的事情，很多家庭都有。不知什么原因，人总是很容易抱怨，而不是赞叹；喜欢表达不高兴，而不是高兴。可能这就是人的一种天性吧。

我们要学习表达自己的感激之情。如果你真心感到（甚至没感到）很喜悦，就应该表达出来，这样才是礼貌的表现。我们来看看喜悦的情况有哪些。

1. 期待的喜悦。当你期待某种事情发生的时候，常常会满怀热情。这种喜悦，可以这样表达：

“天哪，那可太棒啦！”

“非常愿意！”

“我等不及了！”

“非常感谢你邀请了我！”

2. 参与时的喜悦。这是当你正玩得高兴的时候所表达的喜悦。语言几乎同上：

“天哪，这太棒啦！”

“我太高兴了！”

“真是太有意思了！”

“非常感谢你邀请了我！”

3. 回顾时候的喜悦。当你们玩好了，可以回顾一下美好的时光。你可以这么说：

“太棒啦！”

“我玩得太高兴了。”

“希望下次我们还能这样玩。”

“真是太太太太感谢你了。”

你为什么要表达上面的喜悦心情呢？第一，这是礼貌。第二，这样做可以让关心你的人也感到喜悦。还有，第三，你的感激之情和热情，很可能会让对方再次邀请你共度快乐时光。

亲爱的艾利克斯：

“我妈妈说，当我‘发牢骚’的时候，她就不跟我说话。我认为，当别人说话的时候，你不理不睬，是个不礼貌的事情。”

你妈妈不是不理睬你，她是为你好。“发牢骚”的意思是反反复复地讲同样的东西，不停地要求和抱怨，这很自私。发牢骚通常是三岁小孩的行为，他们还不了解他们的需求与别人的需求之间的平衡，这不算他们的错。如果你妈妈听了你的牢骚，她就会得出一个结论：你的行为是三岁小孩的行为。因此，你发牢骚想要得到的结果，更加不可能得到妈妈的支持。她不听你的牢骚，是希望你能够学会用更加成熟的方法和语气来沟通。如果真能如此，说不定她会考虑满足你的要求。想通了吗？那你就去给你妈妈来个感谢之吻吧。

诚实永远是最佳的做法吗？

家长们在教育孩子的时候，总会说："你绝对不能撒谎。"巧合的是，在这样教育完孩子之后，邻居家阿姨一定会来家里串门。妈妈会说："要不要给甜甜阿姨亲一下？"小强尼想起家长的谆谆教导，回答："才不要呢。她丑死了，身上还有味道。"

甜甜阿姨前脚刚走，小强尼就会学到人生非常重要的第二课："你绝对不能撒谎，但也绝对不能把实话全部讲出来。"

妈妈此时深入教导，区分什么叫作"用撒谎来摆脱困难"（坏事），以及什么叫作"用撒谎避免伤害他人"（好事）。

知道什么时候说实话、什么时候可以创造性地发挥一下，是礼仪人士的拿手好戏。因为这个问题非常重要，所以我想了解一下青少年是怎么理解这个问题的。于是，我问他们："诚实永远是最佳的做法吗？"

填写我问卷的青少年给出了这样的答案：

是的　39％

不是　61％

他们给出的理由如下。

"诚实永远是最佳的做法，因为……"

"如果你诚实，你父母会相信你。"

"别人会喜欢你。"

"如果你说话诚实，就不需要去记任何的谎言。真相永远是一样的。"

"如果你不诚实，最终会付出惨重的代价。"

"撒谎就是给自己确认有罪，一直让你有负罪的感觉。"

"根据我的经验，如果你撒了谎，一定会被揭穿，而且一定会受到惩罚。"

还有一位青少年这样写：

"诚实永远是最佳的做法，但不一定永远是最方便的做法。"

"诚实并非永远是最佳的做法，因为……"

做问卷调查的青少年，他们的态度一分为二。有些人认为，说谎可以让他们摆脱很多麻烦事：

"你不说实话，可以摆脱很多麻烦。"

"诚实并非永远是最佳的做法——至少对父母是这样的。"

"诚实可能会给你带来你不需要的麻烦。"

"如果对方永远不知道差别在哪儿，而且真相会伤害到你的话，那我会闭嘴。"

"如果有人要你用违禁品，你只能撒谎才能够摆脱。"

还有其他人，他们认为撒谎是一种预防感情受伤的方法：

"在讲述意见的时候，因为人们都太过于敏感，所以，撒谎比批评好。"

“我不会对别人说他们很丑、看上去很糟糕。”

“诚实有时候会导致别人自杀、哭泣、感情受伤，或者想对你报复。”

“如果你太诚实，可能会伤害到你的朋友。”

“把你想的东西原原本本地告诉别人，这样很不好。你应该好好斟酌。”

那么，诚实到底是不是最佳的方法呢？答案是：“看情况。”

说“是”的那些青少年，他们认为，说实话让他们更有自尊心，良心上更好受，更能获得信任。他们了解，说谎最终会露馅，给自己带来麻烦。这些青少年是从道德的角度考虑的。

说“不是”的那些青少年，他们是从礼貌的角度考虑的。他们知道，在某种情况下说出实话，是很残酷的，很容易树敌，而且毫无意义。但这并不是说你就可以撒谎。这只是说明，可以用礼貌来代替真实情况。以下是一些例子：

- 你很寂寞、很沮丧，你的头也很疼。你妈妈的朋友经过你家来看你，问：“你好吗？”你说：“我很好。谢谢关心。”这并不是撒谎，虽然你并没有讲实话。你知道，对方说的只是一种问候，而不是针对你的身体提出的问题。

- 你在朋友家吃晚饭。东西太难吃了，你几乎难以下咽。当你要回家的时候，你说：“感谢你邀请我来吃晚饭。我太喜欢了。”你不会说：“你的厨艺好烂，我都快要吐了。”你没有这么说，因为你不是美食评论员，而且你很懂事，只想感谢朋友的热情邀请。

- 你的一位同学邀请你去跳舞。你头脑里想的是：你又恶心又笨，我真不想跟你一起跳舞。但你会说：“对不起，我另有安排了。”其实你还没有安排。这是因为对方问你的问题是“要和我出去吗？”

而不是“你认为我怎么样?”。因此，相对的真理可以通过非真理来礼貌地掩盖过去。

亲爱的艾利克斯：

“如果有人问我，他看上去胖不胖，我要怎么回答?”

你应该说：“绝对不胖！你怎么会这样想?”能问这种问题的人并不是真的在问自己胖不胖，他是想获得一种确认，而不是你诚实的答案。他是在说：“请帮帮我，让我自我感觉好一点。”

你需要培养自己听出弦外之音的能力。有时候，这是通过声明的方式说出来的——“我看上去很胖”。有时候，别人会用别的方法——“我要你如实地告诉我”——但是你别上当。对方绝对不想听你“如实”的想法。

由于这些问题都是你最亲切的人或者亲人问的，你需要看清楚他们挖的坑，而且要知道如何应对。以下是一些练习题，请挑选最好的答案。

“我看上去没问题吗?”

a)“那得看什么叫‘问题’了。”

b)“你看上去帅极了。”

“我的头发还好吧?”

a)“如果你是鸟，你的头发就是你的巢。”

b)“头发不错。”

“我的钢琴表演糟透了。”

a)“确实很糟。30 个人看不下去离场了。”

b)“哪里会？还不错啊。”

以上三题，都应该选 b。你肯定都答对了。

是不是有什么时候，你可以对别人的外表给出诚实的答案？当然有。那你怎么才能知道什么时候诚实回答，什么时候需要帮别人“确认”呢？请看下文。

何时诚实说话

如果对方问的是一个具体的信息：

“我的领带打得直吗？”“我的头发里有鸟粪吗？”

如果对方的话语或问题在暗示想要得到的答案，或者对方有意想要改变：

“你觉得我好好控制脾气的话，会有更多朋友吗？”

如果对方的话语或问题是在讲述一个未来事件：

“如果我把头发剃光了，会是什么样子？”

如果你诚实回答，会帮对方做出积极的行为，或者让对方免受尴尬、伤害或困难：

“是的，我确实觉得你有欺负人的倾向。”“你的浴袍上有一个很大的口子。”

如果你诚实回答，虽然对方会受到伤害，但是却能带来更大的好处：

“别人不请你去，是因为你会喝太多酒，他们不想因为你喝醉而把他们的派对搞砸了。”

何时给对方确认

如果对方的话语或问题比较含糊：

“没人喜欢我。”“你觉得我是个好人吗？”

如果对方不可能轻易地改变自己：

“我真讨厌自己长这么高。我看上去笨笨的。”

如果对方的话语或问题是在讲过去的一个事件：

“最后一个辩论被我搞砸了，大家都说我是个大傻瓜。”

如果你做了诚实的回答，对方不会采取任何行动：

“是的。再过三年，女孩子们就会喜欢你了。”

如果你做了诚实的回答，会导致某人受伤的情况：

“我觉得你是对的。没有人会跟你约会。”

如果说上面这些话的人是你的亲密朋友，你需要特别注意。即使在你该诚实以对的时候，还是需要注意，尽量使用积极的语言。也就是说，假设你朋友在试一件新裙子，你应该说“这件绿裙子让你光彩夺目”，而不该说“你穿这件蓝裙子像一头母牛”。

亲爱的艾利克斯：

“大家见面说都说：‘你好吗?’而对方都回答：‘很好。’这太假了。”

那你愿意听到别人回答“我的痔疮疼死了，谢谢你”?

不过，你也没错。第一种回答确实很假。当别人问“你好吗”，他的真正目的不是在问你的身体状况如何。他是想说，嘿，在这个冷酷无情的世界里，咱们两个人有缘碰上了。咱们闲聊几句，制造一些暖意吧。虽说电热毯也可以达到类似的效果，不过，能在午餐时候有个同伴一起吃东西，那是无可替代的。

人类有一些社会仪式。动物也是如此。不过人类不需要去嗅对方的味道，也不需要发出弱弱的鸣叫声来与同类沟通。人类更喜欢在见面的时候握个手，说声：“你好吗?”“很高兴见到你。”如果你照字面理解这些话语，那就错了。这些话语的意思是象征性的，跟字面意思有时相去甚远。

有礼貌的脏话

绝对没有什么脏话是可以礼貌地表达的。如果你喜欢用诅咒、辱骂或者下流话，那就写入你的《最佳美国小说》巨著里吧。但在礼貌的谈话中，这些词不能用。

这并不是说，你骂了人就应该下地狱去见魔鬼，永世不得解脱，或者再也不能看电视了。以下三个原因说明说脏话不好。

1. 脏话太多，让你变得太没水准。一直骂人的话，让人听起来很厌烦：

> “××！他真×××快把我搞疯了！老子要把他××，叫他都不知道自己是怎么死的。”

没有太多的词汇量，无法表达过深的想法、智慧或者同理心。如果你讲的东西太懒散、含糊，或者没有想象力，你的精神大概也差不多就是这样的状况。

2. 过多的辱骂语，会减轻咒骂的强度。所谓的咒骂用语，是想要表达强烈思想而词汇不够用时用的语气助词。如果你掉了一块三明治，就大骂“×××”，那么如果从飞机上掉下一块300公斤的冷冻垃圾砸到你的脚，你还能用哪个级别的咒骂词汇呢？

3. 在公众场合骂脏话是不礼貌的，因为没有考虑到其他人的感受。很多人认为咒骂的语言非常冒犯。不久以前，几乎谁都不会骂脏话（少数粗俗的人除外）。在女士面前骂脏话，更是不可想象。如果孩子们说出一句“该死”，他们都得用肥皂洗嘴巴。我们那一代的小孩都知道，“黛儿”牌肥皂比“象牙”牌肥皂的味道好。

你说：“不过是语言文字而已！”确实，骂人的话只是语言文字，但是别人听到这些文字后在大脑里产生的画面，可不仅仅如此。

亲爱的艾利克斯：

“我每次骂脏话，父母就罚我 50 美分。你觉得这样做合理吗？”

不合理。你父母应该收你 1 美元。

本章小测

1. 你自己一个人在家，电话铃响了。你接了，发现对方很猥琐。你

a）说“抱歉，我需要接另一个电话”，并把他的电话挂了。

b）让打电话的人喘得更大声一些。

c）直接挂掉。

2. 你和一个人吃饭，对方一直在打手机。你可以

a）把他的手机扔进汤里。

b）模仿语音留言的声音。

c）拿起自己的电话，打给他，说你要回家了。

3. 你在自己的橱柜里发现了别人的情书，你

a）立刻拆开，阅读之后扔进垃圾桶。

b）复印一百份，在全校张贴。

c）找到真正的收信人，悄悄递过去，说：“在我橱柜里发现的，我想应该是给你的。”

4. 你去参加一个派对，但一个人都不认识。和别人开始交谈的最佳方法是

a）往某人脸上泼饮料。

b）开始高唱《狮子王》选段。

c）问别人一些开放性的问题。

5. 你爸爸把你拉到他老板面前，说："阿德波利先生，我来介绍一下，这是我儿子，泰德。"这位先生说："天哪，你已经长成大人了。"你的反应是

a）给他一拳。

b）大声吼叫，什么都不说。

c）微笑，并说"家族基因好"。

第十一章　网上礼仪

网上通行无阻

如今有数十亿人在上网——发短信、打游戏、发电邮、当黑客、发帖子、发微博、发推特、用Skype、用脸书——而且，人数每天都在增加。可以有粗鲁行为的场合不胜枚举。

如果你是在网络的国度里畅游，你会发现，那里没有总统，没有中央管理委员会，没有经理，没有官僚机构，也没有任何一条法律。所以，互联网才能够运行得这么顺畅，对吧。同时，这意味着，你的网络生活的绝大部分取决于你、其他网民以及你所处的那个网络社区自行规定（并且实施）的条例。

网络的世界随时都在变。网站开开停停。今天流行的东西，明天就被扔进垃圾桶。技术突飞猛进，改变了人们的行为、文化和人际关系。以前需要整个房间的电脑以及上百万元资金才能做到的事情，如今通过你口袋里一个小小的东西就可以又快又好地完成。10年后，这个小东西可能又会被另一个东西所取代。

如果我们往前看，今天你花了许多时间浏览的超级网站，可能今后还会存在。然而，更多的网站会因为失去网民而销声匿迹。今天的“愤怒的小鸟”，可能就是明天的“暴怒的鸽子”。你可能会问：“那脸书呢?”“那是去年的流行。”

当我们考虑网上礼仪的时候，有两种处理方式。一是对如今流行的所有网上互动平台网站、技术——手机、脸书、推特、短信等的网上挑衅——进行规范化管理。二是勇于承认：今后还会有许多全新的类似谷歌、苦哥、App、Bpp 等东西出现，而且，是被那些现在还在用纸尿布的人发明的。所以，我们必须制定一些普世的礼貌原则、网上网下行为准则，这样不论未来如何发展，都可以使用。

我们先来看看一些适用于所有网上或电子通信方面的普遍原则。

真实。(除非你是个真正的大混蛋，需要在这方面先修行一番。)不要抄袭别人的形象。不要假装成是别人，或者做出不符合你本人实际情况的事情。不要创造虚假身份（除非你要去参加一个网上虚拟游戏)。匿名行为可能会在网上滋生很多麻烦事儿。因为可以匿名做事情，很多流言蜚语、挑衅威胁、自负自大甚至网络欺凌都会出现。所以很多网页都纷纷要求认证身份才可以发帖子。这个要求很对！

在恰当的时候使用你的电子设备。成年人对孩子们行为的头等不满就是：孩子们在与他们同处的人或者他们应该照料的人面前，肆无忌惮地发信息、打电话、上网、玩游戏，非常不尊重他人。如果你要使用手机等设备，请确保不要伤害其他人的感情，不要打扰他人独处的静逸。

友好。请把现实生活中的礼仪带到网上。在发出请求的时候，记得要说“请”；别人提供了信息或帮助，记得要说“谢谢”；如果你让别人不高兴，记得要说“对不起”。如果你跟别人意见不同，请带着尊敬的心情，跟对方讲道理，不要辱骂或者炮轰别人。如果新来的人问了过于简单的问题，请友好相对。你要么不理他们，要么礼貌地指出他们的问题在哪里。这样做，你会像在实际生活中一样，在网上也获得好评，因为你考虑周全、合情合理。第一印象很重要。在网上用辱骂的语言是没有想象力的表现——那是懒人思维的产物。很多人吹牛、撒谎、打压他人，这些人在网上不受欢迎，在实际生活中也是如此。

先读一读常见问题（FAQ）。三思而后行。如果你转到一家新的学校，肯定会先低调行事。你会观察一下，看看行为手册，了解一下校内的人与事，学学这里的传统与习惯。网上也是如此。多数网页上会有常见问题一栏，能够解答许多甚至是所有的问题，足以让新来的人了解绝大多数的情况。这些常见问题也免去了老会员没完没了地向新人重复回答类似的问题。新人在发问或者发帖之前，最好先浏览一下网站的内容、使用网站的要求与条款等行为准则介绍。

选用正确的工具。不是所有媒体工具都适用于所有场合。越是重要的、情绪化严重的或冲突性强的沟通，越不适合用电子媒体来进行。最好是用见面的方式来处理这样的“重量级”问题。次一级的沟通方式是电话。不太严重但仍然重要的沟通，可以使用电子邮件或者私人信件的方式。所以，当你发送短信或使用即时通信软件的时候，其内容只是简短的、非正式的、信息式的、有趣的通信，绝对不适合用来传达悲伤的消息或是坏消息，或者是含有深层情绪的消息。

注意你的语言。你发的帖子代表了你是什么样的人。一旦你把文字或照片贴出去，就删不掉了，它们就成了公众信息。别人可以保存、转发，或者一直永久保存下去。即使只出现过几秒钟然后就立刻被删除的照片，仍然可以被截屏保留，因此，你要说什么、要怎么说，一定要非常小心。不要把秘密公之于众。不要散布谣言。当着某个人的面不敢说的话，也不要在网上贴出来。你要这么想：网上没有隐私可言。

不要啰啰唆唆讲个不停。你知道，有些人，是这样的，呃，他们，你都知道的，在现实，那个，生活中，喜欢讲话不着边际，东一榔头西一棒子，简单一句话，他总是，那个，呃，说不到点子上，对吧？你知道我的意思吧？等他终于说完了，花儿都已经谢了。在网上讲话也是一样。如果你想成为谈话高手，应该尽量做到简明扼要，TCMRK（太长没人看）。如果有人问问题，此时有人做解答，你不必插一句不痛不痒的别人已经讲过的话。

检查你的拼写和语法错误。你有没有见过别人写一堆乱七八糟的东西，还敢说那是英文？打字错误，拼写错误，缩写、语法错误等。这一定是网络新人类——推特文盲一族——的杰作。在短信、电子邮件里这样的错误也比比皆是。这些人在按下"发送"键之前，会仔细阅读一遍他们所写的内容吗？不会。虽说互联网不是考场，但如果我们把拼写、标点还有语法写好，会有助于其他人阅读你想写的内容。作为对读者的尊重以及对你的名誉的尊重，你应该检查你写的内容。当然，也不要太较真。每个人都会偶尔出错，不管你怎么做，不要去追究别人在这方面做错了什么。自命不凡的警察很快就会让人厌烦。

不要大喊大叫！在网络平台上，如果你用**大写加粗**的方式呈现你的文字，那就等于现实生活中的大喊大叫，这是很粗鲁的行为。在面对面的交流中，大喊大叫只会让问题升级，争吵、侮辱、骂人会使说理、尊重荡然无存，更无法解决任何问题。

征求意见。除非当事人同意，或者你100%相信当事人不会有意见，否则，不要转发别人的电子邮件、文字或照片。

写明出处。如果你转发、再推特别人的东西——不管是艺术品、照片、引用的话语、小贴士、链接或者其他信息——一定要写明原文的出处。

回馈。网上世界是个巨大而且有时很奇怪的市场，大家可以交换各种东西。如果大家互通有无，那是最好的运作方法（如维基百科）。你有需要就去里面找一些东西，但是，你也应该提供一些别人可能想知道的东西。问个问题，把大家往某个方向引导一下，为了这个网络的友好共存，你也应该做出一些努力。

要小心，要有戒心。在网上，你可以找到好的人、好的信息、好的教育还有好的娱乐。不过，混杂其中的还有骗子和坏蛋。并且，网上的内容无边无际，你在搜索引擎里打几个字，按下“搜索”键，会出现几千几万个搜索结果。其中可能有对你有用的真实正确的资料信息，但也有其他的一些可能是误导性的、恶意的甚至显而易见是完全错误的。在网上浏览的时候，必须要有戒心，不能看到什么就相信什么。要对资料的来源进行质疑。要警惕。要小心。要确保自己的安全。

不要被电子设备分神。我不是说你开车的时候不能挖鼻孔。我是说，开车的时候，或者在应该注意自己安全的时候（过马路、骑车或者跟鳄鱼做拼死搏斗之时），不要分神去使用手机或者其他电子设备。所以，美国大多数州都禁止 18 岁以下的人士在开车时打手机，所有人开车时都不可以发信息。交通事故的数据显示，一边开车一边使用手机等电子设备，不管是发信息、通话、打字、拨号、刷屏或者点击，都会严重增加车辆事故甚至死亡的概率。电话公司的记录可以显示出使用电话的时间和地点，经常能够协助逮捕嫌犯或对驾驶员进行起诉，因为时间显示他们开车时发送了信息或受到其他事情干扰。（当然，前提是这些人还活着。）

为确保安全，开车时绝对不要发信息。如果你已经满 18 岁，必须要接听或拨打一个重要的电话，只能用免提的方式，或者是可以通过语音链接的电话。最好是在路旁停车，再使用电话。或者，你在开车的时候可以把手机交给车内的朋友，让他们帮你拨打或者接听。

不要触犯法律。网管老大哥一直在看着呢。在线下违法的事情，在网上做同样也是违法的。不要威胁总统，不要恐吓说有炸弹，也不要骚扰他人。对上述这些事情，不要开玩笑，因为执法人员不想把这样的事情当作幽默搞笑事件来处理。不要违反版权法，不要黑别人的电脑，不要传播病毒。不要进行恶言攻击或非法活动。以上行为最终都可能让你进监狱——那时候你就真的下线了。

不要痴迷电脑。你应该认识某些人，他们一刻也放不下他们的手机或平板电脑。他们早上起床的第一件事和晚上临睡前的最后一件事，都是查看手机和平板电脑；去厕所也带着；整晚不眠不休地打游戏；每天发几百条信息、推特，更新自己的状况——上课也好、集合也罢，看电影也好、参加派对也罢，从不停手；走路骑车开车都在使用手机和平板电脑；跟你在一起时也不停地用。他们似乎在玩手机方面从不缺技巧，但在与人相处方面，技巧却少得可怜。手机是他们的主人，比任何其他活着的人都重要。如果要他们一小时不能用手机，会让他们冷汗直流，更不用说一整天不能用手机了。

不少人做过实验，看中学生是否能够一周不用高科技产品——脸书、推特、短信、游戏还有电话。啥都不能用。有一些学生能够过关。有一些学生则出现了严重的“退瘾症状”，然后他们向诱惑屈服，继续上网。不管状况如何，这些学生都说他们从实验中认识到了这些高科技产品的真正角色以及对他们生活的影响。

这些产品确实很好，但是不要过于沉迷。网上的交往应该是面对面沟通的辅助品，而不是替代品。你的运动也不能仅局限于你的大脑与手指。如果你的头发都发霉了，说明你需要出去晒晒太阳了——当然，不能带着平板电脑。跟父母兄弟姐妹还有朋友们联系一下，问问他们的状况，看看你是不是在线上待得太久了。如果确实太久了，那你就应该多在线下活动一下。

为什么呢？因为过度使用电脑和网络游戏，跟抑郁症、睡眠缺失、喝酒、吸毒、抽烟还有学习成绩下降都有关联。不需要核物理学家来跟你解释，任何人都会懂：在游戏上和社交活动上多花时间，在学习上的时间就会变少，和朋友面对面接触的时间也会变少。另外，

当出现以下情况，你就知道你是太过痴迷电脑了：

如果你在电脑前一坐就是几个钟头，没有运动，对你的身体也不好！有证据显示，过度使用电脑与肩颈以及腰部疼痛有关，并且会提高BMI（身体质量指数，换句话说——会让你变胖）。好了，别误会我的意思。我们都非常爱我们的手机、电脑、游戏机还有其他电子产品。但是，我们在使用这些电子产品和与虚拟社会的联系上要适度，不要对我们产生危害。

如果你觉得你使用电脑、打游戏过量，可以给自己定一个限度，这样做，是为了让自己试着控制自己使用手机的多少，而不是被手机支配你的生活。尽量每天关机一段时间——取而代之的活动是：看书，做一些运动，跟朋友聚会，出去散步，或者吃个正餐。每周来一个“戒网日”，怎么样？不行的话，“戒网半日”？几个小时？试试吧。观察一下自己的感受，看你能学到些什么东西。你还是可以把手机带在身边，但要给自己定个目标，除非紧急情况，否则不要去看手机。手机应该是辅助的工具，而不是控制你、让你上瘾的东西。

如果你曾经尝试过少用手机，应该了解一下你跟这些活动之间的关系是什么。你是在网上的参与者还是路过的看客？你什么时候上网？你做些什么？你所用的时间，可以用来做哪些其他的事情？在上网的时候以及没有上网的时候，你感觉如何？根据你的回答，判断一下，你是需要多与朋友互动、找个人咨询，还是应该寻找其他的兴趣与活动。可以跟其他想要戒网的孩子多接触一下，只是不要在网上联系。如果有类似经历的人来支持你、帮助你，要戒网会比较容易。

亲爱的艾利克斯：

“在我们家，我在电脑方面最厉害，大家（特别是我父母）有什

么电脑或者网络方面的问题，都会来找我。他们可能是删了一个文件，或者是看到一个警告信息，就觉得他们的电脑会在30秒之内自动摧毁，他们会要求我放下手头所有的事情来帮他们解决问题。有什么方法能让他们别对我有这么严重的依赖吗?”

不依赖？有没有搞错？你应该全力以赴地鼓励他们来找你帮忙。

你知道吗？大人们为啥要小孩？他们不就是想要家里有孩子可以帮忙把手机和平板电脑连上，把恒温器设好，把删掉的电视频道给找回来吗？当然了，越来越多的家长都开始学习用一些高新技术产品，但是，他们还是可以从孩子那里学到很多东西。电脑天才儿童很喜欢帮父母的忙。你可以用你的技术让你的父母给你买你梦寐以求的东西。你可以这么跟你爸爸说：

“要一次性地解决这个问题，唯一的办法是：魔幻X-Treme水霓虹色彩1 350瓦游戏配置电脑，带24速双置驱动器，混沌特技显示卡，8频道高保真音响，超低音劲爆X-Fi钛合金耳机，还有28英寸S23A950D型号黑色雷电后光HD、3D、LED、LCD显示器。”

你爸爸听了之后，一定会丈二金刚摸不着脑袋，然后说：

“我的手机停了，需要这么多东西来修?”

此时你可以趁势说：

“那个嘛，手机只要充好电就行了。不过，老爸，有了这些配置，会更好用。”

你还可以获得最最难得的机会，来让你父母了解，什么是最佳的教育方法。成年人通常会问愚蠢的问题，不看清楚指示就立刻往前冲，要是你去纠正他们，他们还会觉得很受伤。以下是指导成年人的一些最好的方法，不会伤及他们的自尊心。

要容忍。你的父母亲对网络世界的东西不太了解，这不是他们的错。你应该对他们表现出尊重。姑且假设他们有学习的能力。绝对不可以说："你们怎么这么笨?"或者"你是不是什么都做不来?"

要耐心。经验是最好的老师——即使需要犯错也没有关系。当你看到你的父母往错误的方向去的时候，要克制住诱惑，不要跳起来挡住他们的去路。如果他们正准备把电脑彻底格式化，或者做出同样不可逆转的事情，在此之前，你可以加以制止，说："我们先全面考虑一下，再做下一步动作。"然后，你可以问一些问题，让他们考虑自己的选择是否合适。如果你给他们信任，大多数的成年人都会做出负责任的决定。

要鼓励他们。家长们如果看到他们的孩子在技术方面如此技艺高超，他们通常会表现得没有信心，感觉自己很笨，并且很容易泄气。你必须当他们的啦啦队队长，给他们打气。你可以说：

"你做得很好!"

"继续加油!"

"注意了，比尔·盖茨。"

要实际一些。你父母可能也想变得很酷，很会打字、发短信、在网上发帖子，也就是说，他们也想用网上流行的语言。但是如果他们乱来，会是很危险的。比方说，你知不知道有位妈妈发短信告诉儿子坏消息?

瞧，父母想发短信又没那个本事，造成了多大的问题啊！你应该警告你的父母，小心使用那些缩写的东西还有首字母缩略词。你应该鼓励他们在发送那些古灵精怪的短信之前，先上网去查查它们的意思。

如果你勤于实践这些教育方针，会发现你父母的电脑知识、社交

媒体以及上网的技术突飞猛进，很快就不需要严重依赖你了。并且，在你身体力行的模范带头作用之下，他们会把你教的方法掌握得无懈可击。

短信礼仪

发短信，是跟朋友、家人、老师以及有尖尖手指可以发短信的人沟通的一种奇妙方式。不过，如果青少年在课堂上、在餐桌上或在社交场合都在发短信，老师和家长们就会大伤脑筋。告诉你一个秘密吧，很多青少年也有同感，他们希望能和朋友们有真正的相处时间。一位女孩在填写问卷调查的时候，对她的同龄人说道：“我们在一起的时候，请别再发短信了。我此时希望能够共处的人是你，请放下手机吧，咱们聊聊，好吗？”

综上，如果你想要发短信，又不想让别人对你发火，以下是一些行为准则。

信息与媒体要搭配。发短信是一种简洁、非正式的通信手段，适用于与朋友、家人之间的联系（有时也用于商业会议安排）。绝对不要用短信来传达悲伤或者不好的消息，也不要用来发正式的邀请、表达哀悼或者与某人分手。如果你要跟某人分手，请拿起电话，或者直接去见对方。

注意使用语言。过多使用缩写、大小写混杂以及符号，会使你的语言显得不知所云。

跟朋友在一起，不要分心去发短信。别以为你拿着手机，把手放在两腿中间，你的朋友就不知道你在干什么了。他们看到你低下头，就知道要么你对你的裆部有着不同寻常的重视，要么你就是在发短信。在跟别人吃饭的时候，在坐在课堂上的时候，在开会的时候，把手机放到一边吧。

仔细检查号码。我们很容易就会拨错电话号码，或者在通讯录里选错号码。为了避免尴尬局面或者更糟糕的局面，你必须确定要发送短信的号码是正确的。

需要自报家门。如果对方没有把你的姓名存在电话通讯录中，而你又没有自报家门，他们就不知道是谁在给他们发短信。如果你不确定对方是否知道短信是谁发的，可以在一开始就说："嗨，我是学校实验室同组的同学马尔希。"

要有耐心。你不知道对方什么时候会看到你发的短信。毕竟谁也不会握着手机吃饭睡觉。如果对方没有立刻答复，请不要觉得受到伤害或是侮辱。同理，你也不需要对收到的每一个短信都立刻答复。短信跟电话不同，它会耐心地等待你找到觉得合适的时间来答复，除非你的手机突然烧掉，让你在 30 分钟之内、一小时甚至整个下午看不到短信。在没有人的时候，在你不需要集中注意力做其他事情的时候，可以答复短信。

注意手机的付费安排。并不是每个人的手机都有无限短信发送免费的安排。在你发送海量短信给朋友之前，请先确定对方在收发短信时是否需要逐条付费。

注意语调。简短信息——如电子邮件、短信或即时通信软件上的消息，它们的语调比较难判断。你觉得无伤大雅的内容有些人可能觉得很冒犯。为了避免尴尬或严重的局面，一定要小心遣词造句。如果需要的话，可以用笑脸符号辅助表达你的善意。

请保密。请记住，所有短信都可以被追查、储存或转发，一旦发出，就无法收回。不要发送保密的信息，也不要发送会让你尴尬或给自己惹上麻烦的信息。

请注意使用自动拼写更正功能。你的手机自以为它什么都懂，竟然连你的拼写也要管。有时候自动拼写更正功能很方便、很省时间，但是，有时它会把你打错的一个字进行更正，然而更正的结果并不是你想要的那个字。如果你的运气好，那个字只会让对方觉得好笑。如果你的运气不好，那个字就会让对方一头雾水，或者是粗俗不堪。

下面是一些青少年在填写我的问卷调查时，给我提供的第一手短信样品资料，以及短信礼仪 20 条“可以”与“不可以”。

短信礼仪 20 条“可以”与“不可以”

可以

- 尽量使用正确、至少可以理解的语法与拼写。
- 发送之前再三确认发送对象。
- 如不方便继续写短信，需要告诉对方，以免对方一直等待。
- 注意手机流量及短信的限制。

● 不要散布流言与谣言。

● 需保密的私人信息自己看看就好。

● 和朋友在一起时不要发短信。

● 发送短信给父母，告知你在哪里。

● 注意使用自动拼写更正功能。

● 经常给朋友打个电话联系一下。

不可以

● 不要发送过多短信。

● 不要在课堂上、看电影的时候或者在他人需要专注的时候发短信，因为短信的声音以及手机屏幕的亮光会影响他人。

● 不要发送粗鲁或伤人的话。

● 不要发送当面不敢说的话。

● 不要连续发送多条短信来骚扰对方。

● 不要使用过多缩写符号。

● 不要在吃晚餐时或者在社交场合上一直发短信。

● 不要只给同一室内某个人发短信，而把他人排除在外。

● 不要发了短信而不负责任。

● 不要边开车边发短信。

亲爱的艾利克斯：

“我父母总是叫我不要发短信，叫我把手机放下。发短信怎么不好了？”

发短信本身没有不好。发短信很好，这是跟朋友保持联系的好方法，保持商业联系的好方法，同时也是让手指得关节炎的罪魁祸首。发短信没什么不好，而什么时候发短信，那才是问题所在。

这就是父母最不喜欢的行为。遵守礼仪的基本准则是：当跟别人在一起的时候，就不要再分心做其他的事情。如果你跟别人讲话，或者是跟一群人在一起，你不会突然掏出一本书来看吧？你父母反对的并不是你发短信，而是你没有参与正在进行的社交活动，这个活动可能是晚餐，或者跟朋友在客厅里聊天。所以，如果父母叫你不要再发短信了，他们真正的意思是，想让你享受你正在做的事情，并全心全意地去做。

亲爱的艾利克斯：

“我的老师在班上说，作业纸上不能用缩写。这算咋回事？”

礼貌的行为要看场合和前提。在口头表达中，你和朋友的讲话方式——俚语、缩略语、口齿含混不清、令人讨厌的话——不会用在正式的谈话中。同样，短信和推特也充斥着一种新语言——有很多缩写、简写、笑脸、故意误写、数字代表文字（5555）。如果是要通过手机的微小键盘发送简单的、非正式的电子信息，在合理的范围内，这样的语言是可以用的。

但做学校发的作业就不适合了。老师的责任之一就是教学生掌握好语言。短信语言在发短信的时候用可以，但是，你必须也要学会正式语言——如写信、答考卷、书写信函以及商业通信的拼写、标点符号以及语法的使用。如果你平时不注意，而且经常使用不恰当的语言，这可能会把你的整体语言水平往下拉。比方说，有些字“看上去”好像对，但其实不然。如果你常用一些不规范的字眼代替正确的文字，那你很可能忘记这些字词的正确写法。所以，这样的语言在发短信时不妨用用，但在学校里，最好还是不用。

亲爱的艾利克斯：

“我男朋友一直给我发短信，每天几百条。我怎么才能叫他别再发了?”

首先，让我做一个假设：你的男朋友非常喜欢你，但他手指头有严重的多动症。如果这个假设成立，你的应对方法就是，跟他好好谈谈。他可能没有意识到自己是发短信上瘾，也不知道这给你造成了困扰。你可以跟他说一下。你说，你虽然很喜欢跟他在一起，不过，他的短信发得太多了，让你分心，你也没有那么多时间答复。你应该告诉他，每天只能发×个短信（你可以接受的数目）。刚开始你可能得好好管控一下。如果你坚持不给他答复，他应该就会学乖的。

还有另一种可能性：你的男友发这么多短信，是因为他太嫉妒了，或者有控制欲。他想随时知道你在干什么、跟谁在一起。这样很不正常，也很不健康。你要怎么知道他是不是想控制你呢？看他所发的短信的性质就知道了——是不是关爱你的、支持你的、幽默的、友好的？还是带着怒气、尖酸刻薄并且带着辱骂？他的短信会让你觉得不舒服甚至害怕？你会感觉他是在监视你、追踪你？如果有这样的感觉，最好的方法仍然是跟他面谈。你必须要让他知道，他的短信对你造成了伤害，很离谱，他不能再发。你可以从他的反应了解他发那么多短信的动机。如果他还继续发短信，那你们的感情关系就是被他滥用了，你必须跟他分手。你可以打电话到电话公司，或者下载一个App，阻挡他的电话和短信。你可以保留一些他发的短信的内容。如果他继续跟踪你，那么你应该联系你信任的成年人来帮帮你。

亲爱的艾利克斯：

"如果收发双方都同意，是不是可以发送色情短信?"

"色情短信"里面包含的是"色情"与"短信"两部分信息，就是把带有色情内容的自己或他人的语言或图片通过电子设备（通常是手机）发送出去。虽然这样不一定属于不良行为，但这样做有风险，因此，发送"色情短信"几乎属于决策性错误，即使收发双方都同意。原因分析如下。

我们先来看看动机最单纯的"色情短信"是怎么样的。两个人约会，其中一人自拍了一张比较暴露的照片，发送给对方看。他们总是很信任对方。这张照片可能不会有继续向外流传的可能性，也不会造成伤害。

如果收照片的一方把照片转发给几位好友怎么办？如果收到照片的好友再把照片发给其他几位好友，那怎么办？如果这两人分手了，收到照片的那一方很生气、很受伤，为了报复，他/她把这些照片到处散发，那又怎么办？一方还没来得及反应，这些照片已经在互联网上漫天飞了。

想想吧，照片上的那一位会感觉多么尴尬、多么羞辱啊！想想吧，这会造成多么严重的名誉损害！想想吧，这会是多大的痛苦与难堪！如果两位青少年当中有人不满 18 岁，一方或双方还有可能因散布儿童淫秽照片而被起诉。这可是联邦级别的罪名，可能导致监禁并且作为性犯罪人员记录在案。这可能导致他们无法进入想要就读的学校、无法找到工作，甚至影响到他们可以居住的地方。这会对他们的关系、自尊以及健康产生影响。而这一切的起因，是两位青少年发送了“动机最单纯的色情短信”。

现在，再考虑一下其他的可能性——如果照片上的人是被迫拍的，或者，是在酒醉情况下被拍的，或者，是被偷偷拍下的——情况越变越糟糕了。

发送“色情短信”看上去好像是一种不会造成伤害的好玩的事情，但是，一旦你按下“发送”键，你就对照片的去向失去了控制权。因此，假如你想自拍，或者让别人拍你，需要先想一下，如果这张照片被你认识的所有人都看到了，或者放到了互联网上，你是不是会觉得不自在？如果你觉得可能不自在，那就不要拍，不要冒这个险。虽然目前双方同意发送这样的照片，但是，纵容他人的作为，其结果可能在未来给他人或本人带来严重的后果，就是很不礼貌的行为。

脸书礼仪

如果你跟其他很多人一样，每天一定会花很多时间在脸书上。在脸书上，你可以聊聊天、看看流行趋势、听听音乐、玩玩游戏、分享一下照片、看看朋友都晒了哪些午餐照片。很自然，这个地方也成了滋生不良礼仪和粗鲁行为的场所。既然你的脸书代表的是你的网上形象，那么你应该做到最佳。怎么做呢？请看下文分解。

保持状态更新。你的朋友想要了解你的情况、你在哪里、你都做了些什么事情，但是，你擤鼻涕、做份三明治或者上厕所，这些事，不需要让他们知道。你应该稍加控制，这样大家都会很高兴看到你的状况更新。

让关系双方来决定如何显示关系状态。两人之间的关系是两个人的事情，应该让关系双方来决定如何显示他们的关系状态。除非你很确定自己毫无疑问是单身，否则，你应该跟男朋友（或女朋友）确认，然后再把你们的关系公开显示出来。要不然，你可能面临风险——要么表现太不积极，要么太过投入，或者更糟糕的是，在脸书上上演一段抛弃与被抛弃的演出。

不要尖锐批评。如果脸书是让人表达哀伤、报复他人或者挑起战争的场所，那脸书早就被人撕破了。社交媒体应该是积极向上、充满正能量的。要埋怨、想斗嘴，到私下场合见面时再拼吧。

不要演肥皂剧。你一定知道，恋爱小事故在学校里会传播得多快。在教学楼一端上演的一场分手闹剧或者谁被谁扇了耳光，会像龙卷风一样火速传遍整个校园。脸书可不是群体治疗间。你和朋友之间的疗伤分析，不需要在网上表演。

不要事事都“点赞”。如果你看到什么都点“赞”，大家会觉得你一点儿都不真诚，还会导致你和你朋友不断收到众多的推送信息。如果你有选择性地点赞，对你，对你的朋友，都会更有意义，你也不会来不及招架朋友们的更新。

摸清脸书文化。如果你刚开始使用脸书，可以先浏览一下你喜欢以及尊敬的人的脸书，看看他们都在做些什么、他们的脸书内容是什么，这样你就不用自己摸着石头过河了。

辨识记录人物。要小心。可以在照片中辨识记录朋友，是很好的事情，但是，需要获得朋友的同意，他们需要对这张照片感觉良好才可以。并且，绝对不能用辨识记录的方法来贬低朋友。如果有人在某张照片中辨识了你，而你不喜欢那一张照片，可以把那张照片从自己的档案里删去。如果这件事情让你很烦心，你可以让贴出照片的人删去那张照片。

不要散布流言蜚语。你有那么多的朋友和认识的人，一不小心，你的某个评论可能就会传到某个人耳朵里。如果你不做任何恶意评论，就无须担心这些评论会落到谁的耳朵里。

不要搅局。很多人会通过脸书来发表重大新闻：新生命的降临、亲朋好友的去世、奖励、派对、胜利、大学录取、订婚等。如果你提前已经知道了情况，一定有冲动想把朋友的好消息贴出去。但是，不能这么做。让你的朋友来发表他们的消息吧。不要喧宾夺主。

搞好设置。如果你没有搞好脸书上的设置，可能会被一大堆广告推送浪潮所淹没，如评语、状态、聊天请求以及各类通知等。不要怕使用隐私或其他设置来控制信息的接收与发送。如果有人问起这些设置，你可以轻描淡写地说："我需要这么做，要不然我会对脸书上瘾的。"

不要满腹牢骚。我们都有不如意的时候。不要把所有的不满情绪都发泄在脸书上面。不要倾倒垃圾来博得朋友的注意和同情："我真倒大霉了！这是有史以来最糟糕的一天!! 我痛恨我的人生!!! 我恨一切的一切!!!!"没有人喜欢看这样的东西，你说这样的话，他们不知道要如何应对。话说回来，你不应该把这些东西压抑在心里，但脸书也不会是你的心理医生。

交友要谨慎。脸书不是让你来跟别人拼朋友多少的地方。能有50个朋友比网上认识5 000个没有见过面的人要来得强。在脸书上多交些有意义的朋友吧，只加你认识的朋友。如果有人要加你作为朋友，而你又不认识对方，你可以问"我们见过吗?"或者"你怎么知道我的?”如果你想加一个你不认识的朋友，千万不要直接按下“加为好友”键。你可以请你们共同认识的朋友做介绍，并说明你为什么想要把对方加为好友。说不定你们有许多共同的爱好和共同的朋友，让你的朋友帮你介绍，成为好友的机会更多一些。

发帖子要小心。你可能听说了，潜在雇主、用人单位或大学录取部的人会查看申请人的脸书。这是真的。可能你会想，你已经把一些东西藏起来了，他们看不到你真正狂野的一面。可能吧，但是，你在脸书上不慎结交的朋友可能会泄露你的秘密。你发过的照片、评论和聊天记录可能被记录下来。如果你的好朋友今年对你不满，明年会不会把你的不利言论或照片发送给潜在雇主、用人单位或大学录取部的人？如果你不想有这种担心的话，那就不要在脸书上发表不想让那些人看到的东西。（这就是很多青少年在创建脸书账号的时候，不用自己的真实姓名的原因。）

答复他人的评论。不需要逐条答复，只要让有评论的人知道，你看到了他们的评论，并且感谢他们的参与即可。别让他们觉得你是一堵回音壁。

仔细考虑自己的自我介绍页。这可是你。网上的你。做好你自己。

适量使用脸书。不要成天沉迷于脸书。你应该好好地过现实生活，把脸书作为生活中有趣并且有用的一部分。没人希望用脸书用得上瘾，最后变成一个虚拟人。

我设计了一些问卷，许多天才的青少年为我做了很多解答。

脸书礼仪 20 条“可以”与“不可以”

可以

- 积极、简洁、发帖小心。

- 正能量。
- 使用脸书目的是跟朋友保持联系。
- 维护自己的自我介绍页，保持洁净。
- 更新自己的状态（而不是记录自己生活的每一步）。
- 在朋友的时间栏上写下记录（不要写太多内容）。
- 永远尊重他人——这是公众的网页。
- 在辨识记录他人或者要发一张可能引发争议的照片之前，先征求对方的同意。
- 对想要添加的好友要谨慎。
- 避免过分夸张。

不可以

- 不要发送会让他人难堪的图片或者文字。
- 当着别人的面不敢说的话，不要发在脸书上。
- 不要发表负面、尖酸刻薄或挖苦的语言。
- 不要散布流言蜚语。
- 不要在脸书上跟人发生口角，或者把口角延伸到网上。
- 不要骚扰或欺负他人。
- 不要发表绝望或者令人压抑的状态宣言（如果你很不高兴，一定得去找个人聊聊）。
- 不要发送今后会令你难堪的东西。
- 不要让这些网络给你的社交形象做出定论。
- 不要过于沉迷脸书。

家长与脸书

天哪！你的家长想加你为好友？如果你觉得这样做没问题，那最好。如果你觉得有问题，那该怎么办？好办。先感谢一下他们要加好友的请求，然后说："我很爱你们，真的。但是，脸书只是给我和朋友们用的。我想你们一定可以理解。"之后，你在现实生活的沟通中要和父母更加友好。如果他们威胁说"大小姐，要么你加我们，要么你就别用脸书"，那就麻烦了。你只好加他们，但是，你可以把本书的"脸书礼仪规则——有青少年子女的父母行为准则"放在明显的地方，让他们看到。

亲爱的艾利克斯：

"如果有人给你发送加好友的请求，你必须接受吗?"

如果此人是你不喜欢的人，或者你根本不认识，可以忽略，也可以删除请求。如果此人你认识，但不是很了解，接受成为好友也没有问题。不会有什么伤害，而你也可能多交几个朋友。很多人在脸书上"好友"的定义非常广泛，所以，你不一定要把这些加为"好友"的人当作永远的、最好的朋友。只要你不把增加好友的数量作为唯一的目的就好。

亲爱的艾利克斯：

"如果你不加某人为好友，他们问你，'为什么不加我为好友'，你怎么办?"

如果你不喜欢跟某人出去，而他一直约你，你会怎么办？最好的办法就是给一个笼统的不伤人的理由。所以，你可以说"我决定要个小型的朋友圈"。当然了，如果你已经有500位好友了，这么说就有问题。所以，你还可以说"我的朋友圈已经太大，目前不能加新成员了"，或者"我准备开始少用脸书"，或者"我只加最好、最亲近的朋友"，或者"我只加同龄人作为好友"。如果出于某种原因，你特别不喜欢某个人的网上作风，而平时你们又是朋友，你可以点出来：“我们平时做朋友可以，但你贴的图太血腥、太残酷了，不适合我。”

脸书礼仪规则——有青少年子女的父母行为准则

亲爱的家长们：

天底下的子女分为两类。一类是愿意加你们为脸书好友的，一类是不愿意的。如果你们的子女属于第一类，你们应该感觉庆幸，并且在脸书上行礼如仪。如果你们的子女是第二类，我是不是能劝你们，不要给他们发送“加为好友”的请求？你们一定要？我是不是能劝你们，要尊重孩子们的愿望和隐私？你们要了解，年龄较大的青少年不想让你们看到他们的脸书。你们还是坚持？你们不容商量？你们坚持孩子们必须在脸书上加你们为好友？那好，我懂了。那就请你们遵守本准则。

- 有机会进入子女的世界，你们应该欣喜万分。但是，请随时记住，这是他们的世界，你只是被邀请来看看的（或者是被子女心不甘情不愿地“同意”放行进来的）。

- 不要在子女的“时间线”上发表东西。不可以发。已发者停发。未发者忍住。别老想着要发。

- 做个沉默的旁观者。子女们到了这个年龄，很在意别人在“公众场合”看到跟你们在一起。在网上，就是绝对的“公众场合”。你要保持潜水。想想你搭别人车的时候是怎么做的。坐好，看书，耳朵听，心里想。让子女和他们的朋友尽情聊，你静静地看着就好。

- 跟子女们聊聊你发的帖子里他们可以接受的话题。

- 绝对不可以未经子女同意，就把他们的照片贴在他们的脸书上。

● 绝对不可以未经子女同意，就把他们的照片贴在你自己的脸书上。

● 不要在子女脸书的时间线上放提醒的帖子——例如，提醒她吃过午饭要用牙线清洁牙缝。

● 把嘴闭好。在子女的脸书里，你们可能看到好的、坏的、超级离谱的东西。如果不是那种实在看不下去的、危险的或者有害的内容，你们可以在适当的时间与场合，私下跟子女谈谈。

● 跟子女谈什么是正确的判断力、网上安全、行为后果以及各种考量。

● 你们可以在谷歌里搜索孩子的姓名以及网名，这能让你们了解，公众可以看到多少关于你孩子的事情。

● 你们要扮演好父母的角色。你们虽然有幸被子女拉入他们的脸书“朋友圈”，但你们仍然是父母，不是他们的“哥儿们”。

● 绝对不要向子女的朋友们发送“加为好友”的请求。让他们来加你们。

● 不要对子女的朋友们发的帖子大加评论。你们的孩子知道你们的观点是什么，他们可能会为朋友辩驳的。除非你们觉得会触碰道德或者法律上的底线，或者子女和他们的朋友是他人欺凌或打击的目标，否则，你们不要管。

● 做出好榜样。你们要注意自己在脸书上发的东西。你们的子女还有他们的朋友可能会看到你们发的东西。要确保这些东西能够反映你希望子女们能够拥有的正确判断力。

● 如果你们的子女把你们“拉黑”，千万不要惊恐。你们必须对子女有信心，他们完全可以在现实世界中独立生活。你们只要把脸书当作他们现实生活中需要面对的一部分就可以了。要相信他们能够保护自己，做出正确的判断。

亲爱的艾利克斯：

“我在脸书上拉黑男友，这样做可以吗?”

如果你们已经撕破脸，分手时已经互相伤害对方，你肯定想要拉黑前男友，我绝对赞成。如果你们是友好地分手，结束一段往事，互相没有恶意，何不保留这个好友的状态呢？你们也确实可能继续当朋友。如果你这样做，就是向其他朋友发出一个信息：你很成熟，可以继续自己的生活，没有报复心理。另外，如果你的前男友还是你的脸书好友，他会知道你什么时候有了新男朋友。

亲爱的艾利克斯：

“每天发多少状况更新比较合适啊?”

就发几个，让你朋友知道你当天的亮点就可以了，可别把你生命中的每一分每一秒都晒在脸书上。可能一天发几个，或者是一周发几个也行。没有固定的公式。如果你是那种每隔两分钟就要晒一次的人（“我要做个三明治”“今天感觉想来个全麦的”“在涂美乃滋呢”“放一片火腿，一片瑞士奶酪，抹点芥末酱”“嗯，好吃极了”），那你应该去搞个推特。

亲爱的艾利克斯：

“可以在脸书上祝贺生日快乐吗?”

当然可以。不过，如果是你熟识的人，寄张生日卡、打电话或者请他出席特别的场合会更加有意义。

推特要怎么推比较好?

推特虽然给人类提供了极好的联系与沟通方式，但也完成了一个壮举——让用户们可以用 140 个英语单词以内的篇幅做到粗鲁行为之极端。看着某些人发的推特，任何人都会想：他们是疯了吗？（或者是醉了吗？）还有其他一些人，发的似乎是私人的信息，却有 421 583 个粉丝跟着看。恶心。

如果你不想看到别人对你的推特推推搡搡，以下是一张推特世界行为准则小抄。

推特礼仪 40 条“可以”与“不可以”

可以

- 先潜水观望情况。
- 对别人的情况表示有兴趣。
- 对推特和直接发过来的信息需要及时回答。
- 用你的推特展现人性最佳的一面。
- 小心使用 # 号。句子中间 # 多加几个 # 号，读 # 起来 # 真的 # 很困 # 难 # 。
- 发送之前请仔细检查。
- 适当推送，让朋友知道你的状况，点到为止即可。不要让朋友出现因厌烦而不想看你推特的情况。
- 填写你的个人情况，并附上一张照片或者是头像。
- 想不加谁就不加谁。
- 记住，如果你用别人的推特用户名写东西，别人会知道的。
- 积极、正能量——没人喜欢整天唉声叹气的人。

- 不要推送过多信息——没人需要知道你拉稀拉了一整天。

- 推送一些能让大家思考的东西。

- 推送一些能让大家欢笑的东西。

- 推送有趣的图片、评论、新闻、博客还有链接等。

- 推送机智的话语，如“我可以抵挡一切诱惑，诱惑除外。”“做好你自己，其他人都已经被占用。”（奥斯卡·王尔德）

- 要记住谁可以看到你的推特。

- 该说明出处的时候需要说明一下。如果你口吐莲花、笔下生花或者下笔如有神，而你又不是原作者，需要礼貌地说明一下出处与来源。

- 用缩写的时候要小心。可以用，但是要确保信息明了易懂。

- 对推特圈内的朋友要宽容。帮他们转发，鼓励别人去跟帖。

不可以

- 不要当自恋狂：每次推送一条关于自己的推特，应该再发送10条关于别人的推特。

- 不要过度推送。如果有恐龙踏平了商业中心，那当然值得推送给大家看看。否则你每天报道自己的思想或行动，没什么人会感兴趣。

- 不要进行文字大战。

- 不要发送个人信息（电话、地址、派对日期地址等）。

- 不要觉得你必须去关注那些关注你的人所发的推特文字。礼尚往来是很好的，但是，并不是所有人推送的东西你都会感兴趣。

- 不要因为关注你的人数多，就以为你的推特很成功。我们不是在做粉丝人数大比拼。

- 不要叫别人答复你的推特——除非有很好的理由或者是慈善

之举。

- 不要发送“早上好，全人类”这样的推特。
- 不要待在众人面前时还发推特——大多数推特的内容都不是那么紧急的。
- 不要转发别人对自己的赞美。
- 不要公开别人的个人信息。
- 不要分享今后你会后悔的内容。
- 不要觉得你需要感谢所有帮你转发或关注你推特的人。如果有人为你做了一些特别的事情，当然应该感谢。但其他事情，可以群发那些转发赞美推特的人或者新加为好友的人，向他们表示谢意。
- 不要抢了别人的风头，不要把应该由当事人先发的东西给抢发了。
- 不要通过推特来剧透新书、电影或者电视剧。
- 不要单纯为了推而推。如果你觉得是一件累赘的事情，你似乎应该现在就不再推了，撤退吧。
- 生气的时候不要发送推特——水泼出去是收不回的（一滴都收不回）。
- 不要忘记附上链接的内容，好让别人可以继续跟帖。
- 不要粗鲁，不要令人讨厌。
- 不要对发给你的信息做群发回复。私情请私聊。

即时信息礼仪

在人类实现他心通，可以清楚地知道对方在想什么之前，能够通过沟通手段来和47位朋友随时交流，这是多么便利的事情啊！我们可以通过即时信息，组成一个大家庭。以下就是使用即时信息应注意的礼仪。

先敲门。先打个招呼再开始聊天，这样做会比较好。比方说，“可以说话吗?”或者说，“现在方便吗?”看对方的答复就知道是不是可以聊下去。

表明自己的状态。你可以在状态栏显示“忙碌”或者“不在电脑前”，或用自己的方法来表示你的状态。如果你忙，等不忙的时候再联系对方。如果对方的状态栏显示他在忙，你应该尊重对方，稍后再跟他联系。

道别。如果你需要下线或离开，不要直接走开，让对方悬着、等着或者不知道你们的谈话算是结束了还是没结束。你可以说声“拜拜”或者“要走了”。如果你要离开一会儿，不要让别人为你担心，以为你被鲨鱼吃掉了。你就说声“我去去就来”或者“马上回来”“尿一个就来”。

给对方一些时间。别人打字速度不一定很快。所以，你应该耐心一点儿。如果你一下子像机关枪一样发射出五个问题，对方可能会措手不及。给对方一些时间，等等吧。

简洁为上。即时信息就应该简洁明了。不要浪费资源。长话短说。

小心为妙。即时信息跟电邮和短信一样，也可以被保留或转发。所以不要在即时信息中发送当着别人的面你不敢说的话。

静音功能。你不知道你的朋友会在哪里，他可能在上课！也可能坐在厕所的马桶上（为什么在厕所里还用平板电脑，这需要研究一下）。为了避免你或对方陷入尴尬的局面，在没有获得准许之前，千万不要发送影音资料，也不要开启震动提醒的功能。

不要使用晦涩代码。如果你是给成年人或者陌生人发送即时信息，请用正确的语法、标点、大小写还有拼写方式。最好（特别是在刚开始联系的时候）不要使用表情符号、缩写以及首字母缩略词。当对方答复了，你就可以看出对方的即时信息的书写风格，再做相应的调整。

要注意语气。某种幽默或者语气很难在书面语言中体现出来，因此，很容易造成误解。如果你需要使用一个笑脸来表达你的情绪，可以，不过不要使用太多。另外可以考虑一下，要不要改写，然后省去笑脸、皱脸还有眨眼的符号？

专业水准。也许你创建即时信息账户，是为了发送短信，方便与成年人、亲戚、老师或者雇主保持联系，但是“满嘴脏话 2016”这样的用户名确实不那么专业，也不正式，不适合与上述群体联系。

一心多用时要小心。有些人很厉害，可以一边洗头一边做三明治、一边染袜子一边打电话、一边写作业一边化妆、一边投篮一边同 12 个人用即时信息联系，而且丝毫不出错。如果你不属于这种人，那就请考虑一下，不要一心多用，对跟你聊天的人多一分关注。如果在每个回复之间都需要等待太久，也是挺无聊的事情。对方很快就会知道，你并没有专注地跟他谈话。

搞清楚对方是谁。请注意，你可能不是在跟对方手机的主人聊天。开始谈的时候，先聊一些无关痛痒没有危险的事情，确认了对方的身份之后，再讲较隐私的内容。

电子邮件的礼仪

邮票不用买了。信封不用写了。耶！舌头再也不会被信纸割伤了。耶！再也不用担心信封被你舔之前在哪放着了。耶！再也不用吃到令人作呕的糨糊了。耶！如今，我们的网上通信大多是通过短信、推特、发帖子、私信、聊天来进行，但是，电子邮件仍旧是我们的主要通信工具。所以，我们来看看写电子邮件需要注意哪些礼仪和规矩吧。

不要公开邮箱地址。很多人不想把他们的邮箱公之于众。如果你要群发邮件的话，对这些人，可以采取 BCC（隐身）的方式抄送（或者你的邮件服务器可以提供的其他隐身抄送方式）。

转发前先征得同意。通常来说，如果没有获得原作者的同意，就转发带有个人信息的电子邮件，是不礼貌的行为。所以，如果你要转发，一定要先征求原作者的同意。

可以多花点心思写事由。很多人需要从许多旧电邮里翻找信息。如果那些电邮没有写事由，或者事由太宽泛（嗨！问候一下！）可能需要大海捞针了。如果你能够把事由一栏写得比较具体，如“生物 4 — 实验室作业”，那就非常容易找了。

开场白和结束语。写电邮一开始也需要问候。如果是正式的信函，通常会写上“亲爱的”。如果是不那么正式的场合，可以写上“嗨”“你好”。如果是同时写给几个人的，可以一一列举他们的名字：科里、拉里、莫伊你们好。结束语有很多选择：“爱”“真诚的”“真实的”“此致”“诚挚的问候”“最诚挚的问候”“最佳问候”“多谢”“温暖的问候”“照顾好自己”“再见了”“拥抱一下”“亲一下”。这都取决于你跟收信人的亲密程度以及这封信的性质。如果你们开始用电邮往来通信，以后就可以免去这些开场白和结束语了。因为你们已经开始对话了。

不要老是发表情符号。在每一封电子邮件中，我们可以免费书写

60 万字，为什么要靠那些像虫子眼睛一样的表情符号来表达我们的意思呢？我们已经把语言文字践踏得一塌糊涂了，还要进一步贬低它吗？你见过莎士比亚像下面这样写东西吗：

古往今来多少离合悲欢，谁曾见过这样的哀怨辛酸：-(

莎士比亚不需要最后那个表情符号来表达他的情感。他用文字表达。

有时候，你想用表情符号来确保你想传达的意思到位了。但是，过多地使用表情符号会让人思想懒惰、写作懒惰。就像是买了一张上面印好内容的卡片，而不是亲自写自己想说的话。你觉得哪种更能让你获得真爱呢？

写好邮件，检查一下。越来越多的人开始用手机发送电子邮件，他们还会在结尾处加一句说明：“如果信中有打字错误，请见谅。本信是通过手机书写并发送的。”如果是朋友间的书信，你可能不会在乎打错几个字、语法不严谨还有其他错误等，但如果是正式的信函，你需要仔细检查一下，否则，你的电邮所传达的意思就是：“我并不觉得你很重要，所以我也没必要给你写一封完美的电邮。”

不要假设你的电邮一定会送到。电脑系统可能会出错，并且，还有人会把电邮发到错误的邮箱，或者没有按下“发送”键。如果你发出电邮却没有收到答复，请先确认你的邮件发出去并被收到了，然后再假设对方没有回信的原因是什么：他办事不周到，懒惰，拖延症犯了。

三思而后行。你收到朋友的电邮或者短信。你飞快地看过。你非常生气。你立刻回复了一封讨伐的电邮，并按下“发送”键。之后，你仔细一想，可能对方不是那个意思，是你理解错了，可能是你的问题，而你回复的信可能让问题更加糟糕，你真后悔，希望能够把电邮收回。但是，覆水难收！你的回信早已发出，伤害已经造成。按下“发送”键很容易，但是，最好三思而后行。如果你收到让你生气的电邮，在回复之前，先从一数到十、一百或一千，让自己平静下来。

给对方足够的时间答复。电邮非常方便，我们也很自然地认为对方可以放下一切，尽快答复。要有耐心。如果数天之后还没有收到回复，你可以礼貌地发送一个询问的消息，看对方是否收到了你的电邮。如果对方收到了，你很快也会收到答复了。

离奇故事。有很多离奇的故事，都是通过电邮传播的：在情人巷里停车的青少年，听到收音机里的一则新闻，一位独臂连环杀手越狱了，然后他们回家之后，看到车门的把手上有一个钩子；有人醒来，发现自己身处一个浴池里，里面全是冰，而自己的一个肾已经被割走；如果你点击某个脸书的链接，互联网公司要给你奖励 5 000 美元。上网有风险，点击需谨慎，在转发东西之前，先确定其内容是否真实。想想网页的来源是否真实，要不然你的朋友会拿鸡蛋砸你的。

真实故事

来自礼仪前线的报道

耐心。请耐心一点。

之前，我曾有过一个空房间，我想租出去。所以我在网上发了广告。有一天上午，我接到一条询问信息。我还没来得及答复，两小时之后，那人又给我写了一封电邮，问我是不是收到了第一封电邮。我想，这人真没耐心啊。过了两小时，他又写了一封电邮。于是，六小时之内，这个气势压人的人给我发了四条信息。晚上，当我有时间给他回复的时候，我的答复是：“抱歉，已租出去。”我才不想把房间租给这么咄咄逼人的房客呢。

所以，本事件教育我们：叽叽喳喳的鸟吃不到虫子。这样的人也租不到房子。

亲爱的艾利克斯：

“对于那些经常转发无聊链接的朋友，我该怎么对他们说才好？”

你想要对他们说：“不要再转发那些无聊的链接了！”但是，不可以这么说。你可以这样说，你正在努力减少上网时间，所以，是不是可以请他们帮帮你，把你从他们的电邮名单上删掉，不再给你转发那些有趣又好笑的链接。要让他们知道他们是在帮你忙，这样他们就不会有受挫的感觉了。

安全网络

只要有人，就会有人渣。如果你上网，就可能会遇上网渣。

你无须害怕，也不要以为每一台电脑前面都坐着一个口含棒棒糖的变态狂人，随时想诱惑你进入树林深处，进入他家。不过，在网上浏览，应该像在“现实”生活中一样警觉。

在你开始懂事的时候，你的父母可能警告过你，不要跟陌生人说话。如果现在的你在网上比较活跃，每天都通过电子邮件、微博、社交媒体、游戏等和许多人“说话”，你需要注意的是，这些人不一定是他们自己所说的那种人。有些时候，这样玩才真有趣，就好像在现实游戏中，参与者要随时创造游戏人物的性格。有时候，你在网上遇见的人，他们的身份可能也跟他们自己所说的不一样，他们想骗你、骚扰你甚至是伤害你。你可以采取以下基本措施来保护自己。

注意对方的虚假亲昵行为。网上沟通是匿名的，你很容易会把在面对面交流中不会透露的个人信息给透露出去。匿名联系虽然有好处，但也有风险。请注意那些在网上很快就和你非常熟络的人——他们想知道你的长相，想立刻跟你见面，问你的年龄，问你的喜好、幻想或者经验，还跟你分享他们的情况。

这些都是非常合理的话题，你也很愿意在网上聊天。确实，网上也有很多友善的、可信的、具有同理心的人——同龄人或者成年人——跟你安全地交换想法、问题和顾虑。你需要做的是，对网上行为就像对现实世界的行为一样，根据直觉行事。如果你觉得有点怪怪的，那就是有问题。如果你觉得 OK，那可能就是 OK。但是，为了以防万一……

不要去跟网上认识的人单独见面。打个比方，如果你认识了一位酷爱机器人的人，他邀请你去他家看他的机器人。这可能是一个建立真正友谊的大好机会。去谷歌搜一下他，即使一切看上去都没问题，你还是不能确定那就是你要去见的人。所以，如果你真的要去见他，带上一位朋友。或者带上几位朋友（最好是几位大块头的朋友）。你一定要让父母知道你要去哪里见这位机器人狂人粉丝，并且知道如何联系他。你也一定要让他知道，你的父母知道你们来这里见他。真正的好人不会被你的警惕性和你对他的检查所冒犯。他们会理解，并且觉得你很成熟。

当然，我并不是说你需要把所有人都当成连环斧头杀人狂。你可以通过学校的网络跟人聊天，看对方对老师和同学的了解情况，就知道对方是几年级学生。或者，有人可能在网上帮你介绍另一个人，因为他觉得你跟他的朋友一定很搭。如果你能够从可信的熟人那里查到信息，或者可以确认对方就是他所宣称的人，那你们可以在公众的地方约见，而不用带一大群保镖。

不要过度公开你的信息。很遗憾，有人的地方就有坏人，他们想偷你的钱、你的身份证明还有你的天真。你可以保护自己，不公开你的地址、电话号码、学校、生日以及社会保障号码以及其他身份证明。除非你是在一个安全的、你知道的并且有保密措施的地方购买东西，否则，不要提供信用卡信息。也不要说出你的密码，即使是朋友也不行。而且要经常换。我是说密码，不是朋友。

要小心网上的钓鱼病毒和邮件，以及弹幕式的警告，说“你的账号涉及诈骗行为”或者“我们正在确认你的密码”又或者“你的电脑中毒了”，然后请你重新输入密码和个人信息，或者帮你消除病毒。如果有人在网上让你提供密码，你应该立刻向网管汇报。

请记住，你的通讯录和账号可能会被人黑掉。你可能会接到某个朋友的信息，但可能是假的。如果你无法在网上辨认真伪，就跟朋友直接联系，看看他是不是真的跟你联系过。不要急着接收或者下载文件。

文档要备份。对重要文档应该做两套备份，一套留在家里，一套放在别的地方——学校的橱柜或者网上云端。因此，万一家里着火、遭窃或遇到地震，或者你家陷入地洞，你都有备份文件。我是不是太紧张了？可能吧。但是，多花几秒钟、几分钱来做个储备，难道不是很值得吗？

使用防病毒软件。如果你经常下载东西，可能你的电脑很快就会中毒。拒绝粗鲁！越来越多的网站和电邮服务器都采取了保护性的措施，来预防、消灭病毒、钓鱼软件还有其他诈骗病毒，如果你遇上可疑的现象，或者你觉得不对劲，又或者觉得保护得不够，可以自己使用软件、加密码以及保密措施来保护你的文件和设备。

网上挑衅

你听说过在网上“放火”这个词吗？我说的不是把电脑泼上油给

烧了。网上火焰指的是在公众论坛上有意贴出的挑衅的、敌对的、种族歧视的、偏执的、充满仇恨的、冒犯的或者是煽动性的帖子，其唯一目的就是造成伤害，或者挑衅是非。这样的帖子就是“火苗”或者“诱饵”。然后挑衅者坐山观虎斗，看着大家不断上钩、不断打斗，并不断升级为网上战争，不断互相咒骂、指责、侮辱、攻击。这样的挑衅一旦成事，不可收拾。

“放火”这个词的一个同义词是“设饵”。设饵人会投放“诱饵”，所以，普通字典里对设饵是这样定义的：这是一种钓鱼的方式。某人在可能有鱼的地方，以鱼线垂下诱饵，期盼有鱼可以上钩。

在互联网上，这个可能有鱼、可以上钩的地方，就是任何可以公开发表评论的地方——论坛、微博、新闻网页、兴趣团体、脸书、游戏论坛或者视频分享网站，如 YouTube 等。

有些战争可能源于对有争议的问题的严肃讨论，其讨论还能够保持理性与文明，而其他一些争吵就不是能够通过事实与逻辑来解决的问题了。发起战争的纵火份子都以匿名的身份，控制或摧毁着讨论的进程。无论政治、性别、宗教、移民、性取向、女性、名人、运动团体、菜鸟、网游、电脑操作系统、拼写、语法等，只要他们认为能够造成最大伤害、扰乱以及恶意的，就会投放出一颗颗语言手榴弹。

你可能亲自见过这样的情况。一个孩子不幸在后院的泳池里溺水身亡，最初出现的帖子都是表达同情的，向家人表达哀悼，说孩子此时已与天使共舞之类的话。但是我敢打赌，后面跟上来的几个帖子，一定有人开始投放炸弹，说上帝是在惩罚这些家长，因为他们不信上帝、是反对持枪的、是亲大麻派的，或是想要获得保险赔偿——接下来，就会有无中生有的各种话语出现。

以下是应对“设饵”的几种方法。

忽视。没有比这更好、更有力的回应了。设饵的人就是想挑起战争。别给他们机会，他们不讲逻辑、不讲道理，更别说礼仪了。他们不会考虑事实的，你不可能让他们良心发现，因为他们没有良心。有些人看到自己被人忽视了，会升级他们的挑衅。没有问题，你也把你的忽视升级！

不要给“设饵”的人提供机会。并不是所有人都知道“设饵”的人的险恶居心。他们不知道，如果给“设饵”的人提供了机会，他们会不断膨胀。你应该不时警告大家，不要走入“设饵”的陷阱。如果你不咬他们的饵，那些人会觉得很无趣，然后去找别的地方设饵了。

封杀“设饵”。根据“设饵”的地方和情况，你可能觉得需要封杀这个“设饵”的人，别让你群里的人接触到此人的言论。

把“设饵”的人赶出去。互联网服务供应商和社区都有一定的程序，可以举报某人的违规行为。如果你发现某人不想闭嘴或者走人，你可以向管理员举报，并追踪问题处理的结果。互联网管理员必须进行调查并采取行动。通常的结果是封杀“设饵”人的 IP 地址，把他踢出社区，或者把他的帖子删掉。

先不要草率地把别人定性为“设饵”。通常来说，如果有人言行举止像是在“设饵”，那他就是。但也有一种可能，那就是，此人是因为粗鲁而非偏激。也许，他是为人太热忱，但是说话太糙；也许，他使用的不是他的母语。不要因为对方言语错误、鲁莽或者冒犯就直接断定此人动机不纯。

如果你觉得可能是这种情况的话，而你又觉得有义务做点什么，可以对那个有冒犯意思的帖子进行冷静答复。如果对方误解了你，可以重述你的观点或者进行澄清。你也可以做出正确的表达，指出他之前的帖子来说明问题。解释为什么他的信息写得不好、不正确、不受欢迎。做个模范，让大家互相尊重、以理服人、就事论事，不要针对他人的性格或者智力程度发表评论。你很快就会从对方的答复中发现，他的出发点是建设性的还是破坏性的。

但是……

不要夹在中间，左右不是人。有时候，想要扑灭怒火的人却成了众矢之的。如果你建议争吵的双方不要在论坛里讨论争议，会发现双方的阵营对你都有一肚子怒气。

打游戏不煽风点火，不侮辱对方，不抱怨队友

互联网上进行？√

总是匿名？√

鼓励竞争？√

提供武器？√

推崇武力？√

制造肾上腺激素？√

激发睾丸素？√

把以上元素加在一起，就是网络游戏了。残暴、恶语、亵渎，还完全没有运动精神。你可以说马球队的情况也是如此。（那些马也确实不懂礼仪。）不过，在网上多人游戏中，你可能会看到比现实生活更加粗鲁、更加糟糕的情况。所以，请看一下以下指导，希望你在打网络游戏的时候，不要有侮辱以及指责的行为。

选择一个好名字。好名字容易上口。你应该选一个自己喜欢的名字。有些人不喜欢使用能提示性别的名字。有些名字可能带有辱骂或

者冒犯的意味，或者跟仇恨、违禁品、非法活动或色情话题相关，并且可能会被举报，或是被游戏管理员禁了。这样的名字最好就别考虑了。

好好玩。网游可能是很具有挑战性的活动，但它也可能令人感觉受挫甚至打击自尊。不过，谁也不喜欢整天抱怨的人，整天抱怨武器啊、杀伤力啊、战术啊、对手啊，等等。你也许跟这样的人一起玩过，这些人玩输了之后，他们就会“怒退”，然后找新队友的碴儿，发表恶意评论，嘲笑其他人被打败了，或者夸耀自己曾经的胜利。为什么不好好玩呢？玩得开心点儿，积极向上地玩。不要太看重游戏的输赢。如果有队友打得不好，别往心里去。

不要幸灾乐祸。如果你看过美式橄榄球比赛，一定看到过球员在达阵之后，立刻把球往地上猛摔，也一定看到过球员翻筋斗、相互击拳、冲上观众席、送免费热狗、用喷气机在空中写字、表演爱尔兰踢踏舞和职业摔跤的混合舞蹈。上述两类动作之间的差别，你一定看得懂。美国职业橄榄球大联盟甚至对上述动作有个定义：“过激庆祝行为”。如果你的球队赢了，可以欢呼高兴，但是不要太夸张，不要让对手没有脸面。

打得好。比赛之后，跟对方说“打得好”，其真实意义何在，你可以花上一辈子的时间去研究。在对手还没有输之前，就说对方“打得好”，这是在侮辱对方，是极度不礼貌的。通常，打输的一方应该先向对方说“打得好”。如果赢方这样说，就有点傲气了。另外，如果输方这样说，而赢方也这样回应了，赢方算是很没有礼貌的。

不少运动员认为，比赛过后，就应该互相说“打得好”，像是比赛过后来个互联网式的握手。这是一种礼貌，不是在真的评估比赛进行得怎么样。有些运动员则会较真，如果他们认为这场比赛打得不那么好，就不想说“打得好”。如果有人胆敢跟他们说“打得好”，他们一定会答复“打得不好”。鉴于运动员对这个问题的强烈反应，你最好先了解一下比赛的文化和规则，看看什么叫作“打得好”，并且了解一下，你对哪种表现会觉得“打得好”。

好好研究比赛规则。虽然每种比赛的规则都不相同，但主要的礼仪都应该是相同的。总的原则是：友好待人。不要说任何歧视、冒犯或者挑起暴力的话，特别是关于人种、性别、年龄、族群、残疾、宗教或者性取向方面的问题。不要怂恿他人去伤害别人、团体或者是动物。不要模仿他人、欺负他人或者毁谤他人。不要去做或者讨论非法的、污秽的或者是淫秽的事情。不要做或者说任何煽动恐怖主义、大屠杀、折磨、非法毒品、制造炸弹、盗窃身份、侵犯版权、造假、盗版硬件或者软件的事情。否则就没意思了。

要守时。如果你要参加网球比赛，而你迟到了半小时，会是什么结果？网络游戏也一样。其他人可能都做好了安排，要一起玩，所有队员都准时，就是最佳团队、最高士气的保障。

做个好队友。如果是团队比赛，队友之间必须合作。打赢比赛比凸显你的个人技巧更重要。你可以礼貌地表达一个说法，但不可对其他队友指手画脚。每个人都有不同的技巧和策略，只要你们还在团队作战，你就需要保持礼貌，尽力而为，让大家按自己的方法行事，一起度过磨合期。不过，你们可以在以下方面努力。

善待新人。对新人更要友好。不管是做什么事情，学新东西时总是需要一段时间才能上手。每种比赛都有自己的规则、俚语、简称、战术、传统和无聊之事。当然，也有些新手可能很烦人，处处装得好像什么都知道。这样确实令人讨厌。不过大多数新手都很礼貌，出发点很好，虽然他们处处捅娄子，给团队惹祸。这也很令人讨厌。羞辱他们、对他们吼叫都不是解决问题的方法，所以，别叫他们新手、新新手、菜鸟、菜菜鸟了。别批评他们、攻击他们了。教教他们吧。你可以说："我看你是刚接触这项运动吧。我来帮帮你，可以吗?"如果他们笨手笨脚的，你不妨介绍他们去玩另一个运动，或者介绍他到和他同级别的队友那里去玩。

菜鸟们，注意礼貌。如果你年龄很小，而且是新手，一定会学到很多令你激动万分的事情。但是，请注意，新手会影响到运动的进行以及队员与对手之间比赛的乐趣。对于任何新手，不管是在球场上、在滑雪场上还是在赛道上，都会对有经验的选手造成影响。所以，你最好跟同技术级别的人一起玩。网上比赛也是一样。你需要在桌上随时准备好网游字典备查。并且，如果你是跟小弟弟小妹妹一起玩，那就请你展示出额外的耐心，要谦虚、礼貌，虚心接受弟弟妹妹们的建议。

小心埋伏。这是射击活动的一种战略——射击者躲在既安全又隐蔽的地方，等敌人出现，将其歼灭。有人觉得这样的打法不厚道，而且会引起队友之间的意见冲突。还有的人会认为，埋伏是合情合理的战术，是给耐心学习防御式战斗的队友的一种奖励。当然了，如果每个队友都埋伏的话，那就没有冲突了，也就没有战争网游了。所以，在你决定一直埋伏下去之前，先研究好这个游戏的规则和文化，看这样的做法是不是能让大家都接受。

不要耍赖。这一点不用多说了。如果你耍赖，任何的胜利都是不光彩的，而且，你的队友也不会看好你。所以，这条建议是送给那些喜欢煽风点火的傻瓜的，他们对游戏的胜利太过于执着，会想尽一切方法——不管多么不公平、多么不诚实——其目的就是要摧毁对手。这些人不会看这本书，所以，我想他们是听不到这样的好建议的。

举报挑衅者。游戏中也有所谓的“设饵人”。别理他们。把他们封杀了。这些人不会理会惩罚、规则或者讲道理，因为他们唯一的乐趣就是给大家的游戏捣乱，让大家都玩不成。大多数的游戏都有规则以及管理员，还有一些举报挑衅者的程序。网管可以监控挑衅者的行为，并做评估，决定要采取什么措施。由于举报可能会产生停用或者禁止使用网站的后果，所以，你要确定有严重的欺凌或者偏激的做法时才进行举报。如果只是有人稍稍头脑发热做了一件傻事，就别随便举报了。

消音。如果你在高高兴兴地欣赏着电影，后面却一直传来哔哩哔哩打开薯片袋、咔嚓咔嚓吃薯片、咕噜咕噜喝汽水的声音，是不是觉得很烦？打游戏的时候也有类似的情况。如果你打的游戏需要麦克风，还需要与队友沟通，在不需要说话的时候，你应该关掉麦克风。你身边电话的响声、小妹妹尖叫的声音、狗狗的狂叫声、妈妈喊你做功课的声音，还有震耳欲聋的音响声、打喷嚏声、哼歌声、发怒声以及吃薯片的声音，都会让你的队友痛恨万分。

不要放弃。每种游戏都不同，你何时、为何、如何退出游戏，都是有规定的。你应该好好学习一下那些规则。在大多数（并非全部）游戏中，尚未分输赢就退出游戏，是种不礼貌的做法。如果你在不适宜的时间退出游戏，可能会给队友带来很严重的问题。虽然你可能有些事情要去处理，但应该尽量不要此时退出游戏。如果你必须暂时离开，也不要退出。你可以告诉队友，自己需要暂时离开一下，请他们改换战术或者请别人来替你。还有就是，即使你们队输局已定，你也不能一走了之。

玩游戏的人一直在辩论，对玩家进行评论是否公正、有效。比方说，你可以评论和你一起打游戏的人所使用的语言、游戏行为、运动员精神以及游戏技巧。你也可以关注那些你喜欢的还想一起打游戏的玩家，当然，也可以避免一些你不想再遇上的玩家。这可能会决定今后你还能跟谁一起配对打游戏。如果你跟某人合作愉快，那就给他积极正面的评价，并发送一个“加为好友”的请求。如果你遇上一个变态，给他一个差评，并说明不想跟他一起配对打游戏。请注意，选手之间的评论与投诉机制不同。如果你只想给他点赞或者只是给出一个差评，只要选手之间的评论即可；如果你要举报选手的恶劣行为，那么就走正常的投诉程序吧。

当然了，选手之间的评论是双向的，对手也可能对你进行评论。如果你遵守游戏规则，你对所有人都很友好，还是个好玩家，并且是个好队友，你一定会有很好的声誉的。

网络欺凌

网络欺凌就是有人通过某些技术——电子邮件、即时信息、手机短信、微博、聊天室和社交媒体等——侮辱、骚扰、贬低并且/或者威胁他人。这是不礼貌以及懦弱的最严重表现形式。虽然在网络欺凌中，你不会被打得鼻青脸肿，但你可能会心碎。你可能丧失自信和动力，没有安全感，失去对美好未来的信念。

进行网络欺凌的青少年之所以这么做，原因很多。有些人甚至不认为他们是在欺凌。在他们心里，只是在反击某人或者矫正某人做的错误事情。还有一些人在网上欺凌他人的原因，则与现实世界里的欺凌类似。他们想显示力量、控制他人及/或索取财物。他们想要对方有所反应，他们想要被人看到，这样他们就可以大肆吹嘘自己的行为。另外还有一些孩子，他们在网络上遭到他人欺凌，进而选择在现实世界中选择去欺凌他人。如果他们的互联网和电脑技术高超，可以在现实生活中对欺凌他们的人进行网上欺凌。此外，还有一些孩子——或男或女——怂恿某些人对其他人进行欺凌。

为了更好地应对欺凌，你需要问几个问题：

- 沟通的本质是什么？是污秽的语言？侮辱（“你这只胖猪”）？模糊的威胁（“你最好小心一点儿”“你最好明天别来学校”）？一系列的身体伤害甚至死亡的威胁（“你必死！”“你应该自我了断”）？
- 欺凌的频率是多少？以前发生过吗？不止一次？越来越严重了吗？是不是有更多人参与欺凌？
- 谁在欺凌？一个人？几个人？你知道（或者认为你知道）是谁在欺凌吗？
- 欺凌的形式是什么？比方说：
  - 盗用你的密码。
  - 侵入你的账号。
  - 在你的微博上发布恶意的帖子。
  - 发送侮辱、仇视、伤害、威胁的短信、电子邮件或即时信息。
  - 发出死亡威胁。
  - 怂恿你进行自我伤害。
  - 在网上发表真实或虚假的令人尴尬或者暴露性的照片。
  - 怂恿一个网友来伤害、羞辱你。
  - 披露关于你的个人的、隐私的及/或保密性的信息。
  - 披露你的联系方式，让其他人可以欺凌你。
  - 侵入你的电脑，散布病毒或蠕虫。

○ 用你的电子邮件在色情网站上注册。

○ 假冒你的名义发送恶意以及侮辱性的言论，挑拨他人对你发起攻击。

○ 假冒你的名义创建假的个人介绍、微博或网页。

○ 建立一个投票网站，其中所有问题都是针对你、侮辱你的。

○ 挑衅你，让你说出粗鲁、污蔑性的语言，然后说你是欺凌者。

对于轻度的欺凌，即玩笑或挑逗，你的最佳反应是不去理会。对于网上和现实生活中的欺凌，肇事者通常只是希望看到对方有所反应而已。如果没有反应，他就会渐渐失去兴趣。如果肇事者做的事情只不过是个蠢事，而不是恶意的行为，通常不会重复出现。

如果你愤怒以对，并报以威胁，你可能会被反咬一口，被说成是欺凌者。一旦你卷入网络战争，谁发起的已经无关紧要了。你甚至可能被别人举报，说你违反了网络服务的条款。

如果你继续收到不想听的、辱骂性的语言，可以拉黑发表这类言论的人的电子邮件以及即时信息账户；拉黑他们的手机号码以及短信；把你的状态调成隐身。你需要保留好那些辱骂性的短信、推特、照片、信息、博客文章等。你需要保留这些电子证据，最好再去搜索一下你的名字以及网名，看看别人在网上是怎么评论你的。

在这个时候，你必须向成年人说明这个欺凌的情况。跟你家长谈谈，跟学校的老师、顾问、咨询辅导员谈谈，或者跟其他你信任的成年人谈谈。学校必须知道有这样的欺凌现象存在。在美国，越来越多的州开始立法取缔欺凌，如果欺凌事件发生在上课时间以外或者发生在校外，学校可能无权处理欺凌的学生，但是，必须让学校知道有这种情况发生，这样学校可能在其他方面提供帮助，比方说，跟肇事学生的家长谈谈、举行认识欺凌的一些活动及/或提供心理咨询等服务。

必须向互联网服务以及网站管理员报告网上欺凌的情况。很多社交网络都开始积极采取措施来反对欺凌行为，包括使用反欺凌工具与过滤手段、公布举报欺凌者的明确步骤、设立“安全中心”提供资源和支持以及指导，帮助儿童应对网络欺凌。

如果网络欺凌的情况严重或者加剧，你应该报警。采取法律行动也是一种做法，特别是在你很清楚谁是幕后操纵者时。但是，法律行动大多旷日持久，还可能耗费巨资，让你心力交瘁。不过，你要诉诸法律，应该也会给欺凌者足够的警告，让他住手。

如果你遭遇了网络欺凌：

● 要相信自己。如果你感觉欺凌是错误的、有害的、有威胁性的，不是你的问题。这样的欺凌必须停止。

● 不要给欺凌者任何回应。回应会引发进一步的战争，并且可能导致你被冤枉，变成造成欺凌以及制造威胁的人。

● 应该公开你被欺凌的事实。告诉你的朋友、兄弟姐妹、家长或者你可以相信的成年人。

● 寻求帮助。此时，你应该找朋友来帮助你。

● 汇报被欺凌的事实。向学校报告。向网管报告，说有人编撰了一个关于你的网站或网页，或使用你的名字建立了一个网页。网管也许可以删掉它。

● 保护好你的个人信息及账户。你应该启动好各种保护隐私以及封杀的工具。

● 保护好你的身份。绝对不要公开你的姓名、地址、电话号码、出生日期、学校或者其他的个人信息，除非是对你非常熟悉的人，或者你在网上处于良好的保护状态下才行。不要发送带有驾照号码的照片，校服或者可以辨识的地标，以免别人认出你在哪个学校上学。

● 注意保存所有内容。如果会有学校老师、警察或者律师参与，那你应该做好各种文件的保存工作。

● 重新开始。你可以新创一个账号，用新的用户名、身份、电子邮箱地址和电话号码。

亲爱的艾利克斯：

“我的一个好朋友在网上被人欺凌了。我们认为我们知道是谁干的。我应该怎么帮助她呢？”

你的朋友很幸运，有你在支持帮助她。有几件事可以做：

1. 倾听朋友的诉说。为他提供肩膀让他哭泣。

2. 表达你的关心。告诉他，他不会独自一人承受这一切。

3. 寻求帮助。让其他朋友也加入帮助的团队。不要让你的朋友在被欺凌后感觉很孤单凄凉。

4. 不要对欺凌的电邮、短信或即时短信进行回复。这只会让战火烧得更旺。

5. 如果欺凌是刚刚开始，可能对方并非有意，或者只是对方比较粗野。你可以考虑一下，跟对方沟通一下。你可以带上朋友一起去，或者带上一群人一起去。告诉对方，你知道是他干的好事，如果他不停手，你就要去举报了。

6. 如果对方还不停手，那你就必须去举报。告诉家长或者你信任的成年人；向学校举报；向对方的网管举报。

7. 请确保你的朋友会遵照前文的指导：让大人知情；寻求帮助；举报欺凌现象；保护他的账号与身份；保存所有信息；如有需要，开设新的账号。

8. 随时关注你的朋友。如果欺凌现象不停止，你需要继续支持和帮助你的朋友。

本章小测

以下符号代表什么意思？

1. {：— — — — — — — — —

a）我在流鼻水。

b）我撒谎了。

c）我的前世是一个棒棒糖。

2. |
{：—
|

a）我超爱负重运动。

b）我生下来脑袋上就插着一根铁棍。

c）我的耳朵很大。

3. {：>>>>>

a）我要摔午餐了。

b）我的 5 个下巴都有山羊胡须。

c）我刚吞下 V 字形的薯片。

4. （ O
(：—)
O ）

a）我的嘴巴里塞了两个乒乓球。

b）我要用力吹气把你的房子吹倒。

c）你喜欢耳环吗？

5. ：（ | ）

a）不许你叫我猴子脸。

b）我的嘴巴很紧。

c）我的舌头被压路机给碾过了。

第十二章　衣着打扮

衣如其人

每天，当你走到衣橱前面、坐在化妆台前面，或者面对着堆积如珠穆朗玛峰一般的衣服，你并不是在决定要穿什么。你是在决定要如何向世人展现你自己。当你走出家门，你的衣着是在向大家介绍：

“我很酷”，或者，“我想让我很酷”。

“我非常注重我的外表”，或者，“我很懒惰邋遢”。

“我花了很多钱买衣服”，或者“我的衣橱羞涩”。

“我希望得到注意”，或者，“我想要不被察觉”。

“我想要看上去更成熟”，或者“我想要看上去更年轻”。

“我尊重社会传统”，或者“我无视社会的成规”。

当然，你的衣服还可以表达更多的意思：

芝加哥大学

水晶湖营

原种水果

我父母去了多巴哥，帮我买了这件蹩脚T恤衫。

衣服能够说明某人是否是个警察、女童子军、衰老的嬉皮士、军人、飞行员、护士、罪犯、商人、棒球运动员。由于衣服能够传达这么强的信息，所以，你的着装可能会是你与父母、老师、同龄人或雇主发生冲突的来源。我们来仔细看看这里面所涉及的事情吧。

着装为什么那么重要？

为什么大家对怎么穿衣服那么重视呢？你是因为喜欢才会去穿那件衣服的嘛，对吧？肯定不是因为你生气了，或是叛逆或是要做某种声明。只要不光着屁股出门，穿什么衣服有什么关系？

有关系。因为衣服有象征意思，它代表的是你的态度、状况、自我形象，即使你的原意并非如此。但你说你“喜欢”某件衣服的时候，你喜欢的是哪方面呢？可能是样子，也可能是感觉。也就是说，你喜欢这件衣服让你看上去好看，感觉很好。不管你有没有注意到这点，你一定会关心这件衣服让你产生的联想：我很有艺术感；我很坚强；我很放松；我很性感；我政治正确；我对怎么穿衣服完全不感兴趣。

因为衣服是外在的、视觉上的表现，你无法不因为穿衣服而被人评论。在你还没开口讲话之前，你的衣服和外表已经讲述了很多关于你的事情。问题在于，它们讲述的不一定对。比方说，你可以今天下午出门，剃光了头，来个纳粹徽章的文身，穿上皮靴和迷彩服，有人可能就会认为你是新纳粹党的光头青年了。但你还是你，只不过你的外表却表述了另一种形象——大家对你的反应也会有所不同。所以，辩护律师做的事情就是帮被告改头换面。一个连环杀手在被抓的时候可能像是丛林野人和大灰狼的混种，但是，当他出庭的时候，已经被辩护律师装扮成教堂唱诗班的团员了。

你绝对有权利想怎么穿就怎么穿。但是，如果你无视社会的成规，大家会对你有相应的评论。要穿什么，由你自己决定；要被你的穿着所累还是有所助，也由你自己决定。

青少年时尚贴士1:

在体育课烧烤的时候，
一定得穿上围裙。

青少年时尚贴士2:

在教堂里绝对不能穿
比基尼泳装。

青少年时尚贴士3:

在机场过安检的时候，
先除去各种金属环钉。

亲爱的艾利克斯：

“我穿很贵的衣服，但是我从不觉得我的穿着好看。不是说我丑，我只是不喜欢我的自我感觉。”

你可能很美。但是你要怎么改进你对自己的感觉呢？

首先，你需要了解到，一个人要感觉良好，远远不只是需要在衣服上下功夫。打扮入时穿着时尚，是自信、个人卫生以及整体的精神与身体健康的表现。你目前自我感觉不是太好，请记录你用来描述自我感觉的词汇，并一一分析。

你所记录的词汇，显示的是“态度”上的问题吗？（你是否感觉“很不酷”“很傻”“很难看”“难为情”？）或者，那些词汇显示的是“清洁”上的问题？（你是否感觉“黏糊糊的”“痒痒的”“乱乱的”，还“有异味”？）或者，那些词汇显示的是“身体”上的或是“精神上”的问题？（你感觉“很不协调”“很累”“很压抑”“很疼”。）很多青少年都由于竞争、承受了太多压力而会被压垮。跟你亲近的朋友、兄弟姐妹、家长或者你信任的成年人一起，好好研究一下。你还可以跟学校的辅导员聊聊。解释一下为什么你会有这样的感觉。分析一下，为什么你会对自己这么严苛，然后寻找一下可以增强自尊的方法①。

如果你的问题主要在“清洁”方面，那你可能得好好洗个澡，经常洗头，用些新的护肤产品或者香水。去上学不妨带上牙刷，吃完午饭可以刷刷牙。

如果你觉得你自我感觉不好，问题出在身体的整体状况，那你就去找医生看看。你可能身体某部分出了状况，消耗了你过多的体力，还让你感觉迟钝；你可能患有传染性单核细胞增多症；你还可能有抑郁症，需要有人给你做心理辅导或需要吃药；你可能需要调整坐卧的姿态，多运动，改变饮食习惯；你还可能需要定期检查眼睛和牙齿。

---

① 关于如何增强自尊，请参阅本书第十四章相关内容。

以上所有身体和精神的状况都可能影响你的自我感觉。

最后一条建议，尝试一下不同衣着搭配。不同的衣服会给你不同的“感觉”。比方说，即使靴子很流行，但是，如果你不穿一双20斤的靴子走路，你会感觉轻松很多。穿着可以轻快一些，多穿便装。换着穿不同类型的衣服，紧一些或者松一些的，软一些或者硬一些的，都试试。你可能会发现，外表的改变会改变你的自我感觉。

亲爱的艾利克斯：

“学校里有一个女孩子想跟我交朋友。我在学校很受欢迎，我也很喜欢这个女孩。但是她真不会穿衣服。大家都嘲笑她，我怕如果我跟她一起的话，大家也会笑话我的。我要怎样才能礼貌地让她知道，如果她要跟我交朋友，衣服必须穿好一点。”

让我先来假设，她衣着干净整洁，只是她的打扮并不时尚，只是适合来学校的时候穿。此时，你只剩下一个选择——这个难题将在你的一生中不断重复出现：

1. 你的同龄人总会有很多无聊的、不能容忍的意见和标准，另外，时装行业还自行设立了很多关于品位的标准，并且，贪得无厌的制造商还使用儿童劳工。你愿意让他们来左右什么对你来说比较重要，以及你应该跟谁交朋友吗？

或者：

2. 你是否主张，不应该根据衣着或外表来判断一个人，而应该看人本身？

现在你知道了，这不是关于衣着的讨论，这是关于价值观的讨论。

要跟某个女孩子说，你不喜欢她的衣着，没有什么理想的方法。

不过，你可以尝试从两方面来努力。一方面，你可以跟朋友们说，那个女孩是个非常好的人，请大家不要根据她的衣着来评价她。如果你在学校很受欢迎的话，你的意见大家会比较愿意听。另一方面，在你更多地了解了那位女孩之后，你会知道她对自己的衣着和形象的看法。

下次你去买衣服，约她一起去。你们会很自然地谈论你们喜欢什么不喜欢什么，你会对她的情况有进一步的了解。也许，她家庭状况不是太好，买不起当季最流行的时尚衣服。也许，她对自己的衣着感觉良好。也许，她根本就不知道如何把自己打扮得更好看些。

看你对她了解的多少，你可能可以建议她可以来个改头换面——当然，你要做得不动声色很有礼貌。这可能会让你们的友谊加深，并且你也会真正帮了她。或者，你可能最终会回到原点，要在友谊和时尚之间做个选择。

自由选择的时代：选择自己的衣服。

孩子们什么时候可以自己选择要穿什么衣服？通常来说，当他们能够自己穿衣服的时候，就已经略有发言权。在这个阶段，他们对家长们认为的实用以及品位没有什么看法。家长们应该多利用这个时期来指导正确的衣着价值标准，孩子们此时对有限的决定权没有太多的要求：他们可以决定穿带有蒸汽火车图案还是小熊跳舞图案的睡衣。等他们长大了，他们才会开始思考：到底要不要穿睡衣睡觉。

对于那些能够自己决定要买什么衣服的孩子，需要有另一套规则——“亲子活动着装指南”。简单说，分为三点：

1. 当和同龄人一起玩耍，孩子们可以穿他们自己喜欢的衣服

（当然要合乎季节）。

2. 当有家长在一起，孩子们必须穿家长们觉得合适的衣着。

3. 当有家长又有同龄人在一起，那就要看哪一代人是当天的活动的主角。

举例说明。如果有大人带孩子去参加学校的篮球比赛，孩子可以随便穿。如果家长公司举行烧烤，可以带孩子参加，那么孩子的衣着必须听大人的。

亲爱的艾利克斯：

“我妈妈坚持要帮我买衣服。（我都15岁了。）我们经常吵架，因为她不让我买那些标有品牌名称或者公司名称的衣着。我觉得这太不公平了。”

没错。确实很不公平。CK要把自己的内衣放在时代广场12层楼那么高的广告牌上面，他们花了多少广告费啊？你干吗免费帮他们打广告？

不过，这里要谈的不是公不公平的问题，也不是可以跟父母辩论的话题。（父母通常会说：“那又怎样？人生本来就不公平。”）你跟妈妈出去买衣服，应该尽量做到：

- 避免不必要的争吵。
- 向妈妈展示，你在经济上非常理性、负责任。
- 让你和妈妈都对自己的衣橱满意。

首先，你应该盘点一下你的衣橱。看看今后的6～12个月，你需要买哪些衣服。把需要买的衣服分为两类。

1. 跟同龄人一起时要穿的衣服。

2. 跟大人们一起时要穿的衣服。

接下来，你要跟妈妈一起商量可以在这两类衣服上花多少钱。然后你可以跟妈妈这样来建议：

只要你能够在指定的范围内合理地购买，第 1 类衣服你可以自己买，不需要妈妈同意。第 2 类衣服必须一起挑选，并主要参考妈妈的意见。

另外，你也可以用自己的零花钱和储蓄来买你自己想要买的衣服。

这样的建议你妈妈非常可能接受，因为：

- 它尊重了两方的意见（你的和妈妈的）。
- 它点明了，青少年和成年人有不同的品位，他们生活的空间也不同。
- 它需要双方都表现得成熟、让步并且有宽宏大量的精神。

总之，这样的做法很公平。

亲爱的艾利克斯：

“买衣服的预算应该是多少？”

我们应该知道，并不是所有家长都愿意或有能力让孩子有一个买衣服的预算的。如果你父母愿意，也有能力，你的预算应该是足以购买你需要的（而不是你想要的）的衣服；再多预留一点儿的经费，以备你购买你真正想要买的。

亲爱的艾利克斯：

“你觉得男孩子戴耳环是不是怪怪的？”

我觉得男孩子只要不戴高尔德的悬挂艺术品那样的耳环，只戴那种小小的不容易看见的耳环，并不会怪怪的。当然，戴的方式要符合前文的“亲子活动着装指南”。

我觉得这世界很不公平，女人可以穿戴很多的东西来装饰：数个戒指、项链、珍珠、钻石、耳环，还有胸针，而男人只有可怜兮兮的一个领带夹。

服装的三大类别

也许你已经有经常穿的配套服装，如牛仔裤、连帽衫还有球鞋；或者是半截装、T 恤衫、拖鞋；或者是咔叽裤、马球衫、船鞋；或者是超短裙、带图案的 T 恤衫；等等。但是，很快就会出现某种情景（或许已经出现过了），让你不得不改变你的着装习惯。[①] 比方说，你可能会收到信函邀请，上面还注明“黑色领带”“白色领带”或者“可选择黑色领带”等字样。先别走到你的衣橱那里发呆，请继续看书。

大多数人所知道的衣着的种类为：便装、半正装还有正装。要给这几类衣着下定义，就像要定义餐馆里的不贵、中等以及昂贵价位一样困难。其边缘模糊，大家都可以有不同的看法。有人主张，可以划分出 14 个种类的衣着，如下：

14. 加冕级别正式

13. 宣誓场合正式

12. 白领带级别正式

11. 黑领带级别正式

10. 初级正式

9. 好莱坞式正式

8. 高端半正式

---

① 关于如何按场合着装，我们已经提过很多次。你可以查阅本书第二章和第四章相关内容。

7. 传统半正式

6. 非传统热带正式

5. 高档休闲

4. 标准休闲

3. 懒散休闲

2. 懒散

1. “穿成这样你还想去哪儿?!”

我看我们还是坚守老三类吧。

休闲

通常来说，休闲就是你平时穿的舒适服装——去上课、去看牙医、去看演出、去妈妈的办公室：咔叽裤、运动衫、毛衣、休闲裤、外套、裙子。如果牛仔裤没有破洞、边沿没有起毛或者磨损，我都愿意把它们当成休闲服装来看。

很多人在休闲服装类别以下还有几个级别分类——如在打扫地下室、在花园剪草、在家里、在沙滩上穿的衣服——T 恤衫、短裤、破烂牛仔裤、镂空装，或者是无袖上衣。

家长们带孩子在超市买东西、去诊所，都可以穿着休闲服饰。不过，休闲服饰并不代表在礼仪上就可以松懈。

半正式

对大多数人来说，半正式服装对女孩来说就是连衣裙，对男孩子来说就是西装加领带。（当然，有人立刻会提出，那么，一个男孩子，穿深蓝色夹克衣，白衬衫、加上灰色的法兰绒裤，还穿皮鞋，这叫什么式？就叫“很酷式”就行了。）因此，青少年可以穿半正式的服装去参加学校舞会，高级晚餐场所，去参加商业工作面试，等等。

如果家长带孩子去参加音乐会、办公室举行的节日庆祝、宗教活动或者去见他们的朋友，都应该穿半正式的服装。

正式

对女生来说，正装就是长裙，男生则是穿西装打黑领带。但是对女生的正装定义比男生困难。因为，时尚界对女士流行的款式的长度、颜色、材质和风格几乎天天在变。对男生来说，晚礼服就是穿西装打黑领带——黑色西装带亮闪闪的翻领，衬衫用的是袖扣而不是普通的纽扣，两侧带条纹的黑色裤子，宽布腰带，黑色领结，锃亮的黑皮鞋——是不是很熟悉啊？白天没有人会这么穿（奥斯卡颁奖典礼除外）。

晚礼服的升级正式版是白领带。这种装扮让你觉得像是个管家。把晚礼服的黑领带换成白领带，西装换成带长长尾巴的那种。

白天穿的那种正装叫晨礼服——长燕尾服带灰色条纹裤。这是白天举行的婚礼中引座员穿的衣服。

“可选择黑领带”，意思就是，主人定不下来要怎么制定着装标准。不可以把这个跟“可选择穿衣”混淆起来。

总的来说，正装不适合 18 岁以下男孩，所以，我们讨论这么多做什么？

服装的三大类别

休闲　　半正式　　正式

亲爱的艾利克斯：

“我很讨厌打领带。真的要打领带才算符合礼仪吗？打领带有什么用？”

在过去，礼仪对衣着有很多的要求，大多数都可以总结为一句简单的话：穿得越不舒服，级别就越高。纵观历史，有许多奇奇怪怪的发明：扑粉假发、束腰紧身衣、盔甲、羊毛内衣裤、皮裤、丁字裤、裙撑、尖尖的高跟鞋，还有领带。

领带完全没有什么作用①。那领带是怎么发明的呢？在17世纪的60年代，克罗地亚士兵喜欢在脖子上围着领巾。至于为什么，鬼才知道。法国人觉得这样做挺好，于是不少人开始在脖子上围领巾，还打个结。这种流行时尚很快传到了英国，当时的国王查理二世将它发扬为宫廷时尚。当时的伦敦，刚经历过大瘟疫，他们需要点东西来让他们不要总想着死亡和毁灭。领带就是这东西。

---

① 当然，在飓风来袭的时候，你可以用领带把自己绑在树上。

男人开始在正式场合、仪式场合还有商业场合戴领带。结果，领带成了尊敬以及专业的表现。当然，这都有待考证。如果历史稍微有一点点偏差，在鼻子上涂一点蜜糖也能传递同样的信息。

如今，礼仪并没有叫你只穿僵硬的正装然后搞得自己很不舒服，你只要穿着得体即可。这就是说，你应该确认，你的衣着能够与时尚同步。因此，穿西装打领带去游泳和穿泳装上教堂一样不得体。

穿着正式并不代表衣着无趣或者让人不舒服。穿任何衣服都可以点缀一些自己的特色。加一些颜色，或者重新演绎一种旧东西，让它成为新的特色。比方说，有一年夏天，我曾经穿过一件白色双排纽扣绿条纹麻布西装，去参加一个户外婚礼。我没有传统式的白衬衣和领带，我里面穿了一件花衬衫，在脖子上像打领巾一样松松地打了条淡橘黄色的领带。我不知道当天因为它引发了多少次的求婚。

校服

应该要求学生还有青少年穿校服去学校吗？（不可以穿牛仔服、连帽衣、T恤衫还有棒球帽？）那得看你问谁。有些教育决策部门认为，我们的教育系统唯一出错的地方就是孩子们的穿着。所以，学校都在做些什么呢？对于岌岌可危的学校楼房、加班加点的老师、为数不多的资源、家长的漠视，学校全部不管；学校不向社区以及政客们提出要求，来应对贫穷、犯罪、毒品、机能不全家庭以及问题学生的惩罚与学习之间的关系。学校都在做些什么呢？他们把孩子和家长们介绍到购物中心去买衣服。

倡议要穿校服的人说，当学校命令学生们穿着同样的衣服，学习成绩就提高，惩罚的问题就减少。这样的说法可能有道理。但是，并不是校服起的作用，而是因为，要求有标准服装的学校里，老师和教职人员尊重学生，相信他们能够有合理的表现；家长也积极参与孩子们的教育，学校里有解决冲突的讨论、有同龄人协调会、有反对欺凌的活动，并且学校里还明确主张并践行社区价值——简言之，这种学校的氛围是基于礼仪的最高原则的。

如果我们在学校里取缔了法兰绒裤，这些学校照样能够运行得很好（只是学生们的腿脚会比较凉）。

儿童和青少年反对学校要求穿制服的主张，说这侵犯了他们对生活、自由以及追求设计品牌不可剥夺的权利。他们说，时尚是一种自我表达的方式——这正是他们个性的表现。但是，这些年轻的自由主义人士忽视了，他们着装的自由，和其他自由一样，在表达的时候，都必须负责任。如果在学校里是通过时尚来辨别学生的高低年级，可能会出现一种极端，导致学生们每天要花很多时间和精力来挑选衣服，而不是做功课；买不起食物的家庭难道要花 150 美元来买运动鞋让孩子能够参加社交活动吗？如果大家通过衣着来传递不尊敬、推广傲慢、排斥他人或者羞辱他人的信息，这既不是礼仪之举更无助于构建良好的学校氛围。

最后，校服的问题是学校的规定、教学法以及权利方面的问题，不是礼仪的问题。如果学生们不想穿同样的衣服，他们就不要再对别人的衣服指指点点，不要再根据牛仔裤的价格来评论别人了。如果学校的决策者们想要来个改头换面，他们应该针对的是学校的环境，而不是针对学生的衣着。

在学校戴帽子的问题

你可能听说了，很多学校禁止在教学楼里戴棒球帽。你的学校可能就是其中之一。有些学生问："这是不是侵犯了我们的权利？我们是不是要把校董会告上法庭？"如果学生这么想，那他们就搞不懂状况了。这不是法律问题。这是礼仪的问题。

棒球帽很酷。很实用，很好看，并且，当帽舌往后戴的时候，看上去你的头好像是朝后面的。我个人绝对支持戴棒球帽，但我不支持在学校里戴。

为什么不行？因为根据礼仪，在室内的时候，绅士都会脱下帽子。这很合情合理。帽子的设计目的就是：

1. 给头部保暖。

2. 防晒防雨。

3. 防止头发被风吹乱。

4. 掩饰秃头。

如果你尚未聪明"绝顶"，戴帽子的主要原因就是防晒防雨防风。除非你的学校没有屋顶，否则，你不需要在教室里还戴着帽子。

你的学校可能有其他的理由让你不要在室内戴帽子。比方说，你戴着帽子，老师就看不到你求知若渴的小脸了。面对整间教室的帽舌，老师上课一定非常没有动力。棒球帽也确实让老师很难辨认是哪位学生举起了手。如果老师根据学生戴的帽子上的字样如："公牛""野猫""小鹿"或者"红袜子"来叫他们，这是不是太没有"人"味了？

学校还可能担心会出现帮派火拼。帽子的颜色可能会被用于辨认某个帮派，或者用来挑衅别的帮派。如果你戴错了帽子，你可能会被打或者被枪杀。这对教育是极严重的干扰。如果禁止学生戴帽子，就可以消除这样的问题——只是在学校教学楼里可以消除。

在学校禁止戴棒球帽的最后一个理由，是一个很实用的理由：如果你的头脑里充满了知识，它必须有空间来不断延伸。

亲爱的艾利克斯：

“我知道，在教堂里、在别人家里不能戴帽子，但是，如果我到商店里还有其他公众场所没人认识我的地方，可以戴帽子吗?”

我就说一次，以下就是关于戴帽子的原则：

一位绅士，不管其年龄，在室内都应该脱掉帽子。室内的意思是屋子里面、宗教仪式场所、餐馆、商店、电梯、戏院、学校、机场、火车、紫外线皮肤美容中心等。这是尊重的表现。例外情况如下：

- 绅士在进行室内运动的时候可以戴帽子，如打曲棍球或摔跤，即使是在扭打的时候。
- 绅士在室内的时候，如果是在从事“室外”活动的功能，也可以戴帽子（在购物中心的广场上，在火车站的月台上，还有巴士站有玻璃遮挡的停车处）。
- 如果是宗教的要求，绅士在宗教场所也可以戴规定的帽子。

女士可以在室内戴着帽子（甚至是在教堂、餐馆还有别人家里），前提是她必须穿着白天的正式服装。此时戴的帽子通常看上去像水果篮或者鸟巢。女士在出席着装正式的晚间活动的时候也可以戴帽子。此时戴的帽子比较高雅一些。对于女士戴帽子的例外情况是：

- 女士在自己家里不应该戴帽子。
- 女士不可以在室内戴棒球帽。这是因为棒球帽是男女通用的帽子，既然要戴，那么女士也应该遵守男士戴帽子的规定。

非常礼貌的警告

你有没有提醒过某人他的裤子拉链没拉上？或者，告诉某个女人她裙子的一角被夹在内裤里了？或者告诉朋友他们衣着上的小小瑕疵？

应该小心行事。请参阅以下提示。

如果你跟此人非常熟，你可以这么说（可以混合搭配）：

甜心，		链子	都是线头。
蜜糖，		拉链	没拉上。
亲爱的，	你的	腹部纽扣	掉了。
狗脸，		拉链	开着。
老爸，		拉链	分开了。

如果你跟此人很熟（不论程度如何），而且情况不会尴尬，你可以告诉对方，不管对方是男是女。比方说，纽扣要掉了，皮带夹在车门里，牌子露出了，等等。

如果问题是很私密的那种（例如，有关衣着或身体的隐私部位），那就最好请同性别的人去提醒。这能够减轻尴尬的程度。因此，一位男士可以在地铁上对一位男士提醒：

> “不好意思，不知道你知不知道，但我觉得你应该知道一下，你裤子的拉链开着。”

但是，如果是一位女士需要这样的私密提醒，你可以告诉她身边的女士：

> “不好意思，不知道您是否觉得方便提醒一下旁边那位女士，她裙子的一角被夹在内裤里了？”

箍牙

如果你箍牙，那你一定是朋友同学们经常开玩笑的对象。你的朋友们会取笑你，那是因为，青年人以及无所事事的人最喜欢的活动就是对同龄人表现出极端的残忍和残酷[①]。

有人箍牙，这很容易就会引起注意。大人们经常会很惊奇地发现："哦，你在箍牙！"当然，他们不是因为粗鲁而这么说的，他们是觉得惊讶。他们会从一个孩子的嘴巴里看到一个家庭的资产，然后他们会想："感谢上帝我没有龅牙！"

如果你的朋友叫你"金牙"，或者对你哼《大白鲨》的主题音乐，你可别上钩。此时你应该展示亮丽的笑容，说："没错，我非常高兴我箍牙了，我的牙齿就会非常漂亮了。"说"我"的时候，必须加强语气，既强调了重点又不会粗鲁。

如果箍了牙，你一定有某些义务需要做好。你不可以在公众场合清理箍牙，也就是说，不要在餐桌上、在教室里、在任何有他人在场的情况下把箍牙（或某一部分）拿出来清理。不可以展示相关的清理器具，这样大家就不会有任何联想。你也不想在整个晚餐期间都看到你爷爷的假牙在他的牛油碟子里盯着你看吧。

亲爱的艾利克斯：

"我可以问别人关于他箍牙的事情吗？这会不会是跟问别人的残疾一样？"

箍牙并不是残疾。当然，在太妃糖面前除外。如果是跟同龄人以及/或者同样在箍牙的人聊天，只要你问得有礼貌，都没有问题。（"你的牙齿矫正师是谁？""箍牙需要箍多久？"）

---

① 希望本书能够帮助减少这种残酷的举动。

雨伞

青少年似乎不太用雨伞。也许这是因为他们比成年人更能抗雨。或者，也许他们只是搞清楚了：干吗那么麻烦？我带雨伞的时候不下雨，我不带的时候偏偏下雨。正是如此。万一某天你正好带了伞，天又下着滂沱大雨，以下是几个小小的建议：

不要戳瞎了别人的眼睛。如果你带着雨伞，特别是走在拥挤的人行道上的时候，你需要随时调整雨伞的高度，倾斜雨伞的角度，抵挡狂风的猛吹，要不然你可能把别人的眼睛给戳瞎了，或者你的雨伞会跟别人碰上了。看着人行道上数百把雨伞起起伏伏，很能给人启发，因为你可以看到人们可以配合得多么的默契。这也是练习眼手协调动作的极好运动。

在你走出去之后才撑开雨伞。大多数的建筑会有遮阳篷或是垂悬部分，可以让你先撑开雨伞再走出去，这样你就不会淋湿了。你可能听说过，在室内撑开雨伞会不吉利。这不是迷信，而是你需要考虑到，身边是否有其他人，你可不想用雨伞刮到他们的脸。所以，如果你在室内拿着伞，好好夹着，不要打开。

分享是美德。如果是两个人一起撑伞，应该由较高的那个人撑伞，除非较矮的那位喜欢把手臂伸到极限来撑伞。给陌生人提供遮蔽也绝对没有问题，特别是你想要去了解的那个人。

知道什么时候才可以抖伞。如果你要甩掉雨伞上的水滴，需要遵守以下原则，跟狗狗甩掉自己身上的水一样：

1. 离别人远点。

2. 到外面再甩。在下雨天，在进入建筑或居家之前，达到垂悬部分的时候，你就可以把雨伞上的水甩掉。如果是在公众场合，如购物中心或是银行，如果这里的入口处有个门廊或是铺设了橡胶地毯的过渡场所，你可以在这里把雨伞上的水甩掉。在进入私人空间或餐馆之后，就不能再甩雨伞上的水了。此时你应该找雨伞架或者请主人或迎宾员来处理雨伞的放置问题。

本章小测

1. 青少年不应该穿太紧的衣服，因为：

a）限制血液循环。

b）穿衣脱衣需要太长时间。

c）这么穿让家长们嫉妒得要死。

2. 如果你每个月有100美元的买衣预算。最佳的消费方法是：

a）买糖果。

b）买一件带金属片的内裤。

c）买一件出名设计师设计的衣服，无比昂贵，而且过三周就会被淘汰。

3. 你来参加学校舞会，发现你的穿着太过正式。你的最佳处理方法是：

a）爬到桌子下面躲起来。

b）抓过学校的旗帜，披到身上当作宽袍子来穿。

c）找一个穿了宽松裤的孩子，问你是不是可以躲进他的宽松裤。

4. 打领带的目的是：

a）要让自己出席正式活动迟到。

b）不让你的喉结掉进喉咙里。

c）在狂风大作的时候，把你的头固定在身体上。

5. 你的学校刚宣布，所有学生都必须穿校服。较合适的应对方法是：

a）拒绝洗校服。

b）在校服里面穿蜘蛛侠的衣服。

c）把校服染成粉红色，还说是你的狗狗搞的。

6. 你朋友的家庭邀请你跟他家去过一个裸体营的周末。你是第一次参加这样的活动，最好是要带上：

a）游泳衣。

b）浴袍。

c）尽量少带东西。

第十三章　打喷嚏

身体发出的声音、卫生以及令人讨厌的习惯

人的身体是非常有意义、非常奇妙的一种发明。多个世纪以来，很多人受身体的启发，创造出艺术、舞蹈、文学还有紧身衣等。身体可以做到的动作还有耐力，令人叹为观止。在我们的地球上还有其他的动物可以做到转体三周半再来个转身翻腾两周吗？翻过舞台，嘴里还高唱意大利歌剧？一餐吃下 14 个芝士汉堡包（然后回家养膘）？我们的身体就是这么设计的，完全可以胜任。这是大自然的鬼斧神工。

有人觉得，因为身体的这些功能都是自然的，所以可以自然地在大庭广众之下显露出来。这些人怎么不想想，地震、季风、吃自己的后代也是自然界的一些现象。但是我们并不想每天看到自然的人体。（千万别有机会撞上。）

对于自己身体所发出的自然的声音，我们不需要感觉尴尬或者害羞。但是，有老话不断提醒我们，凡事都要讲究时间和地点。掌握好时间和地点，就是我们讲究礼仪的关键。

身体的功能，分两类：

1. 我们对身体做的事情。通常，这些事情是你可以控制的（如挖鼻孔、压自己的手指关节、上厕所），虽然我们做这是事情的能力随着我们的年龄的增大而改变，还取决于我们喝了多少苏打水。

2. 身体对我们做的事情。这包括打喷嚏、打哈欠、打嗝，这是我们没法控制的事情。

礼仪还可以再把这些事情细分。有些事情如果是在公众场合发生，那就是社交礼仪上不可接受的行为。比方说，放屁，在社交的规范里都没有发生过。放屁的人和站在旁边的人都不会说起这个事情的[①]。而打嗝却应该由打嗝的人自动招认“很抱歉”，而不是听到打嗝的人。身体发出的其他声音，如打喷嚏，则在一旁的人和当事人都可以发言（“身体安康。”“谢谢。”）

在私密的卧室里或者是厕所里表现出来的身体的功能，就是私密性质的。因此，在社交的规范里，这些都没有发生过。因为，这不关别人的事。

如果这些事情让你觉得有些混乱，不要太在意。我们会把身体能够发出的声音都一一介绍，一一讨论。但是，请带着成熟的心态来面对。哈哈，嘻嘻，呵呵。

你对身体做的事情

挖鼻孔

为了保持我们呼吸通道的完美畅通，进行鼻腔管道疏通是很必要

① 当今很多人认为“放屁”这个词是很粗俗的词。以前并不是这样的。乔叟还有其他早期的英国作家经常使用而且肆无忌惮地使用。它甚至上了高贵的《牛津英语字典》，直到维多利亚时代才去掉。

的。考古学家（喜欢挖掘土的人）有发现，挖鼻孔的现象，最早出现在古埃及的凶猛法老时代，在公元前3000年左右。

在古埃及，沙尘暴是家常便饭，于是人的鼻腔黏膜上形成了很多鼻屎。这给辛苦建造金字塔的劳动者带来了很大的问题，因为他们每几分钟就得停下来清理鼻孔。这让法老很生气，因为清理黏膜的行为大大拖延了金字塔的工程进度。

因此突突法老的爱妃拿骚滴滴王后下达法令，在公开场合挖鼻孔的人都要受刑，把2 000吨的巨石砸在他们的鼻子上。由于这个法令，埃及人民都知道，不可以在公众场合挖鼻孔，这很不礼貌也不卫生。（出土的古埃及花瓶上人物的鼻子，都是扁扁的。）

在私密场合挖鼻孔比较好，也很符合美学。为了要符合礼仪，挖鼻孔的时候需要用手帕，手帕用后要清洗；或者用纸巾，用后可以扔掉。由于目前很少人用手帕和纸巾了，不要用手来挖完鼻孔然后在桌边椅子边和汽车椅座上乱揩。

用牙线剔牙

我们现在来谈谈用牙线剔牙的传统吧。牙线是用来清理牙缝里残留的食物残渣的。关于牙线的使用，确实有一些传统需要我们来遵循：

1. 绝对不可以在大庭广众之下张开血盆大口用牙线清理牙齿。

2. 如果在别人家里的卫生间使用牙线，请在使用之后，要把溅到镜子上的污秽也清理干净。

挤压青春痘

挤痘痘[①]这样的事情，肯定是在私密空间进行比较合适。请小心行事，并且，最好是在只有你和镜子在场的私密情况下进行。当然，

---

① 有些人说青春痘完全就不应该挤压。

记得要把镜子擦干净。

吐痰

以前，在公众场合吐痰还算是可接受的动作。早在 17 世纪，地上是土、石头或者锯末，人们甚至在室内吐痰。后来，随着家具和地表的铺设越来越精致，喉咙痒痒想吐痰的人都得用手帕来处理。

塞缪尔·佩皮斯（Samuel Pepys）是那个时代的人，他有写日记的习惯[①]。1661 年 1 月 28 日，他去看戏。他坐在一个较暗的角落，有一位“女士转身朝后面吐痰，她并没有看到我；不过我看她是一位非常漂亮的女士，我一点儿也不感到被冒犯”。

不过，时代在变迁。如今很多人被吐痰，都会觉得被冒犯了，不管吐痰的是多漂亮的女士。如果你想吐痰，而附近又没有痰盂，你最好是去一个私密的地方，如厕所，把痰吐进马桶里。如果没有这种可能性，你最好的做法是吐在手帕里（不要被人看到这个动作），或者吐在别人不会看到或接触到的地方。书架后面可不行哦。我是说阴沟里、下水道里或是草地上。

如果有危机情况，比如你张着嘴却看到一只苍蝇正朝着你嘴巴的方向飞速前进，你只好做两种选择，把痰吐掉，或者把这咸咸的黏膜物质作为额外的蛋白质吞下。如果这发生在户外，而且没有对准别人吐，礼仪上是允许这样的例外情况的。

绝对不要把痰往喷泉池里吐。如果你要朝车窗外吐痰，必须确认窗外的车辆不是敞篷车。

---

① 这本日记很有名。如果你到图书馆找管理员帮你找这本书，你不要说：“请问这里有《山缪尔·派碧思日记》（*The Diary of Samuel Pepiss*）吗?”你应该说：“请问这里有《塞缪尔·佩皮斯日记》（*The Diary of Samuel Pepys*）吗?”管理员一定对你的语言能力另眼相看。

有时候，有人会要求你吐痰，这种人叫作牙医。在这种情况下，如果你不服从牙医的善意邀请，你的嘴巴里会充斥苦苦的药水味。所以，你就吐吧。不过只能往指定的闪闪发亮的金属圆池子里吐——不是朝牙医吐。

最后，如果你需要一些辅助的东西来记住这些原则，那就来听听我那个时代的一首儿歌吧，这是按著名歌剧《卡门》（*Carmen*）的曲子配的歌词：

> 斗牛士，不要往地上吐痰。吐在痰盂里吧，痰盂就是为它而设的。

真实故事

来自礼仪前线的报道

事由：期待很高

某些人吐痰，需要大费周章。他们的热身运动比棒球投手投球之前的比画还要久。“咳咳咳，咳咳咳，咳咳咳咳咳咳咳，呸。”那一口痰以抛物线落体的形式在空中飞过，落在人行道上，等待别人一脚踩上去。

如果你在公众场合这么吐痰，你很难找到朋友。有一天，我坐在巴士上，后门开了。一位乘客把头伸出车门，把一口痰吐在人行道上了。我应该感到庆幸，他没有把痰吐在车里。但我想，如果他没有这么吐痰该多好。

搔痒

如果你的手臂上、腿上、肩部或背部痒痒，那就抓一下搔一下呗，只要你的动作不像猴子就行。如果痒痒的部位比较私密，不管是身体的前面还是后面，都不可以在公众场合搔痒①。这需要隐秘的搔

---

① 棒球运动员可对这条规定有豁免权。别人花了大价钱让他们在大庭广众之下在私处搔痒。

痒技巧。

如厕

人的一生中，有三年的时间，他们的如厕经历是公众可以看到的。我们希望，那发生在人生最初的三年。在此之后，关于这方面的事情，绝对应该不属于别人的管辖范围，而只应属于你自己。

学校是违反此规定最严重的地方。学生不应该需要在全班面前向老师提出要上厕所的请求，还需要解释自己膀胱的膨胀程度。应该可以让他们偷偷溜出去，解决好自己的问题，然后再安静地走回座位。然而事实并非如此，难怪很多大人都需要宣布他们如厕的情况：

“自然在召唤我了，呵呵。”

“我要去解手的地方。”

“我要尿尿。”

如果你跟一群人在一起，而你又需要去减轻一下体重，你无须发表演说来介绍。你只要站起来，说声“不好意思”，然后就直接去了。大多数人都想象力很好，很快就知道你要去干啥了。如果你不确定厕所在哪儿，你可以问主人，问朋友，或者问服务员。回来之前，你就要把手擦干，不要把手上的水到处乱甩。

男孩子上厕所，必须把马桶坐垫圈掀起来（除非你是要坐下办事情）。万一你不知道这样做的理由，我可以告诉你，如果不把马桶坐垫圈掀起来，会打湿的。下一个坐下来用厕所的人要么身体后部会搞湿，要么需要帮你料理残局。但你小便完了，可以把坐垫圈放下来。如果你是在公共厕所，你又不想用手去触摸坐垫圈，你可以用鞋的一侧来把坐垫圈提起。这是个很好的运动，可以练习你的平衡能力，身体整体的肌肉和腿筋。

保护坐垫圈。如果你在使用公共厕所，而且需要坐下来办事，你却发现一次性马桶坐垫纸没了，你可以撕下三张厕所纸盖在垫圈上面。如果厕所纸是单层的那种，那你就得悠着点使用了，因为你差不多要用 20 张纸才能盖好。

记得洗手。有 94％的美国人说他们上厕所之后会洗手。但是，科学家们发现，真正洗手的人只有 60％～70％的人，而且，大多数还不用肥皂。你一定在想，科学家们是怎么得出这结论的？有人常驻在厕所里一个个记录下来的①。

先不谈这些古怪的事情，不洗手是传播各种疾病的主要途径，你可能会生病，甚至会丧命。这不是耸人听闻。所以，每次上完厕所，记得要用肥皂好好地洗洗手，保护自己也保护别人。好好洗哦，不是在水龙头下面沾沾水就行了，必须用肥皂用力搓上 15～20 秒钟。（疾病防治中心建议，洗手时间的长度以唱两遍生日快乐歌为准。如果你是在公共厕所，可以在心里默唱。）

当你离开厕所之前，你会开始琢磨：洗手有什么用？下一个步骤

---

① 好奇的读者们，这就叫作“做调研”。下一个问题：有多少被观察的人向保安投诉，说有个变态狂拿着一个夹板在厕所里晃来晃去？

就是我要用手去拉开门的把手，不知道有多少人没洗手就打开了这个把手。你立刻看出了问题。解决的方法如下：厕所出口的地方应该供应一个小纸巾。要拉开门之前，你可以取一张纸巾，拿着纸巾开门。开门之后，门口应该有一个废纸巾桶，可以把用过的纸巾扔进去。随着这样的设施越来越多，你开始怀疑，真的需要这么做吗？当然，厕所不用门也是可以的，很多公共厕所不都是这样吗？

不要在游泳池里尿尿。到处小便不好。另外，有人在游泳池里放了些化学物质，如果有尿液在游泳池里出现，那部分的水颜色会变深。“哇，真厉害。”你是不是这样想？你真的想试试吗？

如果你在外旅行，路过一个厕所，不要错过。因为你不知道下一个厕所会在什么地方出现。

如果你们全家人要出去。出门之前，父母问你：“你真的需要上厕所吗？”你一定要说：“不需要。”如果你说“需要”，那就打破了亲子关系的神圣传统。

冲水。必须便后冲水。除非你是在人家里，而且排水系统出了问题，那你就听主人的安排。

亲爱的艾利克斯：

“如果你在别人家里用了厕所，然后你把里面搞得味道很重，你会怎么办？”

捏住鼻子？美国人对于体味确实太过于吹毛求疵了。如果上帝不是为了让我们互相闻味道，他就不会创造鼻子。但是，你用完厕所，最好还是将它回归你刚进入时候的气味。因为你是位好客人。

既然上厕所是一件私密的事情，那就“不存在”什么便后气味难闻的事情。你偷偷去看水池下面有没有一瓶空气清新剂，也没有人会知道。如果有，那你就拿起来轻轻喷一下就可以解决问题。如果没有空气清新剂，那你只好一直开着抽风机，或者尽量让空气流通。

不要觉得不好意思。身体废弃物的排泄，怎么可能会芳香扑鼻呢？如果你运气好的话，会有别人再进入厕所。你的嫌疑被减轻了一半。

另外，如果你想打开水龙头，让流水声来为你做个遮蔽，这种想法和做法很愚蠢。首先，遵守礼仪原则的人不会听到你发出的声音。你的做法只会让别人更加确信：这人把水龙头打开，就是想遮蔽他发出的声音。

压手指关节

压手指关节的效果跟用指甲刮过黑板一样——让人不寒而栗。所以，这样的动作，只能在你一个人的时候做，或者在同类的朋友前面前做。如果哪天你的手指关节已经胀得跟高尔夫球那样了，或者你的手指头断了，可别说我没警告过你啊！

嚼口香糖

嚼、嚼、嚼、吹……“爆”！口香糖多有意思啊！嚼口香糖可以给青少年无尽的乐趣，也可以让旁人发狂。你可以嚼出巨大的声响，别人以为是有千军万马走过烂泥。你可以把它拉出来，长长的一条，又可以扯回去，像是个钟摆。你还可以让空气充满口香糖的各种鲜美的味道。你可以吹出一个巨大的泡泡，吹破之后，可以盖住鼻子和脸庞。这就是吹口香糖的乐趣。在公众场合，在口香糖一族面前，想嚼就嚼，想吹就吹。

但是，如果你不想因为不礼貌而把自己的名誉搞砸，请注意以下吹口香糖时候的礼仪：

要不露声色。有些人主张，不应该在公众场合嚼口香糖，我的观点是，如果在场的人没人看出你在嚼，那又何妨。依照礼仪，应该“不存在”偷偷嚼口香糖这回事。

如果你想要练就不露声色嚼口香糖的本领，其要领在于“不要嚼”。要用舌头去拨动，用脸颊去挤压，用牙齿来帮助翻转。而且，不能咂咂有声，不要吹，不要吹破。如果你觉得很难控制自己，那你的前世可能是头奶牛。你得找专家来帮你忙。

不要吐出口香糖，也不要吐在地上。其原因非常简单——我们都非常关心我们的生态环境，而口香糖无法循环利用。你觉得有人会从地上把你吐出的口香糖捡起来然后再嚼吗？另外，很多人可能都踩过了。我们都知道那是什么样的感觉。

绝不可以把嚼过的口香糖粘在桌子下面或者椅子下面。这样的做法非常粗鲁，因为如果过有人往桌子下揩他们的鼻屎，或者粘口香糖，他们会摸到你的口香糖。被嚼过的口香糖，应该要扔进垃圾桶。如果垃圾桶里面没有塑料袋，那你应该先用纸巾包好。

真实故事

来自礼仪前线的报道

事由：口香糖迷的自白

我上学的时候，一直偷偷嚼着口香糖。我前后吃过各种品牌和口味的，先是 Dentyne，后来是水果口味的，再来是双箭的（因为我想要双重的快乐）。我也试过泡泡糖，但是我一直吹不出泡泡，好没面子。我接受了多年的心理咨询，到如今我变成了 Carefree 品牌的忠实客户。

我在上课的时候还会带 M&M 花生巧克力去吃。有一次，塑料袋被搞破了，巧克力糖像瀑布那样倾泻到地上。好了，改天再讲这个故事吧。

咬指甲

如果我们身处完美的世界，就不需要咬指甲了。大家都很镇静，生活的压力都在掌控之中，孩子们都不需要在焦虑和不切实际的期待中度日如年。

如果指甲非咬不可，也是应该在私密空间自己咬。当然了，问题在于：咬指甲（咬指甲边缘的死皮）是紧张时候的习惯。你可能已经咬了几分钟才意识到自己在咬指甲。

自我伤害是粗鲁行为，你应该尽量戒掉这样的坏习惯。如果你常常咬指甲，有很多方法可以用来帮助你戒掉这个坏习惯。戴手套；催眠；在手指甲部位缠上创可贴；坐在你的手上；参加一个支持小组，如去死皮匿名小组；嚼口香糖，让嘴巴停不下来；捏减压球或者玩中国的那种健身球，让你的手一直有事情可以做；在指尖涂一些味道难吃专门用来戒咬指甲的化学药剂（去药房找找）。在手上涂抹润肤露，让手更滋润，就不太会形成死皮需要你去咬了。或者，有更好的方法，看看你有哪些压力，你可以做些什么事情来减轻或去除这样压力。

真实故事

来自礼仪前线的报道

事由：哎哟！

我本人正在戒除咬指甲的坏习惯，我太了解了，说要戒容易，做起来真难。但是，不去尝试戒这个坏习惯，可能会有很严重的后果。

我记得我年轻的时候，有一回因为我咬指甲过度，引起指甲发炎。我就去见医生了。医生拿了一把尖锐的 V 字形工具刺入我指甲边的肉里面，让里面的脓流出来。我当下就疼晕了。幸好医生眼明手快拉住我的椅子，我才没摔下去。好了，改天再讲这个故事吧。

梳头、化妆

梳头和化妆这样的事情，应该在私密或半私密的场合进行。私密场合就是厕所、卧室、化妆间；半私密场合就是公共厕所和自己的车里面。如果是在餐馆里跟亲戚或好友一起用餐，餐后可以偷偷地涂抹口红。在吃东西的场合，绝对不要梳头。头屑的雪花飞舞会让人倒足了胃口。

发出喇叭的声音——类似从胳肢窝发出的声音

这种声音只应出现在私密场合。喜欢用手捂着嘴巴发出类似声音的人可以加入。

你的身体对你做出的事情

以下是一些非主动的动作，其中一些需要肇事者及其身边的人共同处理；另一些只需要肇事者来应对。请继续看下去，并了解其原因。

打喷嚏

“啊……啊……啊……阿嚏嗯!!!!!”

打喷嚏的人必须用手帕遮住自己的鼻子。（把嘴巴也遮住也很好。）不管你会感觉多么的自豪，你不用去看去研究自己喷出了什么东西。如果你没有手帕或纸巾，或者说你的鼻子痒痒来得太迅猛，你都来不及掏出手帕或纸巾，细菌学家建议，你最好转过头不要对着人打喷嚏，或者，用手臂内侧上部或肘部内侧挡一下。这样做就不太会传播细菌，因为你不会用这些部位去跟别人有接触。喷嚏研究学已经非常进步。我们现在知道：捏住鼻子捂住嘴这样的传统做法不健康，因为，你的手很有可能会把黏唧唧的鼻涕沾上别的东西。

看到别人打喷嚏的人，通常需要表示同情。此时，可以说“上帝保佑你” “身体安康”或者其他祝福语。打喷嚏的人则可以说：

"谢谢。"

连续喷嚏。如果有人有花粉症，他们可能会连续打喷嚏。如果你正好赶上了，只要有一两次反应就够了。要不然，打喷嚏的人可能要一直重复来回答你的祝福了。例如：

"阿嚏嗯！"

"祝你安康。"

"谢谢。"

"阿嚏嗯！"

"祝你安康。"

"谢谢。"

"阿嚏嗯！"

"祝你安康。"

"谢谢。"

你应该做的事情是，在听到打喷嚏的人第一、二声喷嚏，你说完"祝你安康"之后，如果喷嚏继续，你就对他/她投以同情的微笑即可，然后说："花粉症啊？"对方一定非常感激地点着头，然后继续打喷嚏。

擤鼻涕[①]

当你在公众场合擤鼻涕（最好不要擤）的时候必须用手帕或纸巾。尽量不要发出巨响。最后，不要拼命擦鼻子。别人会以为你是想把鼻子拧下来。如果你是悄悄擤鼻涕，别人也会知趣地装作没看到。

---

① 虽然擤鼻涕是主动行为，但它算是你的身体引发的，你算是被动应对。所以我把它放在这部分讨论。我想你一定在想这个问题对吗？

高级身体礼仪。贴士1：如果在自助餐会上，你无法控制住自己的喷嚏，那你必须转头。

呕吐

呕吐跟成长一样。这两种事情，虽然都不是当事人本身的错，但是却搞出一堆糟糕的结果，需要别人来处理后事。突如其来的呕吐，让温文尔雅的人也变得无所适从。一方面，根据礼仪，大家应该什么都没看见。但是，另一方面，大家又不可能看不见。

以下似乎是大家希望达成的解决问题的方式：

● 如果你能够及时冲到厕所，那么，整个事件就不存在了。既然大家眼未见，心里肯定不会烦。家长、主人及/或亲近的朋友会在厕所门口小声问你（或者事后问你）：“你没事了吧？需要我帮你做些什么吗？”别人不许说这样的话。如果你没有吐得太严重，你需要把嘴角擦干净，再回去跟大家一起。

● 如果你没能够及时冲到厕所，那你一定得表现得惨兮兮的，让人把你扶到比较舒服并且比较不那么容易搞脏的角落。如果可能的话，你得表现得像在病床上说临终遗言的口气：“真是不好意思。我不知道我这是怎么了。真是非常抱歉。”此时，在场的其他人必须表现出好像什么都没有发生的样子。主人、亲戚或者关心的朋友们应该把现场清理干净，然后安慰你，说：

> “没事。别担心。”
>
> “谁还没吐过?”
>
> “你好好躺着休息一下。”
>
> “我有 14 个孩子，这算是小事一碟。”

最终的底线是：不要有人呕吐了就骂人，除非你是因为喝醉了酒才这么喷的。如果是这样的话，那你就应该有最大限度的不舒服、不方便和难堪。

咳嗽

如果是单独一声的咳嗽，再带几声轻微的咳嗽，咳嗽的人和旁边的人都不需要大动干戈。但是，咳嗽的人应该遵循打喷嚏时候的原则——对着自己的肘部内侧咳。

如果有人连续咳嗽，你可以问当事人是不是还好。如果当事人咳得无法说话，那就说明当事人状况不怎么好。此时，你可以顺势问一句，当事人是不是可能……

噎着了

如果当事人没有致命的危险（如，喝苏打水呛到气管），恢复之后，当事人应该说：“对不起。”旁边的人不需要说什么。

如果当事人脸色开始发青（如，鸡骨头还卡在气管里），应该用手指着自己的喉咙，希望身边有人懂得做“海姆立克氏急救法”。当事人恢复之后，应该说：“感谢你救了我的命。”如果救命恩人说“小事一桩”，那就显得太轻描淡写了。此时，他应该说：“乐意效劳。”

打饱嗝

我们的身体会不由自主地打饱嗝。能够随时打出饱嗝的人，只可以在谷仓里出声，而且是在同类在场的情况下才行。

如果你在某种场合不可控制地要打饱嗝，你得用手把嘴捂上。(没有注意的人可能以为你是咳嗽了一声。咳嗽比打嗝容易接受一些。）然后，你需要说：“对不起。”

高级身体礼仪。贴士2：
演奏的高潮之时，不是
打饱嗝伴奏之时。

打哈欠

打哈欠，有三个原因：

1. 累了。

2. 无聊了。

3. 看到别人打哈欠。

打哈欠很容易传染。如果你不相信，你去看某个人打哈欠。我保证，很快你也想打哈欠了。

打哈欠的时候，用手把嘴捂上。你的小舌可能很好看，但是，很多人都不想看。如果有他人在场，你表现出感觉无聊，这很不礼貌。你可以用手来掩饰嘴巴不能掩饰的东西。

打哈欠的人和旁边的人不需要对打哈欠说什么。不过，如果你是去人家家里做客，主人出现了连续哈欠的症状，你应该说："哦，我的天呐，都这么晚了。我得告辞了。"然后，你就走人。

肚子咕咕叫

人类的消化系统就是专门在考试和静默祈祷的时候发出声音的。如果你的肠胃在这些时候要跟你进行沟通，你应该沉着冷静，脸上显示静坐时候的表情。这样一来，可能听到声响的人会觉得是他们的听觉出了问题，或者是臭氧层出现了非正常的效应。不管怎样，都与你无关。

放屁

人的身体需要释放一些气体，这没有什么需要觉得害羞或尴尬的。烟囱会冒烟，水壶也会出蒸汽，而人，会放屁。这太正常了。事实数据显示，人均每日放屁 14 次，从体内排出大约半升气体。你放屁的多少，是否会臭，取决于你吃的东西，你的大肠里有什么样的菌类，你吸入多少空气，以及你忍住了多久不放屁。（我觉得从这几个命题里一定可以找出一个非常有意思的科研项目。）

长话短说。放屁是很自然的规律。

青少年常常挖掘与放屁相关的幽默、创造力以及社交禁令，把他们的父母们气晕。一个酝酿完全的屁在普通大小的教室里会有 10 分钟的时间给大家的注意力带来影响。如果是去同学家过夜，一个屁可以给大家带来整晚的娱乐话题——屁的产生、成分分析，甚至你完全想象不到的东西——放屁点火。至于怎么做，最好留给专业人士去尝试。

关于放屁，有什么礼仪方面的指示？

非礼勿言。非礼勿听。非礼勿嗅。

肇事者以及见证人应该遵循以下体态语言，以及面部表情：

肇事者：我没有放屁。

见证人 1：我没听到。

见证人 2：我没闻到。

如果能遵循上述原则，你就不会咯咯地笑、喉咙里发出讨厌的声音、做昏倒状或者开始扇扇子，或者嚷道：“哎哟哟哟哟哟哟！”更不要跟人家有以下的谈话：

“哦……布兰顿放屁了。”

“谁放的谁闻到。”

“布兰顿。”

“不是我。”

“是你。”

“不是我。”

“就是你。”

“就不是。”

如果有人放了屁，应对之道是：无为。最初几秒钟最难熬。因

高级身体礼仪。贴士3：
彻底抵赖。

为，肇事者想忍住，不想让自己脸红；见证人则想屏住呼吸。这一最难阶段熬过了之后，可以把窗子开一个缝，提前出电梯，或者，突然想起需要做什么事情，然后逃之夭夭。

打嗝

打嗝是身体很喜欢跟我们开的玩笑。在超级杯橄榄球赛第 4 次进攻的最后 10 秒钟，所有人都在高声喊叫着，你会打嗝吗？通常的情况是，老师说："全班注意，我不想听到任何人发出任何声音。"此时便会传来打嗝的声音。

如果你听到有人打嗝，最好的做法是：什么都不做。这不容易做到，因为打嗝总是在你忘了前一个嗝的时候出现。但是，不去理会是最佳礼仪。

打嗝的人也不要故意做什么动作来让别人关注你。如果你想要做以下事情——倒立、喝水漱口、倒立着喝水，吃下一汤匙的砂糖，屏住呼吸直到你脸色发青，或者让你的朋友猛拍你的背——请在没有人的情况下做。如果你做好了，请回到教室，大家都会满心期待着你继续开始打下一个嗝。

看到别人打嗝，不要对着打嗝的人看。不要笑、不要学着打嗝、不要用惊吓的方法来应对打嗝的人。

荷尔蒙发动

男性的性器官，特别是在青少年时期，会经常选择自动起立，而且会在特别不适合的时候起立。对于这样的现象，不要评论也不要指出。除了当事人，其他人都应该遵守"没有发生"的原则。

如果你的性别决定了在早晨你可能会经历"晨勃升起"这样的事情，你可能应该考虑使用那些给青春期男生设计的具有保护性的时尚衣着，比如说，宽大的裤子，法兰绒衬衣（长度过膝）。希望你的家长和老师能多有几分敏感度，不要命令你把衬衣塞进裤子里。

亲爱的艾利克斯：

“如果有人有体味或口臭，你会怎么告诉他们？”

在上风处跟他们说。

首先，你应该了解这个人，至少你需要知道他们有能力经历人生的起起伏伏，因此不会冒犯到这些亲爱或亲近的人。这些人包括：朋友、亲人，还有你经常需要坐在隔壁的人。当然不包括公共汽车上的陌生人。

其次，所涉及的问题应该是持续的，你才需要抱怨。如果是偶发事件——某人刚在40摄氏度的高温下剪完草——那你就不需要抱怨什么，除非他就这么要去跟人家约会，或者你要跟他有一场严肃的谈话。

当你决定了要告诉某人他/她有体味或者口臭，你要记住，没有几个人会喜欢听别人说他们很臭。因此，你必须极端小心。不能当着别的人的面来讲。有几种方法你可以参考：

直接型的：“我希望你不要介意，不过你的呼吸气味挺重的。”

间接型的：“你应该把那件衣服拿去洗洗了。我觉得它已经有挺重的味道了。”

保密型的：“有时候我本人也有这样的问题，所以我想我就跟你直说了，你有些体味。有一种超棒的新款体香剂，我一直在用，全天都有效。对女人也有效，也可以给如今比较敏感的男士使用。”

亲爱的艾利克斯：

“有人牙缝里有东西，你会说出来吗？”

这个问题自从远古时代就开始困扰着人类。去指出别人牙缝里的菠菜叶、胡子上的牛奶，还有鼻孔里淌下来的鼻涕，是我们的责任吗？我说："是的！"要不然，我们跟低级动物有什么差别？

如果你的做法礼貌又不张扬，很多人都会很感激你，他们宁可因此经历一时的稍稍尴尬，而不愿整天都被人笑话。如果有个醒目又礼貌的男孩走来跟我说："不好意思，这位先生，你的裤脚有厕所纸漏出来了。"我一定会说："感谢你，年轻的先生。"并会赏他一枚金币。

所以，如果你看到了，就指出吧。当然，指出之前，你得想清楚，那个问题是不是可以纠正的问题。如果指出当时无法纠正的问题，那有什么用？比方说，袜子掉线了或者衬衫上有污点。另外，某些非常私密或者与性别有关的事情，你最好是请同性别的人去指出。

以下就是处理下巴沾着菠菜的典型方法：

假设，你 11 岁的小弟弟在墨西哥塔克钟餐厅吃饭，他吃得一塌糊涂。你可以说："不好意思，埃文，不过，你的嘴角上沾了萨尔萨酱了。""不好意思，不过……"这样的句型几乎可以适用于任何状况。有时候你还需要指出自己身上相应的部位说明问题。这样做，你就不需要说："不好意思，不过，你的左鼻孔下有一条干鼻涕。"你只需要说："不好意思，不过，你这里有点东西。"同时摸摸你自己的左鼻孔。

如果再多讲一些，有些夫妻结婚多年，如果他们需要对方去做一些什么小小的动作，他们会有很多默契。我记得小时候有客人来家里吃饭的情形。我爸爸的下巴上时不时会沾上一小滴汤汁。我很好奇，想看看那一滴汤汁会停留多久。但是，我转头去看妈妈，她的眼神会和爸爸相遇，然后她会用手指头快速在自己下巴那里扫两下。接着，我爸爸就会拿起餐巾，轻轻地在自己脸上相应的地方拍几下。由此，我懂了夫妻相处的有益之处。

真实故事

来自礼仪前线的报道

事由：价钱正确！

最近，我去买东西。我排着队等着结账。排在我前面的是一位女士，戴着一条丝绸围巾，尼曼马克斯牌的，295美元一条。我怎么知道的呢？标签还在呢。乐于助人的我，就向她说："不好意思，太太。我不知道您是不是知道，您丝巾上的价格标签还在呢。"她冷冷地看了我一眼，紧闭的嘴唇动了一下："谢谢"。

做了好事得到表扬会让人心中欢喜，这位女士的冷眼对待我并不在意，我仍旧继续做我的好事。这世界上不是还有很多人的拉链都还开着嘛！

本章小测

1. 在公众场合可以挖鼻孔，只要你：

a）戴白手套。

b）手打兰花指。

c）一次只挖一个鼻孔。

2. 你的老师在背诵爱默生的名诗，你非常用心地听。一阵刺鼻的臭味飘过你的嗅觉雷达，你知道一定是你周围的同学放屁了。你的反应是：

a）跳起来，冲到窗前，打开窗户，高喊："空袭警报！"

b）指着身边的同学嚷道："艾茉莉放臭屁！艾茉莉放臭屁！"

c）无动于衷，同时心里默想："我可不能再吃烤黄豆了。"

3. 你妈妈在家里招待宾客，让你帮忙招待一些小菜。你捧着菜碟，站在走道上，跟一位客人交谈得正欢，然后你觉得后背有些痒痒。你应该：

a）扔掉菜碟，做大猩猩状，然后使劲地搔痒。

b）转过身，弯下腰，然后对客人说："不好意思，我的屁股痒痒，能请您帮我搔一下吗？"

c）不动声色地蹭扶梯的栏杆。

4. 在公园野餐的时候，你的表妹辛迪坐在你的斜对面，隔着几个座位。你看到她的下巴上沾着一颗玉米粒。你应该：

a）说："嘿，大家来看啊，辛迪下巴上好像有一条玉米鼻涕！"

b）拿起弹弓，用豆子做弹丸，试图打掉她下巴上的玉米粒。

c）试图让辛迪看到你的眼神，并悄悄指着自己的下巴。

第十四章　请您原谅

对自己的礼貌

到目前为止，整本书讲的都是要如何对别人礼貌——对家人和朋友，对老师和雇主，甚至对那些你不可能再见到的陌生人。我们还没有提到另一个你必须随时报以最高级别良好行为的人——你。

对自己行礼如仪，这是啥意思？就是说，如果你自己不小心踩到自己的脚，你要说“对不起”，还有，上巴士的时候，给自己让座；它还包含另一种意思：要对你自己好。好好照顾自己。对自己要忍耐和理解，就像你对别人忍耐和理解。

你怎么知道你自己对自己又尊敬又周到呢？当你做错了事情，你是不是怪自己：“我真是白痴！我怎么那么笨？我什么事情都做不好！”如果你这样做，那你就是对自己太粗鲁。你会自己对着镜子说，我真丑啊。我真讨厌我的样子！如果你这样做，那你就是对自己太粗鲁。你会做一些事情让你深陷麻烦，或者伤害到自己的健康与身体？如果你这样做，那你就是对自己太粗鲁。

为什么要对自己行礼如仪呢？其原因跟你要对别人行礼如仪一样：因为这让人感觉良好。因为这能够表达敬意。还因为大家会喜欢跟你这样的人在一起。（你喜欢跟朋友们在一起，对吧？）

很多青少年不会善待自己。如果你属于这类人，如果你经常妄自菲薄，那你不能再这样做了，不要对自己太粗鲁。你应该开始对自己更礼貌。

要怎么做呢？我对全美国数百名青少年进行了调查，找出一些线索。有一位男孩说："我不会觉得被冒犯了，所以，对自己是不是有礼貌，我不在乎。"除此之外，大多数提供了答复的青少年都表达了善待自己的观点：

"我很注意我的形象。"

"我很爱护我的头发。"

"我刷牙。"

"我修指甲。"

"我穿漂亮得体的衣服。"

"我洗澡。"

"我运动。"

"我静坐。"

"我偶尔吃吃健康食品。"

"我不抽烟不吸毒。"

"我让身体和精神好好休息。"

"我自我赞叹我的形象。"

“我会安排出时间，让自己放松、思考。”

“我过马路的时候，会左右观察。”

如果你疲惫不堪，感觉烦恼，很容易就会忘记一些小的细节。你不需要穿上运动鞋戴上耳机去跑步，你只需要稍做运动，保证营养，保持个人卫生。另外，多多休息。这些都能够让你成为最好的你。

有一句拉丁语的名言，翻译过来意思就是：有健康的身体才有健康的精神。古罗马人好早就意识到了精神与身体相结合的重要原则。事实上，古罗马人是这么教导他们的年轻人的——洗冷水澡，跟尼禄学习。这就是这个原则的基础。难怪古罗马人给我们的世界留下来那么多经久不变的贡献——宽松的袍子还有海鲜酱就是其中两项。

如果你想对这个世界有贡献，你必须把你的精神和身体调整到最佳状态（最佳的身体才有最佳的精神）。以下是具体方法。

运动

我们都非常了解，如今的青少年，他们的身体状况比他们父辈或祖父辈青少年时期的身体状况差多了。这是因为，以前的人看电视都需要站起来换台。科技的进步，让如今的青少年只需要稍做运动。对他们来说，发短信就是他们的运动。但是，人越运动越有精神。（这就叫“悖论”。）

所以，如果你打算参加某项学校运动，或者已经开始在健身，或者已经在游泳池里一圈一圈地游，那么你应该让你的小心脏怦怦跳起来，让你的胺多酚释放出来。

只要你的医生没有限制你，你完全可以每周运动三次，每次来个20～30分钟的高强度有氧运动。做点高难度的骑车运动，或者玩直排轮，去慢跑，上下楼 40 趟，去健身房锻炼。除了有氧运动之外，你可以学习一项运动技能，如打篮球或者打网球，或者参加足球或棒球俱乐部。跟你爸爸或者兄弟姐妹来一场羽毛球比赛。如果你不喜欢运动，那就跳舞呗（只要你不是一直跳贴面舞，其他的都可以算是运动）。或者，长距离步行。如果你在大商场里不停地走动，看橱窗里的东西，那也是好几公里的路程啊。

这些运动的好处很明显，特别是对那些羡慕你体形的人来说。运动还有其他的好处。有研究显示，运动能减轻忧郁，提升自我的良好感觉，提高睡眠质量，提高性生活的质量。夫复何求？

吃得好

吃得好，就是说，你的日常饮食必须包括以下四类食物：比萨饼、糖果、玉米片还有苏打水。

哈哈，开玩笑了。机器需要好油才能更好运作。如果你只吃冰淇淋，或者根本不吃冰淇淋，你一整天就没有足够的能量。

你可以在网上查一下，或者跟你父母、医生、学校护士或者图书馆管理员问一下，学习学习健康饮食的真相。我们需要定时、均衡、营养的饮食，有四大原因：

1. 你会看上去很精神。

2. 你会感觉很精神。

3. 你会活得更长久。

4. 你可以偶尔偷偷吃一些垃圾食物。

保持清洁

清洁这个词的意思不言而喻。这个词，太……卫生了。比方说你必须用衣夹在你鼻子上干的事情，还有在没人的时候用镊子做的事情。此时，我们需要介绍一个新的概念：自我美容。你肯定跟你的汽车一样值得获得这样的服务，对吧。每天出门之前，你需要稍做停留，做以下的检查：

- 身体：洗过？散发出甜美的气味？
- 脸：磨砂过？胡子刮了？化妆了？
- 头发：洗过？打过摩丝了？定型了？梳好了？
- 牙齿：刷过？用牙线清理过？除虫过？
- 指甲：修过？磨过？涂过指甲油？抛过光？
- 鼻孔：清理过？
- 耳朵：去耳屎？
- 皮肤：上过油？涂过润肤液？上过香水？涂过防晒霜？
- 衣服：洗过？熨过？除皱过？

如果你每天都给自己的身体来一次这样的美容，你这辆车一定跑得更好，开得更久，回头率很高。

什么都不做

很多青少年感到有压力必须去做一些事情，以使自己能够进入他们想读的大学：补习、跳舞、音乐、运动、额外学习、学校俱乐部、学生会、指导新人、义务工作等。如果你喜爱自己所做的事情，那么，这些活动非常好，而且你不会觉得太多、太累、压力太大。

但是，并没有法律规定，你走的每一步都必须有成效。你应该确保自己有一些时间什么都不做。我并不是说应该懒惰、不负责任或者拖拖拉拉；我是说，你应该让自己有放空的机会。放松、无忧无虑、无牵无挂。

去闻闻玫瑰的芳香。一动不动。静坐。躺在床上，观察天花板灯罩里的死苍蝇。坐在门口的凳子上，看行人走过。欣赏落日夕阳。听听风的语言。让你的思绪纷飞。

为什么需要常常这样做呢？因为，我也曾经是青少年，我知道：“如果你不做白日梦，你将会一事无成。”

做些什么

有些青少年并不觉得有很多事情可以做。他们觉得，时间飞逝，稍纵即逝。所以，他们在商场里转悠，开着车到处逛荡，他们喝酒吸毒、惹是生非。还有，他们通常都对自己感觉不好。

人类的设计功能是去学习、去爱、去成长、去给予。如果青少年能够不断接触外界，他们能够敞开自己的视野，他们就可以看到更多的人与事，能够更加自信，快乐，充满希望。青少年如果只用上他们能力的一小部分，只生活在自己的小圈圈里，不去尝试新事物，他们通常会感觉毫无目标，并且很不快乐。

每个人都应该在周末的时候安排一些空余的时间。不少人也觉得如果能跟别人相处，更具创造力，也可以让他们感觉最佳。如果你是这种人，那就尽量去开发你的兴趣吧。学种乐器；拍个小影片；开始某项运动；慢慢体会运动极限带来的欢乐；阅读；画油画、水彩画、素描；制作模型。找个理想来实现吧！找个立场来个主义吧！做义工吧！去接触接触老年人、年轻人或者无家可归的人吧！接触那些做着你想做的事情的人吧！去接触大自然、灵性、宇宙之谜吧！去接触爱吧！你会发现，越是走出自己，越是给予别人，你会觉得越是充实富有。这也是你能够给予自己的非常好的东西。

对待他人

广受欢迎的年轻人通常都是很友好、很外向、很通情达理的人。他们积极向上，替他人着想，积极参与。难怪很多小孩都愿意跟这样的人在一起。我对一些青少年进行过调查，他们的回复是：

> “我对别人好，这样我就可以交到更多的朋友。”
>
> “我总会去帮助别人。”
>
> “我不会理会别人对我挑衅。”
>
> “我对别人讲礼貌，别人也会对我讲礼貌。”

现在你已经快把这本书给读完了[①]，你几乎知道所有要如何对待他人的事情了。礼仪就是你要如何对待他人。记住这一条原则，你就不会有问题了。

---

① 你确实读完了，对吧？

计划周详

对待自己礼貌有加，也意味着需要提前安排，对明天、对后天、对你生命中的日子都要有周详的计划。我所调查的青少年对我说：

“为了我的将来，我很卖力地做事情。”

“我多多学习知识。”

“我不逃学。”

“我按时做功课。”

“我每次都争取好成绩。”

“我都会做好准备工作。”

“我做事情非常专业。”

你应该学习如何设立目标的方法（如果你尚未学习）。静下来想想，对你来说，什么东西是最重要的。以下是一些步骤：

1. 写下你希望能够在今后 10 年完成的所有事情，这些是你的长期目标。可以很具体很深入。

2. 写好长期目标之后，按重要程度排一个主次顺序，挑出最重要的 3～4 件事情。

3. 写下你希望能够在今后 3～5 年完成的所有事情，这些是你的中期目标。再按重要程度排一个主次顺序，挑出最重要的 3～4 件事情。小贴士：某些中期目标应该有助于完成你的长期目标。

4. 写下你希望能够在这两年内完成的所有事情，这些是你的短期目标。再按重要程度排一个主次顺序，挑出最重要的几件。小贴士：某些短期目标应该有助于完成你的中期目标。

5. 写下你希望能够在下周完成的所有事情，这些是你目前的目标。为了完成每周目标，比方说，写完历史课的作业，你可能需要把任务细分为每日目标，如，第 1 天：上网搜寻资料；第 2 天：采访当事人；第 3 天：开始写初稿；第 4 天：完成初稿；第 5 天：休息。第 6 天：写最终稿。第 7 天：校阅。然后电邮给老师。

6. 经常查看你的安排——每天一次最佳（或每周一次）。当你完成了你的设定目标，必须在你的日志上记上一笔。

7. 有需要的时候，修改一下你的目标。有些目标可能几年都不会更改；有些目标可能随着你的进展而发生改变。

这个目标系统会帮助你保持正常路线，不会脱离轨道。你应该好好发个誓，让自己坚持做上 3 个星期。

给自己礼物

给自己礼物，是非常礼貌的事情。我所调查的青少年都说他们会用一些奖赏来鼓励自己渡过难关。

> “如果这一周我进展顺利，我就给自己放一个小假，出去玩一下。”
>
> “我奖励自己吃一些糖果。”
>
> “我出去度假。”
>
> “我出去购物。”
>
> “我跟好朋友聚一聚。”
>
> “我去放松快乐一下。”

你可得记得啊，如果你给自己一个礼物，也要记得写一张感谢卡哦。

真实故事

来自礼仪前线的报道

事由：买唱片时间！

我上高中的时候，我常常会紧张，因为，呃，比方说吧，下一节的体育课就要考翻筋斗了。我就对自己说："艾利克斯，如果你好好练习，不飞出场外，放学后你就可以去买一张唱片作为奖励。"（唱片是当时主要的播放音乐的媒介。）

当然了，如果我考试不及格，或者是压抑得不行，我也会去买一张唱片来让自己振奋精神。

综上，奖励是很好的方法。

你，还有这世界，都是美好的

如果有人一天 24 小时一直批评你，你的感觉会是什么？

"你这个彻头彻尾的失败者！你这个笨蛋！瞧瞧你！一无是处。没有人会喜欢你的。你无可救药。"

你一定觉得很悲痛、无助，还有心痛。如果你天天如此，一定是度日如年。

还好，大多数的青少年并不需要经常承受这样的辱骂，至少是没有受到外界如此的批评。但是，大多数孩子的心里却会永不休止地唠唠叨叨：

"我恨死我自己了。我肯定找不到朋友的。没有人喜欢我。我必须让大家都喜欢我。没有人喜欢我。我太忍受不了我们的学校了。太不公平了。如果没有被邀请去参加舞会，我会死的。我什么都不管了。我坏透了，我是个小坏蛋。我讨厌我的生活。讨厌！讨厌！”

换个角度想想吧。如果你的内心是你的好朋友，而不是你的敌人，你的生活该有什么样的变化啊。想想吧，就当你的内心是你的个人专属啦啦队。这个意识会阻止你一直伤害自己。这个方向盘让你不偏离你的方向。这是你的梦想、幻想以及安慰的根源。以下就是有着这种心理的人是怎么想的：

> “不要难为自己。冷静，深呼吸。担心无济于事。你不需要去证明任何事情。你是个好人。你以前已经经历过类似的挫折。你还有很多路要走。即使你现在比较低沉，这并不是世界的末日。要相信自己，你必定成功！”

让自己积极，应该不会那么难吧。不过，你的思想有它自己的意识，它从小就开始接受了许多信息。这些信息，可能来自媒体、电视、广告、家人、朋友、宗教或者其他机构，会让你对自己和其他人产生一些不是那么切乎实际甚至几乎不可能实现的期待。

比方说，从电视上，你可能会错误地学习似乎有种东西叫作“即时解决问题的方法”，并且获得奖励。（毕竟，电视直播上的那些人，在别人的帮助下，确实也在 30 分钟之内解决了他们的问题，还不算上广告时间。）从电影和广告里面获得的信息是，如果你在 25 岁的时候还没有一部很炫的车，没有 500 万美元的身家，或者说性生活没有一直超级美好，你肯定有问题。有些宗教对那些内心有冲突的孩子在行为上要求过于严苛，如果他们没有“达标”，他们可能会产生深深的负罪感或者羞耻感。

这些不合情理的、不健康的态度就是让人们发疯的根源。为什么？因为它们给我们的思想定下我们“必须”做的事情：

1. 我必须做好。

2. 我必须获得所有人的赞赏。

3. 其他人做的事情也必须由我认同。

4. 这个世界必须公平、简单。

当我们被这些“必须”所驱动，我们会把一些合理的欲望——成功、被认可、爱、金钱、快乐、友谊——转换成绝对的需求：我必须被每个人都喜欢，我必须苗条，我必须有钱。接下来，当我们无法获得我们想要的东西的时候，当我们的需求被现实击溃，我们觉得遭受了最严重的创伤。我们开始生气、憎恨、沮丧。我们把未能实现需求看成“灾难”：

> 如果得不到那个角色，我就要去死。
>
> 如果我不打破那个记录，大家都会恨死我的。
>
> 如果我搬到另一个城市去住，我会受不了的。

当我们有了不切实际的需求，并把未能实现需求看成灾难，我们会无止境地担心我们想要的东西，还担心我们会得不到，还需要担心如果得到了，要怎么保住。还远不止这一切。当我们无法满足我们（不合情理）的欲望的时候，我们会认为是我们自己出了问题。我们太笨了、太无用了、太不值得拥有。于是，我们开始抱怨整个世界，说世界太残酷、太不公平、太折磨我们。这个“必须”三部曲——被“必须”所驱动、“灾难”、自我放弃——是我们的思想让很多人发疯的原因之一。

你可以告诉自己，别瞎想，别再干傻事了。对自己有礼貌的孩子都会这么做的。事实上也如此。接受我调查的许多青少年在问卷中写下许多他们的方法，说服思想站在自己这一边：

"我经常夸奖自己。"

"我相信我自己的感受。"

"我很看重自己的价值。"

"我不断给自己鼓励。"

"我尊重我自己。"

"我保持信心满满自尊高昂。"

"我对自己有公正的评价。"

"我尽量保持冷静，做事一步一步来，因为如果我忙乱做事，一定容易搞砸的。"

"我不去伤害自己。"

"我尽量不要在心理发出咒骂。"

"我多往积极正面的方面想。"

"我尽量不去想对于那些关于我的流言蜚语。"

"我不要把自己贬得一文不值。"

"如果有人挑衅我，我告诉自己不要去听。"

"我爱自己。"

"我对着镜子里的我微笑。"

你是不是想要借用一下上述方法，在你的生活中试一试啊。或者，你可以有自己的方法。多想些招数吧。

更多对自己行礼如仪的方法

注意那些"应该"的事情。跟"必须"一样，"应该"也会让我们把一些合理的欲望转变成不切实际的需求：**我应该可以做到；我应该知道这个；我应该理解这个；我应该成为这样或者那样的人。**当然，有一些"应该"是值得做的：我应该对人友善；我应该恪守承诺；我做事情应该负责任。但是不要被那些可能导致负罪感、羞耻感或者失败感的“应该”所驱动。

要有切合实际的期待。不要因为无法实现、不可能实现的远大目标而折磨自己。你是人，不是机器。你需要去了解自己的强项和弱点，你总会犯些错误的。

看到自己的优点。你知道有些事情是你“无法忍受的”？有些事情能“让你发疯”？但是，你知道吗？你现在不正在忍受吗？你现在不是没有发疯吗？也就是说，你比你想象的要坚强。

谢谢你自己。如果有人为你挺身而出，你会感谢他们的。对你自己，也需要这样的心态：

> “我想要感谢我自己，因为我今天为自己挺身而出，坚定了自己的立场。我自己今天特别坚强。做得好！”

深入发掘你的潜能。追寻自己的爱好。学校里教了很多东西。如果你运气好的话，你会喜欢上很多东西。但也很可能，你的爱好在教室之外。世界很大，有很多东西在教室里是碰不到的。打开自己的心扉，走向世界去学习让你欢喜的事情吧。

多跟积极正面的人在一起。多跟干实事的人以及到处活动的人在一起。他们积极正面的处世方法会帮助你成长，帮助你面对人生的困境和障碍。

快快远离那些没有前途的人。这不包括那些暂时人生受挫的人。也不包括蔑视那些不受欢迎、受伤或者尚未成功的人。大家都有各自的问题，朋友需要帮助的时候，我们都该伸出援助之手。但是，有些孩子已经堕落太深，他们想拉你做垫背的。他们对自己的态度很高傲，但又没有驱动力去实践。凄惨的人总喜欢拖累别人。那些抽烟、酗酒、吸毒、小偷小摸、挑衅滋事、欺凌他人、参加黑社会团体的人，总要找人来认同他们的所作所为。你可别犯傻，不要自毁前程或者他人前程。

对负面思想说不。批评错误和人生中做错的事情，是最好的学习与成长的方法。但是，不要让负面思想把你压垮。不要被一个失败的事件否定了你的自我形象。当你内心的声音开始超高速表达负面情绪，你需要将它关闭。给自己来点积极的声音。如：

负面内心思想	积极内心思想
“大家都恨我!”	“不对。特里就喜欢我。我父母喜欢我。奶奶喜欢我。雷茨老师也喜欢我。不过，如果有更多人喜欢我，那就更好了。”
“我什么事都做不来!”	“不对。我会做的事情有很多。我没入选校队，并不说明我失败了。我还可以明年再试。”
“有人逗弄我，我最受不了了。”	“很多孩子不都被人家逗弄吗？我想这就是人生的一部分吧。我受得了。我不去听他们的逗弄就行了。我要坚强。”

不要受别人意见的摆布。有时候，别人会提供有价值的反馈，能够帮你解决问题，帮你成长。但更多的时候，别人的意见是毫无建设性的。多年前不是有人对天发誓，说大地是平的吗？说什么人不可能飞起来。还说没有人会喜欢把电脑放在他们的家里。最成功最有创造力的人会相信自己，不去理会太多他人所谓的智慧言语，而是自己奋勇向前。

不要让他人或外界的事件来影响你的情绪。很多人觉得，外界的事件会影响我们的情绪。外界的事情，别人的所说所作所为，好与不好，都会让我们有感觉。被老师表扬了，我们会很自豪；被家长禁足了，我们会非常生气。每当有人说“你们这些孩子真要把我搞疯了”或是“她气死我了”这样的话语，这都是最好的证明。

如果你亲爱的人去世了，或者，你的朋友离你而去，或者，你的室友把你的外衣弄丢了，你一定会感到悲伤、受伤或者很恼怒，这是很正常的。但我们常常会让其他人掌控我们情绪的开关。由于我们愿意接受事件对我们影响的方式，因此，我们很容易被怒火以及其他自我毁灭的情绪所吞噬。我们主动把我们的信心以及内心的宁静拱手交给我们无法控制的事件。

为什么让别人还有外界的事件来控制你呢？你应该通过控制你的思想来控制你的情绪①。负面的思想导致负面的情绪；积极的思想导致积极的情绪。比方说：

事件	对待的方法	可能的结果
老师抓到你传一张纸条，下课就罚你留下来。但是其他同学却没事。	1. 我恨这个老师。他没有权利这么做。他是世界上最坏的老师。为什么我要留下来，而其他同学不需要？这不公平。	1. 愤怒。受挫。痛恨。
	2. 纸条确实是我传的。要是没被逮到就好了。没事了，不就下午留下来嘛。这段时间我可以做作业嘛。	2. 接受。没有太多压力。大多数作业都在下午 4：30 之前做完了。
学校里有一个人，你非常喜欢。你约她出去，但是她拒绝了。	1. 这太难看了。我无法忍受被她如此拒绝。我出什么问题了？没有人会愿意跟我约会了。	1. 受伤。耻辱。孤立。自我怀疑。

① 情绪是由我们对人生的想法产生的，而不是人生产生的——这是阿尔伯特·埃利斯发现的，他因此发明了“合理情绪疗法”（RET）。如果你想了解更多，可以去买他的书，或者上网搜搜他的事情。

续前表

事件	对待的方法	可能的结果
	2. 哇。好受伤啊。我真的好喜欢她啊。但她不喜欢我，我也没办法。但是学校里还有 878 个女生。我继续在学校里待着。如果阿猫阿狗都可以交到女朋友，我也可以！	2. 失望——但是很快就会过去的。有勇气继续尝试。下周末就会有约会对象了。

问自己一个问题。当你对某件事情过分担心，那是因为你直接想到未来可能出现的某种不好的结果。如果今后又有这样的情况出现，你需要问自己一个问题：最糟糕的结果是什么？你会发现，这个最糟糕的结果并不像你想象的那么坏。

解决问题。很多人让他们的问题不断发酵，而不去解决问题。如果你有什么个人的问题，或者在人生中跟什么人有冲突，你应该好好地坐下来。与其不断地焦虑，不如采取行动。拿出纸和笔，通过解决问题 5 步骤①，把问题找出来。这种方法几乎可以解决你遇到的所有问题——并且让你了解，哪些问题真的不可能解决，这也很重要。

增强自尊。有些成年人认为，最好的做法是：对着镜子说自我鼓励的话。他们教孩子也这样做：我的数学很行。我很可爱，我很好。这样的做法可能在一定程度上有帮助，让一些数学不及格、既顽皮又自私的孩子开始在数学方面对自己有些信心。但是，这只是精神方面的一个小招数罢了。真正增加自尊的方法是做那些能增强自尊的事情——去关心别人；去给予；用友爱和忍耐去对待别人；对自己要诚

① 请参阅本书第四章中相关内容。

实而不太过严厉；对于那些真正重要的事情，要全力以赴。你会增强自尊，并且，你会很真实，这才是真正的你。

有错就承认。很多人花了很长的时间很多的精力来保护他们的傲气。如果你做错了，就承认了吧。然后尽量来弥补过错。你会发现，当你决定要担负责任，你会感觉非常自由。

写好日记、博客或者日志。很多青少年喜欢把他们的想法和感觉记录下来。写日记或日志，或者写博客，都是很好的方法，可以做个回顾、想想其他人、事件以及你的情绪。这是释放情绪的好办法，要不然，这些情绪就会压抑在心里。有研究显示，每天写东西，可以减轻压力、提高免疫力、改善记忆以及学习成绩，并且能够缩短创伤事件的恢复期。

礼貌待人。如果你能心存感激、彬彬有礼、凡事忍耐、礼敬有加，你一定能够得到升华，当你再次看到别人的私心与无知，你会站在哲学的高度来接受，而不是爆发焦虑的指责。这比让你血压升高好多了。

每一天，我们都面临很多的抉择。有些是小事，无足轻重。香草口味的还是巧克力口味的？7点半还是9点半？灰的还是黑的？还有一些则是能够影响生命（甚至结束生命）的抉择：我在学校里，学习需要多努力？我可以试试可卡因吗？我骑自行车需要戴头盔吗？

我怎么知道要做什么样的抉择才是对的？

归根结底，是这样的：你想有礼貌地行事还是粗鲁行事？你想要尊重自己还是虐待自己？你是要原谅自己还是要痛恨自己？你是要保护自己还是要伤害自己？

全世界只有一个人能够控制你自己的行为，那就是你。所以，你为何不善待自己、尊重自己呢？那是你值得拥有的东西。

亲爱的艾利克斯：

“为什么行礼如仪总是那么有效？我想要知道——真的是 100% 积极吗？”

在人生中，除了死亡、交税，还有做白日梦一定会被人叫醒之外，没有任何事情能够 100%发生。但是，在绝大多数情况下，对绝大多数人来说，行礼如仪是很有效的，而且是必须要遵从的原则。讲礼貌的人比那些不讲礼貌的人更喜欢自己，更会有朋友，更能活着看到明天的太阳。并且，他们更能够让别人不再行为粗鲁。

要讲礼貌，应该就像你上车就要系安全带一样。刚开始的时候需要适应一下。有时候，安全带确实会让你稍微不舒服。但是，安全带是一个最佳的系统，保护你的安全，让你不出问题。

本章小测

1. 如果你感觉被人打压了，最佳的应对方法是：

a）拿蛋挞往他脸上摔。

b）从后面揪起他的内裤。

c）不理不睬。

2. 增强自尊的方式是：

a）聘用一个好的木匠。

b）说 1 万次“我很厉害”。

c）为善最乐，给予他人。

3. 写日记是个好习惯，因为：

a）让你活动手指头。

b）可以让你父母看到。

c）记录你的思想、感受以及经历。

4. 以下哪些是不健康的“必须”？

a）我必须苗条。

b）我必须有钱。

c）我必须要有一头秀发。

5. 如果有负面的思想在作祟，你应该：

a）让自己噎死。

b）大声喊道：“闭嘴！”

c）寻找理性、均衡的角度。

6. 对自己行礼如仪，意思是：

a）当你走进房间，你起立。

b）说话的时候，看自己的眼睛。

c）对自己友善、耐心、理解。

各章小测答案

第一章　管住自己的举止

1. d.

2. a，b 和 c。

3. d.

4. 都不对。

第二章　社交第一课

1. c.

2. c.

3. c.

4. c.

5. c.

第三章　不同寻常的礼节

1. c.

2. c.

3. 都不对。

4. c.

5. 都不对。

第四章　家庭生活与争吵

1. c. 然后大笑。

2. c. 如果讨论不出一个解决问题的方法，你再考虑把他的内裤升到学校的旗杆上（必须是干净的）。

3. c.

4. c. 或者，你可以喷完一瓶春满园空气清新剂。不过不要对别人说。

第五章　寄宿的艺术

1. 全对。

2. 全对。（骗你的啦。都不对。只有婉拒才是正确的答案。）

3. c 或者是 a——如果你用的是鸡蛋糕。

4. 都不对。如果你的宠物收到他家宠物的邀请才行。

5. 最佳回答是：立刻朝那个小孩吐一口痰，然后说“我赢了”。

6. 每个书面的邀请信都必须包含：活动的性质、日期和时间，还有一张 50 美元的大钞。

第六章　学校里的规则

1. c. 你可以把你的尿样里加 9 号红色燃料。

2. c. 或者，你可以做出错误的回答，让他抄，然后在交卷之前全部改对。

3. c. 或者，你可以朝他扔泡沫花生。

4. c.

5. c.

第七章　交友的艺术

1. c. a 也比较接近对，但仍然算不对。你应该发 20 美元的假钞。这样你才不会破产。

2. c.

3. c. 或者，你可以把塔兰图拉毒蛛放到他头上。

4. c. 如果你真的要刺进皮肤，一定得先消好毒。

第八章　吃吃喝喝

1. c. 不管你怎么处理，反正不能朝女主人喷出去就行。

2. c.

3. c. 或者默默哼唱《老鼠爱大米》。

4. c.

5. c. 不过，绝对禁止大声朗读麦片盒上的文字，可能造成大脑严重损伤。

6. c. 如果这样做没有效果，你就大骂餐馆不行，服务员不行，然后仓皇地逃跑。

第九章　你的最佳表现

1. c.

2. c.

3. c. 如果你穿的是垫高的鞋子，加分。

4. c. 你还可以对他做鬼脸。

5. c. 如果你真的非常非常讨厌那个新娘，你可以脚踩蛋糕。

6. c. 当然下次你得真的记得带来。

第十章　说话礼仪

1. c.

2. 都不对。应该把那人扔到汤里面去。

3. c. 如果收信人拿过信，看完了，扔进垃圾桶，你可以捡回去有空慢慢看。

4. c. 如果对方不回答，你可以自问自答。

5. c.

第十一章　网上礼仪

1. c.

2. 都不对。正确答案：我生下来两边耳朵就插着一根铁棍。

3. 都不对。正确答案：有人看到我的暹罗猫双胞胎了吗？他长

这个样子 <<<<<:} .

4. 都不对。正确答案：我的耳朵从头上掉下来了。

5. 都不对。正确答案：米奇达大猩猩。

第十二章　衣着打扮

1. c.

2. c. 不过，如果你能找到两周后就会淘汰的时尚服装，那更好。

3. c 比较接近。你需要找一个穿了非常非常宽松的裤子的孩子，然后把这孩子当作你的袍子来用。

4. b 和 c 都对。

5. 都不对。较好的回答是，把你的狗染成粉红色，然后说是蜘蛛侠干的。你就可以转到另一所学校去了。

6. 都不对。第一次来参加的人通常会带排球。

第十三章　打喷嚏

1. a.

2. c. 或者，你可以指着书，叫到："是艾茉莉干的。"

3. c. 如果真的非常痒，你可以坐着栏杆滑下。

4. c. 如果辛迪没看懂，你可能需要拿一粒大的玉米贴在自己下巴上给她看。

第十四章　请您原谅

1. c. 然后你吃一个蛋挞。

2. c. 或者，为了真正增强自尊，可以说 100 万次"我很厉害"。

3. c. 如果是这种情况，你可以勒索自己。

4. a，b 和 c 都对。

5. c. 吃下半加仑的冰激凌可能有时候会有帮助。

6. c. 最有礼貌的做法是，翻到本书第 1 页，从头看一遍。

图书在版编目（CIP）数据

拒绝粗鲁：青少年的行为修养/（美）艾利克斯·J. 派克博士（Alex J. Packer，Ph. D.）著；艾博译. —北京：中国人民大学出版社，2018. 8

书名原文：How Rude!：The Teen Guide to Good Manners，Proper Behavior，and Not Grossing People Out

ISBN 978-7-300-25760-0

Ⅰ. ①拒…　Ⅱ. ①艾…②艾…　Ⅲ. ①道德修养-青少年读物　Ⅳ. ①B825-49

中国版本图书馆 CIP 数据核字（2018）第 087976 号

拒绝粗鲁：青少年的行为修养

［美］艾利克斯·J. 派克博士（Alex J. Packer，Ph. D.）　著

艾博　译

Jujue Culu

出版发行	中国人民大学出版社		
社　　址	北京中关村大街 31 号	**邮政编码**	100080
电　　话	010－62511242（总编室）		010－62511770（质管部）
	010－82501766（邮购部）		010－62514148（门市部）
	010－62515195（发行公司）		010－62515275（盗版举报）
网　　址	http://www. crup. com. cn		
	http://www. ttrnet. com(人大教研网)		
经　　销	新华书店		
印　　刷	北京德富泰印务有限公司		
规　　格	145 mm×210 mm　32 开本	**版　　次**	2018 年 8 月第 1 版
印　　张	19. 25 插页 2	**印　　次**	2018 年 8 月第 1 次印刷
字　　数	456 000	**定　　价**	78. 00 元